JN269621

Competition Demystified

A Radically Simplified Approach to Business Strategy

競争戦略の謎を解く

コロンビア大学ビジネス・スクール特別講義

ブルース・グリーンウォルド
＋ジャッド・カーン――著
Bruce C. Greenwald + Judd Kahn

辻谷一美――訳

COMPETITION DEMYSTIFIED
by Bruce Greenwald and Judd Kahn

Copyright © Bruce Greenwald and Judd Kahn, 2005 All rights reserved including
the right of reproduction in whole or in part in any form.
This edition published by arrangement with Portfolio, a member of Penguin Group (USA) Inc.
through Tuttle-Mori Agency, Inc., Tokyo

はじめに

ビジネスに携わる人ならだれでも、「競争」と「戦略」という二つの要素が重要なことは知っている。しかし、事業を行ううえできわめて重要なこれら二つの要素が、お互いに関連し合っていることを大半の人が認識している一方で、その本質的な性質や直接的な関係について理解している人はほとんどいない。

本書は、競争と戦略に関する多くの議論で生じる曖昧さを払拭するために書かれたものである。我々の目的は、読者が戦略の本質を明確に理解し、その策定方法をあらためて見直すことにある。自社が取り組む市場がどのように機能しているのか？　どこに自社の競争優位があるのか？　どのように自社の競争優位を築き、それを防御していくのか？　といった点について、読者が理解を深めることを望んでいる。

この目的を果たすために、本書では一般的な原理原則に関する幅広い議論のみならず、実際の企業間競争を題材とした詳細なケース・スタディも扱っている。理論とケースの双方を学ぶことによって、読者は戦略的意思決定を下す際の有益な指針を得ることができるだろう。

競争優位のための戦略

ビジネスリーダーたちは、「戦略」と「計画」をしばしば混同する。彼らは、より多くの顧客を獲得したり、自社の利益を増加させたりするための計画は、すべて戦略だと考えている。また、実行に当たって多額の資金を要したり、長期にわたったりするような大規模な計画であれば、それらもすべて戦略的なものだととらえている。つまるところ、「どうすれば、もっと儲けることができるのか?」という問題を扱うものは、すべて経営戦略に関する事項だと考えるのである。その結果、あまりに多くの企業が、成功を収めるための基盤とすべき競争優位の創造や維持を行わないまま、勝ちめのない競争に身を投じてしまっている。

戦略とは自社が成功を収め、それを維持していくための計画である。しかし、それは単に自社の製品やサービスを顧客に提供して利益を上げることのみを指すわけではない。真の戦略とは、競合の行動や反応を予測し、それに明確な焦点を当てた計画を指すのである。

戦略思考の核心は、自社の競争優位を築き上げ、それを防御し、そこから最大限の利益を獲得することにある。みんなが同等の立場で事業を営んでいるような市場では、企業間の熾烈な競争があらゆる企業の利益率を必要最低限の水準(資本コストを辛うじてカバーする水準)にまで押し下げることとなる。したがって、ある企業がこの必要最低限の水準以上の利益を上げるためには、競合にできないことをできるようにならなければならない。言い換えると、競争優位によってより高い収益を獲得する必要がある。どのような戦略分析でも最初に行うべきことは、自社が事業を展開する市場で他の競合がまねできない、もしくはごく少数の競合しかまねできないような優位性が存在するか否かを注意深く評価することである。

市場に競争優位が存在するか否かが、取るべき戦略の境界線となる。境界線の一方に存在するのは、強固な競争優位を持つ企業が存在しない市場である。これらの市場では、戦略はあまり大きな意味を持たない。競争し合う企業の多くは、顧客、技術、コスト削減方法に対して同等の条件でアクセスでき、似たような競争的地位に置かれることとなる。ある企業がみずからの競争的地位を高めるために行う活動は、他の企業によって即座にまねされる。どの企業も競争優位を持たない場合、このような革新と模倣のプロセスが際限なく繰り返される。

この種の市場において取るべき賢明な行動は、競合の裏をかくような策を練って相手を打ち負かすことではない。取るべき行動はもっと単純であり、日々の業務活動をできる限り効率的に行い、競合よりも優位に立つことである。

競争優位が存在しない市場では、経営の効率化を絶えず追求し続けることがきわめて重要となる。しかし、経営の効率化は「戦術」(tactic) に関する事項であり、「戦略」(strategy) 的な意味合いを持つものではない。経営の効率化は、社内の作業プロセス、組織構造、人員配分、慣例といった企業内部の事柄に重点を置くものである。一方で、戦略は市場や競合の反応といった企業外部の事象に主な視点を向けるものなのである。

境界線のもう一方に存在するのは、戦略がきわめて重要な意味を持つ市場である。これらの市場では、既存の企業が競争優位を享受している。そして、各企業の収益性は、他社との競争にいかにうまく対処し、いかに効果的に新規参入を阻止できるかにかかっている。このように、企業外部の事象に焦点を当てることが、経営戦略の核心なのだ。本書は、これらの重要な外部要因の存在を認識し、その性質を理解し、その反応を予測してうまく働きかけるための方法を示す手引きとなるだろう。

本書を執筆する過程では、多くの人たちから支援を頂いた。ポール・ジョンソン、ナンシー・カードウェル、バリー・ネイルバフ、ジョン・ライト、ステファニー・ランド、エイドリアン・ザックハイム、アーティー・ウィリアムス、ポール・ソンキン、エリン・ベリッシモ、そして、コロンビア・ビジネススクールとハミングバード・バリューファンドの同僚からのアドバイスは、特に重要なものだった。家族のサポート、とりわけエヴァ・シーヴ、アン・ロギン、ガブリエル・カーンの存在は、我々にとってなくてはならないものだった。また、本書が誕生するきっかけとなった講義への参加を通じて、その完成に貢献してくれた数多くのきわめて優秀で情熱的な学生たちに対しても、多大なる感謝の意を表したい。本書は、コロンビア大学のＭＢＡプログラムにおける講義「戦略的行動の経済学」(Economics of Strategic Behavior) から生まれたものである。「戦略的行動の経済学」は、一九九五年に初めて開講され、当初は六〇名の受講生でスタートした。それから約一〇年が過ぎた現在では、全学生の八〇％以上が受講する選択科目となっている。また、通常のMBAプログラムに入学する学生たちよりも職歴が長く、勤務先からの資金援助を受ける学生が参加しているエグゼクティブMBAプログラムでは、一つしかない講義枠に対して、三〇〇人いる学生のうち二〇〇人以上が受講している。

我々がこの講義を始めた当初の目的は、経営戦略という複雑に入り組んだ学問に対する明快なビジョンを示すことにあった。これまでに寄せられた賞賛の声を鑑みれば、この目的は大いに達成されたといってもいいだろう。本書は、経営戦略に大きな関心を持つより幅広い読者層に対して、この明快なビジョンを伝えることを試みたものである。

目次　競争戦略の謎を解く——コロンビア大学ビジネス・スクール特別講義

第Ⅱ部 ケース・スタディ編
繰り広げられる競争というゲーム

第I部

理論編

競争戦略をシンプルに考える

第1章

戦略と市場、そして競争
——競争戦略の前提とは何だろうか

戦略とは何か?

二〇世紀後半からの少なくとも半世紀以上にわたって、戦略は企業経営の中心的なテーマであり続けてきた。第二次世界大戦が連合国の勝利で終わったことは、全体を統合する大戦略(grand strategy)の重要性を浮き彫りにした。その後の数十年間、企業の経営者たちは戦争から学んだ戦略概念を自分たちの競争領域に応用してきた。今日では、戦略論はビジネススクールで学ぶ必須科目の一つとなっている。また、大企業では戦略計画の策定を職務とする組織(経営企画部など)を社内に設けていることがほとんどであり、そのような組織を持たない場合でも、社外のコンサルタントを雇って戦略策定業務を担わせている。

過去数十年の間に戦略の定義は刻々と変化し、戦略を策定するプロセスも絶えず修正と変革を繰り返してきた。なかには、戦略の策定そのものをやめてしまった企業も存在する。しかし、このような変遷のなかでも戦略は一つの際立った性質を保ち続け、他の経営分野(会計、財務、生産、マーケティングなど)とは明らかに一線を画してきた。

戦略は全社的で大規模なものである。日常的な業務上の意思決定(戦術的意思決定)とは異なり、戦略的意思

表 1-1 戦略的意思決定と戦術的意思決定の違い

	戦略的意思決定	戦術的意思決定 （日常的な業務意思決定）
意思決定者	経営トップ、取締役会	中間管理職、各組織・各地域担当レベル
経営資源	全社規模	組織単位
時間軸	長期	短期（年次、月次、日次）
リスクの大きさ	企業全体の成否にかかわる	限定的
関連する問い	●どの事業に従事するべきか？ ●どのような競争優位を築く必要があるか？ ●競合に対してどのように対処するべきか？	●どうすれば商品の納期を早めることができるか？ ●販促活動でどれくらいの割引を提示するべきか？ ●もっとも効果的な営業担当者の育成方法は？

決定が全社規模での長期的な取り組みを意味することはだれもが知っている。戦略的意思決定は、企業が持つ大規模な経営資源をどの分野に割り当てるかという問題を扱うもので、その決定を下すのは経営トップである。また、戦略の策定プロセスは、骨の折れる分析作業と体力を消耗する会議の連続からなる。企業の戦略を変えることは、大型飛行機の機体の向きを変えるようなもので、すぐにできることではないのだ。

戦略的意思決定と戦術的意思決定

第二次世界大戦中にアメリカが下した戦略的意思決定のなかでもっとも高い次元に属したのが、最初の大規模な軍事作戦を欧州で展開するか、環太平洋地域で展開するかの選択だった。これよりも少し低い次元に属する性質の戦略的意思決定は、欧州本土へ上陸するために第二戦線を構築することと、その上陸地点としてフランスのノルマンディー地方を選択したことだった。

企業の事例に目を向けると、AT&Tが下した情報処理ビジネスへの新規参入と地域電話事業の分離（スピンオフ）という二つの意思決定は、結果的にはいずれも失敗に終わったものの、戦略的な性質のものである。また、セグメントで首位または二位のシェアを占める事業以外からは撤退するというGE（ゼネラル・エレクトリック）

の「ナンバーワン・ナンバーツー戦略」は、実はジャック・ウェルチがCEOに就任するずっと以前から明確に宣言されていたものであるが、これもGEの戦略的な原理原則を示したものである。

他者の行動や反応によって決まる戦略的意思決定

時には、意思決定を下した時点では戦略的とは思えなかったものが、後に非常に重大な結果をもたらすこともある。たとえば、IBMがパソコン事業に参入したとき、彼らは「オープン・スタンダード」の方針を採用し、OSとマイクロプロセッサのそれぞれについて、自社で独自に開発するか、それとも他社が開発した製品を購入するかという選択を迫られた。だが当時、この選択はそれほど重要なものではなく、単なる戦術的意思決定に過ぎないと思われていた。

最終的に、IBMはOSを自社では開発せず、それまでだれも聞いたことがなかったような零細企業にライセンスを与えて、そこから製品の供給を受けることとした。IBMはマイクロプロセッサについても同様の選択を行い、他の業者が開発した製品を購入することにした。

IBMが下したこれら二つの意思決定によって誕生したのが、ビジネス史上もっとも成功した企業といえるマイクロソフトとインテルの二社である。後に起こったパソコンブームで最大の恩恵を受けたのは、IBMではなくこれらの二社だった。いまになって振り返ってみれば、当時はさほど重要ではないと思われていたIBMの意思決定は、実際には非常に重要な結果をもたらす、明らかに戦略的な性質のものだった。

この事例に限らず、重大な結果を招いた過去の意思決定を詳細に調べてみると、それがけっして計算され尽くした戦略策定プロセスの結果生まれたものではないことがわかる。他の意思決定から意図せずして生じた副産物であったり、単に自分たちが予想していたよりも大きな影響が及んだに過ぎなかったりしたものも、往々にして見受けられる。

投入される資金の規模や、計画の立案に費やされる時間の長さ、または生じる結果の重大さのいずれで評価されるにせよ、「大規模」であることと「戦略的」であることとは同義ではない。戦略的意思決定の多くが大規模な資金と重要な結果を伴うことは事実だが、我々は、戦略的意思決定と戦術的意思決定を区別する境界線は別のところに存在すると考えている。

我々の考えでは、戦略的意思決定とは、その結果が自社以外のプレーヤーの行動や反応によって決まる性質を持つものである。一方で、戦術的意思決定は、自社のみの事情を考慮して下されるものであり、その結果の大部分は、自社がいかに効率的かつ効果的にその意思決定を実行するかにかかっている。このような相違点を明確に理解しておくことが、効果的な戦略を策定する際のカギとなるのだ。

効果的な経営戦略を策定することは、ビジネスの成功にとって不可欠であると同時に、非常に多くの苦労を伴う作業でもある。どんな企業であれ、もっとも貴重な経営資源は事業に携わる人々、とりわけ先頭に立って組織を率いる人たちの集中的な取り組みである。いつまでたっても方向性が定まらない不毛な議論を続けることによって、彼らの集中力が分散してしまうようなことはあってはならない。

本書における我々の目的は、戦略分析のプロセスを一つひとつ段階を踏んでわかりやすく提示することである。具体的には、競争的な環境のなかで、自社がどのような位置づけにあるかを理解する方法を最初に示し、次にその位置づけに応じた適切な戦略的行動へと導く。

事業領域選択と外部環境分析

次の事例を考えてほしい。一九八〇年代半ばにジープが大きな成功を収めたことを受けて、多くの自動車メーカーがＳＵＶ車を製造し始めた。これらのメーカーにとって、ＳＵＶ市場に新規参入するという意思決定は戦略的なものであったが、実際に参入を行った後は、すべての意思決定が戦術的なものへと性質が変わった。すなわち、彼らが成功するか否かは、工場や設備への適切な投資や、マーケティング・キャンペーン、新車の開発・設計に要する期間、継続的な組織改善に向けた従業員の集中的な取り組みといった、あくまで自社の効率的な経営によって決められることとなったのである。

なぜなら、この市場における企業間競争の性質や、市場への新規参入の容易さを考えれば、各企業は他の競合の行動を深く考える必要がなくなったからである。より端的にいえば、考えるべき事項があまりに多すぎたのだ。このような状況下では、いかに効率的に社内の業務活動を遂行するかが成功要因となる。

戦術的意思決定とは対照的に、戦略的意思決定は自社の外側に主眼を置くものであり、そこにはどの企業も対処しなければならない二つの課題が含まれる。

第一の課題は、自社が事業を営む競争領域を選択することである。これまでに述べた、アメリカによる第二次世界大戦時の主要軍事作戦領域の選択、AT&Tによる新規参入市場と撤退市場の選択、GEによる事業セグメントの選択に関する経営方針といった事例は、すべてこの種の意思決定を含んでいる。

パソコン事業でOSとマイクロプロセッサの開発および製造を外部企業にアウトソーシングすることを選択したIBMの意思決定も同様だ。IBMは、これらの市場では競争しないことを選択したのである。我々の定義にしたがえば、事業領域の選択は戦略的意思決定である。なぜなら、それによって自社の将来的な収益に影響を及ぼす外部のプレーヤーの顔ぶれが決まるからだ。

戦略的意思決定における第二の課題は、これらの外部のプレーヤーが取る行動に適切に対処することである。企業が効果的な戦略を策定し、それを実行するためには、外部のプレーヤーが取る行動や反応を予測し、可能な限りそれをコントロールする必要がある。

これは、理論的にも経験的にもけっして簡単な作業ではないことがわかっている。企業間の相互作用は複雑かつ不確実であり、戦略的意思決定を下さなければならない企業のマネジャーや、ある行動が他の行動よりもうまくいく理由を説明しなければならない経営学者たちが手に入れられる確実な処方箋は存在しない。世界でもっとも洗練された理論をもってしても、意気盛んな他社のＣＥＯが自分たちの行動にどのように反応するかを確実に予言することなどできない。

しかし、いかにそうであれ、外部のプレーヤーの行動や反応を考慮せずに戦略を立てれば、目も当てられないような失敗につながるおそれがある。

唯一の競争要因

一九八〇年にマイケル・ポーターの画期的な著書『競争の戦略』（ダイヤモンド社、一九八二年）が出版されたおかげで、近年の戦略分析では、複数のプレーヤー間に生じる相互作用を理解することの重要性が次第に認知されるようになっている。自社を取り巻く外部要因の存在と、それらがどのように作用するかに焦点を当てることによって、ポーターが戦略策定のプロセスを正しい方向へ導いたことは明らかである。しかしながら、多くの人にとっては、ポーターの複雑な分析モデルで示される多数の外部要因を特定し、それらが互いにどのように影響し合うかを理解するのは、ストレスがたまるほど困難な作業であることもわかっている。我々が本書で提示するのは、より抜本的に単純化された分析手法である。

我々は、①代替品の脅威、②売り手（サプライヤー・仕入先）の交渉力、③新規参入の脅威、④買い手（販売先）の交渉力、⑤既存企業間の競争の激しさ、という五つの要因が競争環境に影響を与えるというポーターの考えには同意する。

しかし、我々はポーターやその信奉者たちの多くとは異なり、これら五つの要因がすべて同等に重要だとは考えていない。このうち一つの要因は、他の要因よりも明らかに重要度が高い。その重要度は他と比べて圧倒的であり、勝利する戦略を立ててそれを遂行しようとするビジネスリーダーたちは、他の要因は無視してこの一つの要因のみに焦点を当てることから始めるべきである。その要因とは、「市場の参入障壁」であり、ポーターの分析モデルでは「新規参入の脅威」として示されているものだ。

市場の参入障壁が存在するのであれば、新しい企業が市場に参入したり、既存企業が事業規模を拡大したりすることは困難となる（これらは本質的に同じことを意味している）。突き詰めれば、ある特定の市場には二つの可能性しか存在しない。業界内の既存企業が参入障壁（または事業規模の拡大障壁）によって守られているか、そうでないかの二つである。競争領域における参入障壁の有無ほど、企業の成功に大きな影響を与える要因はない。

戦略が意味を持たない市場

もし市場の参入障壁が存在しないのならば、戦略的な事項の多くは無視しうるものとなる。各企業は、競合との相互作用や、その行動を予測する必要も、どのようにして影響を及ぼすのかといったことに頭を悩ませる必要もない。これらの市場ではあまりに多くの外部要因が存在するため、それらすべてに対処することなど到底できないからである。

世の中では、ありとあらゆる企業が利益を得るための投資機会を求めている。そのため、参入障壁がない業界に属する企業の利益率は、経済利益（訳注：一般的に知られるＥＶＡ〈Economic Value Added〉と同義）がまったく生じない状態、つまり、企業のＲＯＩＣ（Return on Invested Capital：投下資本利益率）が資本コストを上回ることのない水準まで押し下げられることとなる。

なぜなら、もしある企業がきわめて高い利益率を上げていれば、他の企業もその投資機会に気づいて、次々と市場に参入してくるからである。この主張が正しいことは、歴史的にも理論的にも証明されている。より多くの企業が参入するにつれて、市場の総需要は彼らの間でどんどん細分化される。各企業の固定費がより少ない売上数量に割り当てられる結果、製品単位当たりのコストは上昇する。激しい競争によって販売価格は下落し、新規参入者をひきつけた高い利益率は消滅することとなる。

参入障壁のない市場で行われる企業間の競争は、みんなが同等の条件で参加できるゲームのようなものだ。これらの市場（しばしばコモディティ・マーケット[注1]と同一視されるが、これは誤りである）では、本当に最高水準の企業だけが生き残って発展を遂げていくことができるが、これらの企業とて足をすくわれないように絶えず注意しておかなければならない。市場の参入障壁によって守られていなければ、企業に残された唯一の選択肢は、日々の業務活動をできる限り効率的かつ効果的に遂行することだけである。

参入障壁のない市場における唯一の適切な方策であるという点からすれば、業務効率の向上は戦略的なものだと考えられるかもしれない。しかし、マイケル・ポーターによって「他の企業が行っていることをよりうまく行うこと」と定義づけられた業務効率の向上は、あくまで企業の内部にかかわる事項であり、我々の定義にしたがえば、それは戦略的ではなく戦術的なものだ。効率性を追求するためには、戦略の真髄である外部要因との相互作用に関する考察を必要としない。

だからといって、我々は業務効率の向上が重要でないと言っているわけではない。どんな企業にとっても、効率性を上げることが、その企業の成功や存続までをも左右するもっとも重要な要因となりうる。本書の第9章では、基礎的な経済条件が他の競合となんら違わないにもかかわらず、効率性の向上にひたすら注力することによって、競合よりもはるかに優位に立った企業の事例を紹介する。

市場に参入障壁があるということは、潜在的な新規参入者には不可能なことが、業界内の既存企業には可能であることを意味する。他社にできないことができるというのは、競争優位の定義そのものである。したがって、「市場の参入障壁」と「既存企業の競争優位」は、本質的には同じことを二つの面から述べているに過ぎない。

一方で、「新規参入者の競争優位」は何の価値も持たない。首尾よく新規参入を果たした企業は、その瞬間から既存企業となり、新しい技術、安価な労働力、その他の一時的な優位性を持ち込んでくる次の新規参入者に対しては、まるで無防備な存在となるのだ。市場に参入障壁がなければこのサイクルはずっと繰り返される。ゆえに、我々が定義するところの戦略が重要な意味を持つのは、既存企業の競争優位が存在する場合のみである。

ローカル・チャンピオン企業の競争優位性

経営環境のグローバル化が進展し、貿易規制の緩和、輸送コストの減少、情報量の加速、新興国勢との競争激化などといった現象が起きている状況では、競争優位や市場の参入障壁が存在する余地は次第に縮小していくと思われるかもしれない。

工作機械業界のシンシナティ、繊維業界のバーリントン・インダストリーズとJPスティーブンス、自動車業界のビッグ3（GM、フォード、クライスラー）などのように、かつて強大な力を誇っていたアメリカ企業がたどった運命は、この考えが正しいことを証明しているかのように見える。輸入品の猛攻撃によって、これらの企業の収益性は著しく低下し、なかには企業自体が消滅してしまったところもある。しかし、このようなマクロ的な見方は、競争優位に関する一つの本質的な性質を見落としている。その性質とは、競争優位はほとんどの場合、「ローカル」な環境に根づいているというものである。

ウォルマートの地理的ローカル戦略

二〇世紀後半にもっとも成功した企業の一社として挙げられるウォルマートの例を考えてほしい。小売業、特にディスカウント量販店の業界では、これといった企業秘密や高度な経営術があるわけではない。ウォルマートの特色として知られる「エブリデー・ロープライス」の販売や効率的な物流といった経営手法は、けっして他の企業がまねできないような独占的な技術ではない。しかし、事実としてウォルマートは、参入した市場のすべてとは言わないまでも、その多くで支配的な地位を築くことに成功してきた。ウォルマートが支配的な地位を勝ち取った方法からは、多くの教訓が得られる。

ウォルマートは、競合店がほとんどないようなちっぽけな町で、小規模な地域密着型のディスカウント小売店としてスタートした。その後、既存商圏の周辺地域に新しい店舗や物流センターを増やしていきながら、地理的な事業領域を少しずつ拡大していった。ウォルマートは最初からアメリカ全土にわたって支配的な地位を築き、競争優位を享受したのではなく、はっきりと境界が区切られた地域から基盤を固めていったのである。

既存商圏の周辺に事業領域を広げた際は、さらにその外側へと性急に拡大し続けるのではなく、まずは新しく参入した周辺地域での地位を固めることに専念した。我々が後に知るように、事業領域を広げすぎたときには、ウォルマートの業績は悪化する結果となった。

マイクロソフト、インテルの製品種別ローカル戦略

まずはローカルな領域で支配的な地位を確立してから、その後に関連する領域へと事業を拡大していくというプロセスは、ウォルマートと同じ時期に偉業を成し遂げた他の二つの企業、すなわちマイクロソフトとインテルにも共通している。ただし、ウォルマートにおける領域が地理的な範囲を指すのに対して、これら二社の場合は製品種別の範囲を指している。

マイクロソフトは、IBM製パソコンのOSという一つの限られた市場を支配するところからスタートした企業である。事業の立ち上げ時期には、IBM自身も含めて何社かとの競争に直面することもあったが、自社の競争優位を確固たるものとして首尾よく他社を追いやり、その後はワード、エクセル、その他のアプリケーションツールといった周辺ソフトウェアを開発して、OSに隣接する製品領域へと事業を拡大することに成功した。創

業時よりもはるかに巨大な企業となり、幅広い製品ラインを持つに至ったいまでも、マイクロソフトの収益の核はOSとその周辺ソフトウェアであり続けている。

それは、ライバル視されることの多かったアップルとはきわめて対照的である。アップルは、初期の頃からマイクロソフトよりも〝グローバル〟な経営手法を取った。すなわち、ソフトウェアの開発のみならず、パソコンの製造までをも自社で手がけていた。「ウィンドウズ95の性能は、マッキントッシュ87と同じ程度」と世間でいわれたように、アップルが開発したマッキントッシュOSは、ウィンドウズより何年も先行してその魅力的な収益機会を見越していた。しかし、アップルの包括的な製品戦略は、限られた利益を獲得するのがせいぜいで、その成功も長続きしなかった。その限定的な効果は、特定の製品に絞り込む手法を選択したマイクロソフトと比較すると特に顕著だった。

インテルの歴史はマイクロソフトのそれと似通っている。インテルは一九七〇年代にメモリチップのメーカーとして設立され、しばらくの間はその市場で十分な収益を上げていた。一九八〇年になると、マイクロプロセッサの設計と製造も手がけるようになり、そのうちの一つの製品が、IBMの新しいパソコンに搭載されることとなった。その後数年間、インテルはメモリチップ事業とマイクロプロセッサ事業の双方を続けていたが、メモリチップ事業ではインテルよりもコストが安く、欠陥も少ない競合品との競争に負けて損失を計上するようになり、一九八五年、自社のDNAともいえるメモリチップ事業から撤退する決断を下した。マイクロプロセッサ事業に注力することによって、インテルは収益を急速に回復し、かつてない規模にまで拡大した市場で、ずっと支配的な地位を占め続けている。

ローカルに考えることが重要

一社独占であれ、ほぼ同等の力を持つ少数の企業によって共有されているものであれ、市場の支配につながる競争優位は、その領域が大きく広がっているときよりも、地理的または製品種別の範囲によって区切られるローカルな場合のほうがずっと見つけやすい。なぜなら、我々が後に見るように、競争優位の源泉は一般的で広い範囲に及ぶ形ではなく、固有の狭い範囲に限定された形で存在するケースが多いからだ。

逆説的なことに、経営のグローバル化が進む状況のなかで、自社の事業領域を選択する戦略的意思決定を下す際のもっとも重要な規範は、「ローカルに考える」ということなのである。ローカルな範囲で支配力を築くことは、みんなが直感的に思うよりも容易に実現できる可能性が高い。グローバル経済が先進国の経済と同じような道をたどるとすれば、製造業に比してサービス業の重要度が高まっていくだろう。サービス業の大半に当てはまる特徴は、それがローカルな範囲内で提供され、また消費されるということである。結果として、持続的な競争優位を築く機会はけっして縮小するのではなく、むしろ増大する傾向にあると考えるのが適切である。

ウォルマートやマイクロソフトのような企業になれる可能性はきわめて低いかもしれないが、自社が取り組んでいる市場の性質や、その市場特有の競争優位を理解して焦点の定まった戦略を遂行する企業には、大きく発展する余地が残されているのだ。

競争優位のタイプ

戦略分析は、以下の二つの重要な問いを発することから始めるべきである。

①現在取り組んでいる、または新規参入を計画している市場には、競争優位が存在するか？
②もし競争優位が存在するならば、それはどのようなものか？

真の競争優位といえるものは次の三つのタイプしか存在しないので、この分析は簡単に行うことができる。

●**供給面の競争優位**：より厳密にいえば、競合よりも安く製品を製造できる、サービスを提供できるといったコスト優位を指す。たとえば、アルミニウムの鉱床や容易に採掘可能な油脈などのように、重要な原料を特権的に入手できるためにコストが低く抑えられる場合がある。また、特許やノウハウで保護されている独占的な技術を持っていることで、コスト優位を築くケースもよくある。

●**需要面の競争優位**：他の競合では満たせない市場の需要を獲得することによって競争優位を築いている企業が存在する。これは単に製品の差別化やブランドイメージによる問題ではない。なぜなら、競合も同様に製品を差別化したり、独自のブランドをつくったりすることができるかもしれないからだ。需要面の競争優位は、顧客の習慣、スイッチング・コスト、代替先を見つける難しさやそれにかかる費用などの要因に基づいて、企業が顧客を囲い込んでいることから生じるものである。

●**規模の経済**：総費用に対して固定費の占める割合が大きい業界では、売上数量が増加するにつれて、製品単位当たりのコストが減少する。このような場合には、たとえ企業間の技術水準が変わらないとしても、生産規模が大きい既存企業が他社に比べてコスト競争力を持つことになる。

これら三つの基本的な競争優位以外にも、政府による保護政策や、金融業界であれば情報の優先入手なども競争優位だと考えられるが、これらは比較的限られた状況にしか当てはまらないことが多い。三つの基本的な競争優位の背後にある経済要因は、地理的または製品種別的にローカルな市場でもっともよく作用する。

ペプシのコーラを好んで飲む人が、フリトレーのスナック菓子も大好物であるとは限らず（フリトレーはペプシグループの菓子ブランド）、コカ・コーラを飲む人が、コロンビア・ピクチャーズの映画を好んで観賞するわけでもない（コロンビア・ピクチャーズは一時期コカ・コーラの傘下にあった）。ウォーレン・バフェット率いるバークシャー・ハサウェイが買収したネブラスカ・ファニチャー・マートは、ネブラスカ州オマハ市を中心とする地域で圧倒的なシェアを占めており、その地域内ではイーサン・アレンや他の全国的な大手家具小売店よりも強い力を誇っている。

詳細な事例を通じてさまざまなタイプの競争優位がどのように作用するかを調べていくにつれ、事業活動を限られた領域内で行うことの利点と、広大な領域で支配的な地位を築き、それを維持していくことの難しさが明らかとなるだろう。

高い利益率を維持しながら着実に成長を遂げている企業のほとんどは、以下の三つのいずれかの方法でそれを実現している。

①ローカルな市場で築いた優位性を、他の市場で複製する（例：コカ・コーラ）
②特定の製品領域に集中し続けている間に、その製品の市場規模が拡大する（例：インテル）
③支配的な地位を築いた領域の周辺に向けて、徐々に事業領域を拡大していく（例：ウォルマート、マイクロソフト）

戦略分析のプロセス

どんな戦略分析であれ、まずは市場ごとに競争優位の有無とそのタイプを見極めることから始めるのが通常である。

市場に競争優位が存在しない場合は、真の意味での戦略的な事項はほとんど問題ではなくなる。したがって、

図 1-1　戦略分析：第1ステップ

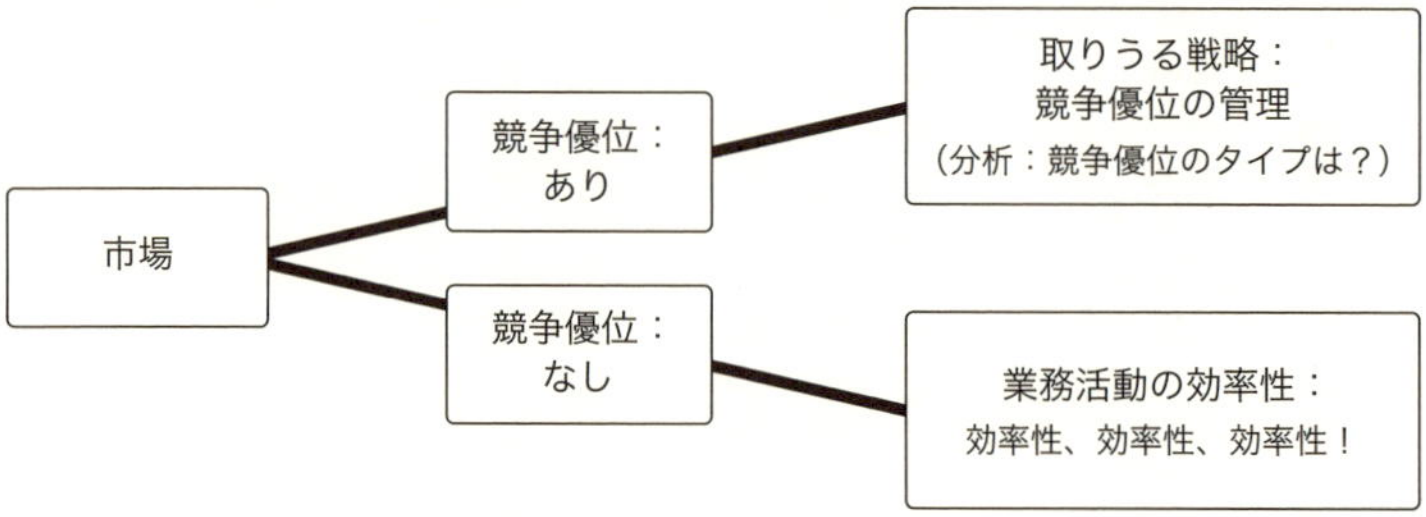

図1-1で「競争優位：なし」の枝に該当する市場では、業務活動の効率性を上げることが最優先にして唯一の課題となる。

一方、市場で競争優位を享受している企業が存在し、「競争優位：あり」の枝に進んだ場合、次の分析ステップは、競争優位のタイプを識別して、それをうまく活用する方法を考えることである。

これがうまくできなければ、好ましくない結果につながる。不適切な戦略、実行段階での不手際、あるいは単に競争環境の激化等によって競争優位が消失してしまった場合には、他の競合と同等の立場で戦わなければならない状況に陥り（図の「競争優位：なし」の枝）、日々の業務活動をきわめて効率的に行う例外的な企業を除けば、せいぜい平均程度の利益に甘んじることとなる。

市場形態に応じた戦略分析

支配的企業が一社存在するケース

市場に競争優位が存在する場合は、それを享受している企業の短いリストが作成される。もっとも単純なのは、ＯＳ市場におけるマイクロソフトや全盛期のＩＢＭのように、支配的企業が一社しか存在せず、その他の企業は取るに足らないという状況である。

支配的企業の立場から見れば、他の競合は参入障壁に阻まれて旨味にありつけない蟻の大群みたいなものだ。彼らは、自分たちの行動に対する競合の反応を気にすることなく自由に意思決定を下すことができ、ある行動によってどのような相互作用が生じるかを予測するのに多くの時間をかける必要がない。

一社の支配的企業と多数の弱小企業が存在する市場では、弱者となるか支配者となるかのいずれかの可能性しかない。参入障壁の外から内部の状況をうかがっている弱者企業は、競争劣位での活動を強いられる。弱者の立場にある企業が取るべき行動は明白だ。すでにその市場に参入しているのであれば、できるだけ傷を浅くする形で市場から撤退することを検討し、保有資産を可能な限り売却して株主に還元すべきである（ただし、このアドバイスにしたがうCEOは非常に少ないと認めざるをえない）。あるいは、この市場に参入しようと考えている企業であれば、すぐに検討をやめて他の市場を探すべきである。なぜなら、この市場で成功するチャンスはきわめて小さく、その可能性があるのは支配的企業が大失敗を犯したときだけだからだ。

また、たとえ既存の競争優位が弱まって参入障壁が消滅したとしても、新規参入者は多数の競合と同等の立場で利益を追求するその他大勢の一社にしかなれない。「自分のことを会員として受け入れるクラブには入ってはならない」というグルーチョ・マルクスの格言を覚えておく必要がある。これらの企業の業績は、せいぜい標準的な利益しか稼げない平凡なものにとどまり、多くの場合は象が蟻を踏みつぶすように、支配的企業が利益を搾取していくからだ。

参入障壁に守られる形で事業活動を行っている支配的企業にとっては最高の日々が続き、利益率も非常に高い。しかし、これらの企業とて、競争優位を適切に管理する必要がある。もし現状に満足したり、自社の強みの源泉を無視または誤解したりすれば、致命的な失敗を犯しかねない。支配的企業にとっての最優先課題は、みずからの強みを維持することであり、そのためには競争優位の源泉とその限界をきちんと認識しておくことが要求される。

図 1-2 戦略分析：支配的企業が一社のみ存在する場合

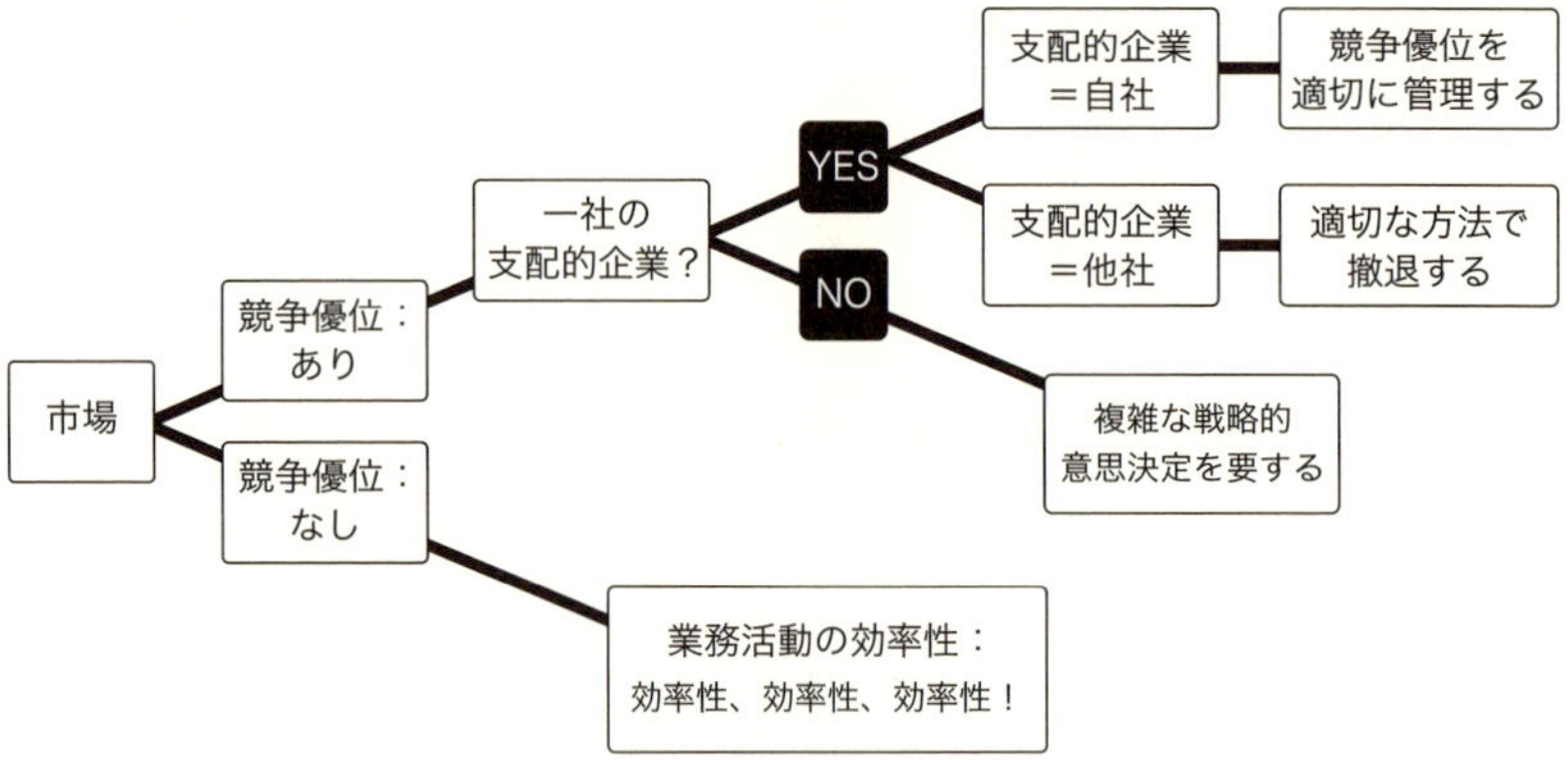

競争優位の源泉を徹底的に理解することによって、以下のような大きな効果が期待できる。

- 既存の競争優位を防御または強化するとともに、それをさらに伸ばすための追加投資を行うことができる。
- 地理的範囲または製品種別の面で高い成長と利益が望める分野と、一見魅力的だが実際には競争優位を弱めることになる分野とを判別することができる。
- 自社が現在置かれている状況から最大の利益を引き出すための方策を明らかにすることができる。
- 発現しつつある脅威を浮き彫りにして、断固たる対抗措置を要する他社の侵入を認識することができる。

企業内でさまざまな機能を果たす各組織にとって、自社が持つ競争優位の性質を理解しておくことは、経営資源配分、マーケティング、M&A、新規事業などを行うに当たって必要不可欠な知識である。

一社の支配的企業と多数の弱小企業が存在する市場で支配的企業が行うべき戦略分析は、競争優位の性質を見極めて、それを適切に管理することだけだといっても過言ではない。これらの企業は、競合間で生じる複雑な相互作用に頭を悩ませる必要などない。図1-1を拡張した図1-2は、この状況を示すものである。

複数の企業が競争優位を享受しているケース

残された戦略的な状況設定は、複数の企業がほぼ同等の競争優位を享受しているような市場である。この典型的な例は、アメリカの清涼飲料業界だ。一部にはドクターペッパーがそれなりのシェアを占めている地域もあるが、全国的に見ればコカ・コーラとペプシが業界の二大企業であり、その他の企業は二社に比べると規模がかなり小さい。

民間航空機の製造分野も似たような業界構造となっている。この業界ではボーイングとエアバスの二社が大型ジェット機の市場を支配しており、エンブレアやボンバルディアのような小規模メーカーは、主に地方便で使われる小型ジェット機の市場で競合している。パソコン業界を見ると、インテルとマイクロソフトはそれぞれ特定のニッチ市場を一社で支配しているが、業界全体から生み出される価値の取り分を奪い合うという意味では、間接的に競合している。

このように、競争優位を享受しているが、同時に自社と似た強みを持つ有力な競合が存在する企業の場合は、戦略の策定がもっとも複雑で難しい作業となる。これらの企業は、競合の動きに適切に対処する方法を考えるという大きな課題に取り組まなければならない。

これらの企業が効果的な戦略を立案するためには、競合が現在どのようなことを行っているかを知るだけでなく、自社が取る行動に対して競合がどのように反応するかを予測することも必要となる。これこそが戦略計画の真髄であり、価格政策、新製品の開発、地理的領域の拡大、生産能力の拡張といった、競合の反応によって自社の業績が重大な影響を受ける項目のすべてにかかわってくる。

ゲーム理論とシミュレーションによる分析

このような状況設定で競争戦略を策定する際には、いくつかの非常に有益な分析手法が存在する。具体的には、ゲーム理論（囚人のジレンマ・ゲーム、参入・阻止ゲーム）、シミュレーション、協調分析の三つである。

伝統的なゲーム理論は、競合が取りうる行動に関する大量の情報を体系的に収集して、それを整理するためのきわめて有益な分析手法である。スタンフォード哲学百科辞典では、ゲーム理論について、「合理的な行動を取るプレーヤーの間で生じる戦略的な相互作用によって、各プレーヤーの効用または利得で表される結果を研究する学問であり、時にはどのプレーヤーも意図していなかったような結果が導き出されることもある」と記されている。

ゲーム理論で想定される競争状況は、以下の要素によって特徴づけられる。

●プレーヤー――限られた数で特定できる経済主体であり、一般的には競合が当てはまる。もし、プレーヤーの数が対処しきれないほどに多いようであれば、その市場には真の意味での参入障壁が存在しない可能性が高い。

●各プレーヤーが取りうる行動――各プレーヤーにとって実行可能な機会の選択肢を指す。

●プレーヤーを突き動かす誘因――ビジネスの世界では、利益を追求することがもっとも一般的な誘因であるが、他の誘因、たとえばどんなにコストがかかっても相手を倒すというような意思が働くことも考えられるので、これらについても考慮する必要がある。

●ゲームを支配する規律――だれがいつ行動を起こすか？　だれがいつ何を知るか？　規律を破った場合には、どのようなペナルティが課せられるか？

幸いにもゲーム理論の競争状況で働く力学は、ほとんどの場合、二つの比較的単純なゲームでとらえることができる。

「囚人のジレンマ・ゲーム」は、理論的、経験的、そして実験的に深く研究されてきたゲームであり、価格と品質に関する競争の形態を描写するものである。このゲームがどのように展開するかについてはかなり多くのことが知られており、価格と品質が競争の主要因となっている場合には、この知識を活用することができる。囚人のジレンマ・ゲームに関する理論は第5章で詳しく説明するとともに、第12章と第13章ではこの理論を用いて実際の企業事例を分析する。

ゲーム理論のもう一つの形態は、数量と生産能力に関する競争の力学を描写するものであり、「参入・阻止ゲーム」と呼ばれている（残念ながら、このゲームには記憶に残りやすい名前がつけられていない）。参入・阻止ゲームがどのように展開するかについても多くの知識が蓄積されており、たとえば競合が事業を行っている市場領域の内部に新しい工場を建設したり、新店舗を構えたりする場合には、このゲームが活用できる。参入・阻止ゲームに関しては、第6章で詳細な議論を行い、第13章と第14章ではこの理論が実際の事例にどう当てはまるかを説明する。

優れた洞察が得られていることを考えれば、ゲーム理論の競争状況で戦略分析を行う際の出発点は、これらの知識を活用することから始めるのが有益なアプローチである。まずは、目の前の競争状況が二つのゲームのうちどちらに当てはまるかを認識する必要がある。

たとえば、企業の体力を消耗させるような価格競争が長期にわたって繰り広げられている業界であれば、囚人のジレンマ・ゲームに関する知識を用いて解決策を模索するのが適切である。もし、ある一社が設備の拡張を行うと、他の競合もこれに対抗して生産能力を拡大することが慣習となっているような業界であれば、参入・阻止ゲームに関する知識が戦略分析の枠組みを与えてくれるだろう。

競争形態が単純でわかりやすい場合には、各プレーヤーが取りうる行動を列挙し、その結果を比較してみるだけで、ゲームがどのように展開するかを予測できるかもしれない。しかし実際には、プレーヤーが取りうる行動の選択肢はあっという間に増えて、とても分析しきれない状況に陥ることが多い。

たいていの場合、より適切な分析の進め方は、シミュレーションを行ってみることである。シミュレーションでは、個人またはチーム単位に競合の役割を割り当て、各競合に対して妥当と考えられる行動の選択肢と誘因を与える。そして、それぞれが自分の役割になりきってゲームを何回か繰り返すのだ。シミュレーションを行った結果、明確な結論にたどり着くことはめったにないが、設定した競争状況でどのような力関係が作用するのか、大まかにつかむことはできるはずである。

協調分析

伝統的なゲーム理論とシミュレーションに加えて、複数の強大な企業が存在する場合の分析手法として挙げられるのは、彼らが互いに争うのではなく、相互利益のために協力して、共有する競争優位から得られる利得を公平に分配する状況を想定する考え方である。「バーゲニング」（訳注：少数の経済主体が取引条件について交渉を行うこと）とも呼ばれるこの種の行動は、すべてのプレーヤーをより良い状態へと導くものであるが、これを実現するためには、類い稀な先見性と優れた気質が各プレーヤーに要求される。

たとえすぐには実現不可能だとしても、各プレーヤーはどのような状態が理想的であるかを考える必要がある。お互いの共同利益を見出して、最善の状態を生む市場がどのような構図になっているかを思い描くのだ。ここでいう最善の状態とは、コストが最小であるか、製品の製造やサービスの提供がもっとも効率的に行われるか、利益が最大となるように価格設定がなされるかのいずれかであろう。このような理想的な構図のもとでは、自社のみならず競合も含めてすべてのプレーヤーが利益にあずからなければならない。要するに、この分析では市場が寡占もしくは独占の状態にあると仮定した場合に、どのような状態が生じるかを考えるのである。

また、自分たちは不当に扱われていると感じる企業が一社でもいれば、協調的な取り組みは成立しなくなるので、全体として得た利益は各プレーヤーに公平に分配されなければならない。

理想的な市場の構図を考える分析方法には、二つの大きな利点がある。第一の利点は、協調的な取り組みによってどのような可能性が生まれるかがわかることである。第二の利点は、対象となる市場の隣接領域に属する企業（売り手や買い手など）や、その市場への新規参入を検討している企業に対して、理にかなった戦略目標を与えてくれることである。

たとえば、相対的にコストが高く、顧客の囲い込みもできていないような企業は、戦略的提携、威圧的な行動、その他のいかなる手段をもってしても、競争優位を得ることは期待できない。なぜなら、市場の構図が効率的であれば、このような企業が果たす役割はまったく残されていないからだ。

より強い競争力を持つ他の競合が、業界全体の利益、ひいてはみずからの利益をも犠牲にしてまで、これらの企業と協調する理由などどこにもない。要するに、相手に何か提供するものがなければ、その相手からは何も得ることができないということである。

このような状況が当てはまる場合、コストの高い企業が存続できるか否かは、他社が非合理的で非協力的な行動を取ってくれるかどうかにかかっている。したがって、これらの高コスト企業にとっては、他社が一致団結して協調しないことを確認し、それにつけ込むことが戦略の中心となる。

実際には、どのような市場であれ、企業間で高いレベルの協力関係が築かれることはめったにない。しかし、たとえ完全に足並みが揃ったものではなくても、他社との協調的な取り組みの可能性をじっくり検討することで、企業の意思決定を導く戦略的状況のさまざまな局面が明らかになる。

協調分析は、企業間の非協力関係を前提としている伝統的なゲーム理論を補完するものとして、バーゲニング

図 1-3 戦略分析：最終形

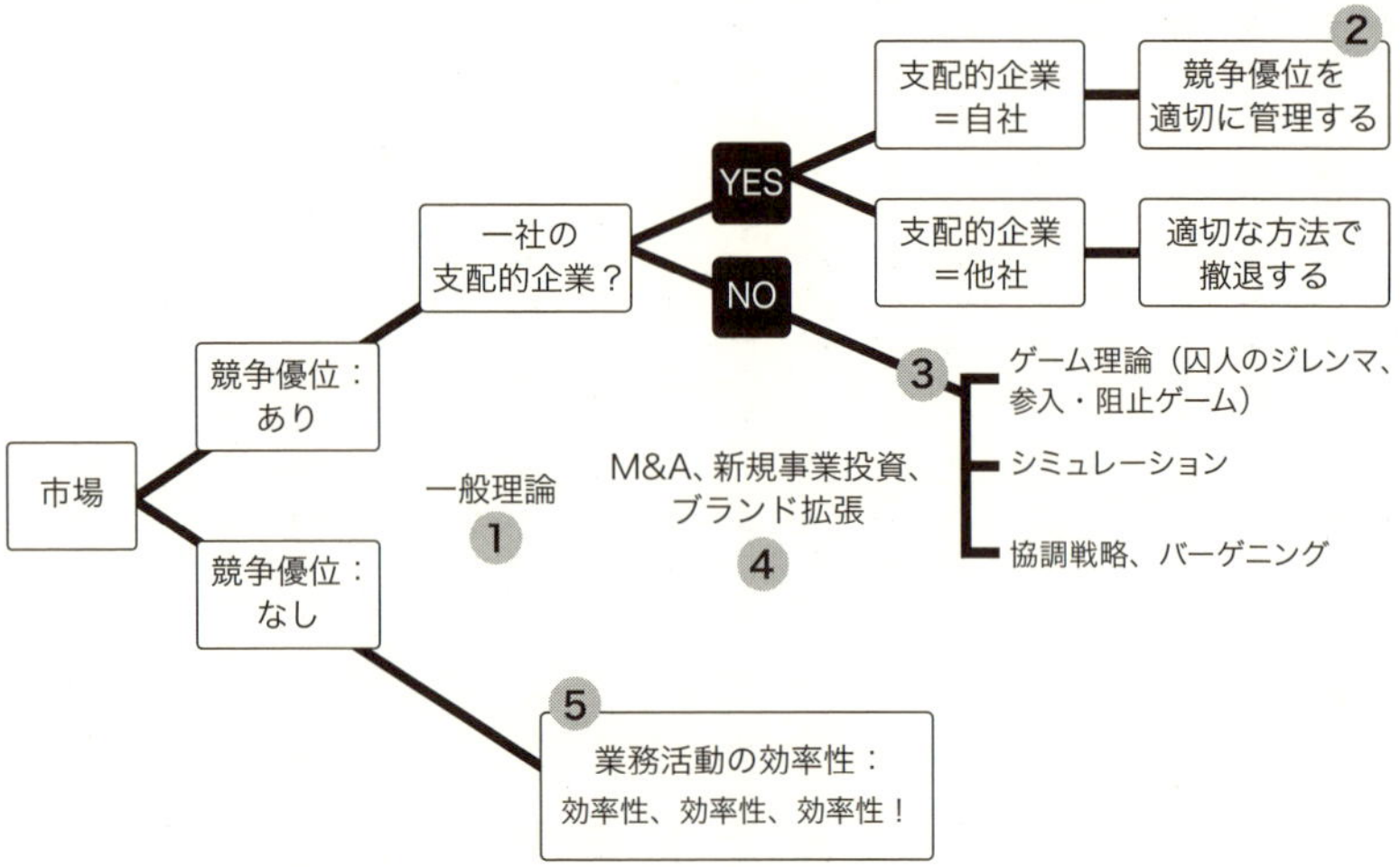

の視点を新たに取り入れている。

ほぼ同等の競争力を持ち、互いの存在を意識し合っている少数の強大な企業が存在する市場では、これら三つの分析手法――ゲーム理論（囚人のジレンマ・ゲーム、参入・阻止ゲーム）、シミュレーション、協調分析――が、戦略策定上の問題に対してバランスの取れた包括的な解決策を与えてくれるだろう。

図1-3は、**図1-2**をさらに拡張した最終形であり、複数の企業が競争優位を共有している市場の状況設定が新たに組み込まれている。

本書の構成

本書は、大きく前半の理論編（第1章－第9章）と後半のケース・スタディ編（第10章－第15章）に分かれている。第1章から第3章にかけては、競争優位に関する全般的な議論を行う（**図1-3**の①の位置）。競争優位のタイプには、供給面、需要面、規模の経済と限られたもののしかないことと、競争優位の有無を確認する二つの簡単なチェック法（市場シェアの安定性と利益率の高さ）を説明する。

続いて、一社のみが市場を支配している状況について述べる（図1-3の②）。ここでは過去の事例を用いながら、企業がどのように自社の競争優位を認識し、それを管理しているかを、成功例とあまりうまくいっていない例の両方を交えて説明する。次に、同じ市場で複数の企業が競争優位を共有している状況を論じる（図1-3の③）。これらの企業にとっては、一時的な休戦状態をはさみながら競合と断続的な戦いを続けていくか、相互利益のために長期的な協調関係を築くかのいずれかが、取りうる戦略となるだろう。

理論編の後半では、競争優位に関する概念を、M&A、新規事業投資、ブランド拡張といった他の分野にも適用することを試みる（図1-3の④）。第9章では、参入障壁や競争優位が存在しない市場の分析に目を向ける（図1-3の⑤）。そして、各企業にとっての基礎的な経済条件は変わらないにもかかわらず、ある企業がなぜ他社よりもずっと優れた業績を上げているかを説明する。ここでは、適切な経営管理（マネジメント）がきわめて重要な要素となる。経営の効率性を上げる秘訣は、わき目もふらずひたすらそれに集中し続けることであり、そのためにはまず霧のように覆いかぶさっている非現実的な戦略的希望を取り払うことが求められる。本書は、読者がこれらの分析を実直に行うことを意図して書かれたものである。

近年の戦略論に関する著者たちの多くと同様、我々もマイケル・ポーターの見解を大いに参考としている。先にも述べたように、ポーターは複数のプレーヤー間に存在する相互作用の重要性を明らかにし、企業が事業活動を行う領域内の競争状況を説明する五つの要因を突き止めた。

ただ、ポーターが我々に貴重な分析手法を与えてくれたことは事実だが、彼の分析モデルは複雑であり、実際に活用することが難しい。完全さを求めるあまり、明快さが失われてしまっているのだ。五つの要因を一度に分析することは容易な作業ではなく、これらに優先順位がつけられていない場合は特にそうである。

我々は、重要度で他を圧倒的に上回る一つの要因、すなわち市場の参入障壁に集中することで、ポーターの分析手法を単純化した。そして、その後に他の要因へ目を向けて、業界内の競合との直接的な競争で生じる相互作用について論じた後で、協調分析を用いて売り手や買い手との関係を扱う。

我々の目的は、ポーターの五つの要因を無視することではなく、それらに優先順位を付けてより明快にすることである。「何事もできる限り単純化しなければならない」というアインシュタインの言葉を覚えておいてほしい。戦略分析においても、単純さと明快さは重要な美徳なのだ。

【注】

1 コモディティ（差別化が困難な汎用品）に限らず、差別化が可能な商品の大半は参入障壁のない市場で販売されている。したがって、後に我々が示すように、商品が差別化されていることは、企業が激しい競争による損害から守られるための十分条件とはならない。

第2章

競争優位のタイプ❶

——供給面と需要面の競争優位

差別化という神話

経営学の原理原則にしたがえば、コモディティ（差別化が困難な汎用品）事業は避けるべきだとされる。実質的に均一な商品を価格に敏感な顧客に販売する事業では、企業間で激しい生き残り競争が行われ、平均的な水準を下回る利益に甘んじなければならないというのが、その主張である。

戦略的な思考プロセスも、この「コモディティ事業に身を投じてはならない」という格言から始まることが多いように思われる。経営学を専攻する学生は、適切な戦略計画を立てるためには、自社の製品やサービスを他社と差別化することから始めるのが重要だと教えられる。しかし、コモディティ事業の苦痛から免れる方策としての差別化戦略には、それ自体に一つの大きな欠陥がある。一言でいえば、差別化戦略は往々にしてうまくいかないのだ。

差別化はたしかに自社の製品が汎用化することを防ぐかもしれないが、それによってコモディティ事業の特徴である激しい競争と低い利益率という問題が解消されるものではない。競争の性質は変わるかもしれないが、利益に与える損害は依然として残る。なぜなら、問題の核心は差別化ができないことではなく、市場の参入障壁が存在しないことにあるからである。参入障壁の重要性と、それがどのように作用するかを理解することこそが、効果的な戦略を策定する際のカギとなるのだ。

メルセデス・ベンツの自動車ほど、競合との差別化に成功している製品は世界に二つとないだろう。新しく就任した国家首脳の多くは、その地位を誇示するかのように少なくとも一台は買うし、尊大な人間ほど購入台数は多くなる。ブランドは製品を差別化するためのもっとも基本的な手段であり、メルセデス・ベンツのスターマークは、世界の自動車市場でもっとも広く認知されている高品質の象徴であろう。かつてはキャデラック（GMの最高級ブランド）も、アメリカ市場で同様の位置づけを誇っていた。高品質の代名詞として「ハンバーガー界のキャデラック」「ベビーベッド市場のキャデラック」「パソコン業界のキャデラック」などといった言葉も生まれた。

しかし、こうした高品質のイメージが広く浸透しているにもかかわらず、メルセデス・ベンツもキャデラックも、そのブランド力を非常に高い利益率に結び付けられていない。実際のところ、彼らの業績はみんなが必死に避けようとしている凡庸なコモディティ事業を営む企業のそれと何ら変わらないのだ。

高水準の利益率が徐々に蝕まれていくプロセスは単純である。自動車業界の例でいえば、それはまだアメリカ市場ではキャデラックとリンカーン（フォードの最高級ブランド）が、ドイツ市場ではメルセデス・ベンツが、それぞれローカルな市場を支配して、莫大な利益を上げていた第二次世界大戦後に始まった。高い利益率が、その分け前にあずかろうとする他社の参入を招いたのである。アメリカの高級車市場では、まず一九七〇年代にメルセデス、ジャガー、BMWといった欧州勢の大規模な参入が起こり、一九八〇年代にはアキュラ（ホンダの高級車ブランド）、レクサス（トヨタ自動車）、インフィニティ（日産自動車）の日本勢が押し寄せてきた。

もし高級車事業がコモディティ事業であるなら、競合の新規参入によって価格は下落していくのが通常である。しかし、実際にはこのような現象は見られず、外国勢が参入した後でも、キャデラックとリンカーンは他のブランドより高い価格で販売され続けた。その一因は、外国勢がキャデラックとリンカーンを大幅に下回る価格で販売しなかったことにある。

それでも、やがて市場で購入できる高級車の種類が増えるにつれて、キャデラックとリンカーンの売上高と市場シェアは低下し始めた。一方で、差別化戦略を遂行するために要する固定費——製品開発費、広告宣伝費、ディーラーやサービスショップの維持費用など——はそれほど減らなかったので、結果として製品一台当たりに割り当てられる固定費の金額が上昇し、一台当たりの利益率は減少した。この段階に至り、キャデラックとリンカーンは、以前より少ない台数を以前より低い利益率で販売する状況に陥った。彼らの製品は競合と完全に差別化されていたにもかかわらず、その収益性は著しく低下したのである。

製品の価格はそれほど変わらない一方で、売上数量が減少し、製品単位当たりの固定費が上昇するこのプロセスは、価格の下落が利益減少の主な要因となるコモディティ事業でのプロセスとは異なるが、企業の収益に与える最終的な結果は同じである。

アメリカの高級車市場では、一気に収益性が低下することはなかった。最初に欧州勢のブランドが参入してきたとき、キャデラックとリンカーンはたしかに売上げの一部を失い、利益も多少は減少したが、この第一波の段階では、まだ新規参入をうかがう企業にとって十分魅力的な利益を上げていたのである。こうなれば、さらなる競合の参入が生じるのは必然の帰結であり、今度はホンダ、トヨタ自動車、日産自動車が新たな相手として現れた。

新規参入の流れは、高級車市場で魅力的な利益を獲得できる機会が消え去ったときになってようやく止まることとなる。新規参入企業の増加によって市場が細分化され、製品一単位当たりに割り当てられる固定費が余剰利益をなくしてしまう水準にまで達したときだ。こうして、市場全体の利益率が平凡なものとなったときに事業の魅力が薄れ、新規参入の動きがストップする。

このようなプロセスを考えれば、メルセデス・ベンツのような名高いブランド企業でさえ平凡な利益しか上げていないという事実も、何ら驚くには当たらない。製品の差別化は、それ自体が競争による利益の侵食作用を防いでくれるものではない。よく知られているブランドのほうが、コモディティ製品よりも固く守られているとは限らないのだ。どんな市場であれ、高い利益の存在は、新規企業の参入や既存企業の事業規模拡大を招く。このプロセスは不変的なものであり、そこから我々は以下のもっとも重要な戦略原則を導き出した。

ある市場に競合の新規参入を阻止する力が存在しない場合、各企業の収益性は、資本コスト（訳注：厳密には、ＷＡＣＣ〈Weighted Average Cost of Capital：加重平均資本コスト〉を指す）と同程度の「標準的」なＲＯＩＣ（投下資本利益率）しか得られない水準まで押し下げられる。戦略的機会を創出するのは、製品の差別化ではなく、市場の参入障壁である。

業務効率の重要性

先の命題には、いくつかの重要な示唆が含まれている。

第一の示唆は、参入障壁が存在しない市場では、企業の存続は業務活動の効率性にかかっているということである。銅、鉄、繊維原料などのコモディティ業界では、市場で決められる価格水準より低いコストで製品を生産できない企業は成功できず、最終的には消滅するしかない。これらコモディティの市場価格は、長期的には生産効率がもっとも良い企業のコスト水準によって決められるので、これに匹敵する効率性を達成できない企業は生き残ることができない。しかし、汎用品に限らず製品が差別化されている市場でも、本質的にはこれと同じ条件が当てはまる。

製品の差別化は外で食べるランチのようなものであり、ただでは手に入らない。自社の製品を競合品と差別化するためには、広告宣伝、製品開発、販売、カスタマー・サービス、購買、流通チャネル、その他多くの機能分野に投資しなければならない。これらの機能を効率的に遂行できなければ、自分たちよりもうまくそれを行う競合の後塵を拝し、販売価格と市場シェアのいずれか、または両方が低下する。結果として、この企業が製品差別化のために投じた資本に対する利益率（ＲＯＩＣ）は、より効率的な競合のそれを下回ることとなる。

成功している企業が事業規模を拡大するときには（これは必然的な行動だ）、相対的に効率性が低い企業の市場シェアはさらに低下する。たとえ競合品より高い価格を設定し続けることが可能だとしても、差別化のための投資に対する利益率はどんどん下がっていく。最終的には、投資から得られる利益率が妥当な水準を満たさなくなったときに（訳注：ＲＯＩＣが資本コストを下回る場合を指す）、非効率的な企業はなんとか生き残るために四苦八苦することとなる。

これは、自動車、電化製品、小売店、ビール、航空会社、事務用品など、製品が差別化されている多くの業界で実際に起こったことだ。これらの業界では、少数の効率的な企業のみが成功を収める一方で、ＧＭ、ゼニス、Ａ＆Ｐ、クアーズ、Ｋマート、パンアメリカン航空など、かつては支配的な地位を築いていた企業の多くが衰退し、なかには経営が破綻したところもある。

業務効率を上げることの必要性そのものは、コモディティであろうと差別化されている製品であろうと変わらないが、実行するのは後者のほうが難しい。コモディティの事業では、効率性といえば生産コストの管理が大半を占め、通常、マーケティングの要素を考慮する必要はほとんどない。これに対して、製品が差別化されている事業の効率性は、生産コストの管理のみならず、マーケティングを成功させるためのあらゆる機能にもかかわってくる。

製品が差別化されている事業での競争は、生産コストの管理のみにとどまらず、製品開発、マーケット・リサーチ、製品ポートフォリオ、広告宣伝活動、流通チャネル、営業部隊など、多岐にわたる機能の管理にまで及んでおり、しかもこれらすべてを無駄なく行わなければならない。競合の新規参入や事業規模拡大を阻止する要因が存在しない場合は、あらゆる機能の面で業務効率を上げることが、優れた業績のカギとなる。

我々の命題に含まれている第二の示唆は、「標準的」な利益率の性質を理解するということである。ある企業や事業への投資家は、資金を提供することに対する見返りを得る必要がある。この見返りが「標準的」であるためには、その投資に対する利益率が、同じくらいのリスクを持つ他の投資機会から得られる利益率と見合っていなければならない。

仮に、リスクが平均的な企業の株式から投資家が得る期待利益率を一二％だとすれば、企業は平均的なリスクが存在するプロジェクトから一二％以上のＲＯＩＣを上げなければならない。そうでなければ、投資家はその企業から資金を引き上げるからである。現実の世界では、標準的な水準を下回るＲＯＩＣしか上げていない企業が長年にわたって業界に踏みとどまっている状況も見られるが、長期的には先に述べたプロセスが作用して、これらの企業はいずれ敗れ去っていく運命にある。

参入障壁と競争優位の関係

戦略の中心に位置するのは、市場の参入障壁である。我々が単純化した戦略分析の手法で最初に行うべきことは、市場にどのような参入障壁が存在し、それはどのような要因で生じているかを理解することだ。このとき、ある企業が持っている特有の能力と、市場全体の経済構造を特徴づけている真の参入障壁を区別することが重要である。

特有の能力は、たとえそれが業界内でもっとも優れた企業のものであっても、少なくとも理論的には他の競合も手に入れることができる。たとえば、システムは複製することが可能だし、有能な人材は引き抜くことができるし、マネジメントの質は改善することができる。つまるところ、これらはすべて社内の業務効率にかかわる事項である。

一方で、市場の構造的な参入障壁は戦略にかかわる事項である。これらの参入障壁を特定し、それがどのように作用するか、どのように創造されるか、そしてどのように防御していかなければならないかを理解することが、戦略策定の中核をなす。もし市場に参入障壁が存在するのであれば、潜在的な新規参入者がどんなに多額の資金を投じて、どんなにうまく成功企業の商慣習をまねても実現できないことを、内部にいる既存企業は実現できなければならない。要するに、参入障壁で守られている既存企業は、潜在的な新規参入者に対して競争優位を築かなければならないということである。

市場の参入障壁と競争優位は、戦略を論じるうえで別個の要素として扱われることが多いが、これら二つは本質的に同じものを別の言葉で表現しているに過ぎない。ここで一つ明確にしておかなければならないのは、市場の参入障壁と同じ意味を持つのは既存企業の競争優位であり、新規参入企業の競争優位とは意味が異なるということである。

新規参入企業の競争優位は、最後に市場へ参入した企業が優位性を享受する状況（たとえば、最新の技術や話題のデザインを利用できたり、時代遅れとなった商品在庫の維持コストや退職者に給付する年金費用を負担しないで済んだりするなど）を指すものであるが、その価値は限定的で一時的なものに過ぎない。

ある市場に新規参入を果たした企業は、その瞬間から既存企業となる。そして、最新の技術、安価な労働力、話題を呼ぶデザインなど、その企業が参入する際に既存企業からシェアを奪う手段として利用したものと同じ優位性が、今度は次に新規参入を狙う企業に益することとなる。このように、常に最後に参入した企業が優位性を持つのであれば、その市場には言葉の定義からして参入障壁は存在せず、超過利益を持続的に得る機会もない。

したがって、真の競争優位は既存企業のみに帰属するものであり、その戦略計画は自社の競争優位を維持して、それを最大限活用することに焦点を合わせたものでなければならない。一方で、大胆にも参入障壁で守られている市場へ参入を試みる企業は、既存企業が自分たちを潰しにかかるのではなく、参入を容認してくれるように、彼らに与える損害があまり大きくならないような参入方法を考案すべきである。

［コラム］　新規参入、撤退、長期的な収益率の関係

参入障壁が存在しない市場で、新規参入と規模拡大の逆の関係にあるのは、撤退と規模縮小である。並外れた利益獲得の機会が、新規企業の参入と既存企業の規模拡大を招くのとまったく同様に、平均以下の利益機会しかない市場には、企業をそこから遠ざける力が作用する。この作用が長期にわたって持続すれば、業界のなかで相対的に効率性が低い企業は衰退し、いずれは消滅することとなる。

これら二つの作用は表と裏の関係にありながら、そのプロセスはけっして対称的ではない。小さな子どもを持つ親であればわかるように、子犬や子猫を買うことのほうが、それを後で手放すよりもずっと簡単である。これをビジネスにたとえれば、子犬や子猫は新しい工場、新しい製品、新しい生産設備などを指しており、いずれも獲得するときのほうが、廃棄するときよりもずっと楽しい。

このような非対称性があることによって、過剰な生産能力を持ち、収益率が平均以下の市場で不要な資産の処分が進められていくスピードは、収益率が平均以上の市場で生産能力が増強されていくスピードよりもずっと遅くなる。つまり、供給能力が需要を上回っている状態（超過供給）のほうが、需要が供給能力を上回っている状態（超過需要）よりも長期間続くということである。

長期的には、企業は投資家である株主に対してリスクに見合う（資本コスト以上の）利益を還元しなければならないが、問題はどの程度を「長期的」と見なすかという点だ。今日では、企業の経営陣を除いただれもが、あまりにも長すぎると感じるところまで延びている。この問題は、新工場や新製品の耐用年数が延びることでさらに複雑となる。特に、成熟期にある資本集約的な産業では、工場や設備への投資が比較的少額で済む歴史の浅い産業に比べて、これらの耐用期間がより長くなる傾向がある。

コモディティ事業は成熟産業のグループに属することが一般的であり、業界内の既存企業がもはや十分な利益を稼げなくなった後でも長くそこにしがみ続けることが、これらの事業の収益性が低い一因となっている。しかし、市場の収益率を決める強力な原動力は、新規参入と撤退の動きであり、コモディティと差別化製品の違いではない。たとえば、航空業界の歴史が示しているように、資金をしぶとく調達し続け、何が何でも業界にとどまろうとする競合が存在する場合は、効率的な企業の収益までもが長期にわたって損なわれてしまう可能性がある。

競争優位は数種類しかない

真の意味で競争優位といえるものは、実際にはほんの数種類しか存在しない。競争優位は、優れた生産技術や経営資源への特権的なアクセス（供給面の競争優位）によるものかもしれないし、顧客の囲い込み（需要面の競争優位）によるものかもしれない。または、規模の経済と顧客の囲い込みが組み合わされた形で競争優位が築かれていることもある（これは、供給面の競争優位と需要面の競争優位が相互作用を発揮している形であり、第3章で詳しく述べる）。その効力と持続性によって評価すれば、生産技術の優位性がもっとも弱い参入障壁であり、規模の経済に顧客の囲い込みが組み合わされた形の競争優位がもっとも強力である。

これらに加えて、政府の介入によって生じる優位性も存在する。事業許認可、関税や割当制度、政府が認めている独占、特許、助成金、規制といったものだ。たとえば、テレビの放送免許は、それを取得している企業に強力な競争優位を与えている。また、スタンダード・アンド・プアーズやムーディーズ、その他数社の格付機関は、アメリカ証券取引委員会（SEC）から「全国的に認知されている統計的格付機関（NRSRO）」というお墨付きを得ることによって、高額な手数料を企業に課しているにもかかわらず、格付市場で支配的な地位を維持し続けている。もっとも自由主義的な経済体制のもとであれ、他の企業に比べて国や政府からより多くの恩恵を受けている企業は存在する。こうした政府による優遇措置を除けば、他の競争優位の源泉はすべて基礎的な経済条件に根差している。

低コスト構造による競争優位——供給面の競争優位

市場の既存企業が競争優位を獲得するための一つの方法は、潜在的な競合にはまねのできないような低コスト構造を築くことである。これを実現した既存企業は、現行の市場状況（価格と売上規模）のもとで十分魅力的な利益を得られる一方で、潜在的な新規参入者は既存企業に比して高コスト体質となるため、満足な利益を得ることができない。

市場の既存企業がこのような優位性を持っていれば、分別のある企業はその市場へ参入することを思いとどまる。仮に甚だしく楽観的な企業が新規参入を試みたとしても、既存企業は低コスト構造の強みを生かして新規企業よりも価格を安く設定し、より多くの広告を打ち、より豊富なサービスを提供して攻勢を仕掛けることができる。最終的に、新規参入を図った企業は成功を収めることなく市場から撤退し、追随して参入する機会をうかがっていた他の企業を落胆させるような教訓を残す。

低コスト構造は、何らかの方法で原価を他社より安く抑えられるか、より一般的には独占的な技術を持っていることで実現する。このうち、もっとも基本的な形態として挙げられるのは、特許で保護されている製品や生産工程である。特許権の存続期間中は、それを持つ企業はほぼ完全に守られる。特許権を侵害して新規参入を図ろうとする企業には、非現実的なほど高額で、時には無限大にも等しい損害賠償金や裁判費用が課せられることになる。

歴史的に見れば、コピー機事業のゼロックス、フィルム事業のコダック（訳注：二〇一二年に日本の民事再生法に相当するチャプター11〈米連邦破産法第一一章〉の適用を申請した）やポラロイド、さまざまな医薬品の製薬会社などが、開発した製品の特許期間中にこのタイプの競争優位を築いてきた。また、生産工程に関する特許にも、製品特許と同じくらい強力な効果がある。たとえば、アルコアは生産工程の特許を通じて何年間もアルミニウム市場を独占することができたし、デュポンは製品と生産工程の双方で特許を取得して経済的な成功を収めてきた歴史を持つ。

しかし、特許は一定の期間（アメリカでは通常一七年）が過ぎれば失効するものであり、それゆえに、特許に基づくコスト優位は限られた期間しか持続しない性質のものである。一九五〇年代から一九九〇年代にかけてコンピュータ業界を支配したＩＢＭや、炭酸飲料水市場で一世紀にわたって君臨しているコカ・コーラの例と比較すれば、特許による優位は相対的に短い期間にとどまる。医薬品業界以外では、特許権によって優位性を築いている企業の例はあまり見られないし、その医薬品業界ですら、類似品の横行によって技術進歩が損なわれている傾向がある。

独占的な技術に起因する競争優位は、必ずしも特許のみがその源泉となっているわけではない。生産工程が複雑な業界では、学習効果と経験効果がコスト削減の主な要因となる。化学品や半導体加工の業界では、時間がたつにつれて、作業手順や原料投入に関するいくつもの細かい調整を学習する結果、歩留まりが飛躍的に改善するケースが多い。歩留まりの改善は、直接的な効果に加えて、品質管理のための作業コストが減ることを通じて、全体的なコストの低下につながる。

また、他社と同じ調整作業を行うにせよ、他社よりも少ない人員と原料でそれを行うことができる。継続的に勤勉に励む企業は、経験曲線上で競合の一歩先を行き、たいていの場合、特許の存続期間より長い年月にわたってコスト優位を維持することができるのだ。

ただ、特許と同じく、学習効果に基づくコスト優位の持続力にもおのずと限界があり、その期間は技術進歩のスピードに大きく左右される。技術進歩の速度が速ければ、ある生産工程はすぐに旧式のものとなり、それに起因する優位性の効果も弱まる。したがって、半導体、半導体装置、バイオテクノロジーのように技術変化のスピードが激しい業界では、コスト優位の持続期間が短くなる。

そして、業界が成熟するにつれて技術進歩の速度が落ちてくると、最終的には業界内の競合がそれまで技術をリードしてきた企業と同程度の学習効果を得ることとなる。一九二〇年代のラジオ製造業界では、ＲＣＡがもっとも高い技術力を誇っている企業だった。しかし、時がたつにつれて競合他社の技術水準もＲＣＡに追いつき、ラジオの製造はトースターを製造することと技術的に何ら変わらないものとなった。長期的には、すべてのラジオがこれといった特別な製造技術を要せず、業界全体のＲＯＩＣもトースター業界と同じくらい低い状態に陥ったのである。

製品や生産工程が単純な場合は、独占的な技術に基づく優位性を得る機会はほとんどない。これらの製品や生産工程に対して特許を取得することは難しい一方、それを複製して他の企業に移転することは容易である。特別な生産方法や業務の内容を十分に理解している従業員が数名いれば、競合は彼らを引き抜くことによって、その秘訣を学ぶことができる。

単純な技術の場合、それを最初に開発した企業が競合に対して知的財産権の侵害を主張することは難しい。なぜなら、そうした技術のほとんどは、「業界常識」に見えるからである。この種の制限は、医療、金融、教育、小売といった、全世界の経済活動のおよそ七〇％を占めるまでに成長している巨大なサービス産業で特に顕著だ。これらの分野で活用されている技術は、非常に初歩的なものであるか、または他の第三者によって開発されものであることが多い。

本当の意味での独占的技術は、自社の内部で開発されたものでなければならない。製品や生産工程の技術革新が外部のコンサルタントや開発業者（小売業界におけるＮＣＲなど）によって主導されているような業界では、独占的な技術に基づく強力なコスト優位は存在しえない。なぜなら、技術を持っている外部の業者に対して金銭を支払えば、だれでもその技術を手に入れることができるからである。

これこそが、「ＩＴは競争優位の源泉となりうる」という考えが誤っている理由である。ＩＴ業界で見られる技術革新のほとんどは、アクセンチュア、ＩＢＭ、マイクロソフト、ＳＡＰ、オラクル、その他多くの専門業者によって創造されているものであり、これらの企業は自社が開発した技術をできるだけ広く普及させることで収益を上げている。みんなにとって利用可能な新技術は、だれにも競争優位を与えない。なかには、これらの技術を他社よりもうまく活用する企業があるかもしれないが、それはあくまで企業内組織の効率性に関する問題であり、競争優位に関する事柄ではない。

独占的な技術に基づくコスト優位が比較的手に入れにくく、かつその持続性が短期間にとどまるとすれば、安価な経営資源（ヒト、モノ、カネ）に基づくコスト優位はさらに効力が乏しいものである。労働力、原料、中間投入物、資本といったものは、すべて一般的に競争が激しい市場で取引されている。なかには賃金の上昇を主張する強力な労働組合と交渉しなければならなかったり、年金の積立不足や退職者向け健康保険債務の膨張という問題に直面したりしている企業もある。たとえ労働組合を持たず、福利厚生の負担が軽い企業が参入できるとしても、他の企業がそれをまねることは可能であり、このプロセスは低い労働コストから得られる超過利益が完全になくなってしまうところまで続くこととなる。

つまり、強い労働組合を持つ企業は業績が低迷するか市場から消え去る一方で、生き残った企業も何ら競争優位を享受できないという状況になる。中国のような労働コストが安い国での事業機会を最初に見つけた企業は、行動が遅い競合に比べて一時的なメリットを得るかもしれないが、競合も同様の行動を取るにつれて、この優位性はすぐに消えてしまう。

「低コストの資本」「優れた人材」という幻想

コストが安い資本へのアクセスや、豊富な資金力も競争優位として挙げられることが多い項目であるが、たいていの場合、これらは錯覚である。インターネットブームが教えた一つの教訓は、資金の調達がいかに容易かということである。ほとんど現実味のない楽観的な事業計画を立てていた新興企業でさえ、そのリスクに比べて馬鹿げたほど安いコストで、事実上無制限に資金を調達することができたが、その容易な資本へのアクセス自体が、事業の成功を保証してくれるものではなかった。

鉄鋼業界、家電業界、小売業界をはじめ、ビジネスの歴史上で、効率的な経営を行う競合によって市場から追放された企業が無数に存在するが、豊富な資金力のみを唯一の優位性として持つ競合によって窮地に追い詰められた企業の数は非常に限られている。逆に、IBM、AT&T、コダックなど豊富な資金を持つことで有名な企業は、その資金力ゆえに誤った事業へ莫大な投資を行い、みずからの業績を悪化させているケースが多い。

特定の企業や業界では安い資本を優先的に調達できることで競争優位が築かれているという議論が、日本企業の製品が欧米諸国へ大量に流入した時期に散見された。エアバスがそうであるように、優先的な資金調達の背景には、政府による債務保証があるケースが多い。

この他に、過去の異常な低金利時代に調達した資金を現在も利用できるため、資本コストが安くなっているという主張も見られる。しかし、この場合、実際の資本コストはけっして安くなどない。

仮に金融市場全体への投資から得られる期待利益率を一〇%だとすれば、利益率が二%の事業に投資することは浪費(八%分の浪費)である。これは、たとえその投下資本の調達コストが二%しかかからないとしても同じことだ。調達コストが安い資本をこのように使うことは愚かな行為であり、けっして競争優位ではない。

政府による支援を伴っていなければ、「コストが安い資本」という概念は経済的に誤った考えである。一方、政府の支援を受けているために資本コストが安くなっているケースは、政府の助成金に基づく競争優位の一形態と考えるのが妥当であろう。

なかには、実際に原料を特権的に入手できる権利を持っていたり（例：サウジアラムコ〈サウジアラビア国営の石油会社〉）、立地上の優位性を持っている企業（例：シカゴ・オヘア国際空港のすぐ近くに立地しているユナイテッド航空）も存在する。しかし、これらの優位性は、それが適用できる市場や、競合の参入を阻止する効力が限られている。サウジアラムコはノルウェーのスタットオイルより原油一バレル当たりの利益を多く稼げるかもしれないが、原油に対する需要が十分存在する限り、スタットオイルを市場から追いやることまではできないし、ユナイテッド航空はオヘア国際空港での優位性を他の空港にまで広げることはできない。

これと同じ理屈は、「優れた人材」にも当てはまる。たとえば、ジュリア・ロバーツやトム・クルーズと契約した映画会社は、新しい映画を公開する際に他の映画会社よりも優位に立つことができる（ただし、彼らのような大スターを抱えているからといってヒット作が保証されるものではない）。しかし、他の特殊な経営資源に基づく優位性と同様に、この優位性もいくつかの点でその効果が限られている。

第一に、スター俳優の強みは究極的には映画会社に帰属するものではなく、俳優自身が持っているものであり、彼らが次回作に出演する際には、自分の好きな映画会社と契約を結ぶことができる。第二に、映画俳優の魅力は長期的には失われる可能性があるし、彼らとの契約はいずれ消滅する。また、第二のジュリア・ロバーツやトム・クルーズを目指して俳優を志す人や、その代理人は次から次へと現れるので、この市場に参入障壁は存在しない。第三に、どんな大物俳優でもその人気は特定の支持者層に限られており、市場を支配するほど多くの観衆に受け入れられるということはない。

こうした限界は、豊富な埋蔵量を持つ鉱床や、有利な条件で賃貸借契約を結んでいるリース資産など、他の特殊な経営資源にも同様に当てはまる。ごく少数の例外を除けば、コストが安い経営資源へのアクセスは、市場が地理的範囲または製品種別の面でローカルな場合にのみ強力な競争優位の源泉となりうる。そうでなければ、これらの要因が参入障壁として大きな効力を発揮することはない。

顧客の囲い込みによる競争優位――需要面の競争優位

業界内の既存企業が需要面の競争優位を築くためには、他の競合にはアクセスできない顧客を囲い込まなければならない。品質と企業イメージを伝える伝統的な手段としてのブランド戦略は、それだけで顧客の囲い込みを強固にする十分条件ではない。新規企業にもブランドを創造してそれを育てる機会が平等に与えられているのであれば、既存企業に競争上の優位性はなく、他社の参入を阻止する障壁も存在しない。

需要面の競争優位が効果を発揮するためには、既存企業によって顧客がある程度囲い込まれている必要がある。囲い込みは、既存企業に顧客への優先的なアクセス権を与えてくれるものだ。たとえば、何年か前のあるタバコ会社の宣伝では、「タバコの銘柄を変えろと言われても、我々は断固として抵抗する」と喫煙者が主張している絵柄が使われていた。どんな企業にとっても、このような強い忠誠心を持ってくれる顧客ほどありがたい存在はないだろう。

新規参入企業が既存企業の得意客を奪うことは、まったく不可能ではないかもしれない。新規参入企業は価格をぎりぎりの水準まで下げたり、まずは顧客に試用してもらうために無料でサンプル品を提供したりすることができる。また、顧客にとって望ましい条件で他の商品との抱き合わせ販売を仕掛けることも可能だ。とはいえ、既存企業と似たような条件では新規参入企業が得意客をひきつけることはできないので、やはり囲い込み顧客の存在は競争優位の源泉となるのである。

製品やサービスを既存企業よりもはるかに安いコストで提供できる方法を見つけ出さない限り（その可能性は非常に低い）、新規参入企業が設定可能な販売価格もしくは達成できる売上数量は、十分な利益を生まない水準にとどまり、それを長期にわたって維持することはできない。このように、既存企業は新規参入企業にはできないこと――十分な利益が出る水準で自社の製品やサービスを得意客に販売すること――ができるので、明らかに競争優位を持っている。

顧客が特定の企業に囲い込まれる理由は、以下に挙げる限られた要因しか存在しない。

- **習慣**
- **スイッチング・コスト**
- **探索コスト**

習慣による囲い込み

喫煙は中毒のようなものであり、顧客は特定の銘柄のタバコを買うのが習慣と化している。同じものを繰り返し購入しているうちに、本人にも説明できない理由で、銘柄を変えることが難しい習慣が芽生え、それが顧客の囲い込みにつながる。どうしても手に入らない場合は別のもので我慢することもあるが、喫煙者は自分が好む特定の銘柄を持っているのが通常であり、そこには依存症ともいえる力が働いている。

炭酸飲料水の顧客も、忠誠心が強いことで知られている。普段はコーヒー、紅茶、水を飲むことが多い人にとっては、コカ・コーラとペプシの味はほとんど同じように感じる。しかし、それぞれのコーラに対して熱心な愛飲者が存在しており、一般的にその思い入れは非常に強い。

一九八〇年代にコカ・コーラは、ペプシに奪われたまだ若くて忠誠心が薄い顧客を取り戻すためにコーラの製法を変えて、従来よりも甘くすることを決定した。これを実行に移す前に、コカ・コーラは自社の顧客に対して大規模な味覚テストを行い、新しいコーラ（「ニューコーク」）のほうがテスト結果が良いことを確認するという念の入れ具合だった。

しかし、実際にニューコークを売り出して従来のコーラを店舗の陳列棚から取り除くと、コカ・コーラのファンは激怒したのである。数カ月間迷った挙句にコカ・コーラは、元通りの製法に戻すことを決意し、「クラシック・コーク」の名前で主力銘柄に打ち立てた。こうして、幸運にもコカ・コーラはみずからが招いた問題をうまく解消することができたが、概して、得意客の機嫌を損ねるようなことは賢明な方策ではないのだ。

はっきりとした理由はわからないが、コーラと同様の強い愛着心は、ビールの顧客には見られない。普段自宅で飲むときや、近所のレストランで外食するときにはクアーズやバドワイザーを選ぶ人が、メキシコ料理を食べるときはコロナやドスエキスを飲みたいと強く思ったり、中華料理店では青島《チンタオ》ビールを注文したりすることはよくあることだ（アンハイザー・ブッシュ〈訳注：バドワイザーを製造しているビール会社。二〇〇八年にインベブ社に買収され、現在の社名はアンハイザー・ブッシュ・インベブ〉が青島《チンタオ》ビールに一部出資しているのは、この理由によるものかもしれない）。一方で、コーラの愛飲者が中華料理を食べるとき、グレートウォール・コーラ（中国製のコーラブランド）を注文しようと考えることはめったにない。

習慣が顧客を囲い込む強い要因として働くのは、製品の購入が頻繁に、かつほとんど無意識のうちに行われるときである。このような購買行動は、自宅近くのスーパーマーケットで見られることが多く、自動車のディーラーやコンピュータの小売店で見られることはあまりない。たとえば、新車の購入は多くの人にとって楽しい行為であるが、ある顧客が前に乗っていた車がコルベット（訳注：GMがシボレーブランドで販売しているスポーツカー）だからといって、彼らがフォードやレクサスを試乗しないとは限らない。

また、個人用であれ会社用であれ、パソコンを買い替える顧客が重視するのは価格や性能であり、現在使っている機種のメーカーがＩＢＭかデルかＨＰ（ヒューレット・パッカード）かといったことではない。自分たちが現在利用しているソフトウェアとの互換性を考える必要があるのは事実だが、それはスイッチング・コスト（次項を参照）に関する事項であり、顧客の依存的な習慣を示すものではない。

習慣に基づく囲い込みは、ある企業が提供する製品全体よりも、特定の製品に対するものであることが通常であり、その意味でローカルなものだと考えられる。たとえば、クレストの歯みがき粉を習慣的に使用している人が、必ずしもタイドの洗剤や他のＰ＆Ｇ製品を愛用しているわけではない（訳注：クレストもタイドも、Ｐ＆Ｇが製造している商品である）。

スイッチング・コスト

顧客が現在のサプライヤー（供給業者）から別のサプライヤーに乗り換える際に、多大な時間、金銭、労力等のコストがかかる場合、顧客の囲い込みが生じる。現代のコンピュータ社会では、ソフトウェアがもっとも容易にスイッチング・コストと関連づけられる製品である。ソフトウェアを変更する際に、単なるコンピュータコードの変換だけでなく、アプリケーションを利用する人の再教育も必要となる場合には、コストが多額となりかねず、乗り換えの抑止力が働く。

追加の費用や時間がかかることに加えて、新しいシステムを導入したときはエラーの発生率が上がりやすい。特に、アプリケーションが受発注入力、在庫計上、請求書や発送書の発行、患者記録、銀行取引明細など、企業の業務活動の根幹にかかわるものである場合には、たとえ新しいアプリケーションの導入によって生産性の飛躍的な改善が約束されていたとしても、システムエラーで事業活動を完全に停止させてしまう「キラー・アプリケーション」となるリスクがある限り、現行のシステムを変更しようと思う人はほとんどいない。

これらのコストは、「ネットワーク効果」によってさらに増幅される。自分たちが利用しているシステムが他のシステムと互換性を持っていなければならない場合は、たとえそれがいくつかの点で現在のシステムより優れているとしても、互換性のない新しいシステムに変えることは難しい。互換性を維持するだけでもある程度のコストがかかるが、新しいシステムが既存のシステムとうまく噛み合わない場合には、コスト負担は莫大なものとなる。

顧客に大きなスイッチング・コストを課すことで、潜在的な競合に対する既存企業の競争優位を与える製品は、ソフトウェアに限ったものではない。新規のサプライヤーが、生活様式、ニーズ、嗜好など顧客に関する大量の情報を入手しなければならない場合には、サプライヤー側のみならず、これらの情報を提供する顧客の側にも作業負担がかかるので、ここでもスイッチング・コストが生じる。このような理由により、クライアントは担当弁護士を安易に変えたりしないし、特定の薬を処方することに慣れている医者は、いくら薬剤師から強く勧められても、自分に馴染みの薄い新薬を使いたがらないのである。

かたや、特殊な性質を持たない標準品はスイッチング・コストを排除するものであり、ここに顧客が標準品を好む理由がある。ＩＢＭの最盛期には、ＩＢＭのコンピュータはＩＢＭ製の部品で製造され、ＩＢＭ製のＯＳを搭載し、ＩＢＭ製のアプリケーションソフトが使われ、リースもＩＢＭ自身から提供されていた。同じＩＢＭ製の別の機種に変えるだけでも面倒で、ましてやまったく新しいシステムのコンピュータに乗り換えるなど、きわめてリスクが高く、困難なことだったのである。

しかし、他のメーカーが互換性のある周辺機器や、アプリケーションソフト、リース契約を提供するにつれてシステムの移行は徐々に容易になり、これらの新規企業がオープン・スタンダード（これはＩＢＭ自身が下した決断だが）に準拠した使いやすいパソコンを開発するに至って、ＩＢＭ一社による独自規格体制は崩壊した。

かつては、クレジットカードを変更する際もその時期を気にする必要があった。新しいカードの信用枠を取得する前に、古いカードで残っているクレジットの残高をすべて清算しなければならなかったからである。しかし、後にクレジットカード会社が信用枠の事前供与を行い、残高の移転を顧客に勧めるようになると、スイッチング・コストは劇的に低下、もしくは完全になくなった。その結果、クレジットカード業界の競争が激化することとなった。

探索コスト

顧客が条件を満たす代替品や代替サービスを探し当てるのに重い負担を強いられるような場合も、現在のサプライヤーによって囲い込まれている可能性が高い。

新しい冷蔵庫を探すのであれば、さまざまな代替品に関する製品情報やユーザーの評価が簡単に入手できるので、探索コストはほとんどかからない。しかし、新しい医者を探すような場合には、単に職業別電話帳や医療従事者名簿をめくるよりも多くの手間がかかるのが一般的だ。患者が望むような情報を載せている資料は簡単に手に入りにくく、また、医療行為が医者と患者というきわめて個人的な関係のうえに成り立っていることを考えれば、実際に診察を受けてみるに越したことはない。

製品やサービスが複雑であったり、顧客用にカスタマイズ化されたものであったり、生活や事業活動に重大な影響を与えるものの場合は、探索コストが高くなる。

たとえば、自動車保険は補償範囲や保険料は各社間でそれほど変わらず、気にする必要があるのは保険会社の信頼性ぐらいだが、これも国の規制によってある程度は保証されている。これとは対照的に、住宅保険は契約内容がより細かく規定されており、補償範囲、免責金額、保険対象になるものとならないもの、保険会社の信頼性、保険金の支払実績などが、保険会社間でまちまちである。こうしたたくさんの細かい規定が、住宅保険の契約変更に対する抵抗感を生む。したがって、現在の保険料やサービス内容に大きな不満を抱き、万一トラブルが発生した際に被る損害が重大になると思う人だけが、わざわざ苦労をしてまで代わりとなる別の保険サービスを探そうとする。

ビジネスの世界では、製品やサービスが特殊でカスタマイズ化されているほど、代替品の探索コストが高くなる。たとえば、頻繁に個別の接触を要する専門職業務や、複雑な製造・出荷システムなどがこれに当てはまる。このようなケースでは、より良い代替品を探すことに多額のコストがかかり、リスクも高いので、たとえ完全には満足していなくても、既存のサプライヤーや弁護士事務所との関係を維持していくほうが容易である。多くの企業は、一社のみの取引先に囲い込まれてしまうリスクを、複数のサプライヤーや専門サービス業者と関係を築くことによって回避している。

以上をまとめると、需要面の競争優位は、顧客の習慣、スイッチング・コスト、探索コストによって築かれ、これは供給面の競争優位（コスト優位）に比べてより一般的に見られ、その効果もより強固である。しかし、これらの優位性も時間がたつにつれて効力が薄れていくことは避けられない。

言葉の通り、新規の顧客はまだだれにも囲い込まれていないのであり、したがってだれにでも手に入れるチャンスがある。また、既存の囲い込み済みの顧客も、彼らが住居を移動したり、年を重ねたり、亡くなることによって、最終的には自分たちの手から離れていく運命にある。

たとえば、十代の若者を対象とする消費財の市場であれば、既存の顧客は必然的に成人となり、かつては十代未満だった新しい世代の顧客が、だれにも囲い込まれていない状態で市場に流入してくる。このプロセスは、人間の一生を通じて繰り返されるものであり、顧客を囲い込める期間にはおのずと限界が生じる。第12章で詳しく述べるように、コカ・コーラでさえ、ペプシが「ペプシ・ジェネレーション」のキャンペーンを打ち出した際には、その力が一時的に弱まった。世代をまたぐ習慣によって長期にわたる優位性を享受している製品は、ハインツのケチャップなどごく少数に限られているように思われる。

第3章

競争優位のタイプ❷

——規模の経済の活用

「規模の経済」と「顧客の囲い込み」の組み合わせ

ここまで述べてきた競争優位は、それほど複雑なものではない。一言でいえば、既存企業は持続的な低いコスト（供給面の競争優位）か、顧客の囲い込みに基づく高い需要（需要面の競争優位）によって、新規参入企業に打ち勝つ可能性が高まるということだ。これら二つの要因は、企業の利益を決める要素である収入とコストを完全にカバーしていると思われるかもしれない。しかし、競争優位の源泉には、もう一つ別の要因がある。

実際のところ、真に持続的な競争優位は、供給面と需要面の優位性が相互作用を生むところから創造されるものであり、具体的には、規模の経済と顧客の囲い込みが組み合わさったときに築かれる。これらがどのように相互作用を発揮するか（この相互作用は、「成長率が高い市場は魅力的である」という通念を覆すこともある）を理解すれば、企業は競争優位をさらに強化するための効果的な戦略を立てることができる。

規模の経済に基づく競争優位の効力は、支配的企業が持つ市場シェアの絶対的な数値ではなく、支配的企業とその競合企業との相対的なシェアの差によって決まる。生産数量が増えるにつれて製品の平均単価が減少していくとすれば、相対的に規模が小さい企業は、たとえ技術や経営資源が他社と同等の条件で入手できるとしても、生産規模が同じ水準に達しない限り、大規模企業のコストに対抗することができない。すなわち、大規模企業はコストが相対的に高い小規模企業にとっては損失となってしまうような価格水準のもとで、高い利益を上げることが可能となる。

通常、規模の経済を生み出すコスト構造には、固定費の比率が高く、生産量の増加に伴う変動費の上昇割合が一定であるという、二つの特徴が見られる。たとえば、アパレル企業は製品一単位当たりに要する繊維原料と労働量が変わらない一方で、複雑な製造設備を必要としないので、変動費の比率が高い。

これとは対照的に、ソフトウェア開発企業のコストはそのほとんどを固定費（ソフトウェアコードの設計費用とテスト費用）が占めており、ひとたびプログラムが完成すれば、製品を追加して製造する際にかかる変動費はきわめて小さい。したがって、生産量や販売量がいくら増えようと、総コスト金額の上昇は非常に緩やかである。事業規模が拡大するにつれて、固定費の割当額がより多くの製品に分散される一方、製品一単位当たりの変動費は変わらないので、製品単位当たりの平均コストは下がることとなる。

しかし、規模の経済が競争優位として働くためには、これらのコスト構造に加えてまだ必要な条件がある。もし、新規参入企業が既存企業と同等の条件で技術や経営資源を入手できるのであれば、理論的にはその新規企業は既存企業と同等の事業規模まで達することが可能である。すべての企業が同等の条件で顧客にアクセスでき、似たようなコスト構造を持ち、似たような製品を似たような取引条件で提供しているような市場では、多少の差こそあれ、総需要が各企業にほぼ均等に分割される。これは、コモディティ市場に限らず、台所用品のような製品が差別化されている市場にも同様に当てはまる原理である。必然的に、これらの市場では、効率的な業務活動を行っている複数の企業が各社似たような事業規模と平均コストを持つこととなる。

したがって、規模の経済が競争優位として機能するためには、ある程度の顧客の囲い込みを伴っている必要がある。効率的な業務活動を行っている既存企業が、価格や製品の特徴で他の競合とそれほど変わらないのであれば、顧客を囲い込むことにより、圧倒的な市場シェアを維持できる。新規参入企業は、業務活動の効率性を上げることは自体は可能かもしれないが、既存企業に匹敵する事業規模に達することはできず、彼らの平均コストは既存企業より高いままとなる。

したがって、既存企業は自分たちだけが利益を計上して市場シェアを伸ばせる水準まで価格を下げたり、自社と同じ水準に価格を合わせてくる競合の利益をすべて奪ってしまうことができる。既存企業によって一定の顧客が囲い込まれている状況では、新規参入企業はけっして既存企業に追いつくことができず、規模の経済でずっと不利な状況に置かれることとなる。このように、たとえ顧客の囲い込みが一定の範囲にとどまるにせよ、それが規模の経済と組み合わされたときは、非常に強力な競争優位となる。

こうした状況下で働く力学については、より詳細に調べる価値がある。既存企業と同等の技術や経営資源にアクセスできる新規参入企業がしつこく粘り続ければ、遅かれ早かれ既存企業に匹敵する事業規模まで到達すると考えることは合理的だと思われるかもしれない。もし既存企業が油断して自社の地位を守るための行動を怠れば、実際に新規参入企業が既存企業に追いつく可能性はある。

アメリカ自動車市場への日本メーカー勢の参入や、コダックに戦いを挑んだ富士フイルムの成功、一九八〇年代の使い捨てカミソリ市場でジレットから大きなシェアを奪ったビックなどの事例は、適切に防御されなければ、規模の経済に基づく優位性がいかに脆いかを証明するものである。

とはいうものの、防御が適切に行われる限り、勝算は明らかに既存企業の側にある。既存企業が自社の持つ競争優位の性質を理解し、それを適切かつ確実に防御する戦略がきわめて重要な理由はそこにある。それがいかに重要かは、OS市場におけるマイクロソフト、民間航空機市場でのボーイングとマクドネル・ダグラスの戦い、郵便料金計器市場でのピツニーボウズ（訳注：世界シェアの六割強を占めている）を見れば明らかだろう。

競争優位を獲得するためには、規模が大きい市場よりも小さい市場のほうが適している。その理由は、簡単に説明できる。

たとえば、ネブラスカ州にある人口五万人弱の田舎町を想像してほしい。この程度の規模の町には、大きなディスカウント店が存在する余地はせいぜい一店舗分しかない。このようなディスカウント店を開業することを決意した小売企業は、競争のない独占体制を享受できることを当然期待する。もしこの町に二つ目の店舗が開店されれば、顧客は分散され、どちらの店も十分な利益を上げられない状態に陥ることが予想される。経済的な諸条件が同じだと仮定すれば、後発企業が先発企業を市場から追い出すことは期待できないので、後発企業にとっては、先発企業の独占体制をそのままにして、市場から立ち去ることが最善の選択肢となる。

ネブラスカ州の田舎町と対極に位置するマーケットとして挙げられるのは、ニューヨークである。この大きな市場には、実質的に似たような店舗を多数受け入れる余地が存在する。このような市場では、いくら強力で豊富な資金を持つ既存企業であれ、新規店の参入を阻止する力は限られる。つまり、新規参入企業に対して、規模の経済に基づく参入障壁を築くことができないのだ。

容易に想像できるように、中規模の市場で既存企業が参入障壁を築き、それを維持できる能力は、市場規模が小さい場合と大きい場合の中間に収まる。この一般原則は、地理的な範囲での市場規模と、製品種別の面での市場規模の双方に当てはまる。すなわち、ニッチ市場で販売されている特殊用途のコンピュータのほうが、はるかに市場規模が大きい汎用パソコンよりも、規模の経済に基づく優位性を築いて、そこから大きな利益を得る機会は多い。

ウォルマートは小売業界の世界最強企業になるずっと以前から、アメリカの中南部において、局所的な規模の経済を流通業務、広告宣伝活動、店舗管理業務で生かして、高い収益性と圧倒的なシェアを誇っていた。そして、ひとたび支配した市場では、「エブリデー・ロープライス」の販売政策を積極的に展開して、その領域を堅守した。

テキサス州とその周辺を中心に地域限定の国内線を運航しているサウスウエスト航空は、ウォルマートと同様の高い収益力を誇っており、その他にも、小売、電気通信、住宅開発、金融、医療などのサービス産業では、地域密着型の経営で強力な地位を築いている企業が多数存在する。

模倣こそが最善の防御策

規模の経済に基づく競争優位を持っている企業にとっての最善の戦略は模倣、すなわち攻勢を仕掛けてくる競合と同じ行動を取ることである。つまり、値下げには値下げで、新製品には新製品で、ニッチ市場への参入にはニッチ市場への参入で対抗するのだ。そうすれば、囲い込み顧客には慣性の力が働いて既存企業のシェアは守られるし、どの競争段階でも平均コストは新規参入企業のほうが既存企業よりも高くなる。たしかに、この行動を取ることで既存企業の収益性は低下するかもしれないが、新規参入企業のほうが痛手は大きく、利益が完全になくなってしまうことも多い。競合から直接攻撃を受けたとしても、既存企業の競争優位は残り続ける。

規模の経済と既存の囲い込み顧客の組み合わせは、新しい顧客や新技術を獲得するための競争でも優位に働く。例として、ウィンドウズ・パソコンに搭載する次世代マイクロプロセッサ（ＣＰＵ）の開発をめぐるインテルとＡＭＤ（アドバンスド・マイクロ・デバイス）――もしくは、ＩＢＭやモトローラなど他の潜在的な競合でもいいのだが――の競争を考えてみよう。

パソコンメーカー各社はインテルと取引することに慣れているし、インテルが提供する製品の品質、納期の安定性、サポート体制にも満足している。これらすべての面において、ＡＭＤがインテルにけっして劣っていないとしても、市場シェアがずっと低く、取引実績が乏しいＡＭＤは、メーカーとの間にインテルと同様の密接な関係を築くことができない。

仮にＡＭＤとインテルが、性能面での優劣がなく、価格も同じ次世代ＣＰＵをほぼ同時期に開発したとすれば、必然的にインテルが圧倒的なシェアを獲得することとなる。言い換えれば、インテルが現在占めている約九〇％のシェアを維持するためには、ＡＭＤと同等の製品やサービスを提供するだけでよい。たとえＣＰＵの性能がＡＭＤを上回っていなくても、利益は自分たちのほうがずっと大きいことをわかっているので、インテルは次世代用ＣＰＵの開発にＡＭＤよりもはるかに大きい金額を投資する余裕がある。

大まかな経験則にしたがえば、インテルとＡＭＤが投資に費やす金額は、両社の現在の市場シェアに比例する。仮に各社が売上高の一〇％をＲ＆Ｄ（研究開発）に投資すると仮定すれば、インテルの投資額は二六億ドルとなり、ＡＭＤの投資額である三億ドルをかなり上回る。この大きな差は、次世代技術をめぐる競争のうえでインテルにきわめて有利に働く。

実際のところ、状況はＡＭＤにとってさらに不利である。というのも、ＡＭＤが万一インテルより優れた新しいＣＰＵを開発したとしても、パソコンメーカーはすぐにＡＭＤに乗り換えることはせず、インテルに対して同等の性能を持つＣＰＵを開発するための猶予期間をかなり長く与えるからだ。

この二社間で繰り広げられてきた競争の歴史では、インテルがより大きな投資額を生かしてＡＭＤより優れた新技術を開発することに成功したケースと、ＡＭＤが優れた製品を開発したにもかかわらず、インテルが囲い込み顧客の恩恵を受けてＡＭＤに追いつくための時間を与えられたケースの双方が実際に見られている。このように、規模の経済と顧客の囲い込みは、インテルが何世代にもわたって技術面での優位性を維持することを可能にしてきた。

規模の経済は、流通面と広告面でも、顧客の囲い込みを維持もしくは拡大することに効果を発揮する。たとえば、仮に規模が小さい競合企業が、ケロッグ、マクドナルド、コカ・コーラなどの巨大企業と同じ割合（対売上高）の金額を製品開発、営業力強化、広告宣伝に投じることができるとしても、絶対額では足下にも及ばない。

規模の経済と顧客の囲い込みの組み合わせは、新しい顧客を獲得したり、新世代の技術を開発したりする競争のうえで、既存企業を非常に有利な状況に置くものであり、もっとも持続的な競争優位を創造する。

市場シェアを死守する

規模の経済は、既存企業が下さなければならない戦略的意思決定において、三つの重要な意味合いを持つ。第一に、規模の経済に基づく競争優位を持続させるためには、既存企業はそれを防御し続けなければならない。どんなに小さい割合でも、競合によって市場シェアが奪われれば、その分だけ競合との平均コストの差が縮まり、既存企業の優位性は弱まることとなる。顧客の囲い込みに基づく競争優位（需要面）や、低コストに基づく競争優位（供給面）の場合には、市場シェアの低下によって、その効力が影響を受けることがないのとは対照的だ。

規模の経済が重要な要素となる場合には、既存のリーダー企業は常に競合の動きを警戒する必要がある。もし競合が魅力的な性能を持つ新製品を導入したら、リーダー企業はすぐに同様の新製品を市場に送り込まなければならない。また、競合が大々的なマーケティング・キャンペーンを始めたり、新しい物流システムを開発したりした場合には、リーダー企業は何らかの対策を講じて、それを無力化しなければならない。

まだだれにも手がつけられていないニッチ市場は、最低でも存続可能な事業規模の達成を目指す新規参入企業に対して開かれたマーケットであるが、既存企業はこれらの市場を安易に解放してはならない。

たとえば、パソコン業界の関心がインターネットに集まったとき、マイクロソフトはネットスケープに立ち向かうために自社自身のブラウザを開発しなければならなかったし、AOLのようなニッチ企業に対抗するためのネットワークシステム（MSN）を導入しなければならなかった。一九五〇年代に、ペプシが新しい流通チャネルとしてスーパーマーケットに狙いを定めたときには、これに対抗するコカ・コーラの動きが遅かったため、ペプシにシェアを奪われる結果となった。

一九六〇年代には、ホンダをはじめとする日本のオートバイメーカーが安価な製品をアメリカで販売し始めたが、国内メーカーは何の対抗策も講じず、これが結果的にはほぼすべてのアメリカのメーカーが消滅するきっかけとなった。ハーレーダビッドソンは政府の資金援助を受けて辛うじて生き残ったが、これとて日本のメーカーが重量級バイクのニッチ市場に関しては、ハーレーに譲ることを容認したためである。このように、規模の経済を防御するためには、絶えず競合の動きを用心する必要があるのだ。

事業規模の大きさは重要ではない

第二に、企業は事業規模の大きさそのものと、規模の経済とは異なるということを理解しなければならない。規模の経済は、ある市場の支配的企業が、その市場で必要な固定費を競合より多くの製品に少なく割り当てられることから生じるものである。したがって、規模の経済を創造する要因は、事業規模の大きさそのものではなく、対象となる市場における占有率《シェア》なのである。

ここでいうところの「対象となる市場」とは、地理的な面であれその他の面であれ、その範囲内では固定費の金額が一定で変わらない領域を指す。小売企業を例に取れば、物流設備費用、広告宣伝費、店舗管理費といった固定費は、各主要都市や一定の地域圏内で大きく動くことがない。しかし、この範囲を超えて営業活動を行おうとすれば、新たな固定費が発生して、規模の経済の効果も弱まる。

AT&Tがまだ本体で携帯電話事業を行っていたとき、アメリカ北東部と大西洋岸の地域では、その地域で高いシェアを占めていたベライゾンに比べて、売上高一単位当たりの固定費はAT&Tのほうが大きかった。事業規模が大きいからといって、規模の経済が働くとは限らない顕著な事例だ（訳注：AT&Tはアメリカ最大の電話会社である。携帯電話事業は現在、本体から分離されたAT&Tモビリティが行っている）。

これと同じ条件は、地理的な範囲ではなく、製品種別の範囲でも同様に当てはまる。新製品の開発に着手する際の立ち上げのための費用や品質管理を行う従業員の人件費などを含む研究開発費は、ある特定の製品に紐づけられる固定費である。ＩＢＭの総売上高はインテルより大きいが、ＩＢＭの研究開発費はインテルよりもはるかに多種類の製品に対して割り当てられるため、規模の経済が働きにくい。これに対してインテルは、ＣＰＵの開発と製造では特有の技術のみが用いられるため、規模の経済による効果を享受できるのである。

規模の経済が持つネットワーク効果にも、同様の原理が当てはまる。ネットワーク効果は、顧客が大勢の人から構成されるネットワークに属することから利点を得るものであるが、その効力と規模の経済が及ぶ範囲はネットワークのなかだけに限られる。

たとえば、エトナのＨＭＯ〈訳注：ＨＭＯ〈Health Maintenance Organization〉とは、病院、医師、医療サービス企業などが一つのネットワークを形成して、それに加入する個人や企業が一定金額をそのネットワークに毎月支払うことで、ネットワーク傘下の医療機関から医療サービスを受けられる制度である。ＨＭＯプランの加入者は、ネットワーク内の医療機関等で、非常に少ない自己負担額で医療サービスを受けられる〉は、全国的に見ればオックスフォード・ヘルス・プランのＨＭＯよりも多くの加入者を有している。しかし、医療サービスは地域ごとに提供される性質を持つため、全国的な市場シェアよりもその地域内でのシェアが重要となる。

ニューヨークの大都市圏に限っていえば、エトナよりもオックスフォードのＨＭＯのほうが、より多くの加入者と医師をネットワークに抱えている。この地域での新しい患者にとっては、六〇％のシェアを占めているオックスフォードのほうが、シェアが二〇％のエトナより魅力的に映る。エトナがシカゴ、ロサンゼルス、ダラス、フィラデルフィアでも二〇％のシェアを持っていることなど、ニューヨーカーである患者にはまったく関係ないのである。したがって、規模の経済の効果を適切に評価するためには、関連するネットワークの内部に限定して固定費を比較することが必要となる。

規模の経済の効果が及ぶ範囲が全世界的な規模と一致する業界も、わずかながら存在する。その一例として挙げられるのが、全世界につながっているOS市場とCPU市場であり、マイクロソフトとインテルはグローバルな範囲で規模の経済の恩恵を受けている。また、ボーイングとエアバスの二社が支配している民間航空機市場も、このような業界の例である。

ただ、ある程度多角化しているとはいえ、これら四社はいずれも基本的には単一の製品に集中して事業活動を行っている企業であり、製品種別の面からとらえれば、彼らが享受している規模の経済はローカルな性質のものであるということもできる。もっとも成功しているコングロマリット（多角経営企業）であるGEが常に重視しているのは、自社が従事する特定の市場における相対的なシェアであり、市場規模全体の大きさではない。

市場の成長は規模の経済を弱める

規模の経済が持つ重要な意味合いの第三は、市場の成長や拡大は、規模の経済に基づく競争優位に対して、一般的には有利ではなく、不利に働くということである。規模の経済に起因する優位性の強さは、固定費の重要度の高さと直接的に関係する。市場規模が拡大しても、固定費の金額は一定で変わらないが、その反面、変動費の金額は、市場が成長する速度に比例して増加するため、総コストに占める固定費の割合は必然的に減少することとなる。

このことは、既存企業が相対的な規模の大きさから得ていた優位性を弱める方向へ働く。簡単な例として、一社当たり年間一〇万ドルの固定費がかかる市場で、既存企業と新規参入企業の二社が競争しているケースを考えてみよう。

新規参入企業の売上高が五〇万ドル、既存企業の売上高が二五〇万ドルと仮定すれば、売上高に対する固定費の割合は新規企業で二〇％、既存企業で四％となり、両社の間には一六％の差が生じる。ここで、市場規模が二

表 3-1 市場規模拡大と固定費の関係（単位：ドル）

	新規参入企業	既存企業	差異
	当初の市場規模		
売上高	500,000	2,500,000	2,000,000
固定費	100,000	100,000	―
固定費の割合	20%	4%	16%
	市場規模：2倍		
売上高	1,000,000	5,000,000	4,000,000
固定費	100,000	100,000	―
固定費の割合	10%	2%	8%
	市場規模：10倍		
売上高	5,000,000	25,000,000	20,000,000
固定費	100,000	100,000	―
固定費の割合	2%	0.4%	1.6%

倍に拡大して、各社の売上高もそれぞれ倍増すると仮定すると、売上高に対する固定費の割合の差は八％に縮まる。さらに、市場規模と各社の売上高が当初の一〇倍となる状況を想定すると、この差は一・六％まで縮小することとなる（**表3-1**を参照）。

また、市場規模の拡大は、新規参入企業が存続可能な競争力を持つために乗り越えなければならない障壁の高さを低くする方向にも働く。

上記の例で、売上高に対する固定費の割合の差が二％以下であれば、新規参入企業は既存企業に対抗しうる競争力を持つことができると仮定しよう。年間の固定費は一〇万ドルなので、新規参入企業は五〇〇万ドルの売上高を達成すれば、この条件を満たすことができる（訳注：売上高が五〇〇万ドルのとき、固定費の割合は二％〈＝一〇÷五〇〇〉となるので、既存企業がどんなに固定費の割合を低くしても、その差が二％より大きくなることはない）。

したがって、全体の市場規模が二五〇〇万ドルのときは、新規参入企業は二〇％のシェアを達成する必要があるが、市場規模が一億ドルに拡大すれば、五％のシェアを達成するだけでよくなり、明らかに障壁は低くなる。

たとえこの市場には既存企業と新規参入企業の二社しか存在せず、既存企業の売上高が九五〇〇万ドルだとしても、依然として優位性の差は二％以下に収まるのである。

市場の領域が国家間にまたがり、規模が巨大になるにつれて、規模の経済に基づく優位性が弱まることを示す明白な例がある。自動車のグローバル市場には多くの競合メーカーがひしめいているが、その市場規模が巨大であるがゆえに、各社のシェアがたとえ数％程度の小さな数値に過ぎないとしても、その多くが規模の経済によって不利な状況に追い込まれることはない操業水準を達成している（逆にいえば、規模の経済で競争優位を築くことはほぼ不可能である）。

また、インターネット・サービスやオンライン販売のように非常に大きな成長が見込まれている市場では、固定費の重要性が高まることは考えにくい。新規参入企業がひとたび、事業活動に必要なインフラを維持するために十分なシェアを獲得してしまえば、アマゾンのような既存企業が彼らを市場から追い出すことは非常に難しくなる。

直感に反することかもしれないが、規模の経済に基づく競争優位は、地理的もしくは製品種別の範囲が限定されており、固定費が相対的に大きな割合を占め続ける、ローカルかつニッチな市場で見られることがほとんどである。

規制緩和が行われた後の電気通信業界は、ローカルな規模の経済の重要性を示す好例である。この業界では、二番手や三番手の大手企業が存続可能な規模を達成するには小さすぎる市場で事業を営んでいる技術水準の低い地域電話会社のほうが、AT&T、ワールドコム、スプリント（訳注：ワールドコムは、二〇〇二年七月にチャプター11〈米連邦破産法第一一章〉の適用を申請した。スプリントは現在のスプリント・ネクステルであり、アメリカ第三位の携帯電話事業者）のような全国的な長距離電話会社よりもずっと高い収益率を誇っている。

2 需要と供給、両面に基づく競争優位と戦略

どんな市場であろうと、最適な戦略は市場に存在する競争優位の有無とそのタイプによって決まる。もっとも単純なケースは、どのような競争優位も存在しない市場である。このような市場では、ある企業とその競合（既存の競合と潜在的な競合の双方を含む）を実質的に区別するものはなく、競争上の経済的な条件は各社にとって同等である。歴史的にも理論的にも、こうした市場の基本的な経済構造を、一つの企業が単独で自社に有利なように変えるのは難しいことが確認されている。

競争優位が存在しない市場に属している企業は、非現実的な戦略の夢物語を描くことは忘れて、できる限り効率的な業務活動を行うことに専念すべきである。このような競争環境で重要なのは、コスト管理、製品開発、マーケティング、特定の顧客層に対する価格設定、資金調達、その他あらゆる業務に関する効率性であり、他の競合よりも効率的に業務活動を遂行できる企業が成功することとなる。

すべてのプレーヤーが顧客、経営資源、技術、事業規模等をほぼ同等の条件で入手できるような競争優位が存在しない業界でも、業務効率が高い企業は競合よりもずっと大きい利益を稼ぐことができる。第9章では、さまざまな業界の例を挙げて、企業間の業務効率の差がいかに大きく、そして重要であるかを示す。

効率的な業務活動を実現している企業には、単一の事業に特化して、自社内部の作業に集中的に取り組んでいるという共通の傾向が見られる。独占的な技術（供給面）や、顧客の囲い込み（需要面）に基づく競争優位を確立している企業が存在する市場では、それらの競争優位を最大限活用し、またできる限り強化することが最適な戦略となる。

競争優位を最大限に活用するための方法にはさまざまな形がある。たとえば、囲い込み顧客を抱えている企業は、競合よりも高い価格を設定することができる。もし競争優位が低コストに基づくものであれば、売上高を伸

ばすために競合よりも低い価格を設定するか、コスト優位を十分享受するために現在の価格を維持するかの間でバランスを取ることができる。

市場を一社で独占しているか、自社以外には多数の弱小企業しか存在しないのであれば、その企業は試行錯誤を繰り返しつつ、適正な価格水準を探っていくことができる。この企業は、どれくらいの価格水準やどのようなマーケティング手法が最大の利益を生むかを常に監視しなければならないが、自社の行動に対して競合がどのように反応するかについて、とりたてて心配する必要はない。

実際のところ、上述したような競争優位を活用するための一連の行為は、その大部分が業務活動の効率性にかかわる事項である。戦略が複雑となるのは、少数の有力企業が競争優位を共有している状況の場合のみであり、後に続く章では、これら少数企業間の相互作用がきわめて重要となるケースに紙幅の多くを割いている。

競争優位を強化するためには、まずその優位性の源泉を見極めて、そこで作用している経済的な力を増幅させる必要がある。競争優位の源泉が独占的な技術に起因するコスト優位であれば、その技術を継続的に改善して、現在の優位性を維持または拡大するために特許性の高い新機軸を次々と打ち出していかなければならない。もちろんここでも、研究開発投資が十分な成果につながっていることをきちんと確認するなど、内部組織の効率性が重要となる。

あるいは競争優位の源泉が顧客の囲い込みであれば、新しい顧客に購買習慣を根づかせたり、スイッチング・コストを高めたり、代替品の探索を複雑かつ困難にするように働きかけなければならない。商品が高額である場合には、顧客の購買頻度を高めたり、分割支払の期間をできるだけ長く延ばしたり、顧客にとって自社との関係を維持するほうが、他の取引先に変更するよりも気楽だと感じさせるような方策を取る必要があるだろう。

だいぶ昔のことではあるが、車の買い替えサイクルの長期化という問題に直面した自動車業界は、これに対処するための方策を見出した。一九五〇年代の後半から一九六〇年代の前半にかけて、自動車メーカーは非常にわかりやすいモデルチェンジを毎年行うことを始めて、顧客の購買頻度を高めるように働きかけた。また、中古車の下取りを始めたり、顧客の資金負担を軽減するための月賦販売制度を導入したりした。最近のリース・プログラムでは、古い車のリース期間が終わる前に、新車に替えることができるプランが提供されている。マイレージ・サービス、提携クレジットカード、ポイント制度などのカスタマー・ロイヤルティ・プログラムも、顧客の囲い込みを持続するという同様の狙いを持つ施策である。

また、カミソリの本体は安く販売して、付け替え刃の定期的な買い替えから利益を稼ぐというジレットの有名な戦略は、他の業界でも模倣されている。たとえば、雑誌の定期購読販売で、最初の号は割安な価格で提供して、その後の通常価格号から利益を得るという販売方法はその一種だ。これらの手法すべてに共通している要素は、顧客に他の選択肢をじっくり考えさせず、ほぼ自動的かつ無意識的に購入を繰り返させることである。

スイッチング・コストを高めるためによく行われるのは、提供するサービスの幅を広げたり、深く掘り下げる方法である。たとえば、マイクロソフトはその根幹となるウィンドウズOSに新しい機能を定期的に付け足していくことで、顧客が他のOSに乗り換えて、それに慣れ親しむまでの作業を煩わしく感じさせている。

また、銀行が窓口やATMでの単純な入出金処理から、自動料金引き落とし、当座貸越、給与振込などサービス機能を広げていくにつれて、たとえ別の銀行がいくつかの面で条件が良いサービスを提供していたとしても、顧客は取引銀行を変えたがらなくなる。

さまざまな機能を統合してサービスを提供するという戦術は、顧客の探索コストを高めるのに効果がある。自社と他社のサービスが、ともに複雑であるという点では変わらなくとも、その内容が完全に同じでない場合には、両者を比較して検討することが困難となる。たとえば、休日の時間を割いて、各携帯電話会社の料金体系とサービス内容を細かく比較分析する人はほとんどいない。また、提供する製品やサービスの重要性や付加価値が高まるほど、他に乗り換えて失敗したときのリスクが大きくなる。

これと同じ理屈で、他に乗り換えたら失敗する可能性があると顧客が考えるときは、「試用コスト」が高くなる。すなわち、何か新しいものを試している間に、かなりまずい結果が生じるかもしれないというものだ。これが当てはまるのは、心臓外科医や住宅保険会社を選択する場合などの、明白な状況だけにとどまらない。たとえば、フィリップモリスはマルボロを吸う人のイメージを良くすることに多額の費用を投じた。仮に喫煙者が、自分の社会的な立場は吸っているタバコの銘柄によって決まると思っているのであれば、その人にとって銘柄をキャメルに変えることは受け入れがたいかもしれない。このように、製品やサービスの複雑さ、付加価値の高さ、重要性は、いずれも顧客の探索コストを高める要素である。

規模の経済に基づく競争優位と戦略

規模の経済に基づく競争優位は、二つの理由によって、他の競争優位とは一線を画している。第一に、この競争優位は他の二つの競争優位（供給面、需要面）よりも持続性がずっと長く、それゆえ価値が高い。コカ・コーラは、世界でもっとも価値のあるブランドの一つであるが、それは非常に広く知られているからではなく、広告面と流通面における規模の経済と顧客の囲い込みが、見事に組み合わされているからである。これらの競争優位のおかげで、コカ・コーラは新しい顧客を獲得する際、競合よりも有利な立場にある。具体的には、小規模な競合よりもずっと安いコストで新しい顧客に訴えかけたり（広告面）、製品を提供したり（流通面）することができるのだ。

しかし、競争優位の強さは特定の地域ごとで異なり、いかにコカ・コーラが世界中で知られているからといって、すべての国の清涼飲料水市場を支配しているわけではない。たとえば、韓国ではペプシと提携している国内企業がトップシェアを誇っており、コカ・コーラがもっとも価値のあるブランドではない。これとは逆に、ベネズエラではサプライチェーンを支配している国内最大のボトラーが、提携相手をペプシからコカ・コーラに突然切り替えたというだけの理由で、一夜にしてコカ・コーラがペプシに代わって首位ブランドとなった。

第二に、規模の経済に基づく競争優位は、時間が経過するにつれて自然と弱まっていく性質があるため、全力を挙げてそれを防御しなければならない。競合が現在よりも事業規模を拡大すれば、リーダー企業との間の平均コストの差は縮小する。平均コストが下がるにつれて、利益率と経営資源の質が高まっていくので、競合がコスト差を縮めていくことはどんどん容易になる。ある時点でリーダー企業の優位性は消失し、やがて規模が逆転すれば、以前のリーダー企業は競争劣位に立たされることとなる。

規模の経済に基づく優位性は、それを失ってしまう可能性もあれば、新たに創造できる可能性もある。必要となる固定費が巨額でありながら、現在は多数の小規模企業がひしめき合っているような市場では、一社が単独で圧倒的なシェアを獲得するチャンスがある。さらに、それがある程度の囲い込み顧客と組み合わされれば、その支配的なシェアはより強固なものとなる。

強固な競争優位を築くための最善策は、まずはローカルな市場で支配的な地位を確固たるものとして、次にその周辺へと徐々に支配領域を広げていくことである。これは、ウォルマート創始者のサム・ウォルトンが、最初はアーカンソー州の田舎町を支配するところから始めて、そこを基盤に全国へ拡大していったのと同じプロセスだ。また、マイクロソフトがその製品領域をOSからアプリケーションソフトへと徐々に広げていったのも、同様のやり方である。逆にいえば、たとえ市場で支配的な地位を築いている企業でも、あぐらをかいて油断していれば、競合が突破口を開いてシェアの略奪に成功する可能性はある。

ウォルマートは、既存の領域で築いた規模の経済に基づく戦略を、競合の事業領域へも拡大適用していくことによって、Kマートや他の競合ディスカウント店に勝利した。また、マイクロソフトは、アプリケーションソフトの事業でロータスやワードパーフェクトに対して同様の戦略を取った。とりわけ市場がローカルな場合には、規模の経済が持続可能な競争優位を築くためのカギとなる。

これらの機会を追求する際には、市場規模の大きさと急成長は、既存企業にとって有利ではなく不利に働くという点を覚えておくことが大切である。仮に巨額の固定費が必要だとしても、大規模な市場には多数の競合を受け入れる余地がある。市場の急成長には、まだだれにも囲い込まれていない新しい顧客の流入が伴い、これらの顧客は新規参入企業に存続可能な事業機会を与える可能性がある。

既存企業と新規参入企業の双方にとって適切な戦略は、すべてのニッチ市場が同様に魅力的なわけではないということを十分理解しつつ、本当に魅力があるニッチ市場を見極めることである。

真に魅力的なニッチ市場は、①顧客の囲い込みが可能である、②必要となる固定費の水準に比べて市場の規模が小さい、③用心深い支配的企業が存在しない、という三つの特徴を備えていなければならない。理想をいえば、その周辺領域に事業を広げていきやすい市場であれば、なおさら良い。いずれにせよ、「ローカルに考える」ことが成功の秘訣である。

競合からの攻撃を受け身で待つのではなく、既存企業の側から先手を打つこともできる。大々的な広告宣伝活動を行うなどの固定費を高める方策を取れば、小規模な競合は利益を削ってでも同等の広告宣伝費を投じるか、広告宣伝費の追加支出は行わずに新規顧客の獲得を断念するかの厳しい選択を迫られることとなる。自動データ処理を行う集中施設の建設など、多額の設備投資を伴う生産工程や製品も、小規模な競合を厳しい状況に追い込む。製品の開発サイクルを速めることで、研究開発費を上昇させることも選択肢の一つである。変動費を固定費にうまく転換できる策を見つければ、それは規模の経済に基づく優位性を強化する働きを持つ。

これとは対照的に、誤った考えに基づく成長計画は、競争優位を弱めることとなる。「成長なければ死あるのみ」という企業規範は、現実には「成長して死滅する」という結果につながることが多い。Kマート、コダック、RCA、ウェスティングハウス、CBS、AT&Tなど、いずれもかつては光り輝いていた企業の顔ぶれは、いまではすっかり焦点の定まらない成長戦略がいかに危険であるかを示す証拠となっている。これらの企業は、自分たちが支配者として大きな利益を上げていた市場を防御する代わりに、みずからは新参者に過ぎず、強力な既存企業と戦わなければならない市場に莫大な資金を投じて浪費した。

それらの企業とは対照的に、キンバリー・クラーク、ウォルグリーン、コルゲート、ベスト・バイなど、自社が根本的な競争優位を持つ市場に専念し続けた企業はいずれも生き残り、概して好調な業績を達成している。競争優位はほぼ例外なく、個々の市場に特有のものである。競争優位は、拡大成長の考えしか頭にないようなCEOたちの野望を満たすべく、ある市場から別の市場へと伝播していくようなものではないのだ。

次章では、競争優位を評価するための詳細な分析手続きを紹介する。この分析手法は、適切な状況のもとで用いられる必要がある。戦略策定の第一段階は、企業が現在取り組んでいる、または将来的に参入する可能性がある市場を、競争優位の有無の観点から調べることである。

本章で述べたことをまとめると、次のようになる。

●市場に競争優位が存在しておらず、今後もその状況が変わらない可能性が高ければ、唯一の選択肢は業務活動の効率性を上げることである。
●常に競合の動きを警戒している用心深い一社または複数の既存企業が競争優位を築いている市場であれば、新規参入を考えている企業は検討を中止し、競争優位を持たない既存企業は市場から撤退するのが賢明な策である。
●自社が競争優位を享受している場合には、それを適切に管理して防御することが最善の戦略となる。

●規模の経済を築くことで競争優位が得られる市場がある。たいていの場合、これらの市場は地理的範囲または製品種別の面でローカルな性質を持っている。

そして、最後に挙げたローカルな市場こそ、戦略分析で焦点を当てるべき対象となる。注意深く調べれば、多くの企業がこれらのローカルな市場で支配的な地位を築き、標準を上回るＲＯＩＣ（投下資本利益率）を獲得できる可能性を持っている。にもかかわらず、グローバル戦略という名のもとに無分別な成長を追求する企業があまりにも多い結果、このようなローカルな市場機会がしばしば見過ごされているのは、きわめて残念といわざるをえない。

第4章

競争優位の評価法

——競争優位はどこから生まれるのか

評価作業の三つのステップ

経営戦略の中心にあるのは競争優位の概念であり、競争優位を持っているかどうか、持っているのであれば、その源泉が何であるかを見極めることが非常に大切である。

競争優位の評価作業では、基本的に以下の三つのステップを踏む（**図4-1**を参照）。

①事業活動を行っている市場と、その競争状況を確認する

どのような市場に属しているのか？　それぞれの市場での競合は？

②それぞれの市場に対して、競争優位が存在するかどうかを調べる

既存企業が安定的な市場シェアを維持しているか？　既存企業が長期にわたってきわめて高い利益率を上げているか？

③競争優位の源泉として考えうるものを特定する

既存企業が独占的な技術や囲い込み顧客を持っているか？　既存企業が恩恵を受けている規模の経済や法的

図 4-1　競争優位の評価：３つのステップ

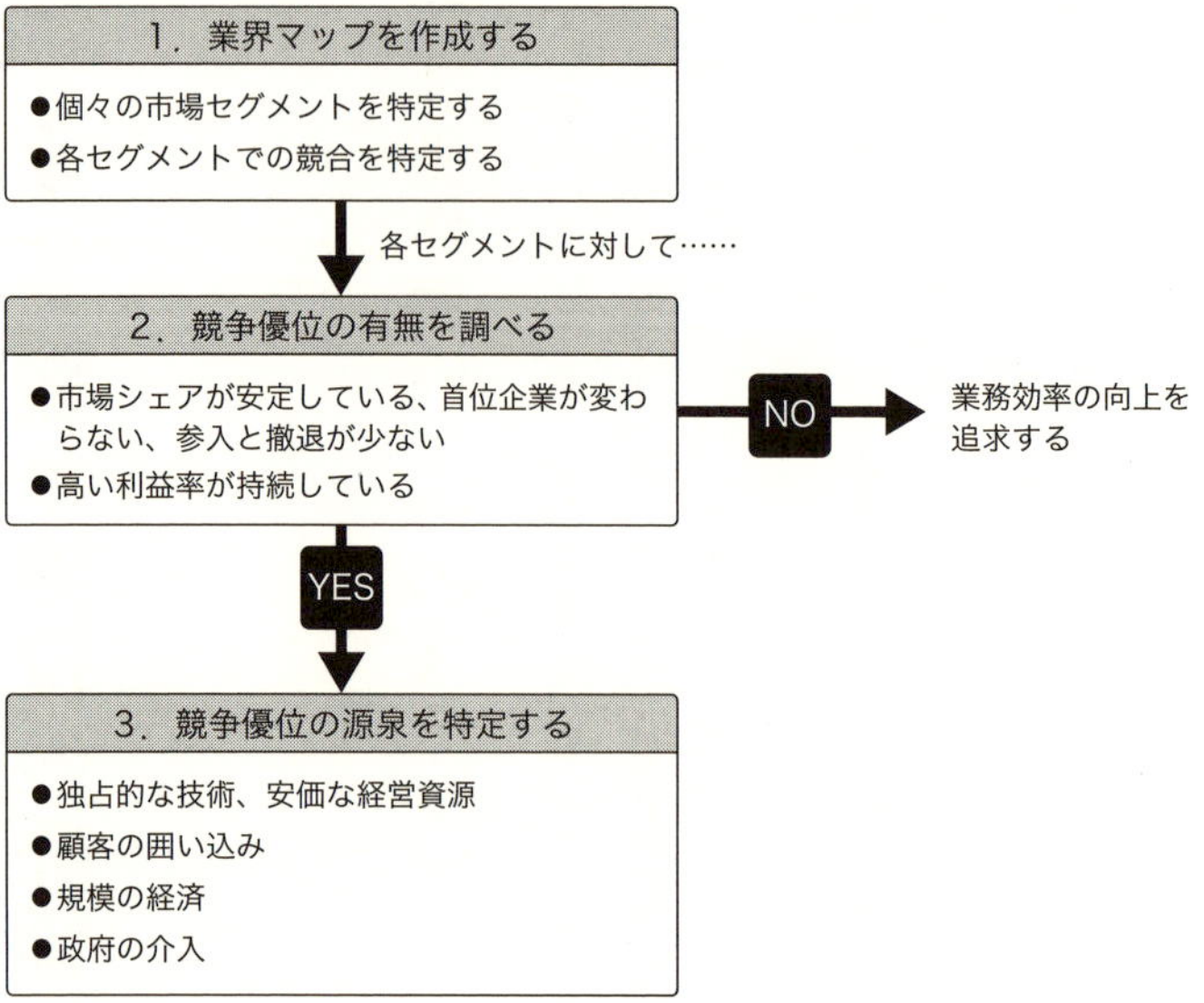
1．業界マップを作成する
●個々の市場セグメントを特定する
●各セグメントでの競合を特定する
各セグメントに対して……
2．競争優位の有無を調べる
●市場シェアが安定している、首位企業が変わらない、参入と撤退が少ない
●高い利益率が持続している
NO
業務効率の向上を追求する
YES
3．競争優位の源泉を特定する
●独占的な技術、安価な経営資源
●顧客の囲い込み
●規模の経済
●政府の介入

規制が存在するか？

最初の、そしてもっとも重要なステップは、対象となる市場の競争構造を表す「業界マップ」を作成することである。このマップは、業界全体を構成している市場セグメントと、各セグメントの主要企業を特定する。あるセグメントと別のセグメントの境界線は、必ずしも明白ではない。しかし、マップ上で隣接し合っているセグメントに同じ企業群の名前が並ぶようであれば、それらのセグメントは一つの市場として扱うのが通常である。たとえセグメントの分解が完全に正確ではないとしても、業界マップの作成は、ある企業が業界の全体構造のなかでどこに位置しており、どの企業と競合しているかを理解することに役立つ。

評価作業の第二ステップは、各市場セグメントについて、そのセグメントが参入障壁によって守られているか、言い換えれば、何らかの競争優位を持つ既存企業が存在するかどうかを調べることである。

参入障壁や競争優位が存在するか否かを判断するには、以下の二つの項目について調べるとよい。

市場シェアの安定性

一つ目は、各企業の市場シェアの安定性である。もし、セグメント内の企業が互いのシェアを奪ったり奪われたりを繰り返しているようであれば、彼らが競争優位によって守られている可能性は低い。一方、セグメント内の企業が長期間にわたってシェアを安定的に維持し続けているような場合は、競争優位によって各社の市場地位が守られている可能性がある。[注2]

企業間の相対的な市場地位の安定性も、調査すべき項目の一つとして挙げられる。ここで重要となる指標は、過去の首位企業の変遷である。首位が長年にわたって変わっていなければ、その事実はセグメントに競争優位が存在することを強く示唆する。逆に、首位企業を一社に選び抜くことが不可能だったり、首位企業が頻繁に変わったりしているようであれば、そのセグメントでは持続可能な競争優位を持つ企業は存在しない可能性が高い。

加えるならば、そのセグメントへの参入と撤退の歴史も、一つの手がかりを提供する。参入と撤退が頻繁に繰り返されていたり、順位変動が激しかったり、プレーヤーの数が多いほど、そのセグメントに参入障壁と競争優位が存在する可能性は低い。反面、セグメント内の企業数が少なく、その顔ぶれや順位も安定していれば、既存企業が参入障壁で守られている可能性が高い。

セグメント内の企業の利益率

競争優位が存在しない市場では、新規企業の参入によって、既存企業の利益率が資本コストを上回らない水準まで押し下げられることとなる。もし、ある市場で資本コストを大きく上回る利益率を維持している企業があれば、その企業は競争優位や参入障壁の恩恵を受けている可能性が高い。このような持続可能な超過利益は、支配的な一社のみが享受していることもあれば、小規模企業や潜在的な新規参入者に対して競争優位を築いている少数の有力企業によって共有されている場合もある。

企業の利益率を測定する方法は多数あるが、異なる業界の企業同士でも比較可能な指標として適切なのは、ROE（Return on Equity：株主資本利益率）か、ROIC（投下資本利益率）のいずれかである。

税引後利益を用いたROICが、一〇年以上平均して一五～二五％（税率を三五％と仮定すれば、税引前ベースでは二三～三八％）を上回っている場合は、競争優位が存在することをはっきりと示す根拠となる。逆に、ROICが六～八％かそれ以下の範囲にとどまるようであれば、基本的に競争優位は存在しないと考えてよい。

どんな市場の場合でも、利益率を計算する際には、一つの難問に突き当たる。企業は通常、資産や利益などについては、企業全体としての決算数値しか開示しない。いくつかのセグメントを合わせた部門別の数値や、大陸単位の地域別の数値を報告する企業も稀にあるが、競争優位が存在する可能性の高い市場は、えてして地理領域や製品領域がより限定されたローカルなものである。そのため、表面上は何の変哲もない中規模程度の企業が、実際にはあるローカルな市場で参入障壁の恩恵を受けていながら、決算書上は他の収益率が低い事業と一緒に合わせて報告されることによって、その優れた業績が隠れてしまうこともある。

このような事情から、特定のセグメントにおける過去の利益率を見極めるためには、ある程度の推定を用いなければならないことが多い。ただ、もっとも望ましいのは、その市場に特化して事業を行っている専業企業の利益率を調べることである。セグメントを絞って利益率を計算することは、競争優位を最大限に活用したり、競争劣位による損失を最小限に抑えるための戦略を立てたりする際に、きわめて重要な意味を持つ。

市場シェアの安定性に関する分析と、利益率に関する分析の結果が互いに整合性を持っている場合は、競争優位の有無に対する判断の確実性がより高まる。たとえば、エンロン（訳注：エンロンは、二〇〇一年一二月にチャプター11〈米連邦破産法第一一章〉の適用を申請と経営破綻した）は収益率がもっとも高かった二〇〇〇年度の決算でも、わずか六％のＲＯＩＣしか上げていない（しかも、これは会計操作による粉飾を行ったうえでの数字である）。

この結果だけを見ても、ブロードバンドやエネルギーの商品取引市場で競争優位を誇っているというエンロンの主張に対して、我々は疑いを持つべきだった。これに加えて、商品取引市場ではウォール・ストリートの名だたる企業の間で相対的な市場地位が頻繁に入れ替わるという歴史的事実も、エンロンの競争優位に対するアンチテーゼに確たる根拠を提供していた。

市場シェアの安定性と企業の利益率に関する分析の結果、市場に競争優位が存在すると判断された場合の第三ステップは、これらの優位性の源泉として考えられるものを特定することである。具体的には、以下の点について分析を行う。

- ●業界内で支配的な地位を占めている企業は、独占的な技術やコスト優位から恩恵を受けているか？
- ●支配的企業が、習慣、スイッチング・コスト、探索コストに基づく顧客の囲い込みを行っているか？
- ●ある程度の顧客の囲い込みと組み合わされた規模の経済が存在するか？
- ●以上三つのどの条件にも当てはまらない場合、既存の有力企業が、事業許認可、助成金、法的規制、特別分配などの政府の介入による恩恵を受けているか？

競争優位の源泉を特定することは、市場シェアの安定性と企業の利益率に関する分析結果を再確認するためのチェック機能を果たす。たとえ既存企業の市場シェアが安定していて、その利益率も高かったとしても、各社の事業をより詳細に調べてみると、コスト優位、顧客の囲い込み、規模の経済のいずれもが、競争優位の源泉に該当しないこともある。

このような不一致が生じた場合の説明として考えられるのは、市場シェアの安定性や高い利益率がたまたま一時的なものに過ぎないというものか、あるいは、これらの数値は既存企業のみならず、それに専念すれば新規参入企業でも達成可能な効率経営の賜物だというものである。

競争優位の源泉を特定することは、その将来的な持続可能性を予見するうえでも役に立つが、これは既存企業にとっても、新規参入を検討する企業にとっても、戦略を策定するうえで不可欠な手続きである。

戦略評価：アップルの将来分析

早速、この三つのステップを用いて、アップルを分析してみよう。ここでは、アップルの歴史を振り返るとともに、今後たどるであろう将来を予測する。

過去から現在にかけて（訳注：ここでの「現在」は、二〇〇〇年代前半までのパソコン業界の状況を指している）、アップルはパソコン業界における主要セグメントのほぼすべてに従事する戦略を取ってきた。明確なビジョンを持ったアップルの経営者たち——創業者のスティーブ・ジョブズ、後任者のジョン・スカリー、第二期目のスティーブ・ジョブズ——は、時にハードウェアやソフトウェアの分野といったパソコン業界のみならず、パーソナル・コミュニケーションや家電製品業界などの関連領域にも変革を起こすという野望を抱いていた。

アップルは意識的に、その包括的なビジョンをこれら数々のセグメント（互いに関連性が薄いものも多かった）に持ち込もうとしたが、その狙いは、CPU、部品開発、ハードウェアの設計および製造、ソフトウェア、通信プロトコルなど数々の事業からシナジー効果を得ることにあった。ジョン・スカリーは、一九九二年にアップルがPDA（携帯情報端末）を開発した際、次のように述べている。「我々は、本当の意味での新製品を発明したわけではない。最大の発明品はすでに存在しているが、我々にはそれが見えていないだけで、それは我々に発見されるのを待っているのだ」

図 4-2 パソコン業界マップ（初期版）

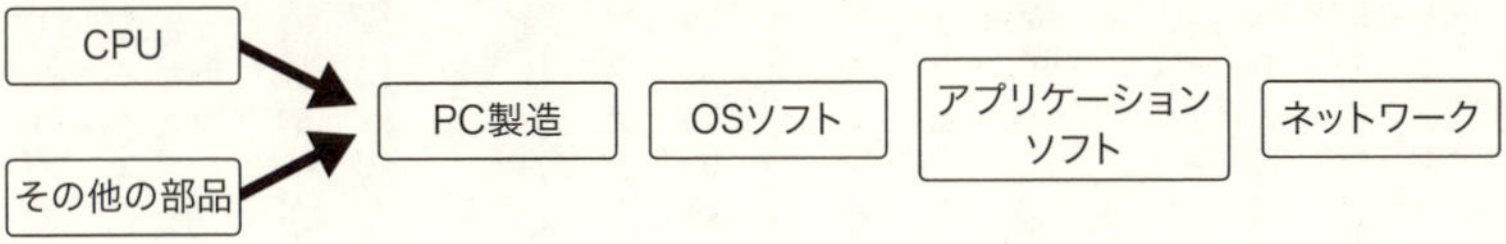

アップルの波乱に富んだ経営の歴史を振り返れば、まず考えられる仮定は、アップルが抱いていたビジョンと、参画した市場の経済実態がうまく一致しなかったというものだろう。アップルはけっして経営効率に優れた企業ではなかったので、この不一致は、アップルが下す戦略的意思決定と、競争優位を築くうえで大きな重荷としてのしかかった。

このような状況に置かれているのは、けっしてアップルだけではない。本書の重要な主張の一つは、「ローカルかつ限定的」という原則に反する大規模かつ拡散的な戦略ビジョンは、ほとんどの場合、誤っているというものである。

業界マップで見るアップルの位置づけ

世界地図と同様に、業界マップはさまざまな尺度（詳細さ）で描くことができる。**図4-2**に示されるように、我々はまずパソコン業界全体を六つのセグメントに分解した。パソコンは多数の部品から製造されるが、なかでももっとも重要なのは、パソコンの中心部に搭載されるCPUである。CPUセグメントの主要企業としては、インテル、モトローラ、IBM、AMDが挙げられる。「その他の部品」に含まれるのは、キーボード、電源機器、グラフィック・インターフェース、ディスク記憶装置、メモリチップ、モニター、スピーカー、その他無数の必要部品である。

デル、IBM、HP、コンパック（二〇〇二年にHPと合併した）などのパソコンメーカーは、これらの部品を使ってパソコンを組み立てる。彼らはまた、マイクロソフトなどが開発するOSソフトをパソコンに搭載する。さらに、ワープロ、表計算、インターネット・ブラウザ、財務管理ソフト、画像処理プログラムなどのアプリケーションソフトを加えることもある。

これらのアプリケーションソフトは、ＯＳソフト開発企業によって製造されるものもあれば、アドビシステムズやインテュイット（訳注：インテュイットは財務会計ソフトで有名）のようなソフト専門業者によって開発されるものもあって、パソコンメーカーによって予めインストールされていることもあるが、ソフト開発業者から消費者に直接販売されることのほうが多い。

最後に、現在ではほぼすべてのパソコン利用者が、ＡＯＬ、アースリンク、ＭＳＮ（マイクロソフト・ネットワーク）、タイム・ワーナー、地域電話会社などのネットワーク・サービス・プロバイダを通じてインターネットに接続している。また、広義にとらえれば、ヤフーやグーグルなどのインターネットサイトも、このネットワーク・セグメントに入るだろう。

たいていの場合、最初に作成する業界マップは、「単純さ・扱いやすさ」と、「包括性・完全性」という両極の間でうまくバランスを取ることが要求される。最初から詳細に立ち入りすぎてしまうと、マップがあまりに多くのセグメントで埋め尽くされてしまうが、大雑把すぎるマップでは重要な個別セグメントを見落としてしまうおそれがあるからだ。

求められる詳細さの度合いは個々のケースによって異なるし、最初の分析で何を発見するかによっても決まってくる。たとえば、その他の部品のセグメントは、プリンター、モデム、ディスクドライブ、モニターなど多数の異なったセグメントに分解することができる。また、アプリケーションソフトのセグメントも、最終的にはデータベース管理、デスクトップ・パブリッシング、写真・動画編集ソフトなどの、よりニッチなセグメントにまで分解しなければならない可能性もある。

我々はまずマップの単純さを優先することから始めたが、これはパソコン製造セグメントの扱いにも影響しており、ここでは意図的にゲーム機器、ワークステーション、ＰＤＡなどの、ある部分でパソコンと競合する製品

図 4-3 パソコン業界マップ（企業名入り）

CPU	パソコン製造	ソフトウェア	ネットワーク
インテル	デル	**OSソフト**	AOL
AMD	コンパック	マイクロソフト	ヤフー
IBM	HP	IBM	マイクロソフト
モトローラ	IBM	アップル	アースリンク
	ゲートウェイ	リナックス	
	アップル	**アプリケーション**	
		マイクロソフト	
		インテュイット	
		アドビシステムズ	
		オートデスク	

を除いてある。

最初の分析を行った結果、これらの業界の競争構造がアップルの将来に多大な影響を与えると考えた場合に限り、より細かいセグメントに分解することが必要となる。より複雑なマップを作成する必要性がない限り、パソコン業界を六つのセグメントに分解することから始めるというアプローチは、全体像を把握しやすくすることに役立つだろう。

次に行う作業は、マップ上の各セグメントにおける主要企業の名前をリストアップすることである。ここでは、市場シェアがもっとも大きい企業を一番上に並べる（**図4-3**）。

CPU（マイクロプロセッサ）のセグメントでは、明らかにインテルが首位に立っており、次いでAMD、IBM、モトローラ（訳注：創業の頃からアップルにとっては最大のサプライヤーだったが、二〇一二年にグーグルに買収された）といった企業が続く。パソコン製造のセグメントには、デル、コンパック、HP、IBM、ゲートウェイ、そして当然アップルが名を連ねる。

この初期段階の分析でも、二つの明白かつ重要な事実が浮かび上がる。第一に、これら二つのセグメントに名前が重なっている企業がほとんどないという事実は、それぞれのセグメントを分けて分析しなければならないことを意味する（IBMは双方のセグメントに名前が挙がっているが、自社製のパソコンには主にインテルのCPUを搭載している）。

第二に、CPUのセグメントには四社しか名前が挙がらない一方で、パソコン製造のセグメントには多数の企業が並び、かつこれでもまだ網羅されておらず、明らかな首位企業も存在しない。

OSソフトのセグメントではマイクロソフトが支配的な地位を築いており、その他の主要企業としてはアップル、IBM（かつて開発したOS／2はマイクロソフトOSのライバルになるともいわれたが、二〇〇六年末をもって、IBMはOS／2にかかわるすべての活動を終了した）、リナックスなどが挙げられるが、いずれもマイクロソフトに比べてシェアは圧倒的に小さい。

ここでは、IBMとアップルの二社がパソコン製造も手がけているが、マイクロソフトはCPU開発とパソコン製造のどちらも行っていないことがわかる。このように、複数のセグメントで名前が重なっている企業が数社存在する場合には、各セグメントの首位企業が同じでない限り、それぞれ別個のセグメントとして扱うのが原則である。

マイクロソフトは、アプリケーションソフトのセグメントでも支配的企業として君臨しており、オフィス（ビジネス用アプリケーションソフト）とインターネットエクスプローラー（ブラウザ）は、売上高やユーザーのインストール数で各製品分野の首位を走っている。その他の認知度が高い企業としては、インテュイット（財務会計ソフト）、アドビシステムズ（グラフィックソフト）、オートデスク（CADソフト）などが存在するが、これらの企業はいずれも他のセグメントには名前が挙がっていない。したがって、ここではOSソフトのセグメントとアプリケーションソフトのセグメントを一つに統合するかどうかを決める必要が出てくる。

通常であれば、まずは各セグメントを分けたままにしておいて、その後に両セグメント間の関連性を探っていくことが望ましい。というのも、セグメントを安易に統合してしまうと、個別に分けていたときには浮き彫りになっていた戦略的な論点が隠れてしまうことがままあるからだ。しかし、このケースでは簡潔さを優先する目的から、両セグメントの支配的企業がともにマイクロソフトであることを正当な根拠として、これら二つのセグメントをソフトウェアのセグメントに統合し、分析がさらに進んだ段階で、この問題をもう一度検討することとする。

ネットワークのセグメントでは、ＡＯＬが支配的な地位を占めている。他のセグメントにも名前が挙がっているのはマイクロソフトであり、ＭＳＮはＡＯＬの主な競合先の一つとなっている。しかし、ＡＯＬが属しているのはこのセグメントのみであり、アップルの存在感もないに等しいので、このセグメントを別個に扱うこととする。この他にパソコンの卸売と小売も独立したセグメントとして存在するが、これらのセグメントはアップルの競争力にほとんど影響がないため、双方とも分析の対象には含めない。

この段階では、以下に述べる理由によって、その他の部品のセグメントもマップから外してある。これらの部品は、プリンター、ディスクドライブ、メモリチップ、キーボード、その他諸々の部品など非常に多様性に富んでおり、なおかつ、それぞれの部品セグメントに他のセグメントとほとんど名前が重ならない多数の競合が存在している。したがって、これらの下位セグメントはそれぞれ個別に分析する必要がある。

これらの各セグメントには、多数の、そして地位が不安定な企業の名前がずらりと並び、明らかな首位企業が存在しないという点で、パソコン製造のセグメントと非常によく似ている。このような特徴を持つセグメントは、当該セグメントの内部のみならず、その川上に位置するセグメントや川下セグメントに対しても、似たような戦略的意味合いを持っている傾向が強い。

そこでひとまず、その他の部品のセグメントを扱うことは保留にして、パソコン製造のセグメントを詳細に分析した後で、アップルの戦略的意思決定を理解するために、これらの部品セグメントをより細かく調べる必要があるかどうかを再検討することとする。ただし、このケースでは、アップルが過去にこれらの部品セグメントにそれほど大きくかかわっていないため、このまま分析の対象外となる可能性が高いだろう。

無視できないのは、ＣＰＵ、ソフトウェア、パソコン製造の三つのセグメントである。これらの各セグメントについて、競争優位が存在するか、競争優位が存在するとすれば、それはどのような性質のものか、競争優位を享受するのはアップルなのか、それとも他の競合なのかを、知る必要がある。

競争優位の存在と源泉の特定：ＣＰＵセグメント

ＩＢＭがパソコンを開発して、ＣＰＵの大半が標準化され始めた一九八〇年代初期以来、ＣＰＵ市場の市場シェアはきわめて安定的に推移している。インテルは次々と新しい世代のＣＰＵを開発することによって、二〇年以上にわたり市場で支配的な地位を維持し続けてきた。ＩＢＭ、ＮＥＣ、テキサス・インスツルメンツなどの大手企業が長い年月をかけて市場への参入を試みてきたが、いずれも大きな成功を収められずにいる。

一九八〇年代初期までは、モトローラがインテルと激しく競い合っていたが、その後はインテルに大きく水をあけられ、インテルのシェアは九〇％前後で非常に安定推移している。一時的にＡＭＤがシェアを奪うこともあったが、インテルは常にそれを取り戻した。このような市場シェアの安定性は、セグメントに大きな参入障壁と競争優位が存在する証拠である。

インテルの利益率の推移も、同様の状況を物語っている。メモリチップ事業から撤退することを決めた一九八〇年代半ばのごく短い期間を除けば、ＲＯＩＣは、平均して三〇％を超えている。また、株式時価総額（株価×発行済株式数）と純資産の再取得価格の比率（訳注：いわゆる「トービンのq」を指す）は、絶えず三対一を上回っている。つまり、インテルは投じた資本一ドル当たり、三ドル以上の株主価値を創造し続けてきたということである。

ＣＰＵ市場への新規参入に成功した企業が存在せず、インテルが独占的な地位を維持し続けているという事実は、非常に強い既存企業の競争優位が存在することを明示している。また、第2章と第3章で見てきたように、インテルの競争優位の源泉は、顧客の囲い込み、規模の経済、ある程度の特許権の保護にあることは明らかだ。

不運なことに、アップルはこのセグメントの負け組とばかり手を組み続けてきた。初期のマッキントッシュ（アップル製のパソコン）に採用したのはモトローラ製のCPUであり、その後継に当たるパワー・ピーシー系のCPUは、アップルがモトローラおよびIBMと提携して共同開発したものだった。一九八四年にモトローラ製のCPUとグラフィカル・ユーザー・インターフェース（GUI）を搭載したマッキントッシュを導入したときは、パソコン上で再現できる画像の面ではあらゆる点でアップルが優位に立った。しかし、インテルも負けてはおらず、後継世代のCPUは、マッキントッシュのインターフェースとほとんど区別がつかないくらいの水準で、マイクロソフトのウィンドウズ用ソフトを起動させることができるようになった。

CPUの処理能力を高めていく競争では、インテルは規模の経済に基づく優位性を利用して、モトローラを大きく引き離すことができた。アップルは競争に取り残されまいとインテルに食らいついていかなければならなかったが、性能向上のペースに追いつけないこともあった。モトローラとアップルのコンビは、画像とマルチメディア機能の面では定評が高かったものの、CPUの開発コストの面では大きな競争劣位に立たされた。

一般的に、各世代のCPUには約一〇億ドルの研究開発費がかかるといわれている。インテルは各世代一億個以上を販売しているので、CPU一個当たりの研究開発費は約一〇ドルとなる。対する、アップル・IBM・モトローラのAIM連合のパワー・ピーシー系のCPUの販売数は、各世代一〇〇〇万個程度なので、CPU一個当たりの研究開発費は約一〇〇ドルとなる。

したがって、彼らは研究開発費を大幅に削減するか（この場合には、新世代の技術開発競争で敗者になることがほぼ確実となる）、インテルよりもはるかに高いCPU一個当たりの費用負担を受け入れるかの選択を迫られることとなる。いずれにせよ、彼らにとって不利な状況であることには変わりなく、また、この先彼らが成功する可能性も低いだろう（訳注：その後、二〇〇六年にアップルは、IBM・モトローラとの提携を打ち切り、インテル製のCPUを採用する方針へ転換した）。

競争優位の存在と源泉の特定：ソフトウェア・セグメント

マイクロソフトの存在を抜きに、ソフトウェア・セグメントにおけるアップルの競争優位を検討することはできない。このセグメントにおけるマイクロソフトの支配的な地位は、CPUセグメントでのインテルよりもさらに顕著である。IBMが自社製のパソコンにオープン・アーキテクチャ（訳注：機械製品などの設計を公開し、技術力のないメーカーでも同様の製品や互換機を生産可能にすること）を採用したことにより、数多くのメーカーが互換機を製造できるようになったが、そのOSはマイクロソフト製のMS-DOSを軸に標準化された。以来、マイクロソフトはこの特権的な地位を最大限に生かしながら、自社の中核事業を防御するとともに、周辺領域への事業拡大を図っていった。

マイクロソフトは、その後IBMがOS／2を開発してOS市場のシェアを取り戻そうとした試みを封じ込めたり、MS-DOSの後継OSとしてウィンドウズを開発したりすることによって、当初アップルがリードしていたグラフィカルなユーザー・インターフェースの差を縮めることに成功した。また、ブラウザ市場の支配権をネットスケープから奪うことによって、潜在的な脅威を取り除き、OSセグメントの頂点に上り詰めた。近年では、ワークステーション用やサーバー用のOSとしてはリナックスのほうが一般に受け入れられているものの、マイクロソフトはみずからが支配しているデスクトップ市場における、リナックスやその「オープンソース・ムーブメント」による影響を最小限に抑え込んでいる。

OSセグメントと同時に、マイクロソフトは、ワープロ、表計算、プレゼンテーション、財務管理プログラムなどの、パソコン用のアプリケーションソフトでも首位に立っている。また、ウィンドウズOSは、パソコンのみならず、PDAや携帯電話などの川下分野や、大型サーバー・コンピュータといった川上分野でも活用されている。

その一方で、ゲーム機市場では主要三メーカーの一社に名を連ねてはいるものの（他の二社は任天堂とソニー・コンピュータエンタテインメント）、支配的な地位を築くには至っておらず、利益を上げることすらできていない。このような不振ぶりは、ケーブルテレビシステムやセットトップ・ボックス（訳注：ケーブルテレビ放送や衛星放送、地上波テレビ放送、IP放送などの放送信号を受信して、一般のテレビで視聴可能な信号に変換する装置）など、マイクロソフト本来の強みであるデスクトップOSからはほど遠い事業セグメントで同様に見られる。

主力のOS市場では、マイクロソフトのシェアはここ二〇年以上にわたり八〇％以上を維持しており、九〇％を超えることも珍しくない。OS市場での支配的な地位と、そこから獲得する利益を活用して、ビジネス用アプリケーションソフトとインターネット・ブラウザの事業でも首位に立った。

OSのコードを所有しているのはマイクロソフトだったので、彼らは互換性のあるアプリケーションソフトをいち早く開発することができた。また、パソコンのOSはその大半がマイクロソフト製だったために、パソコンメーカーはアプリケーションソフトでも他社が開発したものよりマイクロソフトの製品のほうをずっと望んでいた。

こうしたマイクロソフトの攻撃的な行動に対して、独占禁止法の観点から政府当局が動くこともあったが、アメリカでの二度の判決は、マイクロソフトにとってほとんど無傷といえるほど有利なものだった。ただし、EU（欧州連合）での裁判では、これよりも大きな損害を被る可能性がある（訳注：二〇〇四年三月、欧州委員会は、マイクロソフトがウィンドウズの支配的地位を乱用し、EU独占禁止法に違反しているとして、約四億九七二〇万ユーロの制裁金を科す決定を下した。マイクロソフトは当初これを拒否していたが、二〇〇七年一〇月にこの決定を受け入れた）。

「マイクロソフトの収益性は高い」という単純な表現は、甚だしい過小評価である。マイクロソフトがIPO（新規株式公開）を果たした一九八六年度から二〇〇〇年度までの間、ROICは平均で二九％だった。二〇〇一年度と二〇〇二年度は利益率が一五％まで下がったが、それでも依然として高い数値であることに変わりはな

表 4-1 マイクロソフトの投下資本利益率：2002年度（単位：ドル）

現金等価物（期末）	386億
有利子負債	0億
株主資本	522億
投下資本－現金等価物	136億
当期純利益（税引後）	78億
現金等価物からの純利益	12億
ソフトウェア事業からの純利益	66億
投下資本利益率（全体）	15.0%
投下資本利益率（現金等価物）	3.4%
投下資本利益率（ソフトウェア事業）	48.8%

い。しかし、以下に述べる理由により、これらの数字はマイクロソフトの中核事業のみを見た場合の並外れた利益率を正確に反映していない。

二〇〇二年度の決算では、マイクロソフトの投下資本（有利子負債と株主資本を合計した金額）は五二二億ドルだった。マイクロソフトには有利子負債がなかったので、これはすべて株主資本の金額である。マイクロソフトの株主資本（＝投下資本）は、主に二つの事業活動――現金等価物の運用とソフトウェア事業――に投資されていた。

現金等価物とは、銀行に預けている現預金に加えて、現金にきわめて近い性質を持つ有価証券（訳注：たとえば、満期日が近い財務省証券、CP〈コマーシャル・ペーパー〉、MMF〈マネー・マネジメント・ファンド〉などがこれに該当する）を含む。二〇〇二年度におけるマイクロソフトの現金等価物の「平均」残高は三五〇億ドルであり（訳注：「平均」残高は、おそらく四半期決算で発表される残高を平均したものと推測される。**表4-1**に記されている「期末」の残高数値ではないことに注意）、マイクロソフトはこれらの現金等価物から税引後で約一二億ドルの利益を上げているので（訳注：現金から利益を上げるというイメージが湧かないかもしれないが、たとえば固定預金に対する受取利息や、C

P、MMFの金利収益などが該当する)、この運用に係るROICはおよそ三・四%である。
マイクロソフトの税引後利益の残り(約六六億ドル)は、中核であるソフトウェア事業への投資から得たものであり、その投下資本額は一三六億ドル(投下資本の総額から「期末」の現金等価物を差し引いた金額)なので、ソフトウェア事業のROICは約四九%となる[注3](表4-1を参照)。

つまり、マイクロソフトの決算書から計算される一五%のROICは、ソフトウェア事業からの収益と、山のように積み上がっている現金等価物の運用収益とを一緒にした場合の数字なのである。これと同様のやり方で、一九八六年度から二〇〇〇年度にかけての数値を計算し直すと、マイクロソフトのソフトウェア事業のROICは、平均でなんと約一〇〇%となる[注4]。

以上から、マイクロソフトが競争優位を確立しているのは明らかであり、その優位性の源泉を特定することもそれほど難しい作業ではない。まず、技術力の高さは競争優位の源泉に当てはまらない。過去何十年間を振り返っても、有能なコンピュータ・プログラマーはたくさんいたし、たとえマイクロソフトのソースコードが著作権で保護されているとしても、それによって他のソフトウェア会社がマイクロソフトと同等以上の製品を開発できなくなるわけではない。また、マイクロソフトが提供する製品に対しては、多くの専門家が長年にわたって馬鹿にし続けてきたのも事実である。

一方で、マイクロソフトが顧客の囲い込みを実現していることは明らかだ。その一因としては、マイクロソフト製ソフトウェアの多くは他社製のOSと互換性がないため、それを変えるのは金銭的にも時間的にもコストがかかるということが挙げられる。

規模の経済に基づく競争優位も強力である。というのも、標準的なプログラムコードを書くというビジネスは、コストのほとんどが固定費となるからだ。マイクロソフトは莫大な数の顧客を抱えているので、みずからが重要だと判断したプロジェクトには何年もの歳月をかけてプログラムコードを作成し、それでも製品単位当たりのコストを競合よりも低く抑えることができた。

競争優位の源泉として最後に挙げられるのが、ネットワーク効果である。これは、ユーザーにとっての製品の価値が、自分と同じ製品を持っている人の多さによって決まるというものだ。以上をまとめると、OS事業やアプリケーションソフト事業でマイクロソフトと競合する企業は、提供する製品の質がどれほど優れていても、競争上きわめて不利な状況に置かれることとなる。

アップルは、一九八一年にIBMがパソコンを開発して以来、ずっとマイクロソフトと戦ってきた。一時は、アップルのほうがあらゆる機能面で優れたOSを持っていた時期もあったが、最高でも約一三％程度の市場シェアしか獲得することができず、マイクロソフトがウィンドウズを本格的に開発してからは、アップルのシェアは大きく減退した。

ソフトウェア・セグメントの競争状況は、CPUセグメントの状況とよく似ている。すなわち、アップルとその提携企業が、マイクロソフトとインテル――両社の緊密な関係から「ウィンテル」と呼ばれている――に敗北を喫しているという図式だ。アップルの包括的な戦略は、特定のセグメントに事業を絞って競争優位を享受しているライバル企業にまったく太刀打ちできていない（訳注：世界のOS市場では、現在もマイクロソフトのウィンドウズOSが八〇～九〇％の圧倒的なシェアを誇っている。一方、アップルでは近年iPhoneやiPadなどに使われるモバイルOS〈iOS〉の開発でシェアを急速に伸ばし、従来のマックOSと合わせたシェアは一〇％強に達している）。

競争優位の存在と源泉の特定：パソコン製造セグメント

パソコン製造セグメントの競争状況は、CPUセグメントやソフトウェア・セグメントのそれとはまったく異なっている。その時々でセグメントの首位企業は入れ替わり、新規企業の参入と既存企業の撤退が繰り返され、上位二〇社の市場シェアの合計が六〇％を超えることはめったにない。規模が最大級の数社のみを見ても、シェ

表 4-2 市場シェアの安定性評価

	アメリカの市場シェア		正規化市場シェア*		シェア増減（絶対値）
	1990年	1998年	1990年	1998年	
アップル	10.9%	4.6%	29.1%	7.1%	22.1%
コンパック	4.5%	16.7%	12.0%	25.7%	13.6%
デル	1.0%	13.2%	2.7%	20.3%	17.6%
ゲートウェイ	1.0%	8.4%	2.7%	12.9%	10.2%
HP	0.0%	7.8%	0.0%	12.0%	12.0%
IBM	16.1%	8.2%	43.0%	12.6%	30.5%
パッカードベル	3.9%	6.2%	10.4%	9.5%	0.9%
7社のシェア合計	37.4%	65.1%	100.0%	100.0%	15.3%（平均）

＊正規化市場シェア　7社のシェアの合計を100％とした場合の各社の比率

アは毎年大きく変動している。一九九〇年と一九九八年のデータを比較してみれば、市場シェアがどれほど変化しているかがわかる。

市場シェアの安定度を測定するための基本的な計算方法は、**表4-2**に示されている。まず、左から二列目と三列目の数値は、単純に一九九〇年と一九九八年のアメリカ市場での各社の市場シェアである。次に、左から四列目と五列目の数値は、表に掲載されている七社のシェア合計を一〇〇％としたときの各社の比率（これを「正規化市場シェア」と呼ぶこととする）を計算したものである。

最後に、一番右の列の数値は、一九九〇年と一九九八年の正規化されたシェアの増減を絶対値で表している（つまり、五列目の数字から四列目の数字を引いて、仮にマイナスになった場合はマイナス符号を取ればよい）。この期間における各社の正規化シェアの増減は平均で約一五％であるが、これはソフトウェア・セグメントやCPUセグメントで計算される二％以下という数値とはきわめて対照的である。

経験則に基づく第一の法則は、セグメントでトップクラスの企業を片手の指で数え切れない場合は、そのセグメントには参入障壁が存在しない可能性が高いというものである。表4-2

に示されている各社のシェアの大きな変動は、この法則が当てはまることを証明している。

第二の経験法則は、過去五年から八年にわたる主要企業の正規化市場シェアの増減（絶対値）が平均で五％を上回るときは、競争優位が存在しない可能性が高く、逆にこの数値が二％以下であるときは、非常に強固な参入障壁が存在する可能性が高いというものである。

パソコン製造のセグメントでは、利益率を計算する際の条件が各社間で等しくない。上位企業のうち、ＩＢＭやＨＰは事業分野が非常に多角化されているので、パソコン製造事業のみから上げている利益や、それに投じている資産の金額を正確に把握することが難しい。一方、アップル、デル、コンパック、ゲートウェイは、パソコン製造事業のみの利益率を調べることが可能である。

あるセグメント内の企業の利益率を算定する方法には、主に二つのアプローチがある。一つは、売上高に対する利益率を計算する方法で、もう一つは、事業に投じられている資産（または資本と考えてもよい）に対する利益率を計算する方法である。

ここで、分子にどの利益を用いるかについては、税引後の当期純利益がもっとも簡単に入手できる数字であるが、当期純利益には金利の支払い（または受取り）や、税金の支払い（または還付）、非連結会社（持分法適用会社）に対する投資損益のような特殊項目などが含まれており、これらはいずれも事業そのものの純粋な損益を反映するものではない。したがって、ここでは金利、税金、その他当該事業とは無関係な損益を控除した営業利益（すなわちEBIT：Earnings before Interest and Taxes）を用いることとする。

ただし、一つ注意する必要があるのは、企業が特別損益として報告している項目のなかで、在庫やその他営業資産（売掛金など）の評価損益など、控除してはいけないものもあるという点である。なぜなら、これらはたとえ重大な事象が現実化して強制的に計上されるまで決算書上には現れず、陰で積み上がっているとしても、通常の事業活動における意思決定の結果を反映したものだからだ。

表4-3 パソコンメーカー4社の調整後営業利益率：1991～2000年度

	調整後営業利益率	当期純利益率
アップル	2.2%	2.2%
コンパック	6.5%	3.8%
デル	8.0%	5.5%
ゲートウェイ	6.6%	5.1%
平均	5.8%	4.1%

このような、損益計算書に散発的に計上される項目を取り込むために、我々は決算書で特別損益として計上されている金額を、その年度と過去四期の五年間に均等配分して、各年度の営業利益に加算もしくは減算することとした。この結果得られた金額を「調整後営業利益」、その売上高に対する比率を「調整後営業利益率」と呼ぶことにする。

パソコン製造に直接関連する合理的な決算データを入手できるパソコンメーカー四社の調整後営業利益率は、一九九一年度から二〇〇〇年度までの平均で五・八％である（**表4-3**）。主に税金負担の影響によって当期純利益率のほうが調整後営業利益率よりも低い数値となっているが、アップルの場合は調整後営業利益の計算過程で控除される営業外利益の金額が大きいため、二つの利益率が同じ数値となっている。

この期間では、デルの利益率が八・〇％でもっとも高く、アップルが二・二％でもっとも低い。事業を多角化していないパソコンメーカーの間では、利益率のばらつきが比較的小さく、これはインテルとその競合との間に利益率の大きな差がある状況とはまったく異なっている。このような利益率の収束は、それ自体がセグメントに強力な競争優位が存在しないことを示している。また、パソコンメーカー各社の調整後営業利益率がいずれも平凡な水準にとどまっている反面、同一期間のインテルの調整後営業利益率は平均で約三二％となっている（さまざまな利益率の計算方法については、二二〇ページの補遺を参照）。

一方、四社の収益力を投下資本に対する利益率という異なった側面から比較して

表 4-4 パソコンメーカー４社の使用資産または投下資本に対する利益率：1991～2000年度

	当期純利益／総資産（ROA）	調整後営業利益／総資産（調整後ROA）	当期純利益／株主資本（ROE）	調整後営業利益／投下資本（ROIC）
アップル	2.6%	3.2%	0.4%	24.5%
コンパック	6.5%	10.9%	10.1%	33.6%
デル	13.0%	18.6%	34.3%	236.9%
ゲートウェイ	15.9%	20.3%	29.3%	71.3%
平均	9.5%	13.2%	18.5%	91.6%

表 4-5 デルの投下資本：1998年度（単位：百万ドル）

総資産（a）	4,268	
現金等価物（b）	1,844	
最低限必要な現預金（c）	123	売上高の1%と仮定
余剰現預金（d）	1,721	＝(b)－(c)
短期有利子負債を除く流動負債（e）	2,697	
投下資本	－150	＝(a)－(e)－(d)

みると、いくつかの事実が浮かび上がる（**表4-4**）。

第一に、どの指標を使っても、デルとゲートウェイのほうが、アップルとコンパックよりはるかに利益率が高い。第二に、デルと（デルほどではないが）ゲートウェイのＲＯＩＣ（調整後営業利益÷投下資本）は、目を疑うほどに高い。このような驚くべき結果は、デルが創造し、ゲートウェイがそれを模倣した、多額の売上高と営業利益を生むためにごくわずかな投下資本しか必要としないビジネスモデルによって説明できる。

たとえば、デルの一九九八年度（一九九八年二月期）の決算では、流動負債の金額のほうが、余剰現預金を控除した流動資産の金額よりも大きくなっている（**表4-5**）。デルが創造した受注生産型のビジネスモデルは、非常に効率的なマネジメントを可能とし、同年度のデルの売上高は、売掛金の八倍、在庫の五三倍、有形固定資産の三六倍となっている。

驚くべき点はこれにとどまらない。デルは運転資金（＝流動資産－流動負債－余剰現預金）がマイナスとなっているだけでなく（訳注：要するに、デルは営業資金が常に浮いているということである）、貸借対照表上の余剰現預金の金額が、有利子負債と株主資本を合計した金額より上回っている。つまり、投下資本（＝総資産－短期有利子負債を除く流動負債－余剰現預金。詳細は理論編の補遺を参照）がマイナスとなるので、ＲＯＩＣの数値が無限大となるのだ（したがって、**表4-4**に記載しているデルの数値は、一九九八年度を除いてある）。

ただし、ここでは一つ会計上の問題がある。貸借対照表に記載される資産の評価は、標準的な会計処理に基づいて行われるが、デルが実際に投資しているのはその大半がブランドイメージ、内部組織、取引先との関係、優秀な人材など、無形の資産である。これらの貴重な資産を築くために投下された資金は、貸借対照表には計上されないので、デルの投下資本額は過小に評価され、ＲＯＩＣが過大に評価されることとなる。

収益力を評価する指標として売上高に対する（税引後）利益率を採用すれば、**表4-3**に示されているように、デルとゲートウェイの利益率はコンパックとそれほど変わらず、その差の主な要因は、コンパックが二社よりも大きい金額を研究開発費に投じていることで説明される。

アップルとコンパックのＲＯＩＣは、平均すればまずまずの数値だといえるが、年度別で見ると赤字を計上した年もある。また、この期間では非常に高い利益を上げていたゲートウェイも、二〇〇一年度に一〇億ドル以上、二〇〇二年度に三億ドルの赤字を計上している。

市場シェアの安定性と主要企業の利益率に関するこれらすべての情報を総合すれば、この期間、パソコン製造セグメントは参入障壁によって守られておらず、仮に競争優位が存在したとしても、それはきわめて弱いものであるというのが妥当な見解であるように思われる。デルの成功は紛れもない事実だが、それは部品を組み立てて製品を出荷するまでのスピードの向上と、資産の有効活用を実現する優れたビジネスモデルの構築を追求した、効率的な業務活動の成果であるというのが実際のところだろう。

図 4-4 従業員1人当たりの売上高

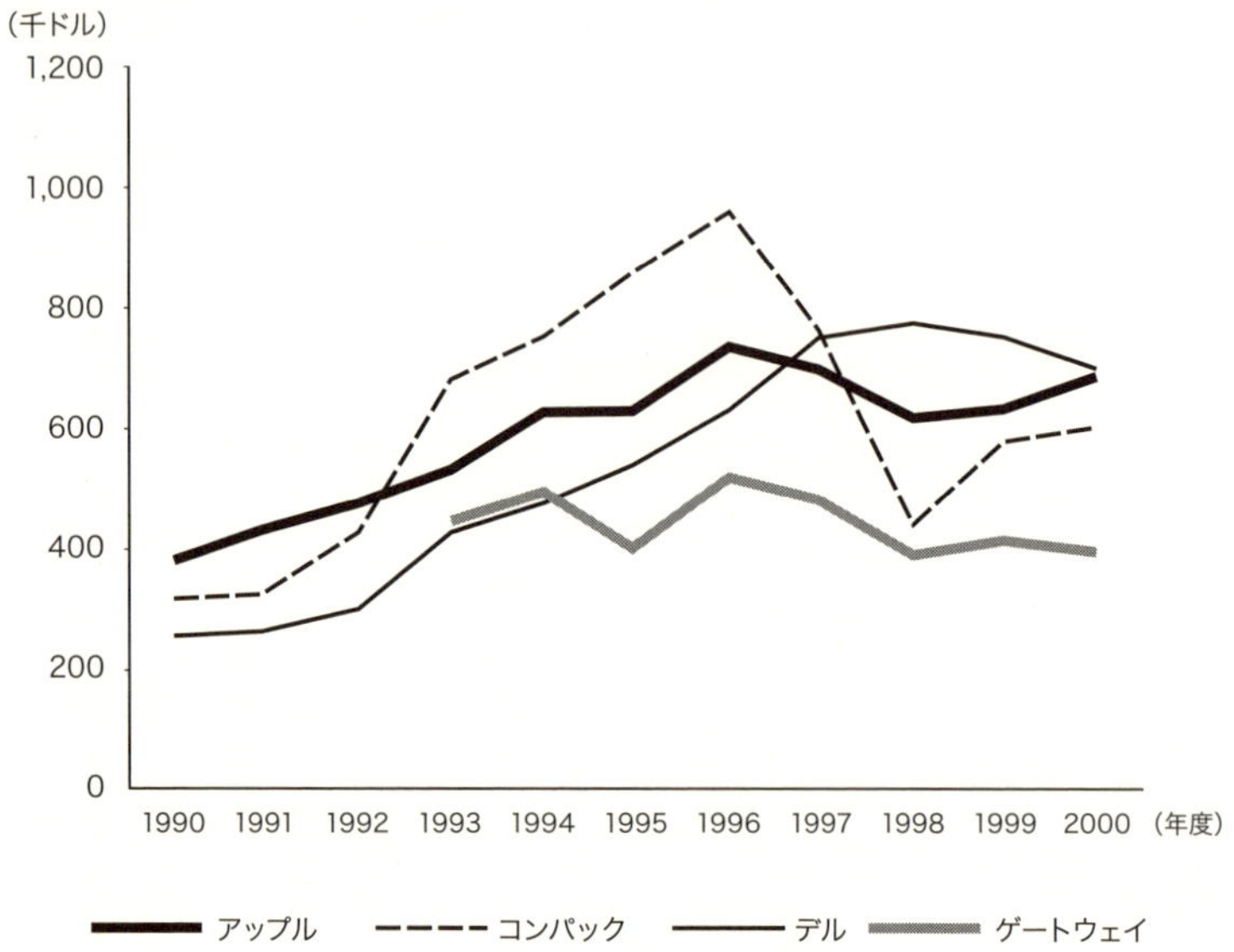

このセグメントにどのような競争優位の源泉が存在しうるかを見出すことは、容易ではない。まず、顧客を囲い込める可能性は低い。個人客であれ、法人客であれ、新しいパソコンを購入する際は、さまざまなパソコンの性能と価格を見比べて、もっともバランスが良い製品を選ぶのが通常である。唯一の例外として、アップル製パソコンの熱烈なファンが存在するが、セグメント全体に対する比率は先細っていく傾向にある。

また、パソコン製造セグメントには、独占的な技術といえるものがない。ここでも、アップルを除く主要メーカーは、パソコンの部品を同じようなサプライヤーから購入している。規模の経済に基づく競争優位を見出すことも難しい（少なくとも過去においては）。総コストに占める固定費の割合が低いうえに、各メーカーの製造設備は広範囲にわたって点在しており、ある工場の生産規模を拡大して優位性を追求する余地がほとんどないことを示唆している。

デルについては、市場シェアが最大であるのを利用して、他社より幅広い顧客層に営業活動を展開して利益を得たり、もしくは、相対的な規模の大きさを生かして、他社より安いコストで製品をカスタマイズ化することが可能だと考えられるかもしれない。しかしながら、これらの優位性はいずれもそれほど大きなものではない。実際のところ、デルは事業規模の拡大を達成した一方で、従業員一人当たりの売上高はそれに応じて伸び続けているわけではなく、他社との差も広がってはいない（図4-4）。

いずれにしろ、たとえこのセグメントに何らかの競争優位が過去に存在していたとしても、アップルがその受益者でないのは明らかである。また、将来仮に競争優位の機会が現れるとすれば、それはおそらく、ある程度の顧客囲い込みと組み合わされた規模の経済に基づくものであると考えられ、勝者になる可能性が高いのはデルであり、アップルではない。

たとえデルが一時的につまずいたり、または画期的な技術変化の波に取り残されるなど戦略上の大きな判断ミスによって大失敗を犯したりしたとしても、アップルが競争優位の恩恵にあずかる可能性はきわめて小さい。そもそも、パソコン製造セグメントは、パソコン業界全体を牽引する原動力とはなっていないし、それほど多くの収益が稼げるセグメントでもない。アップルはCPUセグメントでもソフトウェア・セグメントでも競争優位とは無縁の負け組の立場にいることを考慮すれば、パソコン製造セグメントで埋め合わせができると考えるのは非現実的である（訳注：二〇一一年のパソコン市場の世界シェア上位五社は、HP〈一七・二％〉、レノボ〈一三・〇％〉、デル〈一二・一％〉、エイサー〈一一・二％〉、アスース〈五・九％〉で、アップルは入っていない）。

シナジー効果は存在するのか

パソコン業界を構成するどのセグメントでも首位に立てない状況を踏まえたうえで、アップルが成功の道を探るとすれば、それはユーザーにとって必要不可欠な個々のパーツを統合しやすくすることだろう。これら個々のパーツには、パソコン関連のみならず、デジタル分野での製品も含まれる。

アップルは、現在でいうPDA（携帯情報端末）の市場に先行者――より正確には早すぎたのだが――として参入したが、彼らが開発したニュートンは完全に失敗作だった。ニュートンの手書き文字認識ソフトはまったく役に立たず、新聞の連載漫画で物笑いの種にされるほどだった。

PDA市場は、一九九〇年代後半にパームが使い勝手の良い製品（「パームパイロット」）を開発してから一気に盛り上がり、さらにマイクロソフトがPDAに搭載可能な小型版のウィンドウズOSを開発すると、数多くのメーカーがポケットパソコンをひっさげて市場に参入した。先行者優位も、マッキントッシュパソコンとの融合のしやすさも、ニュートンを勝ち組にすることはできなかった。

アップルがこれまで成功を収めてきたのは携帯型デジタル音楽プレーヤーのセグメントであり、そのiPodは使いやすさと洗練されたデザインで高い評価を受けている。二〇〇一年一〇月にアップルがiPodを導入してから、最初の二年間で一〇〇万台以上が販売された。アップルはその後も改良を続け、よりコンパクトでより多くの曲数を収録できる製品を開発していった。

外部のソフトウェア会社がiPodをウィンドウズパソコンと同期化できるソフトを開発すると、iPodの売上げはさらに伸びたが、それは同時にマッキントッシュパソコンとiPodの接続によるシナジー効果をアピールする力が弱まることも意味した。iPodの成功がきっかけとなって、他の企業も続々と競合品を導入しているが、この競争がどのような結果となるかは、現在のところまだわかっていない（訳注：執筆時）。

シナジー効果の利点を強調する議論はほとんどの場合、疑わしいものである。もしある企業が一つのセグメントで競争優位を築いているとすれば、その企業は適切な行動を取ることによって、隣接するセグメントに勢力範囲を拡大していける可能性はある。しかし、自社の中核事業のセグメントですら競争優位を享受していないような企業が、それ以外のセグメントで他社にできないことをできるはずがない。

これらの企業が「シナジー」という魔法の呪文を何度唱えようが、一プラス一が三になることはないのだ。一歩譲って、仮にアップルがこのようなシナジー効果を発揮できる業界があるとすれば、それはデジタル事業の分野である（ただし、このセグメントには海賊版などによる著作権の侵害が常に脅威として存在する）。

マッキントッシュは、その優れたデザインと、さまざまなハードウェアとソフトウェア間の互換性の高さで熱烈なファン顧客を満足させてきた。しかし、この程度の規模のシナジーでは、負け組に属しているCPUセグメントとソフトウェア・セグメントでの競争劣位を克服するだけの力をアップルに与えることはなかった。

アップルの中核であるパソコン製造事業では、各メーカーがほぼ同等の立場で競争を行っている。そして、アップルはこの事業を自社が競争劣位の立場にある二つの事業――CPUとソフトウェア――と結びつけている。この結びつけによって、アップルはまるで一流の水泳選手が両足首にセメントの塊をぶら下げて競争に挑むような状況に陥っている。いくらスティーブ・ジョブズの経営手腕が素晴らしかったとしても、競争の結果は最初から見えており、アップルが勝者になることは今後もないように思われる。

我々が最初にパソコン業界の全体を見わたしたときは、業界の競争状況を理解するためにはそれほど重要ではないと思われるいくつかのセグメントを分析対象から外した。しかし、ここでもう一度、アップルがこれらのセグメントから何らかの優位性を得ることができないかを調べるための検討を行う必要がある。

その他の部品セグメントの再検討

すでに述べたように、その他の部品セグメントは、パソコン製造セグメントと非常によく似た性質を持っている。その性質とは、①多数の企業が競い合っているが、支配的企業は存在しない、②明確な競争優位が存在しない、③セグメントの統合による実質的なメリットがない――というものである。

ただし、この一般化にはいくつかの例外も存在する。たとえば、HPはレーザー・プリンター市場とインクジェット・プリンター市場の双方を数年間支配しており、全体の約半分、白黒レーザー・プリンターではそれ以上のシェアを誇っている。

しかし、ユーザーがパソコンとプリンターを同じメーカーのものにしたいからという理由で、HP製のパソコンを購入するとは考えにくい。プリンターで一番重視されるのはパソコンとの互換性であり、互換性の重要度に比べれば、同じメーカーのプリンターとパソコンを持っていることによる利点など何の足しにもならない。

これと同じ原理は、モニター、ディスクドライブ、キーボード、その他多くの周辺機器にも当てはまる。ある周辺機器メーカーが成功するとすれば、それはそのメーカーが自社の得意とするセグメントに特化しており、非常に効率的な業務活動を行い、おそらくは規模の経済による恩恵を受けているからである。アップルがみずからの中核セグメントであるパソコン製造事業を周辺機器や部品のセグメントと統合することにより、競争優位を築く可能性があるとは考えにくい。したがって、ここで行った部品セグメントに関するより詳細な分析でも、我々の当初の結論が変わることはない。

ソフトウェア・セグメントの再検討

我々の分析の初期段階では、マイクロソフトがOS市場とビジネス用アプリケーションソフト市場の双方を支配していることを根拠として、OSとアプリケーションソフトの両セグメントを一つにまとめていた。しかし、アプリケーションソフトは、ワープロ、表計算、プレゼンテーションなどのビジネス用途のみに限られないので、このセグメントをもう一度検討する価値がある。パソコンは世界中の至るところにあり、かつその利用範囲は無限大である。このような広大な領域のなかには、有能なプログラマーをひきつけるのに十分な規模を持つニッチ市場が存在する余地が大きく残されている。

これらのニッチ市場は、先ほど見た個々の部品セグメントとはその性質が根本的に異なる。アプリケーションソフトのセグメントは、それぞれの分野が特定の企業によって支配されていることが多い。それらはたとえば、中小企業向け会計・税務分野のインテュイットであり、画像プログラム分野のアドビシステムズ、セキュリティ分野のシマンテックなどである。

これらリーダー企業の支配的な地位は、ここ数年間非常に安定している。また、収益力も非常に高く、彼らの利益率はパソコンメーカーよりもマイクロソフトの数値に近い。ユーザーが新しいアプリケーションソフトを使いこなせるようになるには多くの時間と労力を要するので、スイッチング・コストが高くなる結果、トップシェアを誇る彼らは顧客を強力に囲い込んでいる。

マイクロソフトと同様、彼らが用いている基礎技術はけっして独占的なものではないが、ソフトウェアの開発費とマーケティング費用の面で規模の経済による大きな恩恵を受けている。一言でまとめれば、これらの成功しているニッチ企業は、各社が非常に強固な競争優位を享受しているように思われる。しかし、この優位性はあくまで各々のニッチ市場に限定されたものであり、彼らが複数のセグメントにわたって支配的な地位を築いているわけではない。

アップルは、二つのアプリケーション分野で優位性を享受してきた。その一つは、広い意味での画像分野である。歴史的に見て、マッキントッシュパソコンは高画質マルチメディア・コンテンツを必要とする領域での人気が高い。たとえば、デスクトップ・パブリッシング、写真やデジタルフィルムの編集、創造設計などの分野では、直感的な使いやすさの面でマッキントッシュ版に遜色のないウィンドウズ版のソフトが次々と開発されているにもかかわらず、アップルは強者の地位を保ってきた。

しかし、特異なOSと独自のCPUに縛られていることの不便さにより、これらの市場でアップルの地位が徐々に弱まっているのも事実である。業界アナリストの推測によると、一九九〇年代初期の時点では、画像一般分野とデスクトップ・パブリッシング分野でのアップルのシェアは八〇％を上回っていたが、二〇〇〇年代初期には約五〇％までシェアが低下している。

アップルが大きな強みを持っているもう一つの分野は教育ソフトである。ソフトの質の高さ、営業努力、顧客のロイヤルティなどが寄与して、一九九〇年代の初期には、マッキントッシュパソコンはK-12教育市場（訳注：K-12とは、幼稚園〈KindergartenのK〉から高校三年生〈アメリカでは一二年生と呼ぶ〉までの教育期間のことを指す）で圧倒的なシェアを誇っていた。しかし、価格が他社製品よりも高かったこと、多くの学区域がウィンドウズパソコンへの統一化を進めたこと、生徒が帰宅してからも家で使う可能性が高いパソコン（すなわち、ウィンドウズパソコン）のほうが便利だと教師たちが考えたことなどの理由により、アップルのシェアは次第に蝕まれて二〇〇二年には三〇％を下回り、一九九〇年の半分以下まで減少した。

ここでも、マイクロソフト製ＯＳやインテル製ＣＰＵなどの業界標準プラットフォームと相容れないことの不利益によって、アップルのアプリケーションソフト分野における競争優位が損なわれている。

結論

その他の部品とアプリケーションソフトのセグメントに関する前記の簡潔なまとめは、単に一つの示唆を与えるものであり、決定的なものではない。これらのセグメントを詳細に調べるためには、ＣＰＵ、ＯＳソフト、パソコン製造の各セグメントと同様のきめ細かい分析が必要となる。我々がこれらの簡潔なまとめをあえて含めたのは、戦略分析を行う際の要点を読者に理解してもらうためである。どんなケースであれ、まずは単純なところから始めて、その後必要に応じて複雑な分析を加えていくのが最善の方法である。過度に複雑な分析は、何が重要な要因として働いているのかをわかりにくくする。

図4-5は、一九九〇年代の初期に、ジョン・スカリーとアップルの経営陣によって作成された資料である。これは、情報産業の業界構造を描写するために作成されたものだが、あまりに複雑すぎて使い物にならなかった。

図 4-5 アップルのビジョン：情報産業業界の構造

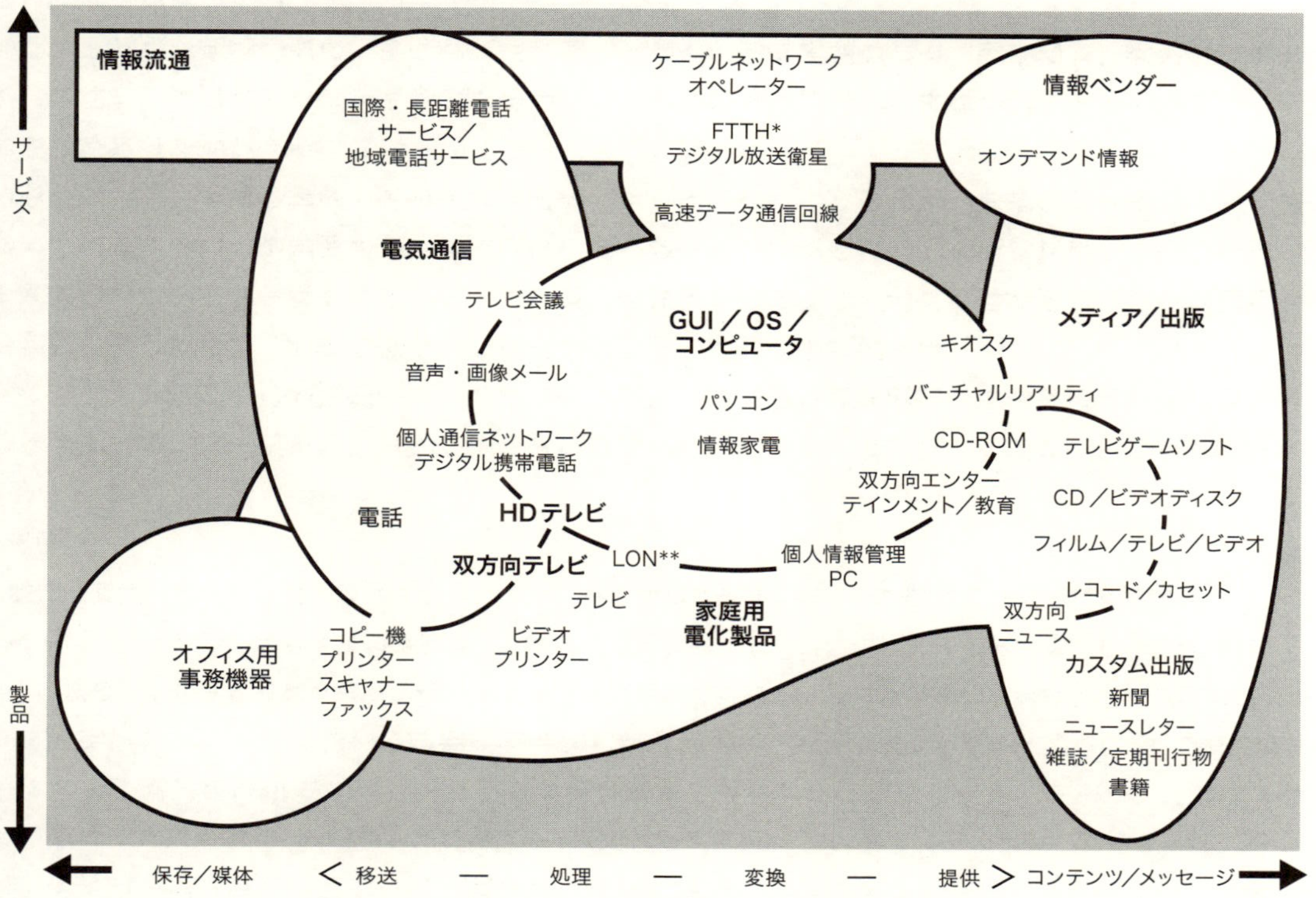

*FTTHは「ファイバー・トゥ・ザ・ホーム」（Fiber to the Home）の略。各家庭で高速通信が可能な光ファイバを引き込むことを指す。
**LONは「ローカル・オペレーティング・ネットワーク」（Local Operating Network）の略。アメリカのエシェロンによって開発された、分散型の知的制御ネットワーク技術を指す。

アップルはあらゆる領域に手を出して、結果的に行き詰まっている。二〇〇三年度（九月期）の決算では、売上高が一九九五年度に比べて四〇％以上減少し、営業利益は一〇〇万ドルの赤字となっている。スティーブ・ジョブズの優れた経営手腕と、洗練されたデザインの製品を持っていながら、アップルはまるで常にマイクロソフトとインテルの優位性に逆らって、険しい道を進む運命を課されているかのように見える。一言でまとめれば、パソコン業界でアップルが成功する可能性は非常に低いだろう（訳注：本章で取り上げた二〇〇〇年代前半までの状況は、その後のアップルの重要な決断であるインテル製ＣＰＵの採用や、本章では検討対象外とした携帯型端末セグメントにおけるｉＰｈｏｎｅ、ｉＰａｄの世界的ヒット等によって激変した。二〇一一年度のアップルの営業利益はマイクロソフトを大幅に上回り、著者の予想とは異なっているが、その利益の大部分は、従来型のパソコン以外の製品からもたらされたものである）。

ここで推奨した分析手法では、まず企業がすでに参入しているか、新規参入を検討している市場に競争優位が存在するか否かを調べることが出発点となる。そして、もし市場に競争優位が存在するのであれば、それはどのような性質のものであり、どの企業がその恩恵を受けているのかを特定する。

競争優位の有無を確認するための方法としては、安定的な市場シェアと高い利益率の二つが支配的な既存企業の特徴として現れることを説明した。分析作業を進めやすくするためには、ステップを一つずつ着実に踏んでいくことが望ましい。分析の対象とする競争要因も、五つではなく一つの力――市場の参入障壁――に焦点を当てることから始めるべきである。

また、最初はできるだけシンプルな分析を心がけ、その後必要に応じて複雑な分析を加えていくことだ。分析が行き詰まって頭が混乱したら、いったん立ち戻ってもう一度単純化を行う。明快さは、戦略分析を行ううえできわめて重要な要素である。

最後に、「ローカルに考える」ということが肝要だ。アップルの歴史を振り返って、戦略的に有望な分野があったとすれば、それはデスクトップ・パブリッシングや画像を駆使するアプリケーションソフトのセグメントである。アップルが広大なパソコン業界の全領域を取り込める見込みなど過去になかったし、現在もない。

【注】

2 参入障壁によって守られている市場で、二社か三社の有力企業が互いのシェアを奪い合っているケースもありうる。しかし、シェアの変動が大きいようであれば、それは顧客の囲い込みが弱く、新しい企業が障壁を乗り越えて参入してくるまでに長い時間は要しないだろうことを暗示している。

3 ただし、実際には、マイクロソフトはゲーム機事業や他の非中核事業で損失を計上していたので、この計算はソフトウェア事業の利益率を過小評価していることになる。

4 ここで用いたＲＯＩＣの計算方法は、非常に大雑把なものである。より正確な計算方法については、二二〇ページの補遺で説明する。

第5章

競争戦略とゲーム理論❶
──囚人のジレンマ・ゲーム

少数の競合が及ぼし合う相互作用

ここまで、競争優位の概念を中心に議論してきた。具体的には、競争優位のタイプにはどのようなものがあり、ある市場で競争優位を築いている企業が存在するか否かを見定めるにはどうすればいいか、そして、競争優位を最大限活用するためにはどうすればいいかについて述べてきた。

競争優位が存在しない市場では、企業が取るべき唯一の戦略は、業務活動の効率性をひたすら追求することである。第11章で述べるフィリップスのCD事業への参入は、彼らがこの道を選択すべきだった例の一つである。第10章で論じるウォルマートとクアーズは、いずれも自社が本拠とする地域市場で競争優位を享受した。彼らにとっての戦略的な課題は、みずからが築いた競争優位を持続させ、可能であればそれを拡大することだった。この点に関してはクアーズよりもウォルマートのほうが優れていた。ウォルマートやクアーズのように、一社のみで支配的な地位を築いている企業は、**図5-1**の②に位置づけられる。

ここで我々は、より興味深く、かつより難しい競争状況に目を向けることとする。具体的には、同一の業界または市場で、少数の有力企業が競争優位を享受しているケースである。この場合、ある一社の規模が他の競合よ

図 5-1 競争的状況での相互作用

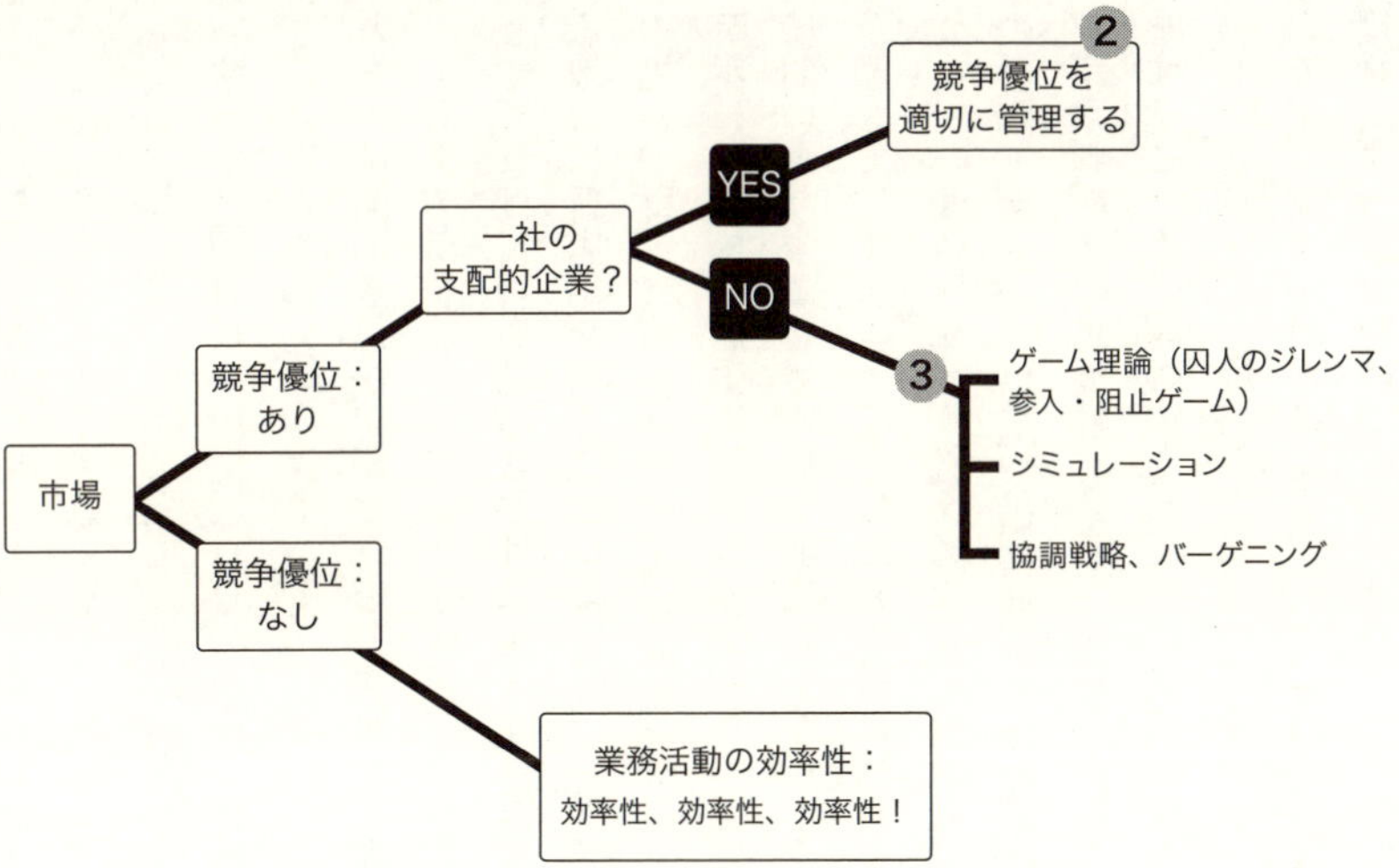

りも頭一つ抜けている可能性はあるものの、規模が最大の企業であれば競合の攻撃から守られるなどということはなく、規模の大小による力の差はそれほど大きくないのが通常である。このような競争状況は、銀行、小売業、医療サービスなどの地域密着型のサービス産業、消費財産業、そして、テレビ局、映画製作会社、レコード会社などのメディア産業でよく見られる。また、この種の競争状況は分析が難しく、うまく対応するには相当の手腕を要する。

ある戦略が成功するか否かは、競合間で生じる相互作用にいかにうまく対処するかにかかっているが、この相互作用には通常の対立的な関係のみならず、暗黙のもとに築かれる協調関係も含まれている。これらの競争状況は、**図5-1**の③の位置で示されている（協調戦略とバーゲニングについては、後の章で取り扱う）。

一例として、住宅リフォームの最大手小売チェーンであるホーム・デポとロウズの競争関係を考えてみよう（訳注：住宅リフォームの小売市場では、ホーム・デポが一位、ロウズが二位の地位にある。ちなみに、ホーム・デポはウォルマートに次いで世界第二位の小売チェーンである）。この例は、少数の競合が相互作用を及ぼし合う状況下で発生する、一連の戦略的な論点を明らかにする。

こうした競争状況下で下される意思決定には、各店舗の価格設定（競合店舗との距離が近い場合には特に重要となる）、取扱製品の拡大、店舗の立地選択、仕入先との取引条件、広告宣伝活動の規模といったものが含まれるが、これらすべての項目について、ロウズが取る行動の結果は、ホーム・デポがそれにどのように反応するかによって決まることとなる（その逆もしかりである）。

これらの戦略的意思決定がどれほど複雑かを理解するために、ごく単純なケースを考えてみよう。仮に、これまでホーム・デポが独占していた地域に、ロウズが新しい店舗を開設する場合、ホーム・デポが大幅な値下げで対抗してくれば、新店舗の収益性に重大な影響を及ぼすこととなる。ホーム・デポは、逆にロウズが現在独占している地域に新店舗を開くことによって、ロウズへの報復をさらに強める可能性もある。

この場合、ロウズの最初の侵入は非常に不幸な結果を生む行動となりかねないが、報復措置そのものはホーム・デポにとっても痛手を伴うものであり、特にロウズも値下げを行ったり、また別の店舗をホーム・デポの領域内に開いたりするなどの形で応酬してくるような場合には、その被害が拡大する。このようなロウズからの反応を予測して、ホーム・デポは最初の対抗措置をもっと控えめに抑えるかもしれない。

しかし、ホーム・デポが控えめな反応を取れば、ロウズを調子づかせて自社の領域内へさらに入り込んでくるようになり、あらゆる場所で価格競争と立地争いが起き、最終的には双方にとって悪い結末につながるとホーム・デポが判断する可能性もある。実際のところ、ホーム・デポがロウズの侵入を阻止することに成功して、値下げをすることも、報復のためだけに新店舗を開くことも必要なくなるのは、ロウズの最初の参入に対してきわめて厳しい対抗手段で臨むことによってなのかもしれない。

一方で、ロウズが最初の時点で、まったく異なる戦略を選択することも考えられる。すなわち、ホーム・デポと直接対決するのを避けて、それぞれの店舗の商圏ができるだけ重ならないようにして競争を抑えるというものである。こうすれば、価格競争に陥る心配はなく、本来必要のない多くの店舗で生じる無駄なコストが削減される。対立は回避され、双方がずっと高い利益を手に入れられる可能性が生じる。

しかし、ここで先ほどと同様に、両社間で生じる相互作用を考えてみよう。もしホーム・デポがロウズの控えめな行動を、力の弱さによるものだと解釈したらどうなるだろうか。その自制的な対応を見て、自分たちがより攻撃的な姿勢を取り、ロウズが独占しているすべての市場に参入すべきだとは考えないだろうか。もし本当にホーム・デポがそう考えたなら、ロウズの自制的な戦略は、まさに最悪の状況を生むことになりかねない。

この競争状況はあまりに複雑で、もどかしさを感じさせるものだ。ロウズはホーム・デポが取りそうな反応を気にかけなければならないが、その反応はホーム・デポがロウズの最初の行動をどう解釈するかによって決まるものである。そして、ロウズの行動をホーム・デポがどう解釈するかは、ホーム・デポの対抗措置に対して予想されるロウズの反応や、ロウズの行動の背後にあるメッセージ、そして、ホーム・デポの企業文化に基づく経営規範によって決められる。さらに、これと同じことは、ロウズがホーム・デポの行動をどう解釈するかを考える際にもまったく同様に当てはまる。

この分析では、いわば鏡が鏡を無限に反射し合うような「無限後退」（どこまで遡っても、理論的な根拠が最終地点に行き着かない状況）に陥る危険があるのだ。この落とし穴から抜け出すためには、明確な焦点の絞り込みと、いくつかの実用的な単純化した仮定が必要となる。

価格競争と囚人のジレンマ・ゲーム

幸いにも、競争状況のもとで生じる相互作用の大半は、二つの形態のうちいずれか一つが中心的な論点となっている。二つの形態とは、価格面での競争と数量面での競争であり、なかでも価格競争は、少数の競合間で生じる相互作用のもっとも典型的な形である。そして、この種の競争状況に対しては、理解しやすいように単純化された図解で、プレーヤー間の相互力学を示す有名なモデルが存在する。

このモデルでは、競合各社が提供する製品やサービスの価値は基本的に同等だと仮定する。したがって、各社が同じ価格をつけていれば、シェアは競合の間で均等に分割される。もし彼らが一様に高い価格を設定すれば、みんなが高い利益率を獲得できる。みんなが安い価格を設定すれば、シェアが均等に分割される点は変わらないが、各社の利益は小さくなる。

しかし、ここで他の競合が高い価格を設定するなか、ある一社が安い価格で販売することを決めたとすると、その会社はかなり大きな市場シェアを獲得すると考えられる。このとき、値下げによる製品単位当たりの利幅の減少よりも、売上数量の増加によるプラス効果のほうが上回れば、価格を下げた会社の総利益は増加することとなる。一方で、高い価格を設定し続ける会社は売上数量が大幅に減少し、その利益額は値下げに追随した場合の金額よりも小さくなる。

限られた数の企業間で行われる価格競争でもっとも重要なポイントは、各社が一様に高い価格を設定するように協調すれば、みんなにとって大きな利益をもたらすにもかかわらず、個別の企業にとっては、値下げを行って競合からシェアを奪い取ろうとすることで、この協調体制を崩すように働きかける強い誘因が存在するということである。

この種の競争状況、すなわちゲームは、重犯罪の容疑で警察に逮捕され、別々に尋問を受けている二人以上の囚人たちが直面する選択的意思決定の状況と似ていることから、「囚人のジレンマ」と呼ばれる。

もし囚人の全員が協調して自白を拒めば、嫌疑を免れて全員が軽い刑で済む可能性が高くなる。しかし、彼らのだれもが、個別に罪を自白して共犯者に不利な証言をすることで、自分の刑をさらに軽くしてくれるように警察と交渉する選択肢を持っている（いわゆる司法取引）。ある囚人にとって最悪の状況は、自分は罪を認めなかったにもかかわらず、共犯者の一人が自白をした場合である。

これらすべての選択肢を考えれば、それぞれの囚人には、グループ全体の利益を犠牲にして、自己利益のために自白しようとする強い誘因が働くこととなる。この誘因には、みずから罪を認めることでより軽い刑にしてもらうという積極的な要素と、自分が自白せずに共犯者の一人が裏切って重い刑に処されるよりは、自白するほうがましだという防御的な要素の双方が作用している。

したがって、容疑をかけられている囚人にとっても、競争し合っている企業にとっても、協調体制の維持が難しいのは不思議なことではない。この種の競争状況で通常行き着く結果は、ゲーム理論では「非協力均衡」と呼ばれている。

マトリクス型モデルによる図解

競争的相互作用を描写する際に必要となる情報を図示する方法としては、二つのモデルが広く用いられている。一つは、ゲーム理論の世界で「標準型」と呼ばれているものであり、関連する情報をマトリクス形式で表現するモデルである。もう一つは、「展開型」と呼ばれるものであり、競争的相互作用を構成する各要素をツリー構造で図示するモデルである（展開型のツリー構造モデルは第6章で説明する）。

囚人のジレンマ・ゲームは、ツリー構造モデルを使って表現することも可能ではあるが、マトリクス型モデルを用いるほうが適切な場合が多い。価格競争では、各プレーヤーの行動の順番は、それほど重要な意味を持たない。価格競争は長期的な視野に立つ計画や、機械設備等への継続的な投資を必要とする形で展開するものではない。価格の変更はいつでも、そして、どのような順番でも行うことが可能である。このような、同時発生的で繰り返しが可能なゲーム形態は、マトリクス型モデルのほうが競争状況を適切に表現できる。

マトリクスは縦軸と横軸の二つの軸で構成されるため、一つのマトリクスでは二社間の競争状況しか表現する

図 5-2 囚人のジレンマ・ゲームのマトリクス型モデル

		ロウズ $115	ロウズ $105
ホーム・デポ	$115	Ⓐ ロウズの利益額 $200 ホーム・デポの利益額 $200	Ⓑ ロウズの利益額 $210 ホーム・デポの利益額 $120
ホーム・デポ	$105	Ⓒ ロウズの利益額 $120 ホーム・デポの利益額 $210	Ⓓ ロウズの利益額 $150 ホーム・デポの利益額 $150

ことができない。ロウズとホーム・デポの競争状況は、**図5-2**に示されており、ロウズをマトリクスの上側（横軸側）に、ホーム・デポを左側（縦軸側）に置いている。マトリクスの上辺に沿って表示されている情報は、ロウズが取りうる行動に関するものであり、この例では典型的な商品に対してロウズが設定する価格を表している。仮に、この商品に対する価格として一一五ドルか一〇五ドルかの二つの選択肢があるとすれば、図の各列は、ロウズが設定しうるそれぞれの価格水準を示すものとなる。

ホーム・デポに関する同様の選択肢は、マトリクスの左辺に沿って表示されており（ここでは、ホーム・デポもロウズと同じく、この商品に対する価格として一一五ドルか一〇五ドルかを選択すると仮定している）、図の各行は、ホーム・デポが設定するそれぞれの価格水準を示している。

マトリクスのそれぞれの欄には、ロウズの意思決定とホーム・デポの意思決定によって生じる結果が示されている。この例は価格設定に関する意思決定なので、結果の数字は、それぞれが選択した価格水準での各社の利益（ここでは、市場規模一〇人当たりの各社の粗利金額とする）を表している。もし両社がともに一一五ドルの価格を設定すれば、A欄に示されている通り、両社はそれぞれ市場規模一〇人当たり二〇〇ドルの粗利を稼ぐこととなる。この他の欄にも、各社が選択しうる価格水準の組み合わせによって生じる結果が示されている。

各欄の結果の数字は、対象となる事業の経済構造によって決められる。この例では、商品一個当たりの売上原価を七五ドルと仮定した。もし、この商品に対して両社が一一五ドルの価格を設定すれば、どちらの会社も商品一個当たり四〇ドルの粗利が得られる。このとき、各社にシェアが均等に分割されるとすれば、市場規模一〇人当たりそれぞれ五人の顧客を獲得して、各社の粗利は二〇〇ドルとなる。しかし、一社が一〇五ドルを設定し、もう一社が一一五ドルを設定すれば、安い価格を提供したほうの会社がシェアの七〇%を獲得して、もう一社のシェアは三〇%に低下すると仮定する。

仮に、ロウズが一〇五ドルを、ホーム・デポが一一五ドルを設定する場合（B欄）、ロウズは市場規模一〇人当たり七人の顧客を獲得し、商品一個当たり三〇ドルの粗利を得るので、粗利の合計額は二一〇ドルとなる。一方のホーム・デポは、三〇%のシェア（顧客三人）で、商品一個当たり四〇ドルの粗利を得るので、粗利の合計額は一二〇ドルとなる。C欄では、両社の価格設定と粗利の金額がB欄と反対になり、ホーム・デポが最良の結果を得る。両社がいずれも一〇五ドルを設定すれば、各社の商品一個当たりの粗利は三〇ドルとなり、それぞれが五人の顧客を獲得するので、粗利の合計額は両社とも一五〇ドルとなる（D欄）。

マトリクスの四つの欄には、さまざまな価格水準の組み合わせによって生じる、それぞれの経済的な帰結が表されている。しかし、企業の経営陣が気にするのは、何も利益だけとは限らない。たとえば、彼らは利益よりも売上高の金額のほうに関心があるかもしれない。また、ロウズの企業文化に「打倒ホーム・デポ」が深く根づいており、市場シェアであれ利益であれ、とにかくホーム・デポよりも良い結果を上げることが、彼らにとってもっとも重要なことなのかもしれない（その逆もありうる）。すべての企業が利益を一番重要視していると考えるのは早計である。

マトリクスに記載する結果の数字は、可能な限り、これらの背後にある動機も考慮して調整しなければならない。すべてのプレーヤーが経済合理的であり、利益以外の面に関心をそらすことはないと考えるほうが、話は簡単である。しかし、実際にはそのようなことはなく、各プレーヤーの利得は、意思決定者を突き動かす動機も反映させながら見積もる必要がある。マトリクス上でホーム・デポにとっての経済価値を決める要因は、究極的にはホーム・デポの企業文化に行き着き、ロウズにとっての経済価値を決める要因は、ロウズの企業文化に行き着くのである。

すでに述べた通り、ある意思決定によって生じる結果を静態的に図解で示すにはマトリクス形式のほうが実用的であり、意思決定が下される順番に沿ってツリー構造で示すことはあまり役に立たない。意思決定がほぼ同時に、そして単発的に行われる場合には、マトリクス型のモデルが有益である。また、マトリクス型モデルは、同じ種類の意思決定が繰り返される状況を図示することにも適している。これはたとえば、競争の第一段階ではホーム・デポが値下げを行い、それにロウズが反応して、第二段階ではロウズが値下げをして、それにホーム・デポが反応するというような状況である。

賢明な企業であれば、囚人のジレンマ・ゲームを数回行えば、競合が次にどのような反応を示すかを予測できるようになり、それに応じてみずからの行動を調整する。マトリクス型モデルは、さまざまな意思決定から生じる経済的結果に焦点を当てて、各プレーヤーがその結果を見比べることができるという点で非常に役立つ。

企業間の価格競争で働く力学は明快である。この状況では、全員が高い価格を設定して協調体制を維持することが大きな利益を生むにもかかわらず、各企業には、自分だけが値下げを行って売上数量を伸ばし、利益を増加させようという強い誘因が働き、協調体制を崩してしまう。この誘因は、他の競合が高い価格を設定し続けて協調体制を保とうとするなかで、自社のみが値下げを行って利益を得ようとするという意味で攻撃的であり、同時に、もし他の企業が先に値下げを行えば、自社もその価格水準に合わせるか、もしくはそれ以下の水準まで値下げをしなければならなくなるので、それに先手を打っておくという意味で防御的なものでもある。

価格競争では、他社を出し抜いて市場シェアを奪おうとする誘惑の力によって、協調体制から得られるはずの利得が常に減らされることになる。理論的にも、実際の例でも、この種のゲームが最終的に均衡するのは、協調体制が完全に崩壊して、みんなが低価格に甘んじる状態である。そして、一度低価格水準での均衡が成立してしまうと、そこから抜け出すことはきわめて困難となる。ある企業が値上げをしようとすれば、低価格を維持する競合にシェアの大部分を奪われ、苦境を打開しようとするこの企業の試みは、より多くの利益を得るどころか、さらに利益を減らす結果につながる。

均衡成立のための二つの条件

競争状況の均衡を調べるためには、マトリクス型モデルが理想的である。ここで言う「均衡」とは、どのプレーヤー（企業）も、現状から行動を変える強い誘因を持たない安定的な状態を指す。均衡が成り立つためには、次の二つが必要条件となる。

- **予想の安定性**：均衡では、どの企業も、他社が現在選択している行動を変えずに維持し続けると信じている。
- **行動の安定性**：均衡では、どの企業も、現在と異なる行動を選択することによって、状況をいまよりも改善させることができない。

これら二つの条件は、一体となって作用するものである。もし、どの企業にも現在の行動を変える動機がなければ（行動の安定性）、競争状況に変化が起こる見込みもなくなり、予想の安定性が担保されることとなる。

ゲーム理論上、競争状況で通常行き着く結果の状態は、その考案者でノーベル賞受賞者でもあるジョン・ナッシュの名にちなんで「ナッシュ均衡」と呼ばれている。

ロウズとホーム・デポのケースで、現在はロウズが一一五ドル、ホーム・デポが一〇五ドルを設定している（C欄）と仮定しよう。もしロウズが、ホーム・デポは今後も一〇五ドルを設定し続けると予想すれば、ロウズは自分たちもホーム・デポと同じ価格水準まで値下げすることによって、状況を改善させられる。双方が一〇五ドルを設定すれば、市場シェアが均等に分割されて、ロウズの粗利は一二〇ドルから一五〇ドルに増加するからだ。このように、ロウズは価格水準を変えることによって状況をいまよりも改善させられるので、C欄の状態は明らかに均衡ではない。

仮に、ロウズが価格を一一五ドルに据え置いたままにするのであれば、ホーム・デポには価格水準を変える動機がないので状況は安定する。しかし、実際にはロウズが値下げを行わないわけがない。均衡が成立するためには、すべての企業が現在置かれている状況に満足していなければならないのである。ホーム・デポのみが一一五ドルを設定して、シェアが三〇％しかないB欄の状態も、C欄と同様に均衡ではない。

より興味深いのは、A欄の状態である。ここでは、双方が一一五ドルの価格を設定し、市場シェアを均等に分割して、それぞれが二〇〇ドルの粗利を得ている。両社の粗利を合わせた金額は四〇〇ドルとなるが、これはマトリクスで想定しうる四つの状態のなかで最大の額である。しかし、どちらか一社が相手は一一五ドルの価格を維持し続けると信じれば、その企業にとっては一〇五ドルに値下げをして、七〇％のシェアを獲得し、粗利を二〇〇ドルから二一〇ドルに増やすほうが合理的な選択となる。したがって、均衡が成立する第二の条件である「行動の安定性」が満たされないこととなり、A欄も均衡ではなくなる。

この例で唯一均衡が成立するのはD欄であり、両社がともに一〇五ドルの価格を設定し、市場規模一〇人当たりでそれぞれ一五〇ドルの粗利を獲得する状況である。この状況では、どちらか一社が価格を一一五ドルに変えれば、その企業の粗利は一五〇ドルから一二〇ドルに減少するので、現状から逸脱する行動を取るのは、どちらの企業にとっても得策ではない（行動の安定性）。また、どちらの企業にも、現在の選択を変えようとする誘因が存在しないので、均衡が成り立つための第一の条件である「予想の安定性」も満たされることとなる。

ロウズとホーム・デポにとって問題なのは、この均衡ではどちらの企業もそれほど良い結果が得られず、しかも両社の粗利を合わせた金額は、マトリクスで想定しうる四つの状態のなかでもっとも小さいことである。彼らがより大きい利益を獲得できる可能性がないわけではないが、そのためには、単に自社のみの利益を追求するのではなく、競合との関係も考慮に入れた、より洗練された高度な戦略（詳細は第7章を参照）が要求される。このようなより多くの利益を獲得できる方法が存在するにもかかわらず、個別の企業にとっては、優れた結果を生む選択肢から逸脱してしまうような誘因が常に働くのである。

競争状況に関する情報を図示するマトリクス型モデルは、現時点で各プレーヤーが選択している行動と、そこから生じる結果が安定的で均衡するか否かを調べるための明快な分析手法を提供してくれる。少数の特定できる相手と競争している企業は、自社と競合をマトリクスに当てはめて、現在の状況で均衡が成立しているか否かを判断することができる。

均衡が成立していなければ、競合に（そして自社にも）現在の行動を変える誘因が働くことは明らかなので、その変化を予測して、備えることができる。もしその変化が自社にとって好ましくない影響を及ぼす性質のものであれば、その変化を未然に防ぐように、現在の状況を変える方法を模索することが可能である。

たとえば、ロウズとホーム・デポのケースで、ホーム・デポがシェアを奪うために値下げを検討している（A欄からC欄へ状況を変化させようとしている）とロウズが予想した場合には、「もしホーム・デポが値下げをすれば、うちも必ず同じ価格まで値下げをして対抗する」と、ロウズが公に告知するという方法が考えられる。この告知はホーム・デポに対して、ロウズが価格水準を変えないだろうというホーム・デポの予想は間違っており、値下げを考え直すべきだという警告を発する効果を持つ。

また、均衡は成立しているが、自社にとっては望ましくない状況も考えられる。この場合には、競合の行動の変化を予測する代わりに、彼らが自分たちにとって好ましい結果をもたらしてくれるような行動を取るように働きかけることができる。いずれの場合でも、そして競争的な相互作用が働く状況全般において戦略分析を行う際は、現在の状態が均衡にどれくらい近いかを調べて判断することが重要な手続きの一つとなる。

価格以外の均衡事例

こうした状況、すなわち、全員が協調すれば全体として大きな利得が得られるにもかかわらず、個々のプレーヤーに協調から逸脱する強い誘因が働くという状況は、競争的な相互作用でもっともよく見られる。感覚的にいえば、競争的な相互作用が働く状況の八〇%から九〇%が、これに相当しているように思われる。

限られた少数の企業が直接的に競合しているケースでは、この状況がほぼ例外なく見られる。製品やサービスの価格が低く、利幅も小さい場合には、売上数量の増加によるメリットがそれほど大きくないため、単独で値下げに踏み切っても結果的に儲からない可能性が高い。このような場合には、全員で価格面の協調体制を保つことは比較的容易に達成ができ、またそれを実現させようとする力が自然と働く。

しかし、価格と利幅が増加していくにつれて、値下げによる売上数量増加のメリットが次第に魅力的なものになっていく。そして、ある段階に達するとこの誘惑に耐えられない企業が出てきて、価格の協調体制を崩してしまう。このような状況は非常によく起こり、かつ非常に厄介なので、全員が高い価格を設定して協調体制を維持するようにうまく対処する能力を磨くことが、競争を行っている企業にとってもっとも重要な経営術となる。

これと同様の性質を持つ競争は、価格競争の他にも多くの形態を取りうる。企業は市場シェアの獲得を目指して、広告宣伝活動や営業組織の強化、製品の改善、より長期間の品質保証、特殊な機能の追加など、製品がもっと売れるような方策により多くの投資を行えるが、どれも大きなコスト要因となる。これらの策を行う企業は、売上数量の増加によるメリットのほうが、値下げやコストの増加によるデメリットを上回ることを期待して、利幅を削ることを前向きに受け入れようとする。

どのような施策を選択するにせよ、ある企業が単独で積極的な行動に出て、他の企業を犠牲にして売上数量の増加を狙うことは避けたほうが、競争を行っている企業全体としての利得は大きい。それでも、みずからが獲得する利益が大きいことを考えれば、個別の企業に働く誘因は強力なものとして存在するので、競争の激化を招くコストを自発的に抑制して協調体制を維持することが難しくなる。

経営資源の獲得をめぐる競争も、これと似たようなパターンをたどることが多い。たとえば、かつてプロ野球チームのオーナーたちは、所属選手の契約期限が切れる際に、彼らが自由に他のチームへ移籍することを防ぐ保留条項を定めて、選手の獲得競争を互いに抑制し合い、全体としてのメリットを享受していた。

しかし、テレビ中継の開始や、観戦チケット売上げ以外の収入源が増えるにつれて、この条項の効果は次第に弱まっていった。保留条項が正式に廃止された一九七六年以前の段階でも、各チームのオーナーは新しい選手に対して多額の契約金を提示して、獲得を競い合う状態となっていた。フリーエージェント制度が導入されてからは、契約期間が満了した選手の獲得競争が激化して、選手の年俸は跳ね上がり、スター選手の銀行口座には夢のような金額が振り込まれたが、一方で、チームオーナー全体にとっての収益性は著しく損なわれることとなった。

囚人のジレンマへの対処法

協調体制から逸脱するように働きかける誘因が実際に存在し、各プレーヤーにとって望ましくない均衡に到達しやすいことは事実である。しかし、囚人のジレンマによる影響を完全に排除するまではいかないとしても、それを和らげるための方法は存在する。

幸いにも、競争的な状況下での相互作用は、一定の時間をかけて生じるものである。したがって、各プレーヤーに協調的な行動を促し、非協調的な行動を抑制させるような調整活動を行うことを通じて、事業環境を変えられる可能性がある。これらの調整活動は、逸脱した行動から得られるメリットと、協調体制の維持に要するコストをともに小さくすることで、その効果を発揮する。

競争のルールや、結果として生じる利得、プレーヤーの顔ぶれ、その他の主な要因を変えることによって行われる調整活動は、大きく構造的調整と戦術的調整の二つに分けられる。構造的調整は、逸脱的な行動そのものを未然に防ぐように事前の取り決めを行うものであり、戦術的調整は、単独で逸脱した行動を取る企業に対する対抗措置を事前に明言するものである。これら二つの調整活動は、ある企業が逸脱した行動から得るメリットを減らして、彼らが協調的な行動を取るように導くことを目的としている。

構造的調整

ここまでローカルな領域内で支配的な地位を築くことの重要性を強調してきた点を考えれば、競争を行う企業にとってもっとも洗練された構造的調整は、各社がお互いの事業領域には立ち入らず、それぞれが別個のニッチ領域を独占するような形を整えることである。これらのニッチ領域は、地理的な境界で区切られることもあれば、顧客に提供する専門機能や、一日のなかの時間帯で区切られることさえある。

同一の市場でセグメントを細分化することに成功した特筆すべき例の一つは、それまでイースタン航空が独占していたニューヨーク―ボストン間の定期便事業に参入した際の、パンアメリカン航空（パンナム）の運航スケジュールに関する意思決定である。パンナムは、自社の出発時間をイースタン航空と三〇分ずらすように設定したのである。

この行動は、イースタン航空が運賃を値下げして、パンナムから顧客を奪い返そうとする対抗措置を思いとどまらせる効果があった。というのも、この定期便の主要顧客層であるビジネス利用客は、いかに運賃が安かろうが、そのために三〇分余計に待とうとはしないのが通常だからである（彼らの運賃を支払うのは、彼ら自身ではなく、所属する企業だからだ）。もしイースタン航空が値下げをすれば、パンナムから少数の顧客を奪い返すメリットよりも、値下げをしなくてもイースタン航空の便に乗るであろう顧客からの収入減によるマイナス効果のほうが大きくなる。

この定期便事業のその後の経緯を見れば、パンナムの戦略がいかに賢明だったかは明らかである。その後、ニューヨーク－ボストン間の定期便の運航権は、パンナムからデルタ航空へ、イースタン航空からトランプ・シャトル、さらにはUSエアウェイズへ売却されることとなったが、この区間の運賃はその後も高い価格で安定しており、三〇分違いの運航スケジュールも維持され続けている。

特定の地域に店舗を集中させることによって、競合と商圏が重なることをなるべく避けている小売企業やその他のサービス業者は、まさしくお互いの事業領域には立ち入らないように調整を行っている例である。自社が支配的地位を築ける市場に店舗を集中させたウォルマートの初期段階での戦略は、規模の経済に基づく優位性をもたらしたのみならず、自社の領域内でたいしたシェアを持たない他の小売企業と価格競争に陥るリスクを低減させる効果も発揮したのである。

顧客へ提供する製品を特化させて、競合と重ならないようにすることも同様の効果を果たす。サザビーズとクリスティーズ（訳注：両社ともに世界最大級のオークション会社であり、熾烈なライバル関係にある）は、たとえばどちらか一社はギリシャ・ローマ時代の骨董品に、もう一社はエジプトや中東諸国の骨董品に特化するなど、各社の専門領域によってオークション市場を分け合うといった戦略的な機会を逃した。もし彼らがこの戦略を選択していれば、それぞれの領域で独自のノウハウ、得意客、名声を築き上げ、ある骨董品を売却したい顧客は、該当する専門性を持つオークション会社を選ぶのが当然のこととなっていただろう。

このように専門領域が分かれていれば、お互いに得意客が重ならないので、オークション手数料の値下げをしたところで得るものは少なく、失うものが大きいだけとなり、値下げ競争はなくなる。また、手数料の設定についてあからさまに結託する必要がなくなるので、事業の収益や企業の評判が傷つけられることもなく、手数料の設定方法で両社が囚人のジレンマに陥ることも回避できただろう（両オークション会社の事例については、第15章でより詳細に論じる）。

囚人のジレンマに陥らないために行う構造的調整の第一の方法は、製品やサービスの直接的な競合を避けることである。この調整方法には、運航時間を三〇分ずらしたパンナムのように顧客の選択肢を増やす形や、オークション会社の専門領域特化のように互いに重複する無駄なコストを削減する形、または、ウォルマートやクアーズのように特定地域内での規模の経済をより強化する形などが考えられる（ただし、ウォルマートとクアーズの例では、事業地域を拡大するにつれてその優位性が弱まった）。

適切に設計できれば、カスタマー・ロイヤルティ・プログラムも値下げ競争を防ぐ構造的調整の第二の方法となる。たとえば、航空会社におけるマイレージ・プログラムは、搭乗距離に応じたマイル数を付与し、無料のフライトチケットや、座席のアップグレードなどの特典と交換できるようにしたものである。これらのプログラムを設計する際には、きわめて重要な二つの要素が存在するが、この双方がきちんと満たされていることはあまりない。

第一に、顧客の購買が長期にわたって持続するように、顧客が得る見返りは直近の購入金額だけでなく、過去からの蓄積額に基づいて提供されなければならない。第二に、見返りが増していく割合は、顧客の購入金額の増加割合よりも大きくなければならない。第二の要素は特に重要である。というのも、見返りの大きさとマイル数の増加割合が同じであれば、それはただ単に通常の料金割引と変わらなくなってしまうからである。

一方、マイル数が増加するにつれて、見返りがそれ以上に大きくなるのであれば、顧客が特定の航空会社でチケットを購入しようとする誘因が強化される。こうなれば、他の航空会社が運賃を値下げしても顧客がそちらに流れる率は低下し、それゆえに、競合の航空会社が運賃の値下げを行うこと自体がそもそも少なくなる（値下げを行っても、従来の得意客からの収入減によるマイナス効果のほうが大きいため）。運賃の値下げによって競合から顧客を奪うという戦略が魅力的でなくなれば、航空会社が全体的に高い価格を維持できるようになり、マイレージ・プログラムを提供する際にかかるコストを上回る収益を得ることができる。

だが実際には、マイレージ・プログラムは運賃の値下げ競争を防ぐ手段として効果的だったとはいえない。顧客の多くはいくつかの航空会社にまたがってマイルを貯めているので、安い運賃を提供する航空会社に魅力を感じて、その会社でマイルを貯めるようになる。

また、各航空会社は何社かでマイレージ・プログラムに関する提携グループを形成したが（訳注：全日空〈ＡＮＡ〉が加盟しているスターアライアンスや、日本航空〈ＪＡＬ〉が加盟しているワンワールドなどが代表的な例である）、これは彼ら自身の首を絞めることとなった。というのも、違う会社の航空チケットを購入しても、同じ提携グループ内であれば、顧客は自分が最大のマイルを持っている航空会社のマイルとして貯めることができるので、一つの航空会社を利用することにこだわらなくなるからだ。

ロイヤルティ・プログラムは、得意客になることから得られる見返りが非常に大きく、その結果として顧客の購買が一社に集中する場合にのみ、価格競争を抑える効果を発揮する。各航空会社は、顧客の利用頻度に応じて見返りをさらに大きくするという原則に立ち戻るため、一定の期間を過ぎても利用されていないマイル数が消滅するという決まりを新たに加えることによって、状況の改善を試みた。

構造的調整を行う第三の方法は、市場への供給能力を制限することである。仮に、各企業が市場で販売できる製品の数量を制限することに同意して、それを全員が守るのであれば、どの企業にとっても値下げに伴うメリットは激減するか、または完全に消滅する。なぜなら、各企業が売上数量を増やせないという条件のもとでは、値下げを行う意味がまったくないからだ。

実際に多くの業界で見られていることだが、市場の需要を上回る供給能力を積み上げる最大の問題は、生産設備の建造にかかる直接的なコストに関するものではなく、余剰の供給能力があると、企業はより多くの顧客を獲得して新しい工場や機械設備の稼働率を高めるために、値下げに走ろうとする傾向が強まるということなのである。その結果として生じる価格競争は、新たに拡大した事業のみならず、既存事業の収益性まで低めてしまうこととなる。

供給能力に制限を課すことがもっとも成功している例の一つは、テレビ局が販売できるコマーシャルの放送時間を制限する自主的な行動規範の設定である。また、都市計画法や環境規制は、特定の業種に関する設備の建築を妨げる役割がある。機械の操業時間を制限する安全基準は、供給能力の拡大を遅らせるという業界内の暗黙の同意と実質的に同じ効果を持つ。

これらの供給制限に関する調整活動が成功するためには、競争に参加するすべての企業が、決められたルールにしたがって行動することに同意しなければならない。このルールから逸脱する企業は、供給量の制限を守って行動している他の企業の犠牲のもとに、自分だけが不当に大きな利益を得ることとなる。こうなると、協調体制はあっという間に崩壊し、すぐに価格競争が起きる。

また、供給能力の制限による調整が有効なのは、市場の既存企業が参入障壁で守られている場合に限られる。もし後発企業の新規参入が可能であれば、既存企業間の供給能力制限に関する合意は実効性を持たなくなる。たとえば、トラック運転手の運転時間に上限を設けたとしても、業界全体の供給能力を減らすうえで効果を発揮する可能性は非常に低い。なぜなら、供給の制限によって輸送料率が引き上げられれば、アリが群がってくるように新規業者の参入を招くからである。

構造的調整を行う第四の方法は、値下げを行った企業が大きな代償を支払わなければならないような価格制度の仕組みを導入することである。ただし、これも先ほどと同様に、既存企業の全員が決められたルールにしたがうことが前提条件となる。この種の行動でもっとも典型的なものは、相手によって待遇に差をつけないことを約束する「最恵国待遇条項」を業界内の価格設定に適用することである。

最恵国待遇条項のもとでは、企業がある顧客に対して他の顧客より安い価格や、より良い取引条件を提示したら、他のすべての顧客に対しても、それと同じ価格または取引条件を適用しなければならない。この制度では、一人の顧客に対する値下げが自動的にすべての顧客へ適用されるので、ある企業が特定の顧客だけに特別価格を提供して、その顧客を他社から奪い取ろうとする行動を防ぐことができる。

この場合、新しい顧客を獲得する際にかかるコストは、ほぼ例外なくメリットを上回る。最恵国待遇条項の極端な例では、現在の価格より多く支払っていた分を、過去に遡って顧客に払い戻さなければならないというものまである。このような取り決めは、同じ品物に対してある顧客だけが高い代金を支払うのを防いでくれるように見えるが、実際には、みんなが高い価格を支払う状態に落ち着くことが多い。なぜなら、この取り決めのもとでは、だれも新しい顧客を得るために値下げを行おうとはしないからである。時々、独占禁止法違反行為を取り締まる政府当局が、企業間の健全な価格競争を維持するために、最恵国待遇条項の適用を禁止することもある。

価格競争を抑制する構造的調整の第五の方法は、商品の購入や価格設定に関する意思決定のタイミングを、限られた時間帯や期間に制限する仕組みをつくることである。たとえば、テレビ局や他のメディア企業は、年間の新しいシーズンが始まる二、三週間前から顧客が広告枠を購入できる「プレシーズン購入制度」を採用している。プレシーズン期間中は、シーズン開始後にスポット枠を購入するよりも広告費用を安く設定することが、業界内での暗黙の取り決めとなっている。

この例では、期間を短くすることによって、顧客が複数の仕入先を競い合わせて安い価格を引き出すのを困難にしている。購入期間が限定されていなければ、広告枠をすべて売り切りたいメディア企業は広告費の値下げに頼らざるをえなくなる可能性が高いが、上記のような〝秩序ある〟取り決めの結果、市場が値下げ競争にさらされる脅威が弱まることとなる。

業界内の社会的交流も、非公式ではあるが、個別企業の価格競争に対する強力な制約要因として機能する可能性がある。企業間で、〝公正な〟価格設定に関する業界規律があるような場合には、逸脱した行動を取る企業に対して社会的な汚名が着せられることとなり、この規律がさらに強化される。したがって、何十年にもわたって厳しい規律が保たれてきた女性用下着のような業界では、企業のオーナーやマネジャーたちがみな似たような経歴を持ち、近接した地域に住む傾向がある。

この種の経済的利害関係を越えたつながりは業界内の価格競争を和らげる効果を持つが、彼らを結びつける交流関係が非常に広範囲まで及ぶことはほとんどないので、市場のグローバル化の進展は、価格競争を制限する体制の崩壊を招く前兆となることが多い。

業界内の価格競争を抑える構造的調整の最後の方法は、各企業の基本的な報酬制度（公式、非公式の両方を含む）の仕組みを調整することである。もし従業員の賞与や、昇進、人事考課を決める際に、利益の金額よりも売上高の増加が重んじられれば、利益を犠牲にして売上高を伸ばすための値下げを防ぐ体制は弱体化する。そして、業界内の価格競争が激化する可能性が高まり、全体として高い価格設定を維持することが不可能となる。

このような報酬制度の極端な例として、競合よりどれだけ優れた業績を上げたかという相対的な指標を、他のどんな指標よりも最重要視する企業もある。つまり、業界全体の規模が成長したことに伴う売上高や利益の増加よりも、他の企業から市場シェアをいくら奪ったかのほうが重要視されるのだ。競合との比較に基づく相対的な指標はゼロサム・ゲーム（訳注：複数のプレーヤーが相互に影響し合う状況のなかで、各プレーヤーの利得の総和がゼロになる状況を指す。つまり、ゼロサム・ゲームでは、あるプレーヤーの利益が増せば、その分だけ他のプレーヤーの損失が増えることとなる）なので、このような業界に属する企業間の競争は熾烈なものとなり、囚人のジレンマ・ゲームで協調的な結果を引き出せる見込みは事実上なくなってしまう。したがって、業界内の企業が無用なリスクを避けて、利益を重んじる企業文化を持っている場合にのみ、業界全体の利得のために協調体制を築くことが可能となる。

戦術的調整

ここまで論じてきた構造的調整は、みんなが協調した場合よりも各社の経済状態を悪化させる、囚人のジレンマに陥ることを避けるための、もっとも有効な経営手法である。これらの構造的調整は、直接的な価格競争だけではなく、製品の特徴、広告宣伝、アフターサービス、経営資源の獲得などに関する競争にも適用することができる。

もし何らかの理由で構造的調整を行うのが難しい場合は、囚人のジレンマを回避するための第二の手段として、戦術的調整が考えられる。戦術的調整は、構造的調整を代替または補完するものとして、企業間の直接競争を抑制する役割を果たす。

囚人のジレンマや価格競争の状況下で戦術的調整が成功するためには、二つの要素が必要となる。一つは、値下げを行った競合に対しては、即座に、そしてほぼ自動的に対抗措置を講じることであり、もう一つは、対抗措置を実行すると同時に、元の高い価格へ戻すことについては協調する意思があることを競合に示すことである。

第一の要素は、値下げを行った企業がけっして得することはないことを確実なものとする。最初に値下げ攻撃を受けた企業は、すぐさま、ほぼ自動的に競合が提示した価格をさらに下回る値下げを行って応酬する。この素早い反応によって、最初に値下げを行った競合へ顧客が流れるのが食い止められ、競合にとってみれば、値下げをしても顧客を奪うことがまったくできないので完全に逆効果となる。

値下げを行った企業の経営陣は、この苦い経験を一度か二度踏んだ後で、顧客を奪うために値下げをするのは勝利につながる戦略ではないことを悟るはずである。もし彼らに思慮分別があれば、それ以上値下げ競争を仕掛けるのはやめて、業界全体の利益のために高い価格を維持する体制へ戻ろうとするだろう。

第二の要素である、高い価格設定へ戻すことへの協調的な意思の表明は、当初の値下げと、それに対するさらなる値下げの対抗措置によって生じた一時的な低価格体制を、そのままにはしないことを明確にするために必要な行動である。

「業界ベストプライス制度」は、自動的な値下げ対抗戦術の一例である。この制度は、顧客が支払った価格が、業界内の競合が設定している価格よりも高いことが証明されれば、その差額分を顧客に払い戻すというものである。この制度の導入は、顧客や競合に対して、競合がどんな値下げを行っても、それに必ず対抗するという意思を明確に伝える効果を持つ。

「ミート・オア・リリース制度」も、業界ベストプライス制度とほぼ同等の効果を持つもう一つの値下げ対抗手段であるが、この制度では、競合が設定している価格があまりに低すぎて利益が出ない場合には、それに合わせる必要がないという都合の良い条件が付け加えられている。また、競合が広告に載せた価格と同じかそれ以下の値段で販売することを広告上で保証するという手法も、値下げに対する自動的な対抗措置としてよく用いられている。

自動的に発動する戦術的調整が使えない場合には、少なくとも競合の価格設定に細心の注意を払い、値下げがあった場合には素早く反応できる態勢を整えておくことが重要である。お高くとまって競合の値下げに無関心を装い、終わりのない価格低下の悪循環を断ち切るための方策にみずから取り組もうとしなければ、業界全体が囚人のジレンマに陥る悲惨な状況につながる危険性が高い。

この状況では、最初に値下げを行った企業が利益を得て、それに何の反応も示さなかった企業は顧客を失い、利益も急落する。さらに重要な点は、攻撃的な値下げの効果に味をしめた競合が行動習癖を修正できなくなり、価格戦争がより長期化して、より大きな損害をもたらす可能性が高くなるということである。

競合の非協調的な行動を防ぐための取り組みでは、無差別にすべての行動に反応するよりも、選択的な反応を取るほうが望ましいケースが多い。一例として、新規顧客を獲得するために、通常の貸出金利よりも低いレートを提示しているライバル行を持つ銀行のケースを考えてみよう。

この銀行は、顧客をつなぎとめておくために、すべての顧客に対してライバル行と同等かそれ以下のレートを提示することもできなくはない。しかし、信用力が高い顧客に対してのみ低いレートを提示すれば、取るに足らない顧客をライバル行へ譲りわたし、これらの非重要顧客から債権を取り立てたり、新規の融資を断ったりして反感を買うこともなく、自社の貸出債権の質を高めることができる。これは同時に、信用力の低い顧客を積極的なライバル行へ押し付ける働きも果たすこととなり、彼らの貸し倒れリスクは高くなり、収益性も低下する。ある程度の時間はかかるかもしれないが、この教訓を学んだライバル行は、その後不当に低いレートを提供することは差し控えるようになるだろう。

自社にとって重要な顧客をつなぎとめると同時に、取るに足らない顧客は相手に譲りわたすという選択的な反応戦術は、どれも似たような効果を持つ。競合の値下げに対して選択的な反応を示す態勢が一般的に整っている業界では、そうではない業界よりも価格水準の安定度が高く、各企業がそのメリットを享受している。反面、選択的な行動はみずから攻撃を仕掛ける際にも用いられるものであり、競合の優良顧客を奪うために使われるような場合には、価格競争を激化させる要因ともなりうる。

選択的な行動は、また別の形態を取ることもある。具体的には、競合からの攻撃的な値下げに対して、自社が対抗措置を講じる場所や地域を特定するというものだ。価格競争では、非協力的な行動を取った競合の力がもっとも弱い地域——競合の地域内シェアが非常に小さく、流通チャネルも限られている地域——を攻めるというのが一般的な傾向であるが、経済学的な観点から見れば、これとは反対のアプローチを取るほうが理にかなっていることが多い。

たとえば、自社が支配的なシェアを誇る市場で競合が値下げをしてきたら、侵入者に対して厳しい教訓を与えるために、その場ですぐに競合以上の値下げを行って対抗したくなるかもしれない。しかし、このような反応は、自分自身が損をする結果につながる性質を持っている。仮に、自社がこの市場で月間二〇〇万個の製品を販売して、競合の月間販売数量は四〇万個だと仮定すると、製品の単価を一ドル下げることによる影響は、自社で月間二〇〇万個分、競合では四〇万個分に及ぶこととなる。どちらの企業のほうが、値下げによる損害が大きいかは明らかだろう。

したがって、これよりももっと優れた反応は、攻撃を仕掛けてきた相手のシェアが大きく、自社のシェアが小さい市場を選び出して、そこで値下げを行うというものである。もし自社の値下げに対して競合が対抗してくれば、この価格競争で負う損害は自社よりも競合のほうが大きい。実際のところ、価格競争がいかに痛手を伴うものかを競合に知らしめる目的だけで、競合が支配する市場に新しい製品を導入する（もしくは、導入するように見せかける）ことが、価値ある行動となることすらある。ただ、覚えておかなければならないのは、こうした反応は競合を攻撃すること自体が目的なのではなく、価格の安定性を取り戻して、業界全体の協調体制を強化するのが目的だということである。

他の多くの価値あるものと同様に、協調的な体制は改善するよりも崩壊するほうがたやすい。囚人のジレンマを避ける戦術的調整の第二要素である、共同利益のために高い価格設定へ戻す意思を競合に伝達するのは、実行がきわめて困難だ。

もし業界内企業のマネジャーたちがみな合理的に思考し、事業の利益率を重視するとすれば、みずからが行った値下げに対する競合からの反応を見て、すぐに値下げ競争を取りやめることの賢明さを理解するだろう。しかし、必ずしもその通りになるとは限らない。

というのも、高い価格帯へ戻すまでの自社と競合による協調的な行為は、独占禁止法に抵触しないようにしなければならず、その過程が非常に複雑となるからだ。高い価格帯へ戻すことを直接会談で議論したり交渉したりすることは、明らかに違法である。また、アメリカン航空の社長がブラニフ航空の社長に電話して、両社の共謀による運賃の引き上げを画策した際に身をもって体験したように、電話での会話を通じて同様の目的を達成しようとするのも違法行為である。

しかし、効果的かつ合法的な方法もいくつか存在する。企業の経営陣が、価格に限らず、業界全体としての利益を何よりも重視する姿勢を公にはっきりと示すことは、囚人のジレンマ・ゲームに陥っている業界において、もう一度協調体制を立て直そうという意思をみんなに伝える効果を持つ。しかもこの行為自体は、独占禁止法の取締機関から怒りを買うこともない。また、政府当局へのロビー活動、業界全体にわたる製品規格の設定、団体慈善活動などに共同で取り組むことは、どれも価格設定とは直接的な関係がないとはいえ、業界内企業の協調的な姿勢を強化するのに役立つ。

より直接的には、実際に値上げをすることで、業界全体の価格帯を上げたいというメッセージを暗に伝える方法も考えられる。この場合、値下げを行った企業に対して即座に報復するのが必要だったのと同様に、競合がすぐに値上げで追随することが、価格水準に対する業界規律を再構築するためにはきわめて重要である。競合が価格競争を緩和させたい意思を示したら、その意思は適切に汲み取られる必要がある。

競合の攻撃的な行動を罰するために行う値下げと同様に、協調的な行動を促進するために行う値上げは、選択的に行うのがもっとも望ましい。各地域でバラバラに値上げするよりも、ひときわ目立つ市場で値上げを行うほうが、競合に認知されやすい。また、競合の本社がある地域の近くで値上げを行うのも、同様に相手の注意をひきやすいが、いつまでもこの手法に頼ってばかりいると、独占禁止法の取締機関の目を光らせてしまうおそれがあるので注意が必要である。

もしある企業が業界内での取り決めに関してリーダーシップを発揮できる地位にあり、さらに、市場シェアや売上高よりも利益を重視する企業文化を持っているならば、価格水準やその他の各社共通の利害項目に対する業界内の協調体制を復活させるためにその企業が中心的な役割を果たし、競合がそれに依存する形となる可能性が高い。

このような姿勢を持った、だれからも認められるリーダー企業は、業界全体が囚人のジレンマの落とし穴から抜け出すために大きな助けとなるもので、とりわけ価格競争とそれに伴う協調体制の崩壊を経験した後の業界ではその存在は大きな意味を持つ。

業界全体の協調体制は、個別の企業が条件反射的に競争心をわき立たせる衝動を抑えた場合にのみ築かれる。もし各企業が争いを終わらせるための明確な考えを持たないまま競争に参加すれば、協調体制に復帰できる見込みは非常に低くなる。「終わらせ方を考えずに戦争を始めてはならない」という原則は、一国にとってのみならず、企業にとっても同様に当てはまるのだ。

囚人のジレンマの状況下で協調的な体制を維持するための構造的調整と戦術的調整は、互いに排他的なものではなく、補強し合う関係にある。構造的調整を行うことによって、戦術的調整も実行しやすくなる場合がある。たとえば、各企業にとっては、顧客や時々の状況によって変わる価格や、複雑で不明瞭な価格、そして非公開のもとで交渉が行われている価格よりも、統一化され、透明性があり、みんなに公開されている価格のほうが水準を合わせやすい。

価格体系が統一化され、その公開が慣習となっている業界では、ある企業が顧客を奪おうとして値下げを行っても、それに対して他の企業がすぐに反応し、同じ価格水準まで下げるのは容易だ。したがって、このような価格体系には、統一性・透明性・公開性という表面上の長所のみならず、業界の協調体制を維持する効果も加わる

こととなる。[注5]

競合の行動への反応に関するここまでの議論は、主に価格競争を題材としてきたが、これは製品の特徴、割引クーポン、広告宣伝、経営資源の獲得などをめぐる競争にも同様に当てはまる。攻撃的な企業は顧客をひきつけるために、より豊富な機能を提供したり、より大きな割引を提示したり、より多くの広告宣伝活動を行ったり、希少な経営資源を獲得するためにより多くの金銭を支払ったりして、他社から顧客を奪おうとする。

そして、これらすべての競争状況において、みんなが協調することから大きな共同利益が得られるにもかかわらず、個々の企業には協調から逸脱する強い誘因が働く。さらに、どの競争でも、逸脱した企業の先制攻撃は業界全体の利益に打撃を与えるが、その攻撃に対しては、企業間の競争を抑制するための構造的調整と戦術的調整を用いて対抗することができる。

最後にもう一つ覚えておくべきことがある。それは、囚人のジレンマ・ゲームがどのように作用するかということと、それにうまく対処するための方法を理解することは、競争を行う企業の立場とは逆に、企業同士の競争によって得をして、企業の協調体制からは損をする市場参加者（通常は顧客）にとっても有益であるということである。

実際の囚人を尋問する検察官は、囚人たちを一人ずつ隔離して、彼らと個別に駆け引きを行う必要があることを理解している。これと同様に、各企業が協調体制を築いている業界の顧客は、私的で不透明な価格の取り決め方法を模索すべきである。具体的には、業界の標準的な水準から逸脱した価格や製品特徴を提供する企業と集中的に取引することを申し出て、彼らと個別に交渉するとともに、仕入先業界の協調体制を弱体化させるために、他の大口顧客企業と協力関係を結ぶのである。

このように、囚人のジレンマ・ゲームで働く力学を理解することは、業界内の企業としての立場と、その業界の顧客としての立場の双方で役立つ知識となる。

【注】

5 この種の価格体系には、いくつかの欠点があるのも事実である。たとえば、この価格体系のもとでは、ある製品やサービスに高い価値を見出す顧客（例：翌日便の航空チケットを購入したい顧客など）に対しては通常よりも高い価格を設定し、低い価値しか認めない顧客（例：フライトの何カ月も前に特割価格でチケットを予約する顧客や、搭乗さえできればどんな航空会社でも気にしない顧客など）に対しては通常よりも安い価格を設定する「価格差別化」によって、より多くの収益を獲得する機会が制限されてしまう。

第6章

競争戦略とゲーム理論❷

——参入・阻止ゲーム

新規参入と規模拡大をめぐる競争

企業間で発生する競争形態で、価格競争と並んで一般的なものに、ある市場に参入するかどうか、または、既存の市場で事業規模を拡大するかどうかという意思決定がある。ここでは、価格の水準ではなく、製品の生産量や供給能力の水準に関する事項が意思決定の本質となる。価格と数量は競争市場における二つの基本的な変数であることから、数量に関する競争は、価格に関する競争と補完的な関係にあると考えられる。

テレビ・ネットワーク事業への参入を決めたフォックス放送の意思決定には、これら双方の要素が含まれていた（第13章を参照）。しかし、数量に関する競争は、価格競争といくつかの点でその性質が異なっており、必要とされる戦略的規範も同じではない。したがって、戦略分析を行ううえで、生産量や供給能力などの数量をめぐる競争で働く力学を理解することは、価格競争の理解とはまた別の必須知識といえる。この種の競争状況を図示するモデルは、参入・阻止ゲームと呼ばれている。

価格競争と数量競争との第一の重要な相違点は、行動を起こすタイミングの違いである。事業規模の拡大には長い準備期間を要し、また一度実行したらその効果が長期にわたって持続する。これに対して、価格の変更はすぐに実行でき、またその後に撤回することも短時間でできる。

この理由により、参入・阻止ゲームでは、各プレーヤーの立場に大きな違いが存在する。囚人のジレンマ・ゲームでは、各プレーヤーの立場がほぼ同等であり、価格の変更を相手より先に行うことも、後に行うこともできる。つまり、プレーヤーの間に攻撃側と防御側という明確な区別がない。

一方、参入・阻止ゲームでは通常、攻撃側と防御側の区別が明らかである。たいていの場合、ある市場へ進出しようとしている参入者が攻撃側となり、市場の既存企業が防御側に回る。[注6] したがって、このゲームで成功を収めるためには、各プレーヤーがそれぞれの立場に応じてまったく異なる戦略を策定しなければならない。

第二の重要な違いは、参入・阻止ゲームでは、意思決定に伴う結果が長期にわたって持続するということである。とりわけ誤った意思決定を下した場合には、それが顕著となる。囚人のジレンマ・ゲームでは、望ましくない状態が長期間持続しているとすれば、それはプレーヤーたちが愚かな行動を取り続けている結果であり、各プレーヤーはいつでも行動を修正してもっと有意義な選択を行うことができる。

一方、ロウズがホーム・デポの支配領域内に新店舗を開設したり、モンサント（世界屈指の化学品メーカー）が肥料製造工場の生産能力を拡大したりした場合には、これらの設備は長期間そこに存在し続ける。したがって、参入・阻止ゲームを行うときは、このような長期に及ぶ結果を考慮しなければならない。

最後となる第三の重要な違いは、参入・阻止ゲームと囚人のジレンマ・ゲームでは、攻撃的な行動の作用の仕方が異なる点である。価格競争では、最終的には相手を市場から完全に追放できるかもしれないという希望のもとに、長々と高い代償を払い続ける値下げ合戦を正当化することがよくある。しかし、歴史的に見て、長い伝統を誇り、経営もうまくいっている企業が、価格競争によって市場から駆逐されたという事例はほとんどない。先に攻撃を仕掛けてきた相手に対抗するための手段として用いる以外は、価格競争での攻撃的行動は必ずといっていいほどうまくいかない。ただし唯一の救いは、価格を元に戻すのに時間はかからないので、少なくとも理論上は、攻撃的な値下げによる損害が一定の範囲内に限定されるということである。

参入・阻止ゲームでは、攻撃的な行動は価格競争と異なる方法で作用する。一度増強した生産能力を元の状態へ戻す際にかかるコストを考えれば、参入者の先制攻撃に対して既存企業が攻撃的な反応で対抗する動機が相対的に弱まる。簡単に行動を変えられる価格競争のプレーヤーとは異なり、生産能力の拡大に投資するという意欲的な意思決定は、容易には撤回できないからだ。

したがって、参入者の行動を改めさせるために攻撃的な対抗措置を取ることが有効であると主張する正当な理由づけが難しく、相手との利害調整を図るやり方のほうが、より強い正当性を持つ。また、生産量や供給能力の拡大に関する意思決定は、控えめで試験的な性質のものよりも、真剣で攻撃的なもののほうが効果が大きい。なぜなら、後者の場合には、その意思決定を行うプレーヤーはけっして引き下がらないだろうと、相手が強く認識するからである。

一方で、参入・阻止ゲームでは、攻撃的な行動を取ることに伴うリスクがより高まる。もしある企業が生産量を拡大し、それに対して競合が同様の行動で対抗すれば、これらの意思決定によって過剰となった供給能力を元の状態へ戻すことは困難であり、お互いが損害を被る期間も長期化することとなる。生産能力に関する意思決定では攻撃的な行動の選択は諸刃の剣となりうるので、参入・阻止ゲームをうまく切り抜けていくためには、価格競争を行う場合よりも慎重で繊細なアプローチが要求される。

参入者側の戦略的アプローチ

参入・阻止ゲームの典型的な形は、ある有力企業が強力な競争優位を築いている製品市場または地理的市場に、これと似たような競争優位を他の市場で築いている別の有力企業が参入しようとしているという状況である。

たとえば、第14章で詳細に論じる事例は、ポラロイドが支配していたインスタント写真事業にコダックが参入を図ったケースである。参入・阻止ゲームを開始する権利は、参入者の側にある。市場の既存企業にできることは、外部からの侵入に対抗するための準備を整えておくのみであり、参入者は市場の状況を外からうかがって、新規参入するか否かを選択しなければならない。

参入を実行する際の行動様式には、試験的で控えめなものから、全面攻撃的なものまでさまざまあるが、ここでは物事を単純化するために、参入者の最初の意思決定では、「参入する」か「参入しない」の二通りの選択肢しかないものと考える。

もし参入が実行されれば、既存企業はどのような行動で反応するかを決めなければならない。彼らは、参入が起こる前にそれを未然に防ぐための強硬な態度を示していたかもしれないが、実際に参入が起きてしまえばその抑止力は働かなかったことを意味し、市場の競争状況は一変する。もし既存企業が参入者を撃退するために攻撃的な行動で対抗すれば、値下げ、広告宣伝費の増加、販促費の増加などによる、痛みを伴う長期闘争に突入する可能性が高い。

他社の参入に直面した既存企業は、基本的に二つの選択肢を考えなければならない。すなわち、嫌々ながらも参入者を受け入れるか、徹底抗戦するかのいずれかである。どちらの選択肢にもコストが伴うので、既存企業はこれらを注意深く比較して、合理的な意思決定を下す必要がある。

参入・阻止ゲームのツリー構造

価格競争を主とする囚人のジレンマ・ゲームにはマトリクス型モデルを用いるのが自然なのと同様に、数量をめぐる参入・阻止ゲームでは、ツリー構造モデルを適用するのが有効である。

ロウズとホーム・デポの競争を例に取って考えてみよう。ロウズが支配的な地位を築いている地域市場に、ホ

図 6-1 参入・阻止ゲームのツリー構造

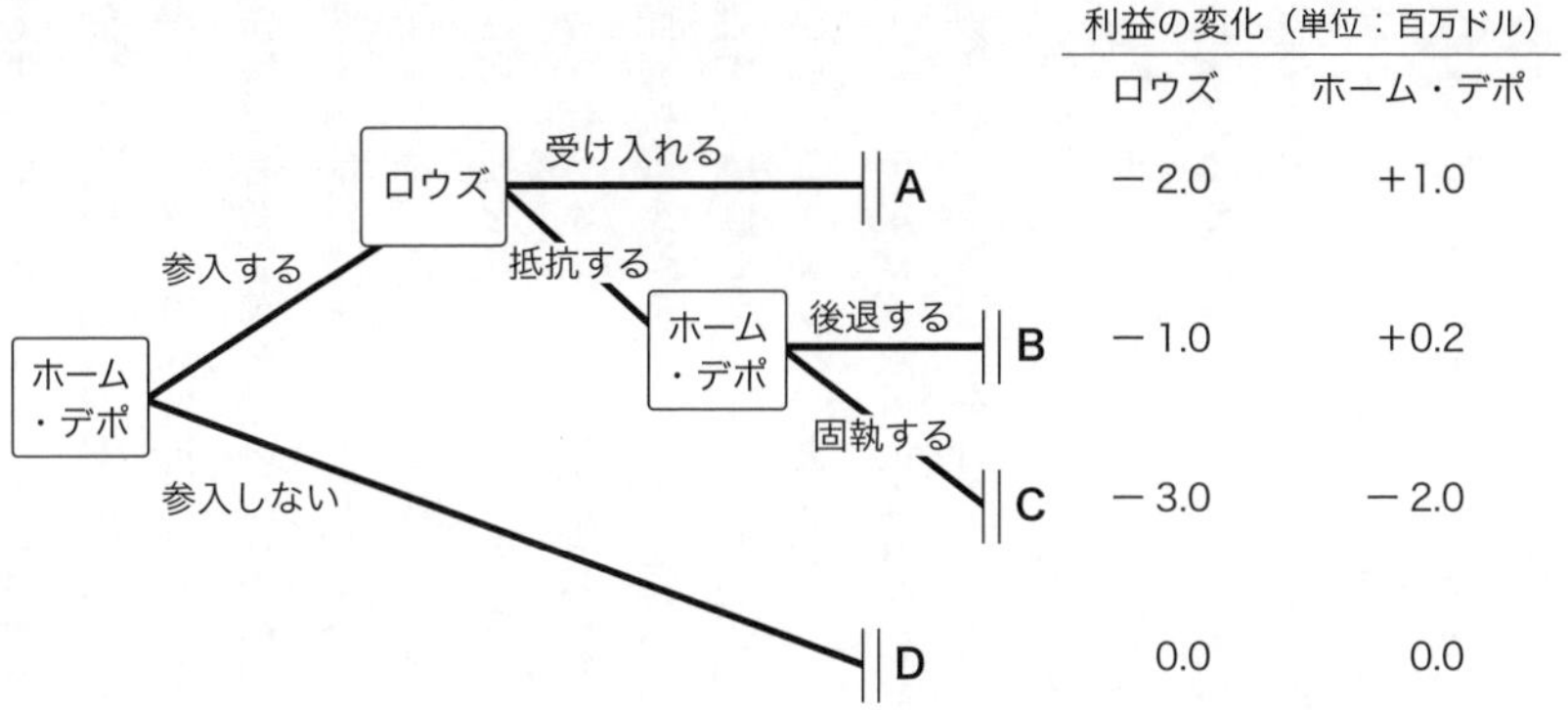

ーム・デポが新しい店舗を開設するか否かを検討しているとする。この場合、両社間の競争的相互作用は、ホーム・デポが下す最初の意思決定から始まる。

参入者の最初の意思決定を二者択一に単純化するという仮定にしたがい、ホーム・デポは、「参入する」か「参入しない」かのどちらかを選択することができる。この選択肢は、**図6-1**のツリー構造の最初の枝で示されている。もしホーム・デポがこの市場に参入しないことを選択すれば、ロウズは何の反応も取る必要がないので、少なくともこの瞬間においては、ゲームはそこで終了する。この状態は、ホーム・デポが最初に「参入しない」を選ぶDの位置で示されている。

一方、もしホーム・デポがこの市場に参入して店舗を構えると決意すれば、ロウズはこの行動に反応せざるをえなくなる。ロウズに与えられている基本的な選択肢は、ホーム・デポの存在を受け入れて事業活動のやり方を現在と何も変えないか、参入に徹底抗戦して攻撃的な反応を示すかの二つである。この意思決定は、ツリーの上半分でロウズの箱から「受け入れる」と「抵抗する」の枝が延びている部分で表されている。

もしロウズがホーム・デポの参入に対して何の対抗措置も取らない場合、つまり、価格水準や広告宣伝活動、販促活動の規模をいまと変えず、ホーム・デポの支配領域内に新店舗を開設するなどの報復措置も取らなければ、ゲームはそこで終わる可能性が高い。この状況は図のAの位置で示されており、少なくともこの段階ではゲームはそこで終了する。

しかし、ロウズの無抵抗を見たホーム・デポが、より攻撃的な行動を起こすべきだと判断して、他のロウズの支配領域でも新店舗を開いたり、積極的な値下げや販促活動を展開したりして、ロウズから多くのシェアを奪おうとする可能性もある。したがって、互いに強力な力を持つ二社間の競争では、決定的な最終点を定めることは不可能である。後に続くこれらの行動も含めて表現するためには、現在のツリーで最終点となっているAの位置からさらに枝を延ばす必要がある。

ロウズは、ホーム・デポの参入を黙って見過ごすような行動は、相手のさらなる侵入行為を促すだけだと考えて、徹底抗戦を選択するかもしれない。値下げをしたり、広告宣伝活動を拡大したり、相手の主力領域で新店舗を開設する計画を発表するなど、ホーム・デポにとって望ましくない状況をつくり出すような対抗策を取ることができる。こうなると、次はホーム・デポが、どのように反応するかを決めなければならなくなる。

ホーム・デポは、攻撃的な戦略に固執して、値下げ、広告宣伝活動の拡大、自社領域へのロウズの参入に対する報復措置の準備などを行うこともできれば、当初の野心を縮小し、想像以上に競争が激しい市場で、目標より低い水準のシェアで満足することもできる。

ホーム・デポがどちら――「固執する」を選択するC地点と、「後退する」を選択するB地点――を選択するにせよ、そこから生じる結果は、しばらくの間は安定的に持続する。「固執する」を選択した場合には、両社間での経済戦争が長期化して、その影響は当初の地域市場のみならず、全国規模に波及することとなるだろう。「後退する」を選択した場合には、双方にとって比較的穏やかな結果を生み出し、お互いの主力領域をそれぞれが支配することを認め合うという状況が成立する可能性もある。

これらすべての結果を比較検討する際には、ある一つの状況をベースに据えて、他の結果はそれを基に評価する方法を取れば、作業がより簡単になる。この例でいえば、ホーム・デポが「参入しない」を選択する状況（D）をベースとするのが自然である。なぜなら、この場合には、双方の行動がいままでと何も変わらないので、両社の利得がともにゼロとなるからだ。

次に、他の三つの状況それぞれに対して、ホーム・デポとロウズにとっての利益または損失の増減を計算する。ホーム・デポが参入して、それをロウズが受け入れた場合（A）には、ホーム・デポが参入しない場合（D）に比べて、ロウズの利益は減少し、ホーム・デポの利益が増加する。ここでは、両社が直接的に競合している他の市場の状況を参考にして、ロウズの利益は二〇〇万ドル減少し、ホーム・デポの利益は一〇〇万ドル増加すると推定されたこととする。

ホーム・デポの参入に対してロウズが徹底抗戦すると選択した場合には、最終的な結果は、ホーム・デポがどのように反応するかによって決まる。ここで、ホーム・デポが「後退する」を選んだ場合（B）は、ロウズの損失が一〇〇万ドルに減少する一方、ホーム・デポの利益もわずか二〇万ドルになると推定する。

最後に、ホーム・デポが「固執する」を選んだ場合（C）は、双方にとって最悪の結果となる可能性が高い。価格の値下げと、広告宣伝費および販促費の増加は、両社の利益を大きく圧迫し、売上数量の増加で埋め合わされる部分はほんの一部にしか過ぎない。また、売上数量が増加すれば、その分余計な間接経費も発生する。この状況で最終的に得をするのは、より低価格で、より多くの種類のなかから商品を選べるようになる顧客のみだ。この場合、ロウズの利益は三〇〇万ドル減少し、ホーム・デポも二〇〇万ドル分の利益が失われると推定する。

価格競争で用いるマトリクス型モデルの場合と同様に、各状況の経済価値を算定する際には、売上高の絶対額やライバル企業との相対的指標を重視するといった企業風土や、相手が独占的に支配する領域をなくしたいといった願望などの、動機的要因も考慮に入れて調整する必要がある。

各プレーヤーが起こす行動の順番が重要な意味を持ち、ゲームが進むにつれて選択できる意思決定も発展を遂げていくような場合には、明らかにマトリクス型モデルよりもツリー構造モデルのほうが、プレーヤー間の競争的相互作用を的確に表現できる。

実用的な区別としては、一度選択した行動を元に戻すことが難しく、行動の順番が重要な意味を持つような、たとえば設備投資に関する意思決定では、ツリー構造モデル（展開型）のほうがうまく機能すると覚えておけばよいだろう。一方、競合の反応に応じて行動を元に戻すことが容易であり、また何回でも調整ができるような、価格設定、マーケティング手法、製品の特徴などに関する意思決定の場合には、マトリクス型モデルを用いるほうが適切である。

起こりうる結果の評価

ツリー構造モデル（展開型）による分析の利点は、競争状況を動態的にとらえられるということである。分析のステップは順を追って進んでいき、その進行にしたがって、プレーヤーが取りうる一連の行動や反応の結果を熟慮することができる。

この分析プロセスでは、将来の各意思決定段階におけるプレーヤーの最善の選択肢と、予想される相手の反応を調べる。そして、これらをすべてまとめることにより、ツリー構造に沿って展開される複数のシナリオがつくり出され、各シナリオに対して個別の結果が割り当てられる。それぞれの結果は、プレーヤーにとっての経済価値（利得）で表されており、この利得を見比べることによって、さまざまなシナリオの順位づけを行うことができる。

このうちいくつかのシナリオは、利得がひどい結果になるため、すぐに検討対象から外されることもある。たとえば、**図6-1**の「参入する→抵抗する→固執する」というシナリオ（C）である。また、「参入する→抵抗する→後退する」（B）のように、少なくとも一方のプレーヤー（ホーム・デポ）にとって有益な結果が生じる可能性がある場合は、ひとまず暫定的に検討対象として受け入れておくこともある。ツリーの全体構造が作成されると、各シナリオの分析は、時系列的に後ろの段階から前段階へと遡る形で行われる。

ホーム・デポとロウズのケースの場合、最終段階の意思決定に当たるのは、ホーム・デポがロウズの抵抗に対して当初の攻撃的な戦略から後退するのか、それとも相手の値下げや広告宣伝費の増加に真っ向から立ち向かって当初の戦略に固執するのかということである。もしホーム・デポの経営陣が合理的であれば、この選択は簡単で、固執して二〇〇万ドルを失うよりも、後退して二〇万ドルの利益を得るほうがよい。

この一つ前の段階の意思決定でロウズが直面するのは、ホーム・デポの参入を黙って受け入れて二〇〇万ドルを失うか、それとも参入に抵抗して、後にホーム・デポが後退で反応した場合には一〇〇万ドルを失い、固執で反応した場合には三〇〇万ドルを失うかの選択である。ここで、ホーム・デポが後に取りうる反応の選択肢とその利得をロウズが把握しているとすれば、ロウズは仮に自分たちが抵抗した場合、ホーム・デポは後退を選ぶだろうと考えることになる。したがって、ロウズにとっての実質的な選択肢は、ホーム・デポの参入に抵抗して一〇〇万ドルを失うか、それを受け入れて二〇〇万ドルを失うかのどちらかであり、抵抗するほうがより良い意思決定となる。

さらにこの一段階前にあるホーム・デポの最初の意思決定は、自分たちの行動に対してロウズがどのように反応してくるかを十分認識したうえで、市場に参入するか否かを選ぶことである。この例では、市場に参入するほうが明らかに適切な行動となる（Bの位置で、二〇万ドルの利益が得られるため）。

シミュレーションの活用

実際のビジネスでは、プレーヤーが取りうる選択肢の枝や利得の算定といったツリー構造の作成作業や、ツリーの後方から前方に向かって各意思決定段階での適切な選択肢を分析する作業は、ここで取り上げたケースよりもずっと複雑になる。したがって、あらゆる可能性を最初から想定しようとするやり方の代替手段として、複数の人間でゲーム（競争状況）をシミュレーションする方法が実用的なアプローチとなる。

シミュレーションでは、まずプレーヤーの顔ぶれと彼らが重きを置いている動機、そしてゲームの開始を告げる最初の意思決定を特定する。そして、シミュレーションの参加者にそれぞれのプレーヤーの役割を割り当てて、起こりうる可能性が高いシナリオとその利得が定められるまで、ゲームを意思決定の段階ごとに一歩ずつ進めていく。

この種の試行を繰り返すことによって、どの戦略がより良い結果につながり、どの戦略が悪い結果を生むかがわかるようになる。純粋に頭の中だけですべての選択肢を洗い出そうとする方法よりも、現実さながらの複雑な相互作用を働かせてシミュレーションを行うほうが、より優れたシナリオを見出すためには効果的なことが多い。シミュレーションはまた、競合が過去の似たような状況で下した意思決定や、その意思決定によって明らかとなった彼らの動機など、競合に関する過去のデータを分析に組み入れる手段としても最適である。

既存企業がある意思決定を下した場合、後発の参入者が取りうる行動の柔軟性は限られ、現在の状況から後退するか前進するかのどちらかであり、極端な場合には市場から完全に手を引くという可能性も考えられる。参入・阻止ゲームにおける意思決定の固定的な性質——多額の投資を伴うために、一度意思決定を下すと後戻りすることが難しいという性質——は、最終的な結果が参入者の行動に対する既存企業の反応によって決められる部分が大きいことを意味している。

したがって、後発の参入者は、既存企業から攻撃的な反応を招くのを避けるためにできる限りのことをしなければならない。もしそれが避けられないと判断した場合には、その市場に手を出すべきではない。なぜなら、延々と続く既存企業との持久戦に突入し、参入者が利益を上げる可能性はほぼ確実になくなってしまうからだ。

協調体制を低コストで築くいくつかの方法

新規参入者が既存企業からの反撃を避けるためには、既存企業にとって抵抗するよりも協調するほうがずっと低いコストで済むような戦略を考える必要がある。協調体制を築くコストを極力小さくするためには、いくつかの方法がある。

第一の方法は、囚人のジレンマ・ゲームと同様に、相手との直接的な競争を避けることである。たとえば、既存企業が高所得者層向けの事業に注力しているのなら、新規参入者は低所得者層をターゲット顧客とすることにより、既存企業に与える脅威を弱めることができる。また、既存企業が大衆市場向けの大量販売を行っているのなら、新規参入者は既存企業にとってそれほど重要ではない地域や顧客層に集中するニッチ戦略を選択することが考えられる。具体的な例でいえば、フォックス放送はテレビ・ネットワーク事業へ参入する際に、既存の三大ネットワーク（NBC、CBS、ABCの三社）が手がけていないジャンルの番組を放映することを選択した。

第二の方法は、小さな行動を一歩ずつ積み重ね、物事を静かに進めていくことである。既存企業のシェアを大きく奪う計画を高らかに公表するというような強気の行動は、ほぼ間違いなく攻撃的な反応を招く。熱湯のなかにいきなり入れられたロブスターはもがき暴れて鍋から飛び出そうとするが、冷たい水のなかにそっと入れて徐々に加熱していけば、ロブスターは自分が夕食のおかずになるとも知らず、じっとしたままの状態でいる。

相手との対立を避ける姿勢は、特定のメッセージを伝える合図を送ることによってさらに強化される。たとえば、新規参入企業が限られた供給能力しか持たなければ、それは既存企業に安心感を与えるメッセージとなる。単独の店舗で参入すれば、一気に五つの店舗を構えるよりも相手に与える脅威は小さいし、新工場の生産能力が市場の総需要の一〇%分しかない場合のほうが、総需要をすべて満たせる工場よりも問題視される可能性は低い。資金調達の金額を限定し、かつ一時的なものにとどめておくのも、攻撃的な意思が限られていることを相手に伝える強いメッセージとなる。

反面、大規模でいかにも目立つ事業資金の調達は、既存企業との戦争につながる可能性が高く、停戦協定を結べる見込みは小さい。さらに、広告宣伝活動の規模や製品の種類を絞り込むことも、既存企業からの厄介な反応を減らすのに役立つ。なぜならば、既存企業は攻撃的な反応を示すために使う多額のコストと、協調姿勢を取るために失う少額の利益を比較検討できるからだ。フォックス放送は番組の放映時間を限定する参入戦略を取ったが、これは彼らの経営資源が最初は限られていたという現実的な制約条件があったことに加えて、既存のテレビ・ネットワーク企業に非攻撃的な意図を伝える意味もあったのである。

既存企業の攻撃的な反応を防ぐ第三の方法は、既存企業が支配しているすべての市場に参入するのではなく、そのうちの一つに過ぎないということ、そして自分たちは他の潜在的な参入者とはタイプが異なる存在であることを、既存企業にできる限りわからせることである。もし既存企業が自分たちを他の潜在的な参入者と同じタイプの存在で、そのなかでたまたま最初に行動を起こした相手だと認識すれば、彼らは他社の追随的な参入を阻止するために、見せしめとして強く抵抗するしか選択肢がなくなる。

この点でも、フォックス放送の行動は賢明だった。彼らは、自分たちが参入する市場は既存のテレビ・ネットワーク企業とは重ならないことを明確にした。フォックス放送が放映する番組は、三大ネットワークと比較して明らかに低俗な内容のものだった。彼らが真っ当な内容の番組にスタイルを変えることは考えにくく、これが既存企業に与える脅威を和らげる役割を果たした。

また、フォックス放送はテレビ・ネットワーク事業へ参入するにあたり、それまで自分たちが所有または提携関係を結んでいた地方局を統合し、他の企業が彼らのやり方をまねて参入するのを困難にした。これによって、既存のテレビ・ネットワーク企業は、たとえフォックス放送が成功したとしても、他の潜在的な参入者が追随してくる可能性は低いだろうと考えることができた。

第四の方法は、テレビ・ネットワーク事業のように複数の既存有力企業が存在している場合、新規参入によって彼らが受けるマイナスの影響を、できるだけ薄く広く分散するように努めることである。数多くの既存企業に対してそれぞれ少額の損害を与えるほうが、一社のみに致命的なダメージを負わせるよりも攻撃的な反応を招く可能性が低い。後者の場合には、ダメージを受ける既存企業が攻撃的な反応を示すことは必至である。

フォックス放送の戦略は、この点でも実によく練られていた。フォックス放送が最初に放映した深夜のトークショー番組は、NBCの「トゥナイト・ショー」と競合する内容だったが、次に制作したのは若者向けのコメディ番組であり、直接的に競合するのはABCの番組だった。また、NBCが木曜日の夜に放映していた当時（一九八六年）の大人気番組「コスビー・ショー」に対決を挑むような番組を制作しようとはしなかった。

攻撃的な反応を取ることが既存企業にとってコストが高くつくようにするために、新規参入者ができることがいくつかある。もし後戻りするのが困難な行動を参入者が起こせば、その行動は、「既存企業が自分たちを倒そうと攻撃してくるのであれば、延々と大きな痛みを伴う戦いに突入する」というメッセージを送ることになる。たとえば、多額の初期投資を必要とし、事業開始後も固定費の比率が高いような事業への参入は、その市場から手を引くことはないという参入者の強い意思を示す働きがある。これとは対照的に、製造、販売、その他の重要な経営機能を第三者への下請形態で行う場合（特に、下請契約の期間が短かったり、期間途中で解約しても解約費用の負担がそれほど大きくなかったりする場合）には、参入者が慎重であり、いざとなれば市場から撤退する心構えもあるというメッセージを既存企業に送ることとなる。

有力な既存企業が複数存在する場合、小規模な行動で少しずつ市場へ侵入していく戦略は、失敗したときの損害が分散されるうえに、既存企業がその新規参入者に致命的な打撃を与えることができないので、市場で生き延びやすくなる。また、既存企業がこの参入者に攻撃を仕掛けようとすれば、他の既存企業との争いが始まることとなり、戦いが長引いてコストも高くなるという波及的な損害を負うリスクが高まる。

たとえば、NBC、CBS、ABCのいずれか一社が、フォックスのテレビ・ネットワーク事業への参入に対抗する必要があると感じて広告料の値下げを行えば、それまで三社間で築いていた業界内の協調的な価格体系を崩すこととなり、事業の収益性を著しく傷つける影響を及ぼす。このような状況に直面した既存企業は、参入者を攻撃すると一度決めたら、自社も、そして他の既存企業も無傷で済ませるのは難しい。また、その攻撃に対して既存の競合相手も同様の行動で反応すれば、状況はさらに悪化する。フォックスの事例では、既存の三大ネットワーク企業が攻撃的な反応を控えたため、広告料の値下げ競争が深刻化することはなかった。

最後に、参入者はたとえ実際の行動が小規模で限られた範囲のものだとしても、市場で必ず成功する、もしくは少なくとも市場にとどまり続けるという強い意志を、事前に広く公表するという方法もある。目的は既存企業からの報復を防ぐことにあるが、一方でこれはリスクが高い方法でもある。参入・阻止ゲームで最悪の結果となるのは、熾烈な争いが長期化する状況である。成功への強い意思を表明すれば、たとえ後に撤退するほうが合理的な状況になったとしても、その道を閉ざしてしまうことにもなりかねない。したがって、インスタント写真事業でのコダックとポラロイドの競争（第14章を参照）で見られたように、強い意思の表明は、それが既存企業からの抵抗を抑える方向にうまく働かない限り、激しい消耗戦につながるおそれがある。

既存企業が取るべき対抗措置

参入・阻止ゲームでは、新規参入者よりも既存企業のほうがより注意深く行動する必要がある。なぜなら、新規参入者に比べて失うものが大きいからである。新規参入の兆しがはっきりと見える前の段階でも、既存企業は常日頃から競争心の強い経営姿勢を示しておくことによって、参入の阻止を試みることができる。仮に、どのような挑戦に対しても攻撃的に反応するという揺るぎない姿勢を示せれば、ほんの少しでも理性を持ち合わせた潜在的な参入者は考えを改めて、他の市場へ目を向けようとするだろう。

このような参入阻止戦略は、実際に相手を倒さなくてもそれと同等の効果が得られ、かつ攻撃を実行に移す必要がないので、理論的にはコストがほとんどかからない方法である。しかし実際には、たとえ非合理的な行動を取る潜在的な参入者がごく少数に限られていたとしても、揺るぎない攻撃的な姿勢を実践することは難しく、またそれを持続するためには多額のコストを伴う。

業界で確固たる地位を築いている既存企業は、たとえ新規参入者が低価格で製品を提供して新たな需要を創出したとしても、その需要をすべて満たしてしまうほどの大規模な余剰生産能力を持つことにより、予め対決姿勢を示しておくことができる。特に、固定費の比率が高く、変動費の比率が低いコスト構造となっていて、非常に低い追加コストで製品を増産できる場合には、この行動の合理性がさらに高まることとなる。

また、どんな参入に対しても対抗する態勢が整っている広告宣伝部や販売組織を構築したり、新規参入者をひきつけるニッチ市場をほとんど残さないように製品の種類や営業地域を広くカバーしておくことは、いずれも新規参入者に対して強い警告を発する効果がある。潤沢な事業資金を手元に蓄えておくことも、同様の効果が得られる行動である。

企業文化や事業方針は、それらの経済的な措置を補強する役割を果たす。事業を一つの製品のみに絞っていて、それが成功するか失敗するかで生死が決まるような企業であれば、みずからの身を守るために、参入者に対して非常に強硬な姿勢で臨むのは当然だろう。

たとえば、ポラロイドはインスタント写真以外の事業を行っていなかった。これと対極に位置するのは、数多くの事業を手がけている多角経営の企業だが、ポラロイドのような企業はある一つの事業に対する挑戦に徹底抗戦する可能性が低い。ましてや、自社の製品に狂信的ともいえるほどの情熱を注いでおり、単なる利益の源泉としてではなく、一種の社会貢献としてとらえている企業であれば、利益率をもっとも重要な判断基準としている冷静で理性的な企業よりも凶暴な相手になりやすいのは明らかである。つまるところ、みずからの事業に深く入れ込む強い決意を周囲に示せる企業は、かなりの確率で潜在的な参入者を思いとどまらせることができる。

一方、この種の攻撃的な参入阻止戦略には、注意すべきいくつかのマイナス面もある。第一に、固定費率が高い設備の生産能力を余剰に維持しておくことや、はるか遠くの地域における競合からの挑戦に対抗するためだけのマーケティング組織を持つこと、そして、新規参入者が入り込む余地がまったくないように製品のラインナップを幅広く揃えておくことは、どれも多額のコストがかかる。これらのコストの妥当性は、他社の新規参入を阻止することによる便益との比較（コスト・ベネフィット分析）によって評価されるが、どれだけの参入者をうまく阻止できたのかを知るすべはないので、この評価は口で言うほど簡単ではない。

第二に、みずからが強硬な参入阻止をちらつかせているにもかかわらず、どこかの企業が前進を決意して実際に市場に参入してきた場合、これに対して攻撃的に反応するよりも、相手を受け入れるほうが得策な場合もある。延々と長引く価格面や製品面での競争では、だれも得をしない。したがって、敵対的もしくは狂信的な企業文化は諸刃の剣であり、それを刀のさやに収めておくべきときもある。市場での地位が確立している既存企業は常に一定の理性を持ち、他社の参入に対して過剰に攻撃的に反応することは避けなければならない。

新規参入が実際に生じたら、既存企業が取るべき戦略は、報復行為は相手の主力領域で行うと最大の効果が得られる。この場合、囚人のジレンマ・ゲームと同様に、最小のコストでできるだけ厳しく相手を罰することである。価格競争で一番傷つくのは、その市場のリーダー企業である。したがって、参入者が強い力を持ち、既存企業のシェアが微々たる市場を攻撃すれば、既存企業にとっての損害を小さく抑えつつ、参入者に大きな損害を与えることができる。

このような、攻撃を仕掛けてきた相手に対抗して、その主力領域に侵入するという「しっぺ返し戦略」は、既存企業にとって重要な武器であり、早いタイミングで使うほど、より大きな効果を発揮する。たとえば、ホーム・デポがみずからの主力市場で店舗用地を探し回っているという情報をロウズがつかんだとすれば、ロウズは人目につくやり方ですぐさま同じ行動を取るべきである。具体的には、用地購入担当の社員をホーム・デポの主力領域に派遣して地元の不動産業者と接触し、その噂がホーム・デポにも伝わるようにするのだ。このような暗黙の警告は、それに伴うコストが安く済むという利点もある。

未開拓の領域に対する戦略

参入・阻止ゲームにおいて、特別な注意を要するものがある。地理的な区分であれ、製品種別の区分であれ、まだ有力企業がだれも手をつけていない空白の領域が存在する。これらの空白領域は、参入・阻止ゲームと同様の競争状況が展開する可能性を持つが、現時点ではまだ既存企業と参入者の役割が割り当てられておらず、同じくらい強力な力を持つ数社が、我先にと参入する機会をうかがっている状況かもしれない。

一般的に受け入れられている教えでは、最初に市場へ参入して独占的な地位を築く強い意思を示した企業が、慎重で動きの遅い競合の先手を打って彼らの参入をうまく阻止することができると説かれている。しかし実際には、たとえ他の企業が先に行動を起こしたとしても、参入を検討していた企業がそこで思いとどまることは通常ない。彼らは先発企業のことを、ごく短い間だけ優位に立っている相手としかとらえていないからである。

たとえば、仮にそれまでホーム・デポもロウズも手をつけていなかった市場にホーム・デポが新店舗を構える計画を公表した場合、ロウズはホーム・デポがこの市場の有望性を示す情報を独自に入手したと考えるかもしれない。その一方で、ただ単に先手を打って自分たちの参入を阻止しようとしているだけだとも考えるかもしれない。仮にロウズがこの市場に参入せず、ホーム・デポが大成功を収めた場合にロウズが直面する苦悩は、ホーム・デポに追随して両社の店舗がほんのわずかずつしか利益を稼げない場合よりもずっと大きい。

しかし実際のところは、未開拓の領域に他社よりも先に参入しようとする試みが、先発企業とそれよりわずかに遅れて参入した企業のどちらにとっても良い結果をもたらさないことが多いのは、過去の歴史を見ても明らかである。

参入・阻止ゲームにおける「大胆さよりも慎重な行動を優先せよ」という鉄則は、とりわけ無法地帯となりがちな未開拓の領域においてその重みを増す。

競争的相互作用の分析に関する一般原則

競争的相互作用を分析する手法として、ここまで主に価格競争を扱う囚人のジレンマ・ゲームと、数量競争を扱う参入・阻止ゲームという、たった二つのモデルに絞って述べてきた。これら二つの基本的なゲームは、ほぼ同等の力を持つ少数の有力企業が作用し合う市場で生じる競争状況の大半をカバーしているので、このような限られた数の分析手法しか用いないことにも正当性がある。

したがって、競争的相互作用が働く状況下で戦略を策定する際の効率的な第一歩は、これら二つのゲームに当てはまる特徴を探すことである。もしどちらかのゲームに当てはまる特徴が見つかれば、そのゲームをもっともうまく行うための知識を活用すればよい。

実際には、はっきりとした最善の戦略を見つけ出して、競争的相互作用を完全に解決するまでには至らない場合が多い。複雑な情報をまとめて相手の行動を予測するためにたった二つのモデルしか用いないのは、この分析手法がいかに大まかなものであるかを認めているからである。直面している競争状況の本質をつかめない場合、二つのモデルのみにしたがって戦略を考える価値は限られてしまうが、幸いなことに、戦略分析を行うための方法は他にもいくつか存在する。そのうちの重要な一つは、次章で詳細に論じる協調分析である。

協調分析の議論へ移る前に、どのような種類の競争が行われるかにかかわらず、我々が頭に入れておくべきいくつかの一般原則について触れておきたい。

第一の原則は、関連する情報を体系的に整理することである。すなわち、競合となるプレーヤーの顔ぶれ、彼らが取りうる行動の範囲、彼らが重きを置いている動機、各プレーヤーの意思決定がなされていく順序といった情報を、できるだけ体系的にまとめるのだ。囚人のジレンマ・ゲームでの顕在する競合にせよ、参入・阻止ゲームでの潜在的な競合にせよ、もっと複雑な関係にある相手にせよ、その行動が自社の収益に影響を及ぼしうるプレーヤーを明確に特定することはきわめて重要である。この必須原則をおろそかにする企業は、往々にして戦略的な困難に直面する状況に陥ることとなる。

各プレーヤーに関する分析では、以下の点を明らかにしなければならない。

- **各プレーヤーが取りうる行動の範囲**：もし自分たちがまったく予想しなかったような行動を競合が取れば、それは明らかにこの分析が間違っていたことを示す。
- **関連する全プレーヤーの行動を組み合わせたときの経済的結果**：各プレーヤーにとっての結果と、その利得はどうなるか？
- **各プレーヤーは、これらの結果をどう評価するのか**：各プレーヤーの動機、重きを置くものは何か？

各プレーヤーが起こす行動の順番と、ある行動を選択する際に持っている情報について、一定の制約条件を設定することも実用的である。ロウズとホーム・デポの競争状況を描写した図式で示されているように、いくつかのシナリオを作成してそれらを比較検討するためには、十分な量の情報を収集してうまく取りまとめなければならない。

情報の取りまとめ方には、主に二つの方法がある。

図 6-2 囚人のジレンマ・ゲームのマトリクス型モデル

		ロウズ $115	ロウズ $105
ホーム・デポ	$115	**A** ロウズの利益額 $200 ホーム・デポの利益額 $200	**B** ロウズの利益額 $210 ホーム・デポの利益額 $120
ホーム・デポ	$105	**C** ロウズの利益額 $120 ホーム・デポの利益額 $210	**D** ロウズの利益額 $150 ホーム・デポの利益額 $150

第一の方法は、ツリー構造（**図6-1**）かマトリクス形式（**図6-2**）の形に情報を体系的にまとめて、ゲームの最適解が見つかるまで論理的思考を働かせることである。単純な競争状況の場合には、このアプローチが非常に有効である。より現実的で複雑な競争状況の場合には、論理的思考を働かせるだけで最善の行動がはっきりと特定されることはめったにないが、どのようにゲームを進めるべきかという大まかな方向性は見えてくる。

具体例として、ここでもう一度、ロウズとホーム・デポの価格設定をめぐる囚人のジレンマ・ゲームに立ち戻り、それぞれのシナリオにおける両社の合計利得を計算してみよう。つまり、四つのシナリオのそれぞれについて、ロウズの利得とホーム・デポの利得を合計した金額がいくらになるかを計算する。もしシナリオによって合計利得の金額が異なるのであれば（この例では実際にそうなっている）、最大の合計利得を実現するために両社が協調する余地が生じる（**表6-1**）。

この例で合計利得が最大となるのは、両社がともに一一五ドルの価格を設定して、市場シェアを均等に分け合うシナリオAであり、逆に合計利得が最小となるのは、両

表6-1 囚人のジレンマ・ゲームにおける個別利得と合計利得（単位：ドル）

	ロウズ		ホーム・デポ		
シナリオ	価格	利得	価格	利得	合計利得
A	115	200	115	200	400
B	105	210	115	120	330
C	115	120	105	210	330
D	105	150	105	150	300

表6-2 参入・阻止ゲームにおける個別利得と合計利得の変化（単位：百万ドル）

シナリオ	ロウズ 利得	ホーム・デポ 利得	合計利得
HD：参入→ロウズ：受け入れ	－2	1	－1
HD：参入→ロウズ：抵抗→HD：後退	－1	0.2	－0.8
HD：参入→ロウズ：抵抗→HD：固執	－3	－2	－5
HD：参入しない	0	0	0

*ホーム・デポ＝HD

社がいずれも一〇五ドルの価格を設定するシナリオDである。つまり、個別に見ればより多くの利得が得られる選択肢があるなかで、お互いに競争を抑えるように行動すれば、両社ともに十分な利得を獲得できるということである。この例に類似したその他多くの競争状況でも、各プレーヤーがある程度協調することが合理的な行動となる場合が多い。

参入・阻止ゲームの場合にも、似たような計算を行うことができる（**表6-2**）。この例で両社の合計利得が最大となるのは、ホーム・デポが最初から市場に参入しないというシナリオであり、仮にホーム・デポが参入を決意した場合には、両社の全面対決による価格競争が起こらないシナリオが最善の結果となる。ここでも先の例と同じように、シナリオによって合計利得が異なるので、プレーヤー間で協調する余地が生じる。

これとは対照的に、すべてのシナリオで合計利得の金額が変わらない場合には、各プレーヤーが協調に努めてもそこから得られるものが何もないので、協調の余地がまったくなくなり、必然的に熾烈な競争が繰り広げられることとなる。このような競争状況は、通常「ゼロサム・ゲーム」と呼ばれており（厳密には「定和ゲーム」のほうがより正確な表現である）、あるプレーヤーの利得が増加すれば、それと同じ分だけ他のプレーヤーの利得が減少する。

この種のゲームは、意思決定者がライバル企業との相対的な指標をもっとも重視する場合、つまり、売上高の金額よりも市場シェアを、利益の絶対額よりも競合の利益との差を、そして、自社の活動をうまく行うよりも他社にどれくらい勝利したかを気にする場合に生じる傾向がある。極端な例でいえば、プレーヤーが二人しか存在せず、相手に勝つか負けるかだけが結果を判断する基準となる場合、すべてのシナリオで一人の勝者と一人の敗者が存在する定和ゲームの構造となり、熾烈な競争が展開する。競合との相対的な指標を重視する企業文化は、収益、株主への利益還元、従業員の満足度にとって、マイナスの影響を及ぼす根源的な要因となりうる。この一般原則は、論理的に強い自信を持っていえる数少ない主張の一つである。

情報を取りまとめる第二の方法は、競争状況のシミュレーションを行うことであり、これは実務で役立つことが多い。シミュレーションを行う際は、競合となるすべてのプレーヤー、彼らが取りうる行動、各シナリオで彼らが獲得する利得、そして、彼らが重きを置く動機に関する詳細な情報を組み入れなければならない。競合に関するこれらのデータは、各プレーヤーの役割を与えられた人が、ゲームのなかで意思決定を行う際の基礎となる。シミュレーションは、いくつかのシナリオが得られるまで繰り返し行い、それらを過去の事例と照らし合わせてみることによって、より大きな効果を発揮する。たとえば、ある競合が他社の参入に対してすぐさま価格を下げる行動を常に行ってきたのであれば、彼らは将来も同様の行動を取る可能性が高い。

シミュレーションには、純粋に論理的思考を働かせる分析よりも複雑な状況を扱えるという別の利点もあるが、競合の数が一定以上に多くなると（おおまかな目安としては七社以上）、シミュレーションの進行過程が拡散しすぎて扱いにくくなる。このような状況は、その市場には強力な競争優位が存在せず、競争的相互作用の分析手法を当てはめることは不適切であることを、かなりの確度で示す兆候となる。

多くの場合、競争的相互作用の分析を行う際は、複数の手法を用いるのが最善である。囚人のジレンマ・ゲームや参入・阻止ゲームをうまく当てはめられる場合はそれを活用し、十分練られたシミュレーションを何度も繰り返して、その結果を過去の類似事例と比較する。さらに、次章で述べる相手との協調やバーゲニングを適用できる余地がないかについても検討する。競争戦略分析には、科学的な手法と同じくらい芸術的なセンスも要求される。多角的な視点から物事を分析できるアーティストこそが、優れた仕事を成し遂げるのである。

【注】

6　これ以外の例として、まだはっきりとした既存の有力企業が存在しない市場に、複数の企業が参入しようとしている場合もある。この場合、各プレーヤーは、同様に参入を考えている競合の動きを阻止して、だれよりも先に参入しようとする。このような状況は比較的稀ではあるが、参入・阻止ゲームの重要な発展形の一つである。

第7章

協調戦略

——業界全体の総利得を最大化し、公平に分配する

プレーヤー間の協調という視点

経営戦略の策定方法について学ぶ順序としては、まず純粋な競争状況から始まり、次に競争と協調が混在する状況へ目を向け、最後に純粋な協調状況を考察するというのが自然な流れであり、本書でもこの順序にしたがってきた。我々はまず、競争優位の源泉を分析することから始め、純粋に競争的な市場では、各企業が自分たちの行動に対する競合の反応などは考慮せず、自分たちが持つ能力をできるだけ効率的に活用することを追求する経済主体だととらえた。そして、この種の競争が生じるのは、主に二つの状況が考えられることを述べた。

第一の状況は、競合するプレーヤーの数が非常に多いため、相手との相互作用を分析したり管理したりすることが現実的に不可能で、かつ一社が単独で行動を起こしたとしてもほとんど意味がないような市場である。これらの市場には、明らかに参入障壁が存在しない。

第二の状況は、ウォルマート、インテル、マイクロソフトのような一社の支配的企業と、その他多数の弱小企業が存在している市場である。これらの市場には参入障壁が存在し、競争優位を築くとともに、その活用法も理解している企業が成功を収める。しかし、彼らが成功するか否かは、他の弱小企業との協調的なかかわりとはま

ったく無関係である。これら二つの状況に共通しているのは、各プレーヤーが純粋な競争関係にあり、相手との相互利益を追求しても意味がないということである。

これらとは異なる状況、すなわち参入障壁が存在する市場で、複数の企業がそれぞれ競争優位を持って事業を行っている場合には、相互利益の機会を探ることが戦略策定上の重要なテーマとなる。競争的な要素は依然として残るが、相手の行動や反応を考慮に入れることによって、より良い結果が得られる可能性が出てくる。我々は、このような状況を伝統的なゲーム理論の視点から分析し、なかでももっとも典型的な「囚人のジレンマ・ゲーム」と「参入・阻止ゲーム」を用いて、競争と協調のバランスをうまく取るための方法を考察した。本章では、さらに新たな視点を加えて、この種の複雑な状況下で純粋に協調的な戦略を取る機会を探ることとする。

各プレーヤーが直接的に相互作用を及ぼし合う状況の分析手法として、協調関係に重きを置いた新たな視点を加えることにより、見落としていたかもしれないいくつかの点に目を向けることができるようになる。

第一に、いくつかの相互作用は、もともと協調的な行動を取る余地が非常に大きい。たとえば、情報処理産業に属するソフトウェア会社とハードウェア会社にとっての最優先事項は、彼らの全員が開発に携われる最善のシステムを構築することである。このシステムから上がる利益をどのように分配するかという競争はあるが、それはあくまでも二次的な問題である。また、取り扱う品が有形物であれ無形物であれ、納入業者と販売店の間にも同様の問題が生じ、さらには、市場の両極に位置するメーカーと最終消費者の間ですら、商品の取引全体から最大限の便益を得るという観点で、相互利益を共有していることがほとんどである。これらのケースでは、効果的な戦略を策定するに当たって、プレーヤー間の協調という視点を加えることが非常に重要となる。

第二に、相互作用のなかには、プレーヤー同士の直接交渉が一般的となっていて、独占禁止法に抵触するおそれがない状況がある。もっとも典型的な例は、労働組合と雇用者の関係である。また、原材料の調達から最終消費者に商品を届けるまでのバリューチェーンの一部を担う企業間の相互関係には、たいていの場合、直接交渉を

図 7-1 協調戦略とバーゲニングの位置づけ

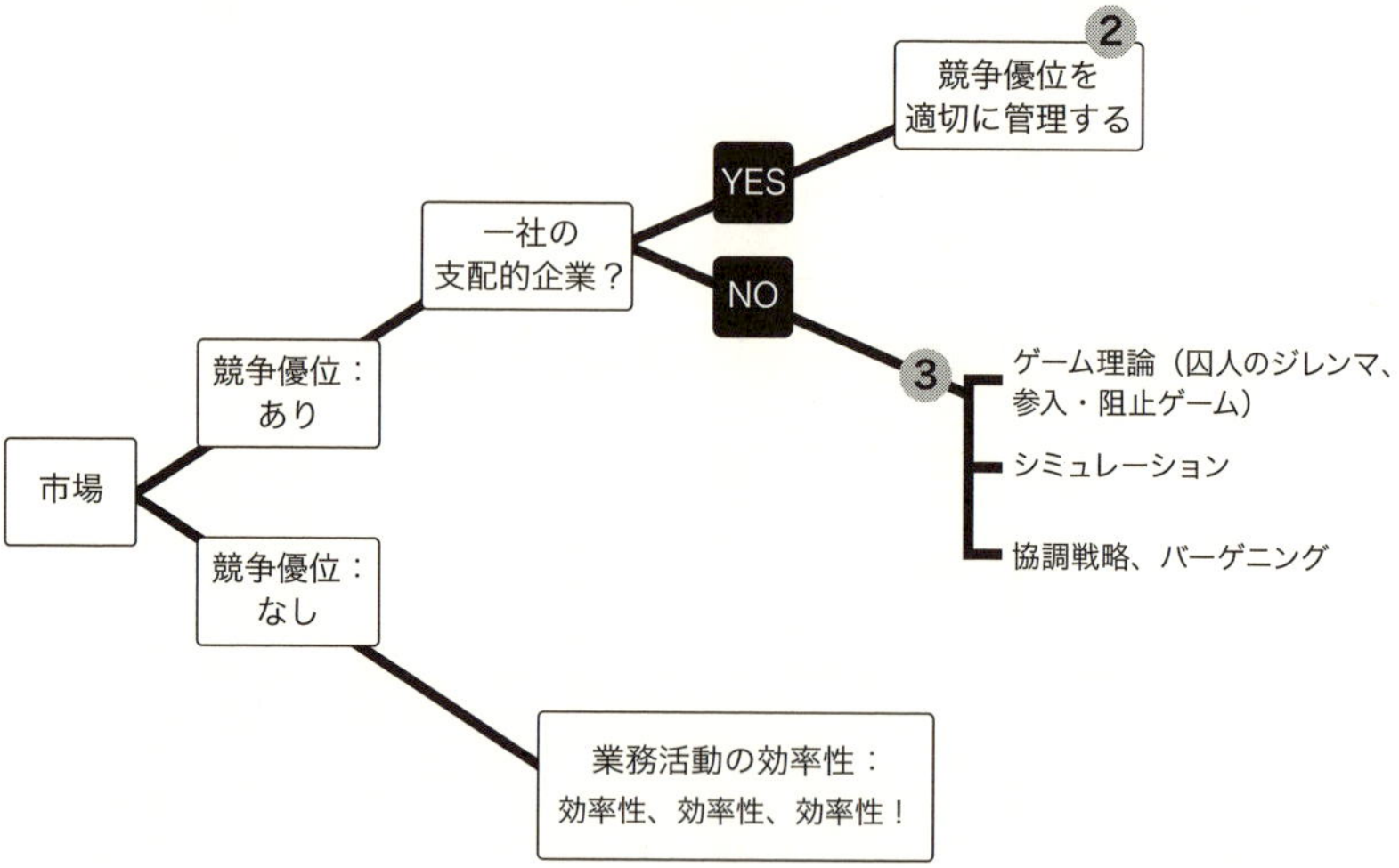

行う非常に大きな余地が存在する。交渉術に関する最新の理論が示しているように、これらの相互関係は、敵対的な態度よりも協調的な態度で臨むほうがうまくいく場合が多い。

最後に、競争的な色彩が非常に強い状況の場合でも、協調的な視点が戦略の策定に有益な洞察を与えてくれることがしばしばある。たとえば、各プレーヤーが業界全体の効率性を最大化しようと協調的に行動したら、業界の構図はどうなるかと考えることは、少なくとも理論的には可能である。このモデルでは、すべてのプレーヤーが合理的に行動し、業界全体にとって最適な結果を生み出す。非効率でコストが相対的に高い企業がこのような分析を行えば、完全に協調的な状況のもとでは自分たちは市場から締め出されることに気づき、より効率的な経営を行っている競合の非合理的な行動を見つけ出して、それにつけ込まなければならなくなる。

また、この分析を行うことによって、それぞれの強みを最大限生かしたり、相手と直接対決する局面を減らしたりするために、事業部門を交換し合う企業が出てくるかもしれない。みんなが理性と先見の明を持って公正に行動すれば業界の全体像はどうなるだろうかと、オリンポス山の神々が下界を見下ろすように大局的な視点で見ようと試みるのは、たしかに理想主義かもしれないが、それでも実務に役立つ面もある。以上に述べた理由から、戦略分析を行うさまざまな手法の一つとして、プレーヤー間の協調という視点が含まれるのである。

本書の構成との関係では、協調戦略は市場に競争優位が存在し、それを複数の企業が共有している状況（**図7-1**の③の位置）に適用される。協調戦略は、伝統的なゲーム理論の概念を用いた分析、とりわけ第5章で論じた囚人のジレンマ・ゲームと、第6章で取り上げた参入・阻止ゲームを補完する分析手法である。

結果から先に考える

協調戦略では、分析の主眼をこれまでと大きく変える必要がある。ここまでは、企業の強み（競争優位）や行動（競争戦略）を分析することに主眼を置き、その結果（各プレーヤーが手に入れる利得で表される）は、これらの主要因によって付随的に決まるものだと考えてきた。

一方、協調戦略ではこの優先順序が逆となり、分析の主眼は結果に置かれる。つまり、業界の最適化という観点から、全体の総利得をどこまで上げられるか、その利得を公平性の原則にしたがって、プレーヤー間でどのように分配するかを先に考え、各プレーヤーの戦術的・戦略的な課題や強みは二次的な問題とする。

このように分析の主眼点が逆転する理由は、協調的な状況では業界全体がどこを目指すかについてプレーヤー同士の合意さえ成立していれば、どうやってそこに到達するか、どのプレーヤーが何をするかは、比較的簡単に決まるという仮定に基づいている。この仮定のもとでは、各プレーヤーは全員で合意したあるべき結果を達成するために、〝正しいこと〟を行うと考える。その性質上、協調とは、各社の強みの差が結果に直接的な影響を及ぼすような無駄な争いを排除するものである。協調的な状況下で各プレーヤーの強みが重要な意味を持つのは、業界全体として達成可能な総利得の数値を設定するときと、その利得を各プレーヤーへ適切に分配するときのみに限られる。

業界全体で達成可能な総利得の数値を設定するに当たっては、二つの重要な制約要因が存在する。

第一に、経済的または技術的な制約により、目標とする数値が現実問題として達成不可能な場合がある。たとえば、自動車メーカー、規制当局、燃料電池メーカーがどんなに協調体制を敷いても、自動車に水素を供給するサービスステーションのインフラが整備されていなければ、燃料電池が輸送手段に広く利用される可能性は低い。したがって、目標とする総利得は、あくまで現実的に達成しうる数値に限定される。

第二に、達成可能な総利得は、協調体制が築かれていない場合に各プレーヤーが獲得する個々の利得水準によっても制約を受ける。もし、みずからは協力しないほうがより良い結果を得られるプレーヤーが一社でも存在すれば、協調体制を維持することはできない。

次節以降で、協調戦略分析における二つのメインテーマ、すなわち、業界全体の総利得の最大化と、総利得の各社への公平な分配について述べるが、まずそれぞれの概念を説明しておこう。

●達成可能な総利得の最大化：ここではまず、全体のパイを大きくする（業界全体の総利得を最大化する）ことに焦点を当て、それをどのように分配するかは次に考える。交渉術の世界でいえば、これはまず最初にウィン・ウィン関係の可能性を探ることに当てはまる。この可能性が十分検討し尽くされた後で初めて、当事者間での各自の取り分へと話が進む。

達成可能な総利得には上限値、つまり、実現可能なすべての状況のなかで最善の結果が存在する。この上限値は、あるプレーヤーの犠牲を伴わなければ、それ以上パイ全体の大きさを増やすための協調行動が取れない水準と定義される。すなわち、全体としての利得は現実的に考えうる限り大きく、だれかの利得を減らさなければ、それ以上パイを大きくできない状態を指す。全体の総利得を最大化することは協調戦略の核となるものなので、後に業界の収益性をできる限り高めるために企業が取りうる行動のうち、もっとも重要ないくつかを紹介する。

●**公平性の原則にしたがった総利得の分配**：協調的な状態を安定的に維持できるか否かは、公平性にかかっている。協調体制が長期にわたって持続されるためには、利得の分配に関してすべてのプレーヤーが公平に扱われていると感じなければならない。不公平さに対する不満が生じ、とりわけその主張がもっともな場合には、協調体制は必然的に崩壊する。実際のところ、自分たちの貢献度に見合う公平な取り分を得ることができないと感じるプレーヤーがいるとすれば、彼らは最初からこの協調体制に加わろうとはしないだろう。後にそれぞれ異なる協調的な状況に対して、パイを公平に分配するためには何が必要かを注意深く検討する。公平性に関して健全な認識を持つ企業は、自分たちの正当な取り分が搾取されるのを甘んじて受け入れたり、理不尽な過大要求が満たされないからといって不満を述べたりせず、自分たちがどれくらいの分け前にあずかるかについて、現実的な感覚を持って協調体制に加わるべきである。

業界最適による総利得の最大化

協調戦略における最初の目的が業界全体の収益性をできる限り上げること、つまり、可能な範囲で最大の総利得を達成することだとすれば、まずどこから手をつけるべきだろうか。業界が提供する製品やサービスに対する需要を拡大する、他の業界が自分たちの事業領域へ侵入してくるのを防ぐ、原材料を購入する際にかかる費用を抑える、自分たちが提供する製品やサービスの価格を意図的に低くしようと顧客が結託するのを防ぐ、などといったことが考えられるかもしれない。これらは、単独企業でも同様に取る行動だが、業界全体で行う場合は、その規模が大きく、自分たちがグループの一員であるという事実を考慮して行動方法が調整される。

こうした行動によって確実に達成されるのは、事業活動の不必要な重複や、無駄の多いプロセスといった経営資源の浪費を避けることである。多数の異なる事業主体の行動を調整し、業界全体の効率性を最大化するためには、すべてのプレーヤーに対して取るべき行動を指示する能力を持つ一つの上部組織により、業界全体が運営されているかのように考えることが役立つ。この思考法は、業界構造が全体として調和の取れた独占を形成していると仮定するのに等しい。

独占に関する一般的な理論では、独占企業はもっとも適切な価格、すなわち、利益が最大となる価格を設定することのみを考えればよいと唱えるが、これは協調体制下の独占企業体が取る行動の範囲を狭くとらえすぎてしまっている。協調体制のもとでは、業界の収益性を上げるために、重要度において少なくとも価格設定と同等の項目が他にも多数ある。単独の独占企業が価格を決める場合とは異なり、価格設定はより広範囲にわたるさまざまな意思決定の一部分に過ぎないことを理解しておかなければならない。効果的な協調体制のもとで管理すべき項目としては、以下のものが挙げられる。

- 業界全体を構成する多数の下位セグメントまでをも含めた、製品やサービスの価格水準。
- 業界全体の生産能力の数量と立地分布。
- もっとも効率的な設備への生産配分。
- 経営資源を獲得する際のコストに関する規律。
- 経営資源の重複を減らし、コスト削減を図るための流通・サービス設備の調整。
- 重複する行動の排除、技術革新の適切な普及、継続的な業界改善に対するインセンティブの供与を目的とする、研究開発活動の調整。

●重複を避けつつ、関連ニッチ市場を網羅する製品ラインの管理。
●互いに矛盾したり、打ち消し合ったりするメッセージの乱発を避け、業界全体としてのプロモーション効果を上げるための、広告宣伝活動の調整。
●必要運転資金を減らすとともに、情報が関連事業組織へ確実に行きわたることを目的とする、情報システムの同期化。
●非効率な作業の重複を防ぎ、規模の経済を最大限生かすための、間接経費の合理化。
●需要の変動に個々の企業レベルで対応する際にかかる、資金調達コストや他の関連費用を削減するための、共同リスク管理体制の構築。

協調的な活動の項目は多岐にわたるが、多くの場合、独占禁止法に抵触するおそれはないものである。一方、競争的な市場経済のもとで、このような高次元での協調体制が構築され、それを長期間維持できると考えるのは楽観的すぎるのも事実である。ただ、本章の目的は極端な状況を描写することであり、そのうちの一部は明らかに実現が可能で、実際の経営にも生かされている。

効果的な協調のために

前記の多くの項目は、各企業が独占禁止法に触れないように注意しつつ、競争的な行動を控えるだけで達成できるものである。たとえば、企業は直接の競合が少ないニッチ市場に取り組むことによって利益率を上げることができる。あらゆる市場で競合と正面対決するのではなく、各社が自分たちがシェアの大半を占めるセグメントを選択すれば、みんなの利得が改善する。セグメントは、地域、製品種目、サービスの内容、ターゲット顧客の特性などによって分けられる。これらのセグメントが互いに密接に関連し合っていない限り、価格面で他社に戦いを挑もうとする企業が出てくる可能性は低い[注7]。

それぞれが特有のニッチ市場を支配している場合、業界全体は「効率的イールド・マネジメント」（訳注：イールド・マネジメントとは、最適の収益を上げることを目的として、市場要因の変化にこまめに対応しながら商品の価格調整を行うことである）を達成することになる。効率的イールド・マネジメントが達成されている状況下では、顧客の選好が特定のニッチ市場の商品に限定され、他のニッチ市場で販売されている代替品のほうが安く、かつ第三者から見ればほとんど同じ商品であっても、そちらに流れることがない[注8]。したがって、ある商品に対して見出す価値が価格よりも大きいと考える顧客は、必ずその商品を購入する。協調戦略の観点から見れば、価格水準の調整は、各社が業界全体を構成する下位セグメントで効率的な位置づけを取ることにかかわる部分が大きい。

業界全体の生産能力の管理は、単に市場の需要が製品の供給を下回る場合に低効率の工場や他の設備を閉鎖もしくは廃棄するのにとどまらず、もっともコスト効率が良い設備を優先的に利用することも含む。市場規模が拡大している業界であれば、取るべき戦略は、もっともコスト効率が良く、もっとも有利な立地の企業の生産能力を増強することである。逆に、規模が縮小している業界であれば、まずはコストがもっとも高く、立地がもっとも不利な設備から閉じていくことが目的となる。

これらの行動は、市場がみずからの調整機能で採算の悪い事業を排除していくのと同様に、ごく自然な選択であるように思われる。協調的な事業環境のもとでは、行動の結果がより早く実現し、かつ行動に伴う痛みも小さくて済む。販売や製造などの機能を個別に分離できるのならば、生産コストが高い企業はマーケティング会社や販売会社として生き残る道を選択し、製品そのものはもっとも生産コストが低く、もっとも立地条件が良いメーカーから購入すればよい。各企業は自分たちが提供する機能に特化して熟練度を高めていかなければならないが、全体として協調体制が築かれている業界ならば実現できる可能性は高い。効率的なアウトソーシングもこの機能分離の一形態であり、製造機能をもっともコストが低い企業へ委託することによって、業界全体レベルでコストを下げる強力な手段となりうる。

このような機能移転が痛みや追加費用を伴わずに実行できる場合には、業界全体の生産コストを最小化するために必要なことは他にはほとんどない。もし、何らかの理由で製造機能の移転に伴うコストが高くつく場合には、生産効率の高い企業が効率性の低い企業に対して自分たちの製造技術を適切な契約条件でライセンス供与するという選択肢も考えられる。いずれの場合にせよ、業界全体にまたがるサプライチェーンから無駄なコストが省かれることになる。

もし製造機能をもっとも生産効率の高い数社のみに集約することができれば、さまざまな経営資源を獲得する際のコスト競争も制限される。通常のヒト、モノ、カネといったきわめて一般的な経営資源については、その価格に対して単独の企業や業界が強い影響力を及ぼすことはありえない。一方、専門の技能やノウハウを要する特殊な経営資源に関しては、業界内での獲得競争によって価格が上昇する可能性がある。しかし、獲得競争に乗り出す企業の数が少なく、かつ彼らが協調的な視点を持ち、囚人のジレンマ・ゲームをうまく行って攻撃的な姿勢を抑えれば、特殊な経営資源についても、少なくとも理論上はコスト競争を管理するのは難しくない。

効率性を上げるために流通・サービス設備の調整を行う際も、ニッチ市場が重要なカギとなる。特定の地域や製品種目に特化している企業は、広く浅く手を出している企業よりも事業効率が良い。流通業とサービス業は、どちらも固定費が多額に上る傾向があり、その負担額は企業が特定の領域内でどれだけ大きなシェアを占めているかによって決まる。このような図式は、「自然独占」（訳注：自然独占とは、法規制などの人為的な要因ではなく、経済的な要因によって規模の経済が働くときに、自然に発生する独占を指す。市場に規模の経済が働くときは平均費用曲線が右下がりとなり、複数の企業で需要を分割するよりも一社で需要を独占したほうが総費用が小さくなり、社会的にも効率性が高まる。この場合には新規参入が起こりにくく、結果として自然に独占が発生する。自然独占は、莫大な固定費の投資を要する電力、ガス、水道、鉄道などの分野で発生しやすい）のコスト構造と性質が似通っている。すなわち、固定費の比重が高く、首位企業が二番手以下を大きく引き離す、強力な規模の経済が働く市場である。

境界線が地理的領域であれ、製品種目であれ、自然独占が及ぶのは、規模の経済がそれ以上働かなくなる範囲までである。流通業者であれば、既存のインフラで対応できる領域をすべて埋め尽くしてしまえば、そこから先の領域では他の競合と対等の立場でしか戦えなくなる。同様の状況は、ＩＴ保守管理のようなサービス業者にも当てはまる。たとえば、これまでとは異なるニーズや設備を欲する顧客へサービスを提供するために新しい専門知識や人員が必要になれば、規模の経済はそこで働かなくなる。

しかし、このようなケースでも、有力な数社がそれぞれ特定のニッチ市場を支配し合う協調体制を築くほうが効率性は高く、かつ収益性も安定する。なぜなら、ある程度の顧客の囲い込みが働いている限り、新規参入者よりも既存の支配企業のほうが競争優位を発揮して、より高い利得を得られるからである。

研究開発活動の調整は、理屈はともかく、実践するのは難しい。研究開発活動の効率性を高める項目を理論的に並べたてるのは簡単だ。まず、他社と研究内容が重なり合うような、重複する活動は避けるべきである。次に、どんなに細かい研究であれ、業界全体への波及効果を助長するために、情報は広く共有されなければならない。制限事項が少ないクロスライセンス契約も、専門技術が異なる複数の企業が互いの研究結果を自社の製品開発に応用する可能性を広げてくれる。

また、研究開発活動へ投じる金額は、自社自身にもたらされる直接的な利得のみならず、業界内の他社が間接的に得る利得も考慮して決めなければならない。協調体制のもとでは自社以外への波及効果が生じるため、必要な資金額を設定する際にはそれを勘案する必要がある。協調的な市場と完全に競争的な市場を比較して、どちらのほうが研究開発費の負担が大きくなるかを事前に推測することはきわめて難しい。重複する活動が避けられるという意味では、協調体制のほうが負担は低く抑えられるが、研究の成果が他社にも波及するという意味では、逆の効果が働くこととなる。

製品ラインと広告キャンペーンを管理する際に検討すべき課題は、単独の企業で行う場合のそれと大差はない。これらの活動ではトレードオフが発生するため、バランスをうまく取らなければならない。広範囲にわたる製品やメッセージを打ち出すことで利得の増加が見込める一方、互いに競合する製品ラインや広告キャンペーンのカニバリゼーション（共食い）による損失の発生も避けられない。

製品ラインや広告の追加は、企業や業界の総売上高を伸ばすかもしれないが、それ以上に既存製品の売上げを減少させてしまう可能性もある。カニバリゼーションの発生を防ぐためには、業界内の企業がそれぞれ得意の下位セグメントに特化することが役立つ。とりわけ密接に関連し合う製品や地域が一社のみによって支配される場合には、その効果が大きくなる。また、広告宣伝活動や販促活動に当たっては、「我々の製品は他社の製品よりも優れている」といったメッセージを発したり、他社の顧客のもとへ直接売り込みの電話をかけたりするのは避けるべき行動である。

情報システムの同期化は、特に同じサプライチェーンに属する企業間での重要性がますます高まっているが、これまで独占禁止法が発動された例はない。同様に、デジタル音声分野でのＭＰ３や無線通信分野でのＷｉ‐Ｆｉといった標準規格や情報形式の共有も一般的に行われているが、少なくともこれまでのところ、独占禁止法の観点から問題になったことはない。だれの目から見ても、ビデオテープ市場におけるベータマックスとＶＨＳの戦いや、対立する企業双方と敗北した製品のほうを選んでしまった顧客に損失を負わせるような競争は避けるべきことは明らかである。[注9]

間接経費の合理化は、専門的な能力を持つ企業へのアウトソーシングを行うことによって達成される場合が多い。たとえば、ＡＤＰはいくつかの事業を展開しているが、なかでも代表的なのが、多様な業界に属する企業の給与処理業務の受託と、投資会社のバックオフィス業務の受託である。彼らは、莫大な量の業務処理を受託しているので、顧客が自社の内部でこれらの業務を行う場合よりもはるかに低いコストでサービスを提供できる。つまり、ＡＤＰは非常に強力な規模の経済を発揮することによって、付加価値を創造しているのだ。

他のケースでは、これらのサービスが純粋な外部の第三者ではなく、同じ業界内の首位企業によって提供されていることもある。一例として挙げられるのは、中小銀行のためにクレジットカードの決済処理や他の業務処理を代行している大銀行である。これらは、理論上でその経済効果を指摘するだけでなく、実務上で実践するのもそれほど難しくはない。また、完全に協調的な機能体制が整っていない状態でも実行可能である。

最後に、イメージしづらいかもしれないが、きわめて重要な課題として、企業間でのリスクの分配が挙げられる。保険会社の存在意義は、ある種のリスクを個別の契約者から、対価と引き換えにそのリスクを引き受けることを専門とする企業（保険会社）へ移転することにある。しかし、企業が直面するリスクには、このような従来の手段では対応しきれないものも多い。

あらゆる業界の企業が、製品需要の変動リスクに直面しており、需要が縮小する局面では価格競争が起こりやすい。業界内の企業が自社の利害のみを追求していれば価格競争は避けられないが、価格競争はすべてのプレーヤーの利得を悪化させ、特に逃げ道となる代替事業が少ないときは損害が拡大する。また、需要の増加が保証されていないにもかかわらず生産能力を増強することも、需要と供給のバランスをみずから崩す行為である。いずれの場合も、適切にリスクを管理して損失を最小化するためには、各プレーヤーが競争的な行動を抑えて、価格と生産能力の調整を行う必要がある。

原材料費の変動リスクに対しては、メーカーと顧客の間、もしくは、価格変動の影響が異なる複数の企業間でコストを分担し合う内容の契約を結ぶことによって、自動的にリスクの分散が図られることが多く、これは特定の地域内のみならず、全世界的な規模でも慣習的な行為となっている。

より最近の事例では、デリバティブを用いてリスクをある企業から別の企業へと移転する契約によって、同様のリスクヘッジ機能が提供されているケースも見られる。協調的な業界では、これらの契約を通じたリスクの調整活動がますます広がっていくものと思われる。

戦略分析の観点からは、もっとも効率的な状態を仮定したときに業界全体の構図がどうなるかを詳細かつ包括的に描写することは、他社との直接交渉やその他の手段を通じて、自社がどのような協調的行動を追求すべきかを示す指針として役立つ。この分析はまた、企業の経営陣が自社に課すべき目標を設定する際にも役に立つ。第15章で紹介する事例では、企業間の完全に協調的な取り組みが業界の状況をどれほど変えるかが明らかになる。しかし、たとえ広範にわたる協調体制が現実的には困難だとしても、協調的な視点から業界図を描写する試みは、ある特定企業の強みを見出すために役立つ。協調体制のもとでその企業が果たす役割や、業界内で占めるであろう位置づけを認識することによって、彼らが業界に提供する特有の強みと、その結果注力すべき機能領域が浮き彫りになる。企業はこれらの分析を行った後で初めて、自分たちの行動からどれくらいの利得を得るのが合理的かという問題に取り組むべきである。

公平性の原則にしたがった総利得の分配

数学者のジョン・ナッシュは、数々の功績が評価されてノーベル経済学賞を受賞したが、その一つには、安定的な協調体制が築かれている業界で利得を公平に分配するための原則（協力均衡）に関する研究が含まれている。後継世代の経済学者たちはナッシュの成果を基に研究を推し進め、今日では協力均衡に関するいくつかの原則が確立されている。このうち、我々がここで焦点を当てるのは、「個人合理性」「対称性」「水平分配の不変性」の三つの原則である。

それぞれの原則の内容と、それが実践に活用されたときの戦略的な意味合いについて述べる前に、ここでいう「公平」が何を意味するのかを理解しておくことが重要である。これは、ある単独の行動が正しいか正しくないかにとどまる問題ではない。協調体制が維持されるためには、すべてのプレーヤーが、自分たちの協調的な行動の対価として得る利得に満足していなければならない。もし大きな不満を抱くプレーヤーが出てくれば、そのプレーヤーは協調的な行動をやめることになる。そして、一プレーヤーによる非協調的な行動は、他のプレーヤー間の協調関係も連鎖的に崩壊させる可能性がある。

協調体制が崩壊する危険性の高い典型的な例は、価格競争である。協調的な関係を通じて高い価格が維持されている市場で、自分たちのシェアに不満を抱く企業が出てくれば、彼らはシェアを上げるために自社製品の価格を下げるだろう。この行動によって顧客を奪われていく競合が、黙って見過ごすとは考えにくく、彼らも自社のシェアを守るために価格を下げる可能性が高い。こうして、値下げの動きはすぐに業界全体へと広がっていく。

そもそも最初の段階で協調関係が崩壊するのを防ぐためには、すべての企業が自分たちは現在の体制のもとで公平に扱われていると信じていなければならない。この、「自分たちは公平に扱われている」という認識が、協調体制を安定的に維持するためにはもっとも重要なのである。

個人合理性の原則

公平性を維持するための第一条件は、協調的な状況よりも、非協調的な状況下のほうが大きな利得を得られるようなプレーヤーが存在しないことである。協力しないほうが大きな利得を得られる企業が一社でも存在すれば、彼らが協調的な活動を継続しないのは明らかである。ゲーム理論の言語では、このような条件が満たされることを「個人合理性」と呼んでいる。すべての企業にとって、協力するほうが理にかなった行動でない限り、つまり、協力するほうが少なくとも利得が大きくない限り、協調体制を維持するのは不可能で、その意味で総利得の公平な分配がなされていないといえる。

公平性の第一条件を検討する際には、それぞれの企業が協力しない場合に獲得できる利得の大きさを考慮することが重要となる。ナッシュは、各プレーヤーが互いに協力せず、自己の利益のみを追求するときの利得水準を「威嚇点」と名づけた。交渉術に関する理論では、同様の状況設定を、「Best Alternative to a Negotiated Agreement」（交渉で合意が成立しない場合の最良の代替案）の頭文字をとって「ＢＡＴＮＡ」（バトナ）と呼ぶ。どちらの名前を用いるにせよ、これが協調的な体制のもとで各企業が得る利得の妥当性を判断する基準となる。総利得の公平な分配方法を考案するときは、すべての企業に対して非協調的な状況でどれだけの利益が得られるかを考慮しなければならない。

個人合理性の必要条件は大きな影響力を持っており、多くの場合はこの条件のみで協調的な状況下での利得配分が決まる。一例として、ＩＴの分野で多数の企業が最終製品の完成に関与しているケースを考えてみよう。このなかには、部品を製造する企業もあれば、それらの部品を組み立ててさまざまな機器を販売する企業もある。さらには機器、ソフトウェア、サポートなどを統合して最終消費者に販売されるアプリケーションシステムを製造する企業もある。

当然ながら、このバリューチェーンの各段階に加わっている企業には、製品価格を最大化し、製造コストを最小化するという動機が働く。このような状況は、プレーヤー間の協調が有益であり、かつ独占禁止法にも抵触しない格好の例である。しかしながら、一連のバリューチェーンから上がる総収益の最大化を図るという点では全体の総意が取れているにもかかわらず、業界全体の総利得を各段階（部品、機器、アプリケーションシステム、サポートなど）に携わる企業へどのように分配するかという問題は依然として残る。このような場合、個人合理性の条件さえ考慮すれば、最適な解が見つかる可能性がある。

先の例で、部品の製造事業と機器の組立事業には参入障壁と既存企業の競争優位が存在しない反面、ソフトウェアの制作とサポートの双方を含むシステムインテグレーション事業では、規模の経済とその効果を助長する顧客の囲い込みが働いていると仮定しよう。もし部品と機器のメーカーが協力的な行動を取らなければ、新規参入とセグメント内部での競争によって、これらのメーカーの余剰利得はゼロ、つまり、彼らのＲＯＩＣ（投下資本利益率）は各社の資本コストと同等の水準まで押し下げられる。これらの企業にとって、協力するよりもしないほうが利得が大きくなる境目、すなわち威嚇点あるいはＢＡＴＮＡは、このＲＯＩＣと資本コストが等しくなる水準で定められる。

一方、システムインテグレーション事業で支配的な地位を占めている企業にとっては、状況がまったく異なる。これらの企業は明らかに競争優位を享受しており、非協調的な状況のもとでも資本コストを上回るＲＯＩＣを獲得する。彼らに協力的な態度を示さない部品メーカーや機器メーカーは、同等以下のコストで部品や機器を供給できる潜在的な新規参入者によって、いともたやすくその座を取って代わられる。

その結果、支配的なシステムインテグレーション企業にとっての威嚇点もしくはＢＡＴＮＡは、完全に協調的な状況のもとでの利得水準に定められる。このとき、資本コストを上回る余剰利得は、彼らがすべて獲得する。なぜなら、部品メーカーや機器メーカーには利得がそれ以上改善する代替策がないので、これらの企業に余剰利得を分け与える必要がないからである。つまり、部品製造セグメントと機器組立セグメントでの内部競争によって、これらのメーカーは協調的な行動を取ることを強いられるが、協調体制から生じる余剰利得の分け前にはまったくあずかれないということになる。

ここで述べた原理は、一般的に当てはまるものである。競争優位を持たない企業は、たとえ協調的な体制のもとでも、みずからの資本コストを上回る余剰利得を期待すべきではない。ウォルマート、マイクロソフト、インテルといった支配的企業との良好な関係構築を通じて長期的に発展を遂げていくことを期待する企業は、ほとんどの場合勘違いをしている。彼らが期待できるのは、資本コストと同等水準の利益であり、それ以上のものは望めない。

かたや、ウォルマート、マイクロソフト、インテルなどの支配企業の側も、自分たちの仕入先、販売先、その他の協力的なプレーヤーが、資本コストを下回る利益しか得られない状況を長期的に強いるべきではない。もし支配的な力を持つ企業が、自分たちに協力する企業に資本コストを賄う水準の利益すら与えなければ、これらの企業は最終的に市場から撤退し、代替的な役割を果たすプレーヤーもいなくなってしまう。

交渉のテーブルにつく双方にとって個人合理性の原則が働くためには、先の条件が満たされている必要がある。カントリーミュージックの歌詞に出てくるように、舞踏会に何も持ってこない人は、家に手土産を持って帰ることを期待してはいけないし、何かを持ち込んだのに手ぶらで帰る必要もない。

個人合理性の原則が示唆するのは、協調体制の構築によって分配されるべき利得は、非協調的な状況での利得水準を上回る分のみに限定されるということである。そして、すべての協調的な企業のなかで競争優位を築いている企業が一社しかいなければ、その企業が余剰利得を全部獲得することになる。しかし、多くの場合は、競争優位を築いている企業が複数存在しており、彼らは協調的な体制のもとで生じる余剰利得の分配にあずかる正当な権利を持っている。たとえば、パソコン業界のサプライチェーンでは、マイクロソフトとインテルの双方がきわめて強力な競争優位を築いている。

では、このような場合には、余剰利得をどう分配するのが公平なのだろうか。幸いにも、余剰利得の分配方法に関しては、それを公平に行うための別の条件が存在する。

対称性の原則

ナッシュは、公平性を保つための第二条件として、「対称性」という言葉を使っている。対称性の原則は、総利得の分配にあずかる正当な権利を持っている複数の企業、すなわち、なんらかの競争優位を持っており、競争上の圧力によって協調的な行為を強いられているわけではない複数の企業が本質的に同じ機能を果たしているのであれば、協調から生じる余剰利得は彼らの間で平等に分配されなければならないと説く。

個人合理性の条件と同様に、協調体制を長期間維持するためには、対称性の条件が満たされなければならない。もし、本質的には同等と考えられる複数の企業の間で、協調による余剰利得の分配に不釣り合いが生じているようであれば、相対的に少ない利得しか得ていない企業が不満を感じるのは当然であり、彼らはいずれ協調的な行動を取らなくなる。一方で、相対的に大きい利得の分配を得ることに成功した企業も、短期的にはうまくいくかもしれないが、長期的には彼らの欲が協調体制を弱体化させ、最終的にはみんなが不利益を負う状態につながる可能性がある。協調体制の均衡を保つために対称性の条件を守ることがどれほど重要かを各プレーヤーが理解しておくことは、総利得の分配をめぐる争いを未然に防ぐのに役立つ。

ある市場で競争優位を享受している企業が二社存在する場合、協調体制を築くためには彼らの双方がそこに加わる必要がある。このとき、協調体制から生じる余剰利得の分配額は平等となるべきである。たとえ両社の間に事業規模、収益力、その他の重要な企業特性で違いがあるにせよ、協調による余剰利得の創出——総利得のうち、協調しない場合の各社の利得の和を超過する分——は双方の存在に等しく依存しており、これを獲得する権利も平等に与えられている。

協調体制を通じて余剰利得を生み出すためにはそれぞれの存在が欠かせないという点で両社は同等の立場にあり、したがって、対称性の原則により、彼らが期待すべき余剰利得の取り分は半々ということになる。もし、どちらか一方が半分以上を取ろうとすれば、最終的には両社間の協調体制を弱体化させ、双方にとってマイナスの結果をもたらす事態を招く。経営戦略で論じられるその他多くの分野と同じく、ここでも攻撃的な行動を意図的に抑制することが、長期的な成功を収めるためにきわめて重要なのだ。

実際に対称性の原則が満たされているもっとも典型的な状況は、原材料の製造から最終消費者への販売に至るバリューチェーンに沿ったいくつかのセグメントで競争優位が存在しているような状態である。このとき、競争優位が存在しないセグメントに属している企業は、長期的には資本コストと同等のＲＯＩＣしか稼ぐことができない。一方、みずからのセグメントで独占的に競争優位を築いている何社かの企業は、バリューチェーン全体としての収益性を最大化するために、お互いに協力し合うことが不可欠である。

彼らは、バリューチェーンのセグメント間で取引する際の価格を変えることによって、総利得を分け合うことができる。最終消費者への販売価格と数量を、協調的な状況下で定められる最適な水準に保つという条件のもとでは、ある川上セグメントの独占企業が川下セグメントへの販売価格を下げて、月間の利益を一〇万ドル減らした場合、川下セグメントの独占企業の利益が同じ額だけ増えることとなる。

ある製品のバリューチェーン全体から上げられる総利得が、最大（完全な協調体制にある場合）で月間一〇〇〇万ドルだと仮定しよう。この総額は、バリューチェーンを構成する各セグメント間での取引を通じて、競争優位を持つ二社以上の企業に分配される。具体的には、彼らが自分たちの川下セグメントに属する企業への販売価格を変えることによって、利得の分配が行われることになる。この分配が実際にどのような形でなされるかは、個人合理性の条件による制約を受ける。

仮に、協調体制が崩れた場合の利得が、川上企業で二〇〇万ドル、川下企業で四〇〇万ドルだとしよう。このとき、協調によって生じる余剰利得の四〇〇万ドル（＝一〇〇〇−二〇〇−四〇〇）は、川上企業と川下企業双方の存在に等しく依存している。したがって、威嚇点を超える余剰利得の創出に関しては両社が同等の役割を果たしており、その分け前にあずかる権利も双方が等しく持っている。対称性の原則によって、彼らは四〇〇万ドルの余剰利得を平等に分け合う必要があり、この結果、川上企業の利得は四〇〇万ドル（＝二〇〇＋二〇〇）、川下企業の利得は六〇〇万ドル（＝四〇〇＋二〇〇）となる。

お互いにとって有益な協調体制を維持することに共通の利害を持つ両社は、それぞれがこのような公平な結果を実現しようと努めなければならない。これが実現できなければ、どちらか一方が不公平な扱いを受けていると感じて攻撃的な行動を取り、双方にとって悪影響を及ぼす協調体制の崩壊につながるおそれがある。

この原則は、二社以上の企業がバリューチェーンのなかで、相互に補完的なサプライヤーとして機能している場合（一般的に互いのセグメントは異なる）に当てはまる。もし協調体制を維持したければ、総利得の分配にすべての企業が納得していなければならない。パソコン業界を例に取れば、マイクロソフトとインテルは、威嚇点での利益水準を基に判断される公平性の原則に基づいて行動し、協調から生じる余剰利得の分配をめぐる露骨な争いを避けてきた。いままでのところは、インテルよりもマイクロソフトのほうがパソコン業界全体の総利得のうち大きな取り分を獲得しているが、これはインテルがＡＭＤや他の有力ＣＰＵメーカーから追撃を受けているのに対して、マイクロソフトには競合となる相手が事実上存在しないからである。

万が一、マイクロソフトがその支配体制を揺るがす重大な脅威に直面すれば、こうした利得分配の取り決めに変化が生じる可能性はある。それとは対照的に、第15章で学習する任天堂の事例では、彼らがテレビゲーム業界の総利得のうち不相応な取り分を獲得しようと積極的な行動に出たことによって、他のプレーヤーたちからの不満を招いた。この不満の高まりが、競合が新規参入して攻勢を仕掛ける突破口を開き、任天堂の地位を低下させる結果につながった。

水平分配の不変性の原則

公平性の原則は、複数の企業がいずれも競争優位を持ち、バリューチェーンのなかで同じセグメント内に属して、そのセグメントを水平に分け合っているような状況にも当てはまる。このような状況設定で公平性の原則が求めるのは、同一セグメントに有力企業が二社存在し、どちらか一方の事業規模や収益力がもう一方の二倍に相当する場合、協調から生じる余剰利得の分け前も二倍大きくなければならないということである。ナッシュは、公平性に関するこの種の条件を、「水平分配の不変性」という言葉で表している。この条件は、同一市場のなかで協調関係を築いている各プレーヤーの取り分を、その経済的な相対地位に応じて取り決める働きをする。

第15章では、慢性的な過剰生産能力に陥って衰退への道をたどっている業界（有鉛ガソリン添加剤業界）についても論じる。各社が水平分配の不変性を忠実に守ることによって、みんなに利益をもたらす協調体制を長期間維持するのに成功したケースであり、破滅的な競争に悩まされている多くの業界にとって、プレーヤー同士がお互いに満足できる公平な総利得の分配を実現しつつ、どのような協調体制を築けるかを示す模範事例といえる。[注10]

協調戦略は机上の空論に過ぎないか？

たとえ企業間の敵対的な競争を抑えて協調体制を築く見込みがほとんどない業界にあっても、協調戦略の視点を持つことからは多くの示唆が得られる。まず、プレーヤー間で協調関係を築ける可能性がある領域を突き止めることができる。本章の前半（160〜161ページ）で挙げた管理すべき項目のうち、実行できるのはわずか一つか二つの領域、たとえば、他社と重複する活動を避けるための研究開発分野の調整だけに限られるとしても、その効果自体が否定されるものではない。

次に、業界全体の構図が協調的だと仮定した場合、自社はそのなかでどの機能領域に携わるのが適切かを知ることによって、自社の本当の強みが浮き彫りになるという点でも、協調戦略の視点を持つ意義はある。自社の強みに対する正しい認識は、他社との戦略的提携や、仕入先または販売先との協調関係を模索するに当たっての現実的な期待や条件を明らかにするうえで役立つ。

最後に、協調的な業界構造のもとでは自社の見通しが暗く、極端な例ではコストが高すぎるために存在意義がなくなってしまうような場合でも、協調分析から得られる情報は、自社の将来像に対する貴重な洞察を与えてくれる。このような場合、自社の存続は、業界内の他社がお互いに効率的な協調体制を築かないままでいてくれるかどうかにかかる。

もし存続を望むのであれば、自分たちよりも強力なプレーヤーが協調体制をうまく築く方法を学ぶ前に、自社の地位を改善しなければならない。他社が協調体制を敷いたときに自社の最終的な行く末がどうなるかを認識することで、この企業の経営陣は自分たちの存続にどれくらいの時間的猶予が残されており、生き残るためにはどれだけのことを達成しなければならないかという感覚をつかむことができる。

競争劣位の立場にある企業にとって、これらの情報は効果的な戦略を策定する際にきわめて重要なものである。このような洞察が得られることによって、協調的な視点に基づく分析の価値がさらに増し、より一般的な戦略分析の手法を補完するものとして必要不可欠な要素となる。戦略分析を行うに当たっては、対象となる事象が根本的に複雑であることを頭に入れておくことが重要である。分析の明快さは、いくつかの単純化されたモデルを入念に積み上げた結果得られる全体像の描写いかんで決まる。たとえ実際には非現実的だとしても、業界の構図を完全に協調的な視点から描くことは、理想的な未来像を明確に示すという点で有意義である。

【注】

7　需要の交差弾力性が非常に高い場合、つまり、あるニッチ市場の商品の購入が、他のニッチ市場の商品に対する需要を高める場合、各企業は互いの利益を害する価格競争を避ける戦術を選択することができる。

8　効率的イールド・マネジメントが実践されている最たる例は、航空業界である。航空チケットの価格は、旅行者がどれくらい前に予約するかや、キャンセルによる返金、フライトの変更がどれくらい可能かによって、同じ座席でも異なる料金が設定されている。このような価格の差には、商品そのもの（この場合は、あるフライトの座席）の違いよりも、その商品に対する顧客の需要の違いが反映されている。

9　標準規格や情報形式をめぐる競争は現在でもなくなったわけではない。たとえば、次世代型ＤＶＤプレーヤーでは二つの標準規格が対立しているし、デジタル録音テープが最終消費者の段階まで浸透していないのも、情報形式に関する合意が成立していないことに一因がある。しかし、製品を発売する企業が多くなる頃には、この問題の大部分は解決されているだろう。

10　ナッシュは、ここで挙げた公平性に関する三つの条件以外にも、互いに協力し合う複数の企業が非水平的な位置関係にある状況に適用される第四の条件を考案しており、これを「無関係な代替案からの独立性」と呼んでいる。この条件は、個人合理性、対称性、水平分配の不変性と同じく、協調から生じる余剰利得を複数の企業間で公平に分配する方法を独自に規定するものである。この条件における「均衡」は、ある企業が利得の一部を失って、別の企業がそれを獲得する場合、総利得のうちで一方が失う割合ともう一方が獲得する割合が等しくなければならないという性質で表される。つまり、B社が総利得のうち二五％を失うとすれば、A社は同じく二五％分の利得を追加で得なければならないということである。残念ながら、この高度に洗練された理論的結果が実際に見られることはほとんどない。

第8章

企業の成長戦略

――M&A、新規事業投資、ブランド拡張

成長戦略における競争優位分析の有効性

M&A、新規事業投資、ブランド拡張は、いずれも企業の成長に関連する項目であり、紛れもなく戦略的な役割を果たす。戦略的意思決定と戦術的意思決定を区分するどのような基準を使おうと、企業の成長にかかわる事項は戦略的だと判断される。これらは、投入される経営資源が大規模で、企業が全体として進むべき方向性を形づくり、長期にわたる影響を及ぼすからである。

これらの分野でさまざまな行動の選択肢を評価する際にもっともよく用いられる方法は、そのプロジェクトから生じる将来のキャッシュフローを詳細に予測して、それを現在価値に割り引くディスカウンティッド・キャッシュフロー法（DCF法）である。

しかし、DCF法にはこの種の意思決定を行うためのツールとして致命的な弱点がある。DCF法で、ある選択肢を正当化するために計算されるNPV（Net Present Value：正味現在価値）は、遠い将来の売上高成長率、利益率、資本コスト、その他の重要だがきわめて不確実な変数を、どう予測するかで決まってしまう。また、典型的なDCF分析は、将来における競争の構図やその熾烈さに関する多数の仮定条件に依拠しているが、これらは非

常に不透明で、その妥当性が検証されることもほとんどない。

ここまで本書で述べてきた戦略分析のフレームワーク、とりわけ、経営戦略でもっとも重要な決定要因は既存企業が競争優位を築いているかどうかであるという考え方は、企業の成長にかかわる項目でもそのまま当てはまる。実際のところ、成長戦略の領域で明快な意思決定を下す際にこの思考法が役立つかどうかでその価値が試されるといってもよく、少なくとも、新しい取り組みの成功と失敗を左右する競争環境を明らかにすることで、DCF法から導かれる結論が妥当か否かを判断する材料を提供しなければならない。

M&Aの戦略

M&Aに関する意思決定は、本質的には大規模な投資の選択にほかならない。M&Aは、二つの大きな特徴を持つ投資手法だと考えられる。

第一に、買収は企業全体、もしくは買収先がコングロマリットであればその一事業部門に対する集中的な投資である。買収を行う場合には、企業がみずから直接投資する方法と、株主に配当で資金を還元して株主が買収先に投資する方法の、異なる二つの選択肢がある。企業やその株主は、国内全体、時には全世界から特定の企業を選んでその株式を購入することができる。

これまで事業領域が特定の分野に集中していた企業にとっては、別の企業を買収することは事業リスクを分散するためには役立つかもしれないが、買収を行うよりも、単に多様な業種の株式を証券市場で購入するほうが分散効果はずっと大きい。この点から考えれば、M&Aは他のあらゆる集中投資と同様に、幅広いポートフォリオのなかから株式を市場で購入する選択肢よりもリスクが大きい。集中投資には、多様な株式を買い増すことに伴う追加のリスクを軽減するメリットがあるかもしれないが、このメリットがある程度正確に特定されない限り、買収による成長の追求は、手持ちの資金を投資もしくは株主への利益還元に回す手段としては優先度が低い選択である。

M&Aが持つ第二の性質は、この投資手法の妥当性をさらに説明しにくいものとしている。上場企業を買収する場合は必然的に、買収の意思が公表される前の株価よりも高い価格で買い取ることとなる。この「買収プレミアム」（訳注：買収するときの一株当たり購入価格が市場の株価を超過する分）は、買収公表前の株価の約三〇％増しというのが歴史的な平均値であるが、場合によっては七〇％増しや一〇〇％増しにまで跳ね上がることもある。非上場企業の買収プレミアムは上場企業のそれよりも低い傾向があるが、M&A市場が活発になると、投資銀行が格好の標的となる非上場企業を買い漁ったり、買収の入札競争を行ったりするため、たとえ非上場企業であっても、非常に割安な値段で手に入れられる望みはきわめて薄い。

これらの性質をまとめると、集中的でリスクが高い投資を市場よりも割高な価格で行うのがM&Aだということになる。また、買収案件を仲介してファイナンシャル・アドバイザーとなる投資銀行に支払う高額な手数料は、コストをさらに増加させる。たとえるならば、投資信託会社の営業担当者があなたのところへやって来て、業種があまり分散されていない企業の株式で構成されるファンドを、各企業の株価の合計額よりも高い値段で売りつけ、さらに法外な手数料を要求しているようなものである。

買収を行う際に非常に重い資金負担が避けられないもう一つの理由は、M&A市場の景気循環的な性質によるものである。企業の株価が全体的に低い時期は、M&A市場はほとんど動きがなく、株価が上昇するとM&A市場も活発になる。つまり、買収者は標的とする企業の値段が割安なときではなく、割高なときに買収を行う傾向がある。これはあたかも投資信託運用会社が、「我々がある銘柄に投資するのは、その株価が上がった後のみである」と目論見書に記載しているようなものだ。

以上のように、投資戦略としてのM&Aには明らかに、それを行うための強い論理的根拠が要求される。

図 8-1 M&Aのタイプ

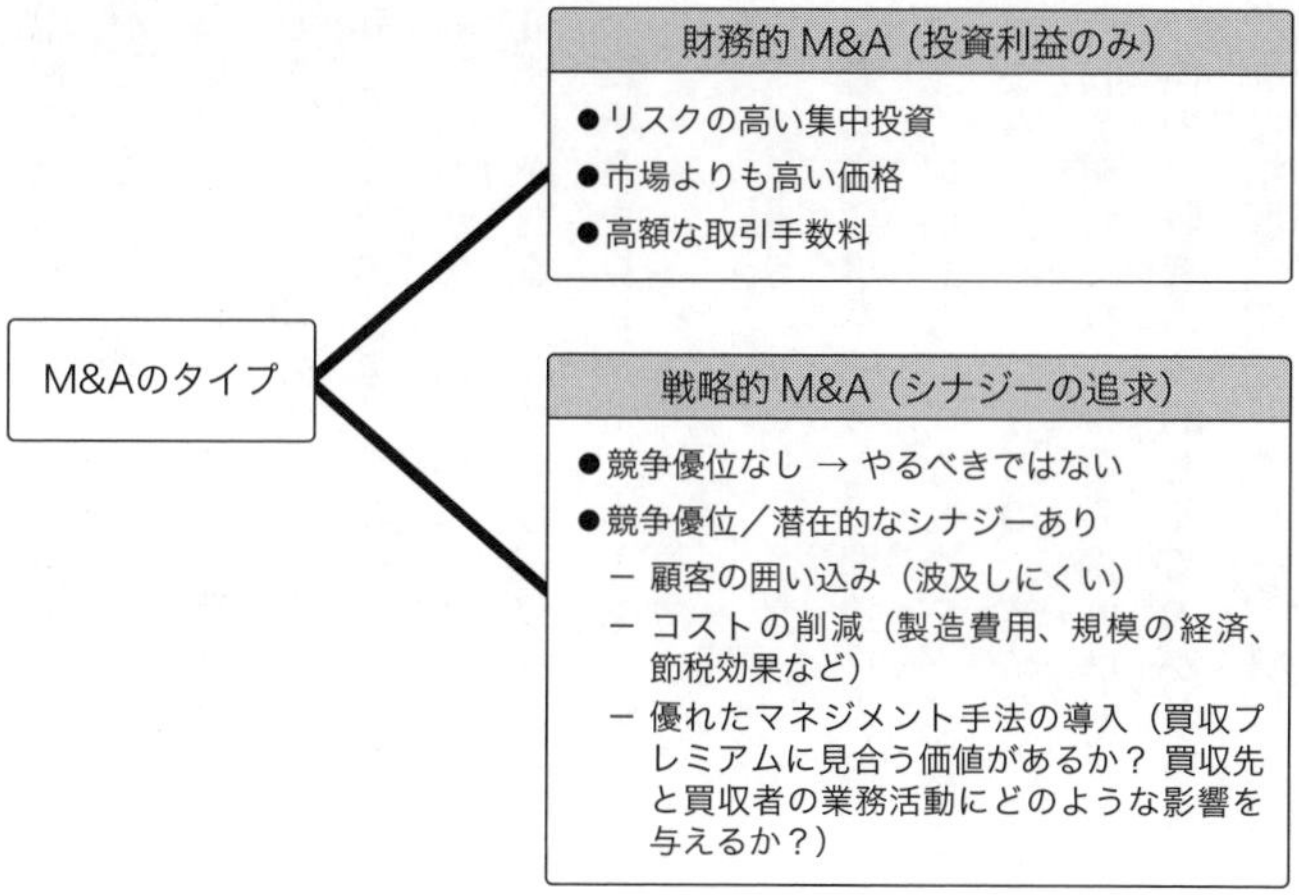
M&Aのタイプ
財務的 M&A（投資利益のみ）
●リスクの高い集中投資
●市場よりも高い価格
●高額な取引手数料
戦略的 M&A（シナジーの追求）
●競争優位なし → やるべきではない
●競争優位／潜在的なシナジーあり
ー 顧客の囲い込み（波及しにくい）
ー コストの削減（製造費用、規模の経済、節税効果など）
ー 優れたマネジメント手法の導入（買収プレミアムに見合う価値があるか？ 買収先と買収者の業務活動にどのような影響を与えるか？）

戦略的買収の正当性を測る

M&Aに関する議論では、単に財務的な目的で投資の意思決定を行う場合（財務的M&A）と、戦略的な目的を指向している場合（戦略的M&A）とを区別して論じることがよくある（図8-1）。この区別は必ずしも明確なものではないが、一般的に次のように説明できると考えられる。すなわち、戦略的買収者は標的となる買収先、または自社の業務活動を向上させる「新しい何か（すなわちシナジー）」を取り入れようとするのに対して、財務的買収者は単に買収先を自社の投資ポートフォリオに加えるだけであり、それによって買収先や自社の業務活動を根本的に変えることはない、という区分である。そうであるなら、業務活動の変化を伴わない財務的M&Aは、市場よりも高い購入価格に加えて、高額な取引手数料を支払う集中的な投資に過ぎず、ビジネスとして理にかなった選択とはいえない。

したがって、詳細な検討を要するのは戦略的M&Aのみとなる。戦略的M&Aが正当化されるためには、買収者は何か価値のあるものを生み出さなければならない。これは、業務活動の合理化や税務上のメリットといった一般的なものであることもあれば、技術の獲得、共同形態での規模の経済、業界内でのマーケティング力強化など、その取引に固有なものであることも多い。このような企業結合は、全体としての価値がそれを構成する各部分の価値の総和を上回るシナジーを創造する。

しかし、これらの望ましい状況が期待されるにもかかわらず、過去の戦略的M＆Aは買収を行う企業の株主に悲惨な結果をもたらしてきた。買収を行う企業の株価は、それが発表される二〇日前の時点から買収が実行される時点までに、平均で約四％下落したというデータがある。一方で、被買収企業の株価は、同じ期間に二〇％以上上昇した。その結果、買収を行う企業の株主が手にする利益は惨憺たるものとなり、買収後の五年間で株式価値の約二〇％が失われている。さらに、これらの数字はM＆Aによるマイナスの影響を実際よりも過小評価している可能性がある。なぜなら、M＆Aの取引はそれを繰り返し行う企業によるものが多く、そうした企業の株価はすでにそれを見込んで、もともと低く評価されているからである。

シナジーの追求

買収者の主要事業領域とは関連性の低いビジネスを行っている企業の買収は、特に悪い結果をもたらすという事実は驚くに値しない。なぜなら、このような買収ではたとえシナジーが生じたとしても、その効果は微々たるものだからである。これらの企業結合の大半は、あれこれ手を尽くした後で最終的に失敗することになる。この種の買収を頻繁に行う企業の株価は同業他社に比べて低く評価され、最終的には事業分割して切り売りしようと目論む他の買収者の標的となるのがおちだ。

会計的な指標で測定した場合、買収実行後の企業の業績には例外なくほとんど改善が見られない。被買収企業に関する初期の研究では、買収された後の業績が平均的に悪化したことが示されている。その後の研究では、営業利益率が若干改善したことが報告されているものの、改善幅は〇・二～〇・四％程度にしか過ぎず、買収プレミアムの金額を補うにはとても足りない。[注11]この歴史的事実を考慮すれば、買収案件を評価する際には、成功の確率を高める戦略的要因の特定が重要なのは論を待たない。

マイケル・ポーターは、一九五〇～一九八六年に行われたアメリカ大企業三三社の多角化戦略を調査した結果、これらの企業が買収した企業の多くを、その後手放していることを発見した。そのうえで、うまくいった買収に見られる特徴として、次の三つが非常に重要であることを示した。

- 第一に、買収の標的とする企業は「魅力的な」（利益率や成長率が高いなど）業界に属していなければならない。
- 第二に、買収者と被買収企業の間にはシナジーが存在しなければならない。
- 第三に、買収プレミアムの金額は、シナジーの価値よりも小さくなければならない。

実際には、買収が成功するための必要条件は、これらの簡潔な提言よりもさらに明快である。まず、第三の特徴は単純な算数に過ぎない。もし買収者が支払うプレミアムが高すぎれば、株主にとっての価値を創造するどころか毀損してしまうことは明らかである。ここで問題となるのは、買収プレミアムの金額が過大かどうかを判断するための基準となる、実現が見込まれるシナジーの価値をどう計算するかということである。次に、第一と第二の特徴は、よく吟味すれば密接に関連し合っており、ほとんど同じことを言っているに過ぎない。

本書の趣旨は、「魅力的な」業界の定義はたった一つの要因に依存しており、業界の既存企業が競争優位を築いているか、もしくは他の言葉で言い換えるならば、参入障壁が存在するか否かによって決まるというものである。もし参入障壁が存在しなければ、外部からの新規参入や既存企業の規模拡大が進む過程で、業界の資本コストを超過する分の利益はかき消される。経営効率が例外的に優れた一部の企業は、経営陣がそれに注力し続けて他社を寄せつけない限り、当面は非常に高い利益を生み出せるかもしれない。しかし、業界全体として「魅力的」であるため、言い換えるならば、卓越した水準までいかなくても単に適切な経営を行っているだけで十分「魅力的な」利益を稼ぎ出すためには、業界が参入障壁によって守られ、既存企業が競争優位を享受している必要がある。

競争優位なしではシナジーは生まれない

シナジーが生じるかどうかも、競争優位の有無によって決まる。この関係性は明確である。もし被買収企業が何の競争優位も持っていなければ、買収者は買収後に行おうとしているすべてのことを自社自身でもできるはずである。たとえ買収者自身に獲得対象の事業を遂行する経営資源や能力が不足していたとしても、被買収企業と同様の機能を提供してくれる他の外部企業を見つけることは常に可能である。競争的な市場では、似たような機能を果たす多数の企業がしのぎを削ってビジネスを奪い合っている。

したがって、被買収企業が競争優位を持たない場合は、買収者自身または彼らのために同じ機能を提供してくれる他社ができないことは何もなく、買収によって生まれる付加価値はない。買収しようがしまいが同様の活動を行えるのであれば、そこにはシナジーなど存在しない。

これとは反対の方向、すなわち、買収者から被買収企業へシナジーが働くことも同様に考えにくい。被買収企業の市場には競争優位が存在しないので、買収を実行した後でこの二社が新たに獲得できるものは何もない。たとえ買収者が、すでに持っている競争優位を新しい市場へ持ち込むことができるとしても、買収する一社のみにそれを与える場合と、業界内のだれかにそれを提供して対価を得る場合とで、効果はほとんど変わらない。

たとえば、ある卸売企業が特定の地域内に大規模で効率的な物流設備を築いた場合、顧客企業の一社を買収して囲い込み、その一社のみに設備を利用させるのは、もっとも効率的にその設備を活用できる他の企業に使わせて対価を得るよりも得策だろうか。買収者が提供する機能が何であれ、被買収企業の市場に競争優位が存在しないということは、その市場内のだれもがある機能を等しく利用できることを意味する。したがって、被買収企業に競争優位がなければ、その買収からは何のシナジーも生まれず、ここから導かれる結論としては、競争優位が存在する魅力的な市場のみが、真のシナジーを生む可能性があるということになる。

たとえ当初は確実だと思われたものでも、期待されたシナジーがまったく実現しないことは多い。仮に、被買収企業が強力なブランドイメージを持ちながらも顧客を囲い込めていない場合、買収者はこのブランドから何らかの利益を獲得できるように思われるかもしれない。この理屈からいえば、クライスラーはダイムラーとの合併によって手に入れたメルセデス・ベンツのブランドイメージから大きな利益を得てもいいはずだった。しかし、強いブランド力は、それだけでは競争優位になりえない。

高級車市場では、メルセデス・ベンツ以外にも多数の競合車種があり、ＢＭＷ、ジャガー、アキュラ、レクサス、インフィニティなどがいずれも一流ブランドとしての地位を築いていた。もしこれらのブランドによるメリットがそのまま他の企業へ持ち込めるのであれば、クライスラーはライセンス契約やブランド使用料の支払いといった買収以外での取り決めを通じて、メリットの対価を相手に直接支払う方法を検討すべきだったし、他社に有償で貸与できるブランドを持っている企業も喜んでそれに応じただろう。

したがって、もしブランドの価値が他社にそのまま移転できるのであれば（たいていの場合は疑わしいが）、シナジーを生むための手段が、割高なＭ＆Ａに限定されるということはけっしてなく、それ以外のやり方ではＭ＆Ａより大きな経済効果が得られないということもない。

顧客囲い込みの波及効果は限定的

本書で述べてきた戦略分析の視点にしたがえば、Ｍ＆Ａに関する意思決定の妥当性を評価する最初の判断基準は、買収の標的とする企業が競争優位を持っているかどうかである。競争劣位にある企業は、明らかに買収する価値がない。しかし、被買収企業に競争優位があるからといって、必ずしもそのすべてがシナジーを生むわけではない。まず、顧客の囲い込みはうまく波及する可能性が低い。

一例を挙げよう。コーラの愛飲家は、コカ・コーラまたはペプシといった特定のブランドを選好する傾向がもっとも強い顧客層である。しかし、この習慣化したコーラの消費行動が、生命保険会社やスナック菓子、ファーストフード店を選ぶ際に影響することはない。仮に、コカ・コーラが菓子会社を買収したところで、コカ・コーラの愛飲家たちが現在お気に入りのスナック菓子を変えることはないだろう。たとえば、ペプシの愛飲家のほうが、コカ・コーラの愛飲家よりもフリトレー（ペプシグループの菓子ブランド）の菓子を好んで購入することなどあるだろうか？

金融サービスを例に取れば、自分が契約している保険会社が現在口座を開いている銀行以外の銀行に買収されたところで、顧客にとって取引銀行を変える際にかかるコストが減ることはない。生命保険や取引銀行を選択する人が特定の企業に囲い込まれる要因はそれぞれ別個のもので相互に関連しておらず、その性質が保険会社と銀行の合併によって弱まることもない。より一般的にいえば、金融機関が買収による事業領域の拡大を通じて「金融スーパーマーケット」になるという考えは、過去何度も繰り返されてきた失敗である。

AT&T（訳注：アメリカ最大の電話会社で、長距離電話が主要事業である）は、アメリカ国内で多数の都市に光ファイバー網を敷いていた地域電話会社のテレポートを買収したとき、地域電話と全国長距離電話の双方を一社が提供するサービスに多くの顧客がひきつけられると期待していた。しかし、実際にはそううまくはいかなかった。AT&Tの長距離電話サービスを利用していた顧客は、地域電話サービスでは既存の契約先にとどまり続け、AT&Tが地域電話事業の顧客を伸ばすことはなかった。当時のCEO、マイケル・アームストロングの「双方にとっての強力な財務的かつ戦略的シナジーの創造」という主張とは裏腹に、地域電話と長距離電話サービスの統合化をとりたてて好む顧客はごく少数だった。

このように、理論上でも経験上でも、顧客の囲い込みに基づく競争優位は、M&Aでは一方から他方へうまく波及しないことが示されている。どんな期待を抱こうと、この競争優位から大きなシナジーが得られることはないというのが、一般的な結果である。[注12]

コスト削減のシナジー

M&Aにおけるシナジーの源泉として唯一残るのはコスト削減効果であり、これは独占的な技術や、ある程度の顧客の囲い込みを伴う規模の経済によることがもっとも多い。

考慮すべき点がコスト削減のみとなれば、潜在的なシナジーを評価する作業はかなり単純化される。買収者か被買収企業のどちらか一方が独占的な製造技術を持っており、それを他方へうまく導入することができれば、コスト削減が可能である。また、物流費、販売費、研究開発費、一般管理費等の重複する固定費の解消を主として、二社共同による規模の経済を実現できる可能性もある。

このように、M&Aのメリットを評価する適切な指標は、期待されるコスト削減の効果の大きさであり、具体的には、コスト削減額が買収プレミアムの支払額を十分補うほど大きいかどうか、また、買収者に付加価値を創造するかどうかが焦点となる。

この分析において、M&Aを指揮する役員や仲介役となる投資銀行が、案件の妥当性を無理やり正当化しなければならないようであれば、その多くは日の目を見ない可能性が高い（彼らが作成する複雑な表計算シートや見た目に美しいプレゼンテーション資料、希望的観測に基づくバラ色の将来計画にだまされないよう、細心の注意が必要である）。

AOLがおよそ五〇〇億ドルのプレミアムを支払ったタイム・ワーナーの買収は、毎年六億ドルと予想されたコスト削減効果によって正当化されたが、将来にわたる削減額を適切な資本コストで割り引いた現在価値は、明らかに一〇〇億ドルを下回っていた（訳注：二〇〇〇年に実行されたこの事例は、失敗したM&Aの代表として頻繁に取り上げられる。買収後のAOLの業績は急激に悪化して、二〇〇二年以降はタイム・ワーナーの一部門的な位置づけに凋落し、二〇〇九年一二月にタイム・ワーナーとの合併を解消した）。

AT&Tはコスト削減がほとんど期待できないケーブル設備会社を買収した結果、後に購入額の約半値で売却する羽目に陥った。また、一九九七年の後半にシールドエアが、WRグレイス傘下の包装事業会社であるクライオバックを三〇～四〇億ドルのプレミアムで買収したとき、シールドエアは年間一億ドルのコスト削減が実現できると見込んでいた。

しかし、この削減効果を一〇％の資本コストで割り引いた現在価値がわずか一〇億ドルにしかならないために、（訳注：毎年Xの永続的なキャッシュフロー〈この事例の場合はコスト削減額〉を資本コストrで割り引いた現在価値は、X／rで計算される。これは、等比数列を使って簡単に証明できる。先述のAOLのケースでは資本コストを一〇％と仮定すると、コスト削減額の現在価値は六〇億ドル〈六億ドル÷一〇％〉にしかならない）、シールドエアの株価は大幅に下落する結果となった。

一般的な法則として、市場価格よりも高いプレミアムを伴う買収は、買収実行後に生じるコスト削減額の現在価値がプレミアム金額を上回ることによって正当化される必要がある。それ以外の誇張されたシナジーは、実現する可能性がきわめて低い。

非上場企業を買収する場合でも、上場企業の買収と同様のコスト削減基準を満たさなければならない。たとえば、大手の薬品会社が新興の薬品開発企業を買収したり、大手のレコード会社が独立系のインディーズ・レーベルを買収したりするときなど、非上場企業のM&Aでは「他社を買収するか、自社自身で事業を築くか」という選択をすることが意思決定の本質となる。ここで問題となるのは、一般的に高くつく買収よりも、自社自身での事業構築や他社とのライセンス契約など、その他の手段を用いたほうが安いコストで事業資産を手に入れられるかどうかという点である。

時には、望む資産を獲得するためには買収しか方法がないこともある。しかし、このような場合でも、コストに関する規律を放棄すべきではない。

これまでの議論から、買収の対象となる企業は競争優位を持っていることが想定される。したがって、買収者もおそらくは他のいかなる企業も、被買収企業と同等の製品やサービスを提供することはできない。この場合、被買収企業の企業価値は、伝統的なDCF法で算定される企業単独（スタンドアローン）としての価値と、買収後に生じるシナジーの価値との合計で評価される。そして、シナジーの大部分は、独占的な技術や共同形態での規模の経済に起因するコスト削減によって実現される。たとえば、買収者が広範囲に及ぶ流通ネットワークを築いていて、それを通じて被買収企業の製品を販売できるとすれば、被買収企業のみでは得られなかった規模の経済が生まれることによって、コスト削減が実現する。[注13]

被買収企業の業務効率は改善するのか

買収者の優れたマネジメント手法を導入することで被買収企業の生産性が飛躍的に向上するという観点から、M&Aを正当化する主張も多い。この主張は二つの仮定に基づいているが、いずれもコスト削減に関連している。第一の仮定は、被買収企業の二流マネジャーをリストラすることによって、人件費が下がるというものである。この場合、買収者側のマネジャーが従来の給与水準と変わらずにその仕事を引き継ぐこともできるし、より有能な人材がより少数で業務に当たって、人件費を下げることもできる。第二の仮定は、被買収企業の業務効率が改善することによって、コスト削減が図られるというものである。

これ以外の面で大きなメリットが生じる可能性は低い。たとえば、マーケティングに関するノウハウは業界特有の性質が強く、仮に買収者が被買収企業のマーケティング力を強化できるとすれば、両社が同一もしくは密接に関連し合う事業分野に属している場合だ。ただし、そのようなケースで、そもそも買収を行う必要があるのかどうかという疑問がわいてくる。わざわざM&Aを行わなくても、自力で同等のマーケティング力を築くことができるはずである。優れたマネジメント手法の導入から生じるシナジーは、被買収企業の業務効率を改善するか、一部の業務を完全に取り除くことに限定されるのが通常である。また、人的なつながりは弱いほうが買収者は従業員のリストラを断行しやすく、そのコスト削減効果も大きくなる。

優れたマネジメント手法の導入を正当化の根拠とするM&Aの評価については、もう一つ注意を要する点がある。被買収企業における業務効率の改善はたしかに実現可能かもしれないが、同時に買収者側での業務効率の悪化という犠牲を伴い、総合的に見ればメリットを打ち消してしまう場合もあるということだ。優れたマネジメント手法はそれ自体、非常に希少な経営資源であり、他の業務へ簡単に適用されるようなものではない。優れたマネジメント手法を被買収企業に導入することは、この希少な資源が買収者から被買収企業へ移転することを意味する。M&Aの正当性を判断する際は、買収者と被買収企業を合わせた全体としての業務効率の改善度で評価しなければならない。また、買収を進める作業自体は、双方の業務活動に何の付加価値ももたらさないにもかかわらず、それに携わる社員の多大な労力を消費させるという点にも注意する必要がある。

よく練られたM&Aでは、収益性の改善が期待できるかもしれない。第一に、買収に伴う事業規模の拡大や業務効率の改善によって、それ以前には採算が合わなかったビジネスが儲かるものに変わる可能性はある。しかし、このようなビジネスの価値はそれほど大きくないと考えたほうがよい。もしこのビジネスの価値が本当に大きいのであれば、たとえ買収による規模の経済や効率性の改善効果がなくても採算は十分合うはずであり、すでに実行されているべきものだからだ。したがって、この新しいビジネスによって得られる追加的な利益は少額にとどまるだろう（売上高の数字は大きく増加するかもしれないが）。

第二に、非協調的で厄介な競合相手を買収してしまえば、業界内の価格設定に関する規律を高めることができるかもしれない。しかし、このような買収は独占禁止法の監督機関から異議を唱えられる可能性が非常に高い。また、みずからが買収プレミアムの費用を負担するよりも、業界内の他社に買収させたほうが合理的である。ここでは、ただ乗りの立場を取り、外から傍観しようとする強い動機が働く。

M&Aに失敗しないための基本条件

M&Aに関する戦略上の要点は、それに伴う労力と費用を正当化するためには、二つの基本条件が満たされていなければならないということである。第一に、持続的な利益を生むシナジーを創出するための競争優位が存在しなければならない。第二に、シナジーの源泉は主にコスト削減によるものでなければならない。したがって、M&Aによって新たな付加価値が創造されるためには、買収プレミアムの金額が、はっきりと特定可能で現実的なコスト削減額よりも小さくなければならない。

競争優位に基づくメリットがなくても、優れたマネジメント手法の導入によって業務効率を改善できる場合があるかもしれないが、前段で述べた理由、とりわけ、優れたマネジメント手法はそれ自体が非常に希少な経営資源であることから、このような状況が当てはまるケースはそれほど多くない。

最後に、買収プレミアムの妥当性を判断する際は、M&Aを行わなくても買収者と被買収企業が互いに独立した形で行いうる協調的な取り組みから得られるメリットとの対比で評価しなければならない。交渉など他の方法を用いてもM&Aによる利益の大部分を実現できるのであれば、買収プレミアムの支払いは必要最低限にとどめる必要がある。

買収の対価が現金ではなく買収者の株式で支払われるときは、妥当性を判断する計算方法を少し変える必要があるかもしれない。AOLによるタイム・ワーナーの買収では、AOLは潜在的なコスト削減額の現在価値に比べて明らかに過大な買収プレミアムを支払った。しかし、AOLが買収の対価として用いたのは、どう考えてもあまりに高すぎる値段がついていた彼らの株式だった。これはしばらくたってからわかったことだが、価値が過大評価された株式でタイム・ワーナーを購入したことによって、このディール（取引）はＡＯＬの株主に思いがけず利益をもたらす結果となった。Ｍ＆Ａディールでは被買収企業（株主を含む）が得をするのが一般的だが、買収者が他のだれよりもその真の価値を知っている自社の株式で買収の対価を支払う場合は、被買収企業は注意を払う必要がある。

現金で支払う場合には合理性に欠けるＭ＆Ａディールを株式交換で行う唯一の理由は、買収者の株式が過大評価されているからにほかならない。対価を現金で払うか株式で払うかという選択そのものは、Ｍ＆Ａディールの本源的な経済価値（被買収企業単体の企業価値＋シナジーの価値）に影響を与えない。もし買収者の経営陣が、株式市場で取引されている自社の株価は真の価値よりも安いと感じていれば、彼らが買収の対価に株式を用いることはないだろう。そのため、株式交換による買収は現金払いによる買収よりも投資家から厳しく評価され、歴史的に見ると、ディール発表後の買収者の株価は大幅に下落している。

新規事業投資の戦略

新規事業投資は、戦略分析が重要な役割を果たす第二の領域である。Ｍ＆Ａと同様に、新規事業投資は大規模な経営資源の投入を伴い、その影響が長期にわたり、企業が全体として進むべき方向性を形づくるという点で、戦略的意思決定だといえる。

本書で展開した戦略的な視点にしたがえば、新規事業投資の成否は、その市場への潜在的な参入者がどのような行動を取るかで決まるところが大きい。たとえ大きな将来性が見込まれる新しい業界でも、市場の参入障壁がなければ、新規事業が資金の浪費に終わることもありうる。情報記憶装置業界の歴史は、熱狂的なベンチャー投資家が魅力ある市場へ殺到して飽和状態となった結果、ほぼ全員が損害を被ったことを物語る事例である。

新規事業投資には、まったく新しいベンチャー事業への投資と、既存の事業領域を拡張する投資（関連性の高いセグメントへの進出など）の、大きく分けて二つのタイプが存在する。

ベンチャー投資の成否は人材で決まる

世間一般では、ベンチャー投資の成功は二つの要因に依存すると考えられている。その一つは事業計画の質であり、もう一つは事業を推進する人材の能力である。[注14] しかし、実際には、このうち後者の要因のみが重要な意味を持つ。

その性質からして、ベンチャー投資が行われるのは、まったく新しい市場か、まだ競合が支配的な地位を確立していない開拓途上の市場である。ベンチャー投資家が望む独占的な技術は、事業の進行段階につれて開発されていくが、「独占的」という言葉の定義上、いったん事業が進み始めれば、他社はその技術にアクセスできない。また、顧客の囲い込みを図っていくことが事業目的の一つとなるかもしれないが、未成熟な市場の初期段階では、どの顧客も競合各社による奪い合いの対象となる。

さらに、ベンチャー事業では「早く、大きく」という信条のもと、急速に成長して規模の経済を築くことが望まれるが、事業を開始する時点から規模の経済に基づく競争優位を持っていることはありえない。したがって、よく練られた事業計画は、競争優位の創造を最終的な目標として策定すべきではあるが、その計画自体が競争優位になるわけではない。本当に魅力的な事業機会は、似たような考えと計画を持った多くの起業家たちをひきつける。言い換えれば、利益を得る機会が大きいほど、実際にそれを手に入れられる確率は低くなる。

世の中には頭の切れるベンチャー投資家がいくらでもいるので、事業計画の作成に関して参入障壁は存在しない。事業計画の質がまったく無意味だというわけではない。内容の乏しい計画は、悪い結果につながるのが通例である。しかし、大規模な市場の存在や潜在的な競争優位といった一般的な記述にとどまる事業計画書では、本当に魅力的な機会が見出せる可能性は低い。

成功するベンチャーの事業計画では、潜在的な利益の規模と、それが実現する見込みとのトレードオフに細心の注意が払われる。このような計画書を作成するためには、業界に関する深い知識と、業界全体に及ぶ濃密なネットワークが必要とされる。しかし、これらは事業そのものではなく、ベンチャー投資家の資質である。実際のところ、この二つの要素こそが、ベンチャー投資家（独立したベンチャー・キャピタルと、企業内の新規事業担当部門の双方を含む）が事業へ提供する主な経営資源なのだ。良い事業計画に当てはまる一般的な特徴などというものはなく、優れた計画はすべて個々の事業に特有のものである。[注15]

優れたベンチャー投資家は、事業を推進する人材の能力も評価できなければならない。また、もともといる人材だけでは不足するスキルを持つ外部の専門家や、製品の改善に助言を与えてくれる潜在的な顧客、製品を流通させるために必要な設備や他の重要な資産を提供してくれる企業などへ接触できるネットワークを持っている必要がある。

さらに、ベンチャー投資家は、成功する確率がもっとも高い市場領域が選定されるように、事業計画を修正もしくは改善することもできなければならない。コンパックの創業者たちがベンチャー・キャピタリストのベン・ローゼンに初めて接触したとき、彼らが提案したのはディスク記憶装置の製造と販売を行う事業計画だった。ベン・ローゼンは彼らの高い能力を気に入ったが、その提案内容には満足せず、彼らに対して方向転換を指示し、当時成長し始めていたパソコン市場の高価格帯セグメントでＩＢＭに挑戦するよう仕向けた。

ベンチャー投資家は、究極的には知識産業に属している。彼らは情報収集のためのネットワークを築き、それを維持し続けなければならない。技術、市場、人材、その他の重要な経営資源に関する知識を総動員してそれを取りまとめ、事業体の組織がうまく機能するように努める必要がある。参入障壁が存在しない他の業界と同様、ベンチャー投資の成功は、最終的にはいかに効率的な経営を行うかにかかっており、これは自分たちが強みを持つ領域にどれだけ注意を払い続けることができるかで決まる。突き詰めれば、重要なのは事業を担う人材であり、事業計画の中身ではない。

既存事業領域拡張型の新規事業投資

既存の事業領域を拡張するタイプの新規事業は、ベンチャー・キャピタルなどから資金支援を受けてまったく新しい形で取り組むベンチャー事業とは、主に二つの点が異なっている。

第一に、既存事業領域の拡張は、新たに発展する市場よりも、すでに確立した市場を対象とすることが多い。実際のところ、確立した市場への参入は、新しい市場へ参入するよりも難しい。なぜなら、すでに機能している市場には、参入障壁が築かれている可能性がはるかに高いからである。市場の既存企業が競争優位を築いている場合は、新規事業者にとってさらに不利であり、彼らが望めるのはせいぜい既存企業と対等の立場で競争することしかない。したがって、既存領域拡張型の事業は、ゼロから始めるベンチャー事業よりも簡単で、より確実性が高いように見えるかもしれないが、実際は市場の性質が重荷となる。

第二に、既存事業領域の拡張の場合、ブランドイメージ、流通システム、研究開発、管理支援システムといった、すでに持つ要素を新しい事業領域に活用しやすい。これは「範囲の経済」であり、一つの市場のみに事業を特化している競合には得られない優位性をもたらす可能性がある。[注16] そうであるなら、新規事業が利益を生むのは明らかなように思われるが、より詳しく調べると、利益を持続的に獲得できるかどうかは、基となる既存事業での競争優位の有無に依存しているということがわかる。

もし既存事業の市場に参入障壁が存在しなければ、新規事業者が関連事業への拡張によって獲得する利益は、彼らが行ったことをそのまままねできる競合の参入を招く。つまり、競合は既存事業と関連事業の双方に従事して、先発企業と同じメリットを得られるわけで、この段階までくると、戦略的に重要なのは業務活動の効率性を追求することのみとなる。そのあげく、参入障壁がない市場で一般的に見られるように、先発企業が享受していた高水準の利益は消滅する。

したがって、この種の新規事業をやるべきか否かの意思決定は、既存事業領域における競争優位の有無によって決まる。もし競争優位が存在するのであれば、それを生かせる関連事業に参入するのは良い考えである。逆に競争優位が存在しない場合は、新規事業の成否は業務活動の効率性と、事業を推進する人材の能力にかかってくる。既存事業に持続可能な競争優位が存在する場合にのみ、業務活動の効率性という基本的な規律に加えて、範囲の経済が新規事業を行う際の検討対象となる。

ブランド拡張の戦略

既存事業領域の拡張による明らかな事業機会の一つは、新しい市場へ投入する製品に確立されたブランドを用いることである。この場合の戦略原則は他の大半の新規事業と何ら変わらず、獲得できる利益は業務活動の効率性によって決まるところが大きい。

ブランドが提供する価値の源泉を理解しておくことは重要である。ブランドイメージが何らかの形で影響している消費者の行動が競争優位につながることはあっても、ブランドがそれのみで競争優位となることはない。再び引用すると、メルセデス・ベンツは最高級のブランドイメージを持っていながら、それを競争優位の重要な根拠となる高水準のＲＯＩＣ（投下資本利益率）に具現化できていない。

ブランドは資産である。他の資産と同様に、ブランドは収益を生み出す源泉となるが、それを築くときには初期投資がかかり、一度確立したイメージを維持するためにも継続的な支出を要する。この点からいえば、ブランドは工場や機械設備などの有形固定資産と非常によく似ている。有形固定資産も、それを購入または建設するときと、その後の減耗を補修するための現金支出を必要とする。

また、特殊な用途に使われる設備と同じく、ブランドは特定の製品を対象として用いられるのが最適である。ブランドによって創造される価値は、その初期投資および維持にかかるコストと、ブランド自体がもたらす純収益（一般的には、そのブランド製品が通常のノーブランド製品を上回る分の利益）との差で表される。競争優位が存在しない市場では、複数のブランド間の競争によって、その開発および維持にかかる投資コストを上回る超過利益が消失する。この場合、ブランドへの投資は、競争的な市場における他のあらゆる投資と何ら変わりはない。つまり、このブランドから得られるＲＯＩＣは資本コストと同じ水準にとどまり、企業に対して経済付加価値をもたらすことはない。

もしブランド投資が無形物ではなく有形物への投資だったとすれば、ここまで述べてきたことはすべて自明であるように思われるが、ブランドが無形物であるがゆえに誤解が生じやすい（訳注：ブランドに対する投資額は、企業の貸借対照表上で「商標権」や「のれん」などの無形固定資産として計上される）。

ほとんどのブランド製品は、市場で確立した地位を築くことができない。成功したブランドについて、その創造に要した平均コストを算定するときには、これらの失敗に終わる取り組みの分も含めて計算する必要がある。このように成功と失敗の確率を加味したブランド創造の平均コストは、成功したブランドに対して実際に支出された投資額の何倍にもなる。最初から成功が約束されているブランドなどないので、あるブランドから生じる純利益は、成功の確率を加味した平均コストに対する利益として認識されなければならない。たとえば、新しいブランドの成功確率が四分の一だとすれば、そのブランドの投資利益率は、将来の利益を実際の投資額の四倍で割った値となる。

失敗したブランドへの投資は都合よく表面上から隠されてしまうため、ブランド全体の利益率を成功したブランドの利益のみでとらえてしまうことは往々にしてある。こうした利益率の過大評価が、ブランドの創造が競争優位の源泉の一つだという根拠のない結論につながってしまう。

たしかに、コカ・コーラ、マルボロ、ジレット、インテルなどのように、企業の競争優位に貢献しているブランドもなかにはあるが、その一方で、クアーズ、トラベラーズ、フェデックス、AT&T、ゼロックス、ホンダ、チェリオなど、認知度が高く、だれの頭にもすぐに思い浮かぶ象徴的な存在でもありながら、それを持つ企業に卓越した利益をもたらしていないブランドのほうがずっと多い。

顧客の囲い込みと規模の経済の相乗効果

ブランドは、それが顧客の囲い込みにつながるときに競争優位との関連性を持ち、顧客の囲い込みが規模の経済と組み合わされると優位性がさらに強まる。「ブランド価値」と「ブランドの経済的価値」とは区別されなければならない。ブランド価値は、消費者が特定のブランド製品に対して他の通常製品よりも多く支払う分の金額である。それに対して、ブランドの経済的価値は、ブランドの付与によって追加的に生じる超過〝利益〟の増加分である。

コカ・コーラが世界でもっとも経済的価値が高いブランドなのは、他のコーラを大幅に上回る値段で販売できるからではないし、実際にその値段は他と大きく変わらない。メルセデス・ベンツの車やアルマーニの洋服に何千ドルものプレミアム料金を支払う顧客はいるかもしれないが、コカ・コーラにそれほど多額の金銭を支払う人はいない。ジョニー・ウォーカーやシーバス・リーガルなどのスコッチ・ウィスキーのブランドは、コカ・コーラと比べてブランド価値がずっと大きい反面、その経済的価値ははるかに低い。

コカ・コーラ・ブランドの経済的価値が高い理由は二つある。第一に、コーラを飲む人はセグメント全体の特徴として、特定のブランドを好む習慣が強い。第2章でも触れたように、ビールを日常的に飲む人でさえ、コーラの愛飲家に比べると、特定のブランドに固執する度合いはずっと弱い。コーラを飲む人は外食する際にも、店に置いてある限り、コーラかペプシのどちらか好きなほうを選ぶことにこだわるのに対して、ビールを飲む人は料理のジャンルに合う国のビールを注文することが多い。コーラの愛飲家が特定のブランドを強く好む性向は、コーラ市場のシェアが非常に安定的であることに表れており、顧客の囲い込みが強いことを示している。

コーラ市場でのシェアの安定性と、ファッション市場でのブランドの収益安定度を比較してほしい。ファッション事業ではブランドが非常に重要な役割を果たす要素であるが、同時にこの事業で不可欠な斬新さの犠牲ともなっている。ファッションを好む顧客は常に目新しさを求める傾向が強く、ブランドそれのみが顧客の習慣性や囲い込みを築くことは少ない。

食品事業では、顧客の習慣性や囲い込み度合いが、購買頻度の違いに応じてセグメントごとで異なる。日々購入される食料品のセグメントはファーストフードのチェーン店よりも、そしてファーストフードのセグメントはフルサービスのレストラン（店員が席で注文を取って、料理も席まで運ぶ一般的なレストラン）よりも、市場シェアの安定性が高い。これらの食品関連セグメントは、どれをとってもブランドイメージが重要だが、それは購買が頻繁に行われて強い習慣性を根づかせ、顧客の囲い込みを促進する場合にのみ競争優位を創造する。食品関連のブランドを新しい市場へ拡張する事業戦略では、このセグメントごとの違いを考慮に入れる必要がある。

コカ・コーラ・ブランドの経済的価値が大きい第二の理由は、規模の経済の存在である。コカ・コーラは流通活動と、広告宣伝活動（効果は若干弱まるが）の双方で規模の経済を発揮している。これらの領域では変動費に比べて固定費の比率が高いので、コーラ市場への新規参入者が生き抜いていくためには相当のシェアを獲得しなければならない。しかし、コカ・コーラは顧客を強力に囲い込んでいるため、新規参入者がこれを実現するのは不可能に近い。コカ・コーラはその強力なブランド力によって製造コストを大きく上回る価格でコーラを販売できるので、ペプシとうまく協調することさえできれば、低価格戦略でシェアの奪取を試みる新規参入者を気にする必要がない。

また、新しいブランドを創造するコストの大部分は、対象となる市場の全体規模によって決まる性質のものであり、シェアの増加に応じてコストが大きく増えることはない。コカ・コーラの支配的なシェアを防御している流通活動と広告宣伝活動での規模の経済と同じ効果は、ブランドの創造でも同様に働く。コカ・コーラは、新しいブランドをつくり上げる際にかかる固定費（広告宣伝費、製品開発費、流通業者への販促費用など）を、ペプシを除く他の競合よりもずっと多くの潜在的な顧客層に分散させることができる。このような規模の経済によって、コカ・コーラは新しいブランドを創造するときにも競争優位を享受できる。しかし、コカ・コーラにはペプシという強力な競合がいるので、ペプシがどのように反応するかを予測しておく必要はある。

コカ・コーラとは対照的に、マイクロソフトがブランド拡張戦略をとって、ウィンドウズOSに新しいアプリケーションソフトを加えるような場合には、競合の反応を考慮して将来の収益予測を控えめに調整する必要はない。マイクロソフトの主力製品は固定費がほとんどを占めているので、彼らの圧倒的な競争優位が崩れない限り、売上げの伸びに伴う利益の増加額は大きく、かつ安定的である。

巧妙な新製品の導入は、マイクロソフトの競争優位をさらに強化する。それにより、顧客が他のOSに乗り換える際のスイッチング・コストが高くなるし、競合が参入する余地を与えていたアプリケーションソフトのポートフォリオ上の隙間を埋めることとなるからだ。

たとえば、インターネット・ブラウザのセグメントではネットスケープがウィンドウズ帝国の脅威となっていたが、後にマイクロソフトは顧客に新たなコスト負担をかけない形で、その機能（インターネット・エクスプローラー）を自社のOSに組み入れた。一般的に、競争優位の効果的な活用と防御を追求すると、関連事業領域へのブランド拡張戦略へつながることが多い。[注17]

関連性の低い事業領域へのブランド拡張は失敗に終わることが多い

たとえ競争優位にある企業でも、強みを持つ既存の事業領域とは関連性が薄い市場へのブランド拡張は、あまりうまくいかないのが通常である。新しい市場の競争的な性質によって、売上げと利益の双方が減るからだ。仮に高水準の利益が得られるとすれば、それは既存の強力なブランドイメージのおかげで参入時のコストが低くなるメリットのみに限定される。これ以外のメリットは、自分たちより高いコストを払ってでも参入する意思のある競合がすべて打ち消してしまう。

もしこの市場が自社と同様にブランド拡張を狙う他の企業にも手の届くところにあれば、資本コストを上回る超過利益は、これらの競合によって徐々に減らされていく。また、ブランドイメージの低下や既存事業とのカニバリゼーションによって、ブランドを拡張する機会の価値が減少することもありうる。標準的な水準を上回る超過利益が確実視されているような事業計画は、十中八九、将来の他社参入と競争の影響を無視している。

要約すると、既存のブランドを他の市場、とりわけ参入障壁が存在しない競争的な市場に拡張する戦略の価値は、新しいブランドをゼロから築き上げる必要がないことから生じるコスト削減メリットが主である。このコスト削減は、新規市場への参入に成功するために必要な効率性追求の一環であり、あらゆる活動領域に当てはまる規範である。たとえば、マイクロソフトのXボックス開発によるテレビゲーム市場への参入は、デスクトップ市場からサーバー市場やPDA市場への参入といった、ウィンドウズの基本的な強みを生かした拡張よりも、はるかに煩雑なコスト管理と労力を要した。

本章で論じたM&A、新規事業投資、ブランド拡張という三つの分野で、必要十分な情報に基づく適切な意思決定を下すためには、他のプレーヤーとの関係で決まる競争状況を把握しておく必要がある。細かい財務数値やマーケティング上の課題に注意を注ぐアプローチは、よく練られた事業計画を適切に実行するために大切な姿勢ではあるが、全体的な競争環境を把握しておかないと、木を見て森を見ずということになる。競争優位と参入障壁が存在しない市場でこれらの新しい取り組みを行う場合、戦略的に求められる行動は一つしかない。それは、必要となるあらゆる経営資源をできるだけ効率的に活用することである。

【注】

11 学術的な研究結果は、参考文献に掲載されているアンドレイド、ミッチェル、スタフォードの論文に要約されている。

12 政府の許認可、規制、その他の介入に基づく競争優位も、顧客の囲い込みに基づく競争優位と同様に、買収によってその効果が波及することはないのが通常である。

13 事業の多角化を図るM&Aでもコスト削減のシナジーが議論の焦点となるが、この場合は税金の支払額が減ることによる要因が大きい。多くの事業を展開している企業は、事業が集中している企業よりも営業収益の変動が小さいため、より多くの借り入れを行うことができる。借入金にかかる金利は税務上の損金となるので、企業の納税額を減らす効果（負債の節税効果）があり、株式の発行で資金を調達するよりも、借入金で調達するほうがコストは安い。また、調達した資金を株主への配当として支払うよりも、社内に留保し続けるほうが、配当にかかる課税を回避することができる。

これとはまた別の要因として、バークシャー・ハサウェイのような投資会社が自社の株式を対価として非上場企業を買収する場合（株式交換）も、多角化企業に特有のコスト削減効果が生じることがある。仮に被買収企業の株主が株式を現金で売却して、その売却代金をもとに他の株式へ投資する場合は、売買差益に対して課税されるが、株式交換の形を取れば、被買収企業の株主は課税をされずにバークシャー・ハサウェイが持つ多様な事業ポートフォリオの株式を手に入れることができる。このように、多角化企業の場合は税負担の軽減によるメリットがM&Aを正当化する重要な要因の一つとなるが、実際にこれが見られるケースは非常に稀である。

14 ベンチャー投資家にとっての利益は、起業家との間で取り交わす契約条件の内容にも依存しているが、ここで焦点を当てているのは、ベンチャー投資家から資金投入を受けた事業が成功するか否かという点であり、事業から上がった収益をどのように配分するか、経営陣に付与するインセンティブをいかにうまく取り決めるかといった点ではないので、この要因は除外している。

15 世界最大のインターネット・オークション会社であるｅＢａｙ（イーベイ）の事業計画は、この原則の例外といえるかもしれない。彼らの事業計画では、強力な規模の経済の構築と、それが会社にもたらす付加価値が明確に描かれていた。しかし、このような規模の経済の達成は、同じ事業分野で競合するベンチャー企業がいなかったことに依存していた。そして、競合するベンチャーが存在しなかったのは、eBayの事業コンセプトが非常に画期的だったからである。eBayのように独特な洞察力を持つベンチャー企業はきわめて稀なため、これをその他多くの一般的なベンチャー企業が備えるべき要素と考えるのは無理がある。

16　範囲の経済とは、既存のマーケティング機能や流通機能の範囲を新しい製品へ広げることから生まれる効率性の向上を指す。

17　協調戦略の視点から見れば、マイクロソフトは他の企業をパートナーとして引き入れ、彼らが開発するアプリケーションソフトをウィンドウズのプラットフォームに組み込むほうがいいかもしれない。この取り組みには、マイクロソフトと他の企業で重複している開発費と販促費用を解消するという利点がある。一方で、パートナー企業が最終的にマイクロソフトを裏切るかもしれないというリスクもあり、このリスクのほうが利点よりも大きい可能性はある。

第9章

競争的な市場で成功する法
——競争優位不在の市場

業務効率こそが重要である

経営戦略に関する文献で広く受け入れられている一般原則は、企業は自分たちが何らかの競争優位を持つ市場でのみ事業を行うべきであるというものだ。本書でも、競争優位の重要性や、それを特定し、その源泉を理解し、獲得できるものを活用する必要性についてここまで詳細に論じてきたが、我々は一般原則とは異なる見解を持っている。実際には、持続可能な競争優位を持った企業は例外的な存在であり、一般的な原則にはなりえないというのが、我々の考えだ。

大半の市場における大半の企業は競争優位など持っていないし、競争優位の不在が業界の構造的な性質による場合、それを新たに築くことは難しい。たしかに、何らかの市場で競争優位を築く可能性を秘めている企業は多いかもしれない。適切なニッチ市場を選択し、顧客の囲い込みに熱心に取り組み、規模の経済を実現するように業務活動をうまく取りまとめれば、その他大勢のポジションから抜け出して、市場で支配的な地位を築き、参入障壁でその地位を防御することができるかもしれない。

しかし、どんなに素晴らしい計画を立て、それを完璧に実行しても、このような大成功を収める企業は実際に

図 9-1 競争優位が存在しない市場における業務効率の重要性

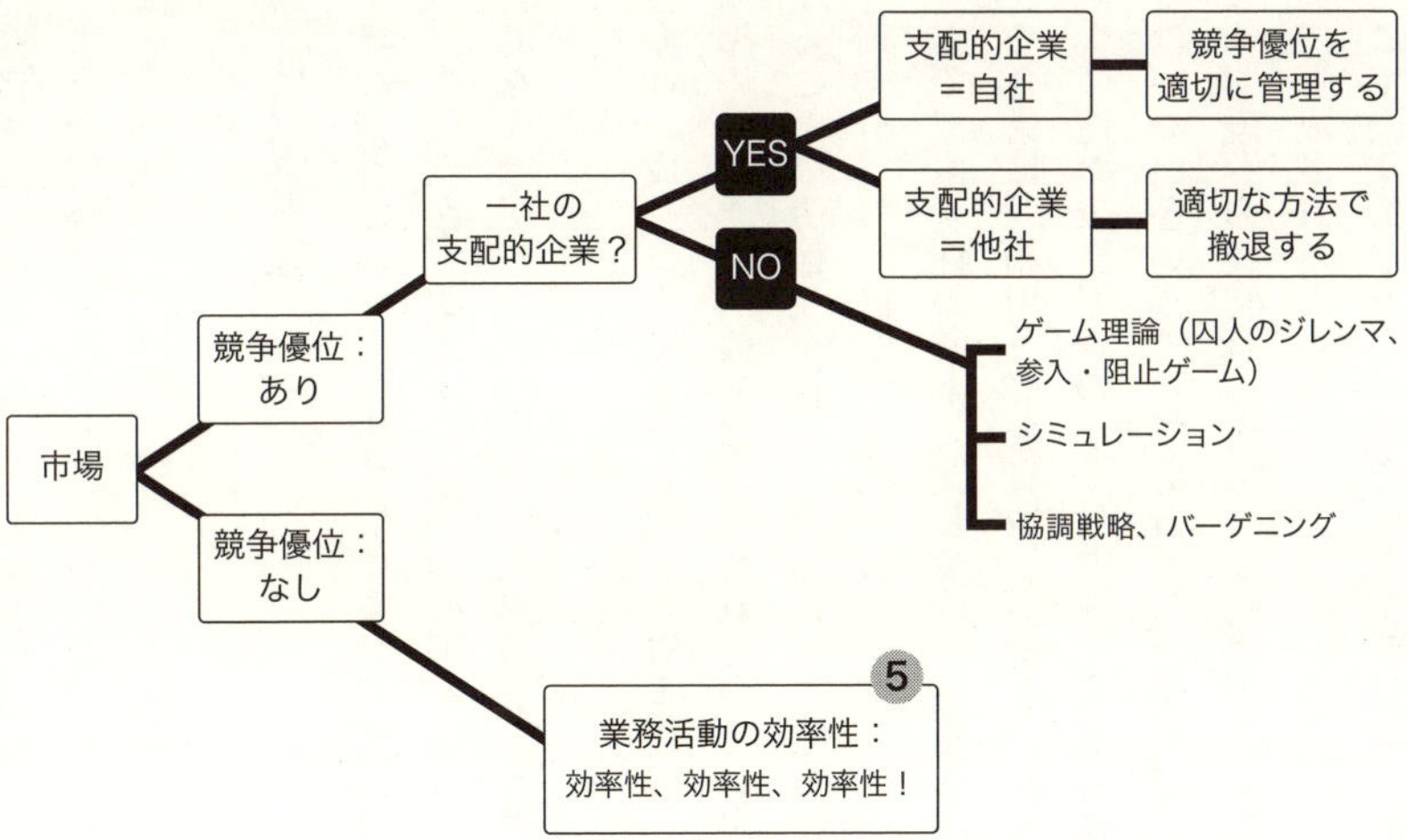

はめったに見られない。大半の企業は参入障壁によって守られることなく、入れ替わりの激しい多数の競合他社と同等の立場で事業を営んでいる。このような立場にある企業（図9-1の⑤の位置）に求められる戦略原則は一つしかない。あらゆる業務活動を、できるだけ効率的かつ効果的に行うことをひたすら追求することである。

業務効率の追求は、原材料費、人件費、設備費、公共料金、旅費、交際費といった業績に影響する費用項目を管理するのはもちろん、投じられた費用から生産性の高い収益を生むことも意味している。企業の生産性を評価する指標としてよく用いられるのは、労働一時間当たりの生産量であるが、マーケティング・キャンペーン、研究開発活動、技術投資、人的資源、財務管理など、現代のビジネスで必要なあらゆる業務活動から生じる収益についても、これと同じ考え方が当てはまる。

効率性と生産性の向上に重点を置く優れた経営から得られる利益は、構造的な競争優位から生じる利益に匹敵するものともなりうる。はっきりとした構造的な競争優位が存在しない業界でも、効率的な経営を行っている企業は、競合他社より優れた業績を長期間にわたって達成し続けている。経済学における一般的な仮定とは異なり、技術や市場機会をうまく活用する能力は各企業によって異なる。どのような戦略であれ、漏れのない分析を行うためには、このような企業間での経営効率の差を考慮に入れなければならない。

生産性の限界線

モノの消費であれ、仕事の質であれ、現代の豊かな生活の源となっているのは高い生産性である。生産性の向上は、生活水準を改善する唯一の要因である。この結論は、歴史的に見ても明らかだ。現代の先進諸国で暮らす平均的な人は、一六〇〇年代の上流階級の人々よりも寿命が長く、健康的で、物質的にも恵まれた生活を送っている。

生産性の成長に貢献した要因は、資本投資一単位当たりの生産量の増加、労働者の教育水準の向上、そして技術水準の進歩だと一般的にはいわれている。事実、政府の政策は、国債残高を減らし金利を下げて民間投資を刺激すること、労働生産性を上げるための教育投資、そして、研究開発活動を支援するインセンティブ制度の導入や財政支出、の三点にほぼ絞られていた。

一方で、生産性の向上に関しては、あまり注目されていない別の考え方が存在する。この考えによると、ほとんどの企業は、利用可能な資本、労働者の質、現有の技術水準を制約条件とした場合の限界的な境界線で表される「生産性の限界線」のかなり内側で業務活動を行っている。つまり、企業の生産性は十分なところまで高められてはいないということである。したがって、生産性の向上は多くの場合、生産性の限界線を外側へ広げるのではなく、既存の経営資源をもっと効率的に活用して、生産性の限界線と現在の位置とのギャップを埋めることによって達成されると説く。

ここで決定的な要因、すなわち生産性向上の主な源泉となるのは適切なマネジメントであり、とりわけ業務活

表9-1 生命保険会社3社の生産性比較（保険料収入に対するデータ処理費用の比率）

	コネチカット生命保険	フェニックス生命保険	ノースウェスタン生命保険
1988年	20.9%	16.7%	6.8%
1989年	19.8%	15.7%	6.9%
1990年	20.2%	14.9%	7.4%
1991年	20.9%	15.6%	6.3%

動の効率性に細心の注意を払うマネジメント手法である。この考えにしたがえば、ある企業と競合との業績の差を生む要因として、業務活動の効率性は、構造的な経済状況と同じかそれ以上に重要である。[注18]

業務活動の効率性が重要なことは、以下のさまざまな事象が明示している。

- ●卓越した生産性を誇る企業の存在
- ●短期間で急変する企業の業績
- ●アメリカ製造業の生産性の変化

卓越した生産性を誇る企業の存在

効率性を追求するマネジメントの重要性を物語る第一の根拠は、どんな業界においても企業間の生産性には大きな違いが存在し、その差が容易には縮まらないことに見て取れる。

表9-1は、一九八八年から一九九一年にかけての、生命保険会社三社の保険料収入に対するデータ処理費用の比率を示している。経営効率の面で業界首位クラスと認知されていたノースウェスタン生命保険と、後れを取っていたコネチカット生命保険との生産性の差は非常に大きい。業界の平均クラスと考えられていたフェニックス生命保険ですら、ノースウェスタン生命保険と比べると二倍から三倍のコストがかかっている。そして、このような生産性の差はその後もずっと続き、二〇〇二年の時点でも、ノースウェスタン生命保険のコスト比率は、フェ

表 9-2 旧ベル電話会社傘下企業の生産性の差（単位：ドル）

地域電話会社	1通信回線当たりの総コスト 1988年	1991年	変化率	カスタマー・サービス対応1件当たりのコスト 1988年	1991年	変化率
ニューイングランド・テレフォン	482	436	－9.5%	41.7	46.1	10.6%
ニューヨーク・テレフォン	531	564	6.2%	47.6	49.3	3.6%
サウスセントラル・ベル	482	430	－10.8%	38.1	40.4	6.0%
USウェスト	489	401	－18.0%	38.8	32.4	－16.5%
イリノイ・ベル	384	384	0.0%	36.0	39.7	10.3%
ペンシルバニア・ベル	368	388	5.4%	29.6	36.2	22.3%

ニックス生命保険の半分以下の水準にとどまっている（コネチカット生命保険は当然の報いを受け、一九九六年に他の保険会社に吸収合併された）。

同様に、規制緩和後の長距離電話市場でも顕著な企業間の生産性格差が見られた。長距離電話事業のコストは大部分が固定費である。全国的に事業を展開する通信事業者は、国内全域で共通のソフトウェアと、似たような制御能力を持つネットワークを築く必要がある。したがって、通信量を増やすために通信能力の増強が必要な場合も、基礎的なインフラ費用はほんのわずかしか増加しない。また、通話料金の徴収やカスタマー・サービスは大部分が自動化されており、これらの業務も固定費の占める割合が大きい。さらに、広告宣伝費や営業担当者の人件費は、全国規模の通信業者間でそれほど大きな差はない。

ところが、このように事業活動で必要な諸条件が似通っているにもかかわらず、一九九〇年代の初期の時点で、AT&Tが長距離通信事業で約一二万人の従業員を抱えていた一方、MCIは同じ業務を五万人以下で行っていた。スプリントに至っては、従業員の数はMCIよりもさらに少なかった。

生産性がもっとも高い企業のコストが、業界の平均的な企業の半分さらには三分の一程度であるという企業間格差は、他の多くの業界でも見られてきた現象であり、これは銀行のキャッシュカードを発行するコストのような、非常に限定された業務プロセスでも同様である。[注19]

こうした格差は一時的なものにとどまらず、ノースウェスタン生命保険の優れたコスト比率と同様、何年間にもわたって持続する傾向がある。また、この差は特殊な技術の有無によって生まれるものではないため、複雑で資本集約的なハイテク業界の企業間はもちろん、単純で資本集約度の低いローテクな業務活動でも共通して見られる。

特に顕著な例として挙げられるのは、かつてのベル電話会社（現在のAT&Tの前身）系列の地域電話会社で、各社間のコスト差は、通信回線一単位当たりの総コストで見ても、あるいはカスタマー・サービス対応一件当たりのコストといったより細かい業務活動で見ても、四〇％超もあった（**表9-2**）。兄弟関係にあるこれらの電話会社は、基本的に同じ設備と同じシステムを使用し、全国共通の契約内容で働く同じ労働組合員を雇用していたにもかかわらず、何社かが生産性を落としていった一方で、それを向上させた企業もあった。設備や技術、または労働者の質の違いでは説明がつかないこの差を説く唯一説得力のある要因は、各社のマネジメントの質と、業務効率の向上に対する社員の集中的な取り組みの違いである。

短期間で急変する企業の業績

効率性を追求するマネジメントが重要であることの第二の証拠は、企業の業績は短期間で急変しうるという事実である。

ほんの数年間の間に、企業全体のコストが劇的に減少して、業績も急激に改善することがある。このような業績改善のきっかけとなるのは、競争上の圧力であることが多い。コンパックは一九九一年に経営危機に直面し、その後の三年間で従業員一人当たりの売上高を三倍に伸ばした。新技術の開発や利用可能な資本の増加といった刺激要因がなくても、企業や業界の経営環境は一極からその対極へ、そして、急激な改善から停滞もしくは減退へと推移する傾向がある。

表 9-3 製造業の生産性成長率：アメリカの成長率との差

国	1970～1980年		1985～1991年	
日本	5.2%	高い	2.3%	高い
ドイツ	2.0%	高い	1.1%	低い
カナダ	0.2%	高い	2.6%	低い
イタリア	2.4%	高い	0.0%	同じ
イギリス	0.2%	高い	1.1%	高い

これとは対照的に、企業の生産性はゆっくりと規則的な速度で変化することがほとんどで、その性質上、上昇する方向へのみ動く。企業が労働力を増減できるのはほんの少しずつであり、その母集団、すなわち業界あるいは産業界全体で見れば増減の割合はもっと小さい。また、ある年に多額の新規設備投資を行っても、企業全体の資本ストックに対しては比較的小さな影響しか与えることはない。さらに、新しい技術の大半は、企業の内部や業界全体へゆっくりと着実に普及していくことが知られている。

業績が変化する急激な速度と、生産性を決める要素（技術、資本投資、労働力の質）が変化する非常にゆっくりとした速度の差は、介在するマネジメントの良し悪しが、業績の改善や悪化を左右する主な要因であることを示している。

アメリカ製造業の生産性の変化

第三に、一九八〇年代後半におけるアメリカ製造業の生産性の推移が、効率性に力点を置くマネジメントが重要なことを強く物語っている。第二次世界大戦が終了してから一九七〇年までに、アメリカ製造業の生産性は年間約三％の割合で成長した。しかし、一九七〇年から一九八〇年にかけての年間成長率は〇・七％まで落ち込み、他の大半の先進工業国に比べてかなり劣る数値に甘んじた（**表9-3**）。日本、ドイツ、イタリアの生産性成長率はアメリカをはるかにしのぎ、カナダとイギリスはアメリカをわずかに上回る成長率を示した。

この結果、一九七〇年代後半から一九八〇年代初期にかけて、アメリカでは

「産業の空洞化」が叫ばれ、全米の労働者が、日本の投資家が買収した建物の飲食店で、日本人観光客を相手にサービスするようになるのも時間の問題だと考えられた。しかし、この傾向がずっと続くことはなく、一九八五年から一九九一年までの間、アメリカ製造業の生産性は、年平均で約二％成長した。これは他のほとんどの主要工業国を、絶対値で見ても相対値で見ても、二％程度上回るものだった。一九九〇年代の後半には、アメリカ製造業の生産性成長率はさらに上昇し、アメリカは他の追随を許さない経済大国となった。

このめざましい回復は、生産性の成長に貢献すると一般的に考えられている経済要因では説明できないものだった。政府の財政赤字と実質金利（インフレ率調整後）は、一九七〇年代後半よりも一九八〇年代後半のほうがずっと悪い状況にあった。既存の労働者よりも質の高い新しい労働人口が大幅に増加したということもなかったし、教育水準の向上も仮にあったにせよ微々たるものだった。また、この時期を通じた研究開発活動への支出額は、他の先進工業国の増加額よりもむしろ少なかった。

実際のところ、この時期に良い方向へと変化したのは、アメリカ企業のマネジャーたちに対する社内教育や、生産性向上に向けた彼らの意欲的な取り組みだった。一九八〇年以前は、アメリカ企業のマネジャーに対する社内教育では、生産管理よりも財務やマーケティングに力点が置かれていた。しかし、一九七〇年代末以降、海外メーカーとの競争が激化すると、この重点が変わり始めた。ベンチマーキング、リエンジニアリング、ＱＣサークル、総合的品質管理（ＴＱＭ）、ジャスト・イン・タイム生産方式、シックス・シグマといったマネジメント手法が導入され、マネジャーの関心を生産性の向上へ向けるのに役立った。

アメリカ製造業における生産性の改善は、各社が業務を改革しなければ存亡の危機にあった時期を過ぎてもなお持続した。生産性の成長率は、資本投資の大幅な増加や、労働者の質の著しい改善、巨額の研究開発支出のいずれも伴うことなく上昇し続けた。この間、唯一変わらなかったのは、生産性の向上を重視するマネジメントへの意欲的な取り組みだった。

マネジメントの質が生産性を左右する

最後に、効率性の改善におけるマネジメントの重要性は、数々の詳細な事例からも読み取ることができる。これらの事例は数多く存在するが、どれもみな同じメッセージを伝えている。すなわち、企業間の生産性の差は驚くほど大きく、そして持続的に存在し、それを生む最大の要因となっているのは、マネジメントの質の違いであるというものだ。この一般原則を明らかにするものとして、ここでは三つの事例を取り上げる。

事例① コネチカット生命保険の生産性改善プロジェクト

一九九〇年のクリスマス直前、コネチカット生命保険に転職したばかりのあるマネジャーが、タスクフォースを結成した。目的は、向こう二年間で管理支援業務の生産性を三五％上げることだった。彼女は前の会社でもこのような任意の目標を設定し、それを達成することに成功していたので、コネチカット生命保険でも同じやり方が使えると思っていた。このプロジェクトが始まったとき、管理部門には約五〇〇名の従業員がいたため、二年間でこれを約一七五名削減することが彼女の目標となった。最初の一年間では、計画していた二五％の削減に対して、実際に達成したのは二〇％だった。従業員数が減少したにもかかわらず、サービスの質や業務の生産性は向上した。二年目については、残りの一五％を削減することが目標だったが、実際の結果は七％減にとどまった（表9-4）。

しかし、この七％の削減は、すべて二年目の前半のみで達成されたものだった。というのも、その年の半ばに、このプロジェクトのために任期が一八カ月延びていたCEOが辞任を発表したからである。この結果、プロジェクトを率いていたマネジャー本人や、協力していた部門の責任者たちは、新しいCEOへの引継業務に労力を割かれることとなり、従業員の削減は二年目の後半以降は行われなくなった。生産性改善の重要な原動力とな

表 9-4 コネチカット生命保険の管理部門従業員数の変化

	人員削減計画値	人員削減実績値	実際の削減率
1991年	－125人	－100人	－20%
1992年	－61人	－28人	－7%
1993年	3人	0人	0%

表 9-5 コネチカット生命保険の資本投資採算（単位：百万ドル）

	資本投資額 (A)	年間コスト増加額 (B)	年間コスト削減額 (C)	ネット現金収支 (C)－(A)－(B)
1991年	3.6	2.2	1.7	－4.1
1992年	0.7	0.5	3.7	2.5
1993年	0.8	0.5	4.5	3.2

っていたのは、明らかにトップの経営陣や関係する社員の集中的な取り組みであり、これが他の業務へ向いてしまった途端に、改善の動きはぱったり止まった。

社員の集中的な取り組み以外で、生産性の改善に貢献した要因は限られていた。労働者の質がとりたてて良くなったわけでもなければ、業務に熟練した新しい労働力が加わったわけでもなかった。また、用いられていた技術も、導入してから五年以上はたつものが大半で、最新の技術を取り入れようとする試みはことごとく失敗していた。

一方で、生産性の改善に向けた資本投資は重要な役割を果たしており、**表9-5**が示すように、これらの投資から得られる利益は大きかった。[注20] このような結果は、生産性の改善を目的とするプロジェクトで一般的に見られるものであって、関与する人々の取り組みがうまく調整されているプロジェクトでは、投資から得られる利益率が五〇～一〇〇%以上に達することさえある。反面、投資支出の目的がはっきりと定まっていないプロジェクトの場合は、利益率が一桁下がる（五～一〇%）のが通常だ。ここでも、経営効率向上への集中的な取り組みがきわめて重要な要因となっていることがわかる。

表 9-6 ある大手銀行のクレジットカード事業（1990年を100とした場合の相対値）

	一般管理費	貸倒損失額
1990年	100	100
1991年	106	150 ⬆
1992年	103	156 ⬆
1993年	123 ⬆	127 ⬇
1994年	131 ⬆	101 ⬇

事例② 大手銀行のクレジットカード事業

この二つ目の事例では、事例①のような業務の引き継ぎに伴ういざこざではなく、もっと根本的な問題によって、社員の集中的な取り組みが弱められることとなった。経営効率の面で業界首位クラスだと広く認知されていたある大手銀行のクレジットカード事業では、一九九二年から一九九四年にかけて、あらゆる地域で一般管理費が大幅に増加した（**表9-6**）。

この事業では、一九九〇年からの景気後退を受けて、一九九一年にカードローンの貸倒損失が急増した。当初はよくある景気循環的な問題だと考えられ、警告として受け止める向きはなかった。しかし、不景気が過ぎ去った後の一九九三年になっても多額の貸倒損失が発生すると、この問題を解決することに全力が傾けられた。経営陣や多くの社員の労力がこの問題へ割かれた結果、他の一般的な管理業務の生産性は悪化した。ローン債権の貸倒損失の増加率は一般管理費の上昇率よりも高く、業績に与える影響も大きかったので、まずは貸倒損失の増加を食い止めるのは正しい優先順位づけではあったが、その結果、この銀行の経営効率は急激に悪化することとなった。**表9-6**の数値は、他の問題に対処しながら経営効率の改善にも力を入れ続けることは難しいということを示している。

事例③ 電話会社のストライキ対応

一九八九年、ベル電話会社系列のある企業では、七万四〇〇〇人いる全従業員のうち五万二〇〇〇人が二週間に及ぶストライキに突入して仕事を放棄した。電話サービスの正常な提供は、残りの二万二〇〇〇人の肩にかかっていた。最初の一週間は、約一〇〇〇人の管理職を除く全従業員が、ストライキ中の従業員が行っていた業務を代行した。しかし、二週間が過ぎる頃には、彼らの業務習熟度が急速に上がり、およそ半数の社員は元の業務に復帰することができたため、ストライキ中の代役を務めるのは一万五〇〇〇人のみとなった。これで社内の管理業務は、ほぼすべて正常通り遂行されることとなった。

対処しきれずに残ったのは、通信網の再配線を要する新築住居への接続作業と、新しい外部設備（通信回線、電柱、電気接続箱など）の建設作業の二つだった。業務分析を行った結果、約四〇〇〇人の労働者を新たに加えれば、これらの作業を遂行するのに十分なことが明らかになった。

結局、この電話会社は危機的な状況における従業員の献身的な対応により、ストライキ前の全業務を以前の約三分の一に当たる二万六〇〇〇人の従業員で遂行できるようになった。この事例は、追加の資本投資や新しい技術をまったく要することなく、従業員の集中的な取り組みによって、生産性が三倍になったことを示している。

これらの事例を整理すると次の結論が導かれる。企業内部で集中的に取り組まれる生産性改善に向けたプロジェクトは、必要な資本投資に対して莫大な利益（もしくはコストの削減）を生む可能性を持っている、ということだ。その利益率（ＲＯＩＣ）は非常に高いので、たとえ資本コストが五％や一〇％上がったとしても、その魅力が低下することはない。また、これらの成功したプロジェクトでは、従業員数の増加を伴うことはほとんどなく、たいていの場合、プロジェクトが実行される以前に生産性が低い作業を行っていたのとまったく同じ社員が、その実施後に高い生産性を達成している。それどころか、従業員数は逆に減ることもある。

また、用いられる技術は最先端のものではなく、使い古されたものであるのが一般的だ。未知の革新的な技術を利用しようとする試みは問題を解決するどころか、新たな問題を生んでしまいかねないことが研究で示されている（多くの企業にとって、革新的な「キラー・アプリケーション」は、企業全体の基幹業務を統合的に管理するソフトウェア・パッケージであり、それをうまく使いこなせずに問題が発生した結果、「キラー」の名の通り、倒産に追い込まれた企業も何社か存在する）。したがって、生産性の改善を成功させるためにもっとも重要な要素は、それに携わる人々の持続的かつ集中的な取り組みである。

戦略よりも効率性が物を言う？

焦点の定まった集中的な取り組みが重要であることは、優れた企業経営に関するより大局的な分析によっても示されている。平凡な水準から卓越した業績へと変化を遂げた企業の研究結果を記した、近代経営書の一大傑作であるジェームズ・コリンズの『ビジョナリー・カンパニー2』（日経BP社、二〇〇一年）によれば、成功を収めたほとんどの企業が、単純で明確な目標を戦略上の焦点に当てることで変化し始めた。

キンバリー・クラークは、消費者向け紙製品の製造・販売事業に専念することを決めた（訳注：ティッシュペーパーで有名な「クリネックス」や「スコッティ」は、キンバリー・クラークのブランドである）。ウォルグリーンとクローガーは、単純で基本的な製品のみを取り扱う小売業を、限定された地域に絞って行った。ウェルズ・ファーゴはアメリカ西海岸地域での基本的な銀行業務に、ニューコアは特定品種の鋼材に、アボット・ラボラトリーズは特殊な用途の医薬品に、それぞれ事業領域を特化した。

同様に、ジレットはカミソリとシェービング用品に、フィリップモリスはタバコに、サーキット・シティは電化製品の小売業に（ただし、彼らが特定の地域に絞って支配的な地位を築こうとしなかったことは、問題点の一つとして挙げられる）、ファニーメイは担保権付き住宅ローン事業にそれぞれ専念した（訳注：サーキット・シティは、二〇〇八年一一月にチャプター11〈米連邦破産法第一一章〉を申請して経営破綻した。また、ファニーメイも、サブプライムローン問題による巨額の損失計上でアメリカ政府の管理下に入り、二〇一〇年七月にはニューヨーク証券取引所の上場を廃止した）。中核の郵便料金計器事業から手を広げたピツニーボウズでさえ、アドレソグラフやゼロックスなどの競合企業に比べれば、事業の焦点が定まっていた。

卓越した業績を達成している企業は、特定の業界や、時にはその業界の下位セグメントのみに絞って事業を行っている傾向が強い。この原則の例外中の例外は、GE（ゼネラル・エレクトリック）である。[注21] しかし、GEとて過去の業績推移は、この原則とまったく矛盾しているわけではない。一九八一年にジャック・ウェルチがCEOに就任する前の前任者は、GEが従事するすべての市場でシェア一位か二位になるという戦略原則（ナンバーワン・ナンバーツー戦略）を放棄しており、その目標を達成することなどとても望めない、天然資源開発のような事業も手がけていた。ウェルチがCEO職に就く前の一五年間は、GEのROE（株主資本利益率）は一七～一八%だった。一九七〇年代の前半に実行された天然資源事業への参入がなければ、この数値はもう少し良いものになっていただろう。

ウェルチがGEの指揮を執った二一年間では、売上高の成長率が伸び続けると同時に、ROEも約二四%まで上昇し、二〇〇〇年にGEは世界でもっとも株式時価総額が大きい企業となった。この成功は、単純に事業セグメントを絞り込むことによって達成されたものではなかった。たしかに、ウェルチは天然資源事業からの撤退を実行したが、輝かしい業績の大部分はGEキャピタルからもたらされたものであり、GEが幅広い金融サービスを提供する事業へ新規参入した結果生まれたものだった。GEは、この他にもテレビ局（NBC）を買収したり、医薬品を開発する独立したグループ会社を設立したりした。ウェルチの在任中、GEの事業セグメントは、海外現地法人も含めて六セグメントから一一セグメントへ増加した（訳注：二〇一一年度末時点では六セグメントへ減少している）。

しかし、GEが市場で一位か二位の事業のみに従事し、それ以外の事業からは撤退するというかつての経営方針を、ウェルチが復活させたのも事実である。それと同時に彼は、独立したセグメントがそれぞれ業務効率の改善と、継続的なコスト削減を強力に推し進めるように、再び照準を合わせた。従業員の解雇とコスト削減を強引に行うそのやり方は、CEO就任早々に、「ニュートロン・ジャック」というあだ名をつけられるほどだった（ニュートロンとは、周囲の建物を壊さずに、人間のみを殺すことができる中性子爆弾を指している）。中核事業と関連性の低い事業にも多数参入したが、そのいずれにも共通する戦略原則は明確で実践しやすいものだった。単純明快な使命のおかげで、現場レベルの従業員は業務活動の効率改善に集中でき、GEは並外れた業績を達成した。

生産性の向上に関するものであれ、より全般的な企業の業績に関するものであれ、先に挙げたすべての事例から得られる重要な教訓は、適切な戦略の策定のみが高利益を生む唯一の要因ではないということである。戦略が重要なことは間違いない。非現実的な戦略目標を設定すれば、業績が低迷するのはほぼ確実である。ウォーレン・バフェットは、高い能力を持つ経営者が収益魅力度の低い業界で事業を行った場合、後者のマイナス要因のほうが前者を上回ると述べている。競争優位の仕組みや、競合間の相互作用を無視した不適切な戦略に基づく取り組みは、事業が失敗する最大要因の一つである。

しかしながら、戦略のみがすべてを決めるわけではない。戦略の策定にのめり込んで業務活動の効率性をおろそかにすれば、不適切な戦略と同じほどの大きな損害を被ることになる。戦略的には同じはずの企業間の業績が大きく異なっていたり、重要な経済要因が変化していないにもかかわらず、企業の業績が短期間で急変したりするケースが無数に見受けられることは、効率的なマネジメントの重要性を物語る証拠である。

戦略の策定においては、三つの基本的な目的が存在する。第一の目的は、企業が従事する市場を特定し、競争優位と参入障壁の有無の観点からその位置づけを定めることである。もし企業が競争優位を持っていれば、第二の目的は、自社の業績に大きな影響を与える他社との競争的な相互作用を認識して、それをうまく管理することである。第三の目的は、競争優位を持っているか否かにかかわらず、すべての企業に当てはまるものであり、企業が向かうべき方向性を示す単純明快なビジョンを策定することである。このビジョンは、事業活動に携わる全社員の関心を、目標の到達へ向かわせるものでなければならない。

本書で示した戦略分析の手法は、企業のマネジャーたちがこれらの目的を達成できるように考案されたものである。

【注】

18 適切なマネジメントを行って生産性を高めても、必ず高水準の利益が得られるとは限らない。競争市場で高い利益を上げるために重要なのは生産性の絶対値そのものではなく、他社との相対的な差である。したがって、もし業界内の企業がみな同じくらい高い生産性を達成していれば、企業間の競争によって利益率は標準的な水準にしかならないだろう。

19 六〇〇〇もの工場を対象とした包括的な研究が、この基本的な見解の妥当性を検証している他、さまざまな学術論文（参考文献のベイリー、ホールテン、キャンベルを参照）やスローン基金による業界研究も、同様の結論を提示している。

20 以下の仮定を置いた場合、この投資から得られる内部収益率（ＩＲＲ：Internal Rate of Return）は、年率で八〇％近くになる。仮定①：これ以上の追加投資を要しない。仮定②：一九九四年とそれ以降の年間コスト削減額は、四八〇万ドルへ増加する。仮定③：この改善は、少なくとも一〇年間は持続する。

21 バークシャー・ハサウェイも例外的な存在の二番手に挙げられるが、この企業に関しては、他社にはおそらくまねのできない特殊な事情が存在する。バークシャー・ハサウェイは純粋に他社への投資のみを行っており、みずからは実業を営んでいない。また、ＣＥＯのウォーレン・バフェットが選ぶ投資先は、事業分野が狭く絞られていて、コスト管理とキャッシュフロー管理が徹底している企業であり、この点から見れば本文中の原則にしたがっている。

補遺

さまざまな利益率の計算方法
——ROA、ROE、ROIC

企業の業績を評価する際に、用いる利益が営業利益であろうが当期純利益であろうが、売上高に対する利益率を評価指標とすることには重大な欠点がある。売上高に対する利益率は、一つの企業の業績を時系列的に調べたり、同じ業界に属する複数の競合の業績を比較したりする場合には意味がある。しかし、業界が異なれば売上高一単位を生むために要する資産の規模も異なるし、資産を獲得するために投じる資本をどのような形で調達するかは各企業によってまちまちなので、業界が異なる企業間の業績を売上高に対する利益率で比較すると、誤った判断に陥りやすい。したがって、我々は業種が異なるさまざまな企業をより適切に比較するため、そして、参入障壁の有無の判断をより正確にするために、これ以外の測定指標をいくつか使ってきた。

その一つは、ROA（Return on Assets：総資産利益率）であり、これは当期純利益を総資産で割って計算されるものである。二つ目の指標は、ROE（Return on Equity：株主資本利益率）であり、これは当期純利益を貸借対照表に計上されている株主資本（＝純資産）の簿価で割って計算する。ROEは、企業の所有者たる株主が、投資一ドル当たりいくらの利益を受け取るかを測定するものである。

第三の指標は、ROIC（Return on Invested Capital：投下資本利益率）であり、関連するデータが決算書からすべて入手できる場合は、この指標を用いることが望ましいと我々は考えている。ROICは、株主と有利子負債の債権者（企業に融資を行う銀行や、企業が発行する社債の購入者）の双方に対する利益率を表す。

企業は、レバレッジを上げる——つまり、有利子負債で資金調達する割合を増やす一方、株主から調達する資金の割合を減らす——ことによって、利益の額を増やさなくてもROEの数値を上げることができる。有利子負債の比率が上昇すれば、それだけ企業が倒産するリスクが高まるのが一般的であるが、ROEにはこのような有利子負債の水準に関する情報がまったく反映されないという重大な欠点がある。ROICは、分母となる投下資本の金額に株主資本と有利子負債の双方を含めることによって、この欠点を解消している。

ROICの分子（利益）と分母（投下資本）の計算には、何通りもの方法がある（一つの絶対的な公式はない）。分子の利益には、調整後営業利益を用いることが望ましい。これは、ROICのみならず、売上高に対する利益率を指標として用いる場合も同様であり、その理由は、税金、金利、特殊項目など、事業そのものの収益性とは無関係な項目による影響を排除するためである。

分母の投下資本を計算するには、まず総資産の金額から短期有利子負債を除く流動負債（具体的には、買掛金、未払費用、未払税金、その他の雑勘定など）を控除する。これらの流動負債は、企業が事業活動を行ううえでの資金負担を減らす（＝必要な投下資本額を減らす）働きがあるとともに（訳注：これは理解しにくいかもしれないが、次のように考えるとよいだろう。たとえば、買掛金は、支払うべき債務をまだ支払っていないことを意味する。したがって、買掛金が増えるということは、支払いを留保している分が増えるということであり、資金繰りの負担を減らす、言い換えれば資金が浮く効果がある。これは、未払金や未払費用など他の流動負債項目でも同様である）、金利を支払う必要もない。

ここからさらに、余剰現預金の金額も控除する。ここでは、事業活動の維持に最低限必要な現金の金額を売上高の一％と仮定し、貸借対照表に計上されている現金等価物（訳注：現金等価物の金額は、「現預金＋短期有価証券」で計算するのが一般的であるが、現預金のみを用いることもよくある）の金額から売上高の一％に相当する額を控除した金額を余剰現預金とする（訳注：この一％という数字に絶対的な意味はなく、経験や感覚に基づいて便宜的に設定する数字なので、あまり頭を悩ませる必要はない。MBAのファイナンスの授業では、一～三％の間で妥当と考えられる数字を

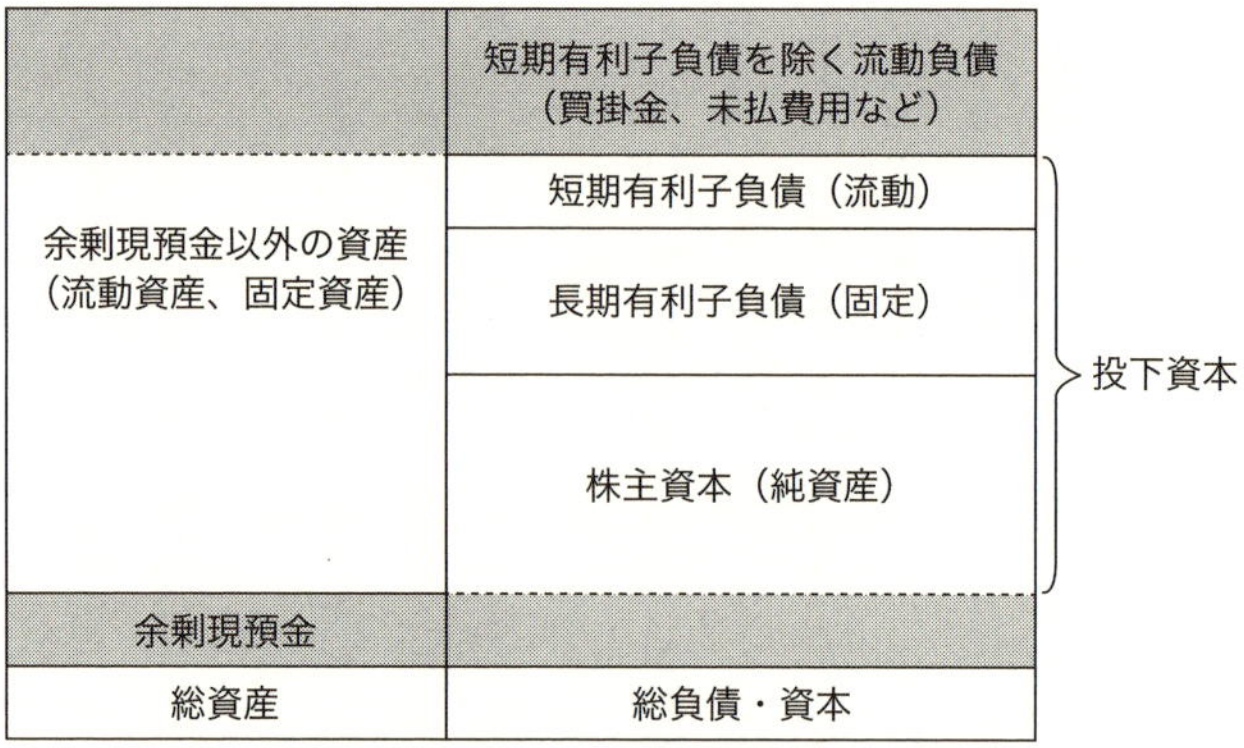

余剰現預金以外の資産 （流動資産、固定資産）	短期有利子負債を除く流動負債 （買掛金、未払費用など）	
	短期有利子負債（流動）	⎫
	長期有利子負債（固定）	⎬ 投下資本
	株主資本（純資産）	⎭
余剰現預金		
総資産	総負債・資本	

ＲＯＩＣ　＝　調整後営業利益　÷　投下資本

調整後営業利益　＝　営業利益　±　営業外損益および特別損益のうち通常の事業活動に起因する項目（89ページを参照）

投下資本　＝　総資産　－　短期有利子負債を除く流動負債　－　余剰現預金
　　　　　＝　有利子負債（短期および長期）＋　株主資本　－　余剰現預金

設定するように教えられることが多い）。余剰現預金を投下資本から控除する理由は、これらは事業活動の維持に充当される必要がないので、企業がその気になれば有利子負債の返済や株式の買い戻し（いずれの場合も投下資本を減らす効果が働く）に使えるからである。

以上の計算過程を経て算出される金額は、有利子負債と株主資本によって調達される、事業活動の維持に必要な資産の総額となる。投下資本の計算には、より洗練された複雑な方法もあるが、ここに述べた方法でも通常求められる程度の妥当性は十分にあるし、計算が比較的容易であるというメリットもある。

投下資本に関する二つの計算式が同じ金額を導くことは、上の貸借対照表の構成を見れば簡単に理解できるはずだ。

【訳注】

決算書を見たことがある人であれば、この貸借対照表で固定負債がすべて有利子負債となっていることに違和感を持つ読者も多いだろう。実際、企業が発表する決算書の固定負債には、有利子負債（長期借入金、社債など）以外にも退職給付引当金や繰延税金負債などが計上されていることがほとんどであるが、実務上で投下資本を求める際には、これらの項目は無視して、「有利子負債（短期および長期）＋株主資本－余剰現預金」で計算することが通常である。もう一つの算定式である、「総資産－短期有利子負債を除く流動負債－余剰現預金」を投下資本の計算に用いることは、実務では比較的少ないといえる。

第Ⅱ部

ケース・スタディ編

繰り広げられる競争というゲーム

第10章

ローカルな規模の経済による競争優位
——ウォルマート、クアーズ

史上最高の成功を収めた小売業：ウォルマート

アーカンソー州の小さな町で産声を上げたウォルマートは、四〇年の歳月を経て世界最大の小売企業へと上り詰めた。どの点から評価しても、ウォルマートはビジネスの歴史上もっとも成功した企業の一社であり、またそれは、ローカルな領域に特化した戦略が、もともとの事業拠点と進出する近隣領域の双方を支配する企業を築き上げたことをもっとも如実に示す事例でもある。

サム・ウォルトンと弟のバドは、一九四五年にアーカンソー州ニューポート市で雑貨店チェーンの「ベン・フランクリン」のフランチャイズ店を開いたところから、後の大帝国を築き始めた。それから二〇年後、彼らはすでにアメリカの大都市で普及していた多品種・低価格型の店舗が地方でも流行るという確信のもとに、ディスカウント店事業へ進出した。

彼らの判断は正しかった。一九七〇年に株式上場を果たした当時、ウォルマートはアーカンソー州、ミズーリ州、オクラホマ州の小さな町に三〇店舗を構えるだけだったが、一九八五年末にはアメリカ二二州に八五九店舗のディスカウント店を持つまでに成長した。二〇〇〇年には世界で最大の販売量を誇る小売企業となり、アメリカ全州とプエルトリコ（アメリカ領）に三〇〇〇店以上、海外八カ国に一〇〇〇店以上の店舗を展開した。二〇〇一年度の一九一〇億ドルという売上高は、Ｋマート、シアーズ、ＪＣペニー、その他大手小売企業の売上高をすべて合計した額のほぼ倍に相当する規模だった。

ウォルマートが新しい地域に進出すると、その地域の既存小売企業は震え上がったが、それも無理はなかった。都市計画法やその他の規制によって参入の時期が遅れたり、計画の変更を強いられたりすることも稀にあったが、たいていの場合、ウォルマートの攻撃は波のように容赦なく押し寄せてきて、抵抗しても無駄だった。

上場以後の三〇年間で、ウォルマートの株価は売上高の伸び以上に上昇した。一九七一年に三六〇〇万ドルだった株式時価総額は、二〇〇一年の初めには二三〇〇億ドルまで増加しており[注22]、これはＫマート、シアーズ、ＪＣペニーの株式時価総額を合計した金額の約一四倍に相当する。

このような結果となっている理由は単純だ。ウォルマートが他の企業よりも多くの利益を稼いでおり、経営の信頼性も高いからである。二〇〇〇年度はウォルマート以外の小売企業にとってもそれほど悪い年ではなく、前記三社の当期純利益は合計で二二億ドルだったが、ウォルマートは一社で五四億ドルを計上した。翌二〇〇一年度は、ウォルマートの当期純利益が六三億ドルだったのに対して、三社の合計はわずか三億九四〇〇万ドルだった（**図10-1**を参照）。

ウォルマートは、もっとも競争が激しい業種の一つである小売業界で、高い利益率を維持しながら売上高を拡大してきた。比較対象として用いた三社は、長い間業界の首位を争っていたが、ウォルマートが登場してからはその地位が一気に失墜した。特許の対象となるような技術や政府の事業認可制度もなければ、競合の新規参入を阻むような多額の研究開発費も必要としない、きわめて競争が激しい市場でこのような成功を収めた企業が存在するとなれば、経営戦略を学ぶ学生はだれでもその成功要因を知りたいと思うだろう。

まず、我々は大前提として、ウォルマートの実績が一分の隙もない完璧な勝利を示しているのか、それとも何

図 10-1 当期純利益の比較：ウォルマートvs. Kマート＋シアーズ＋JCペニー

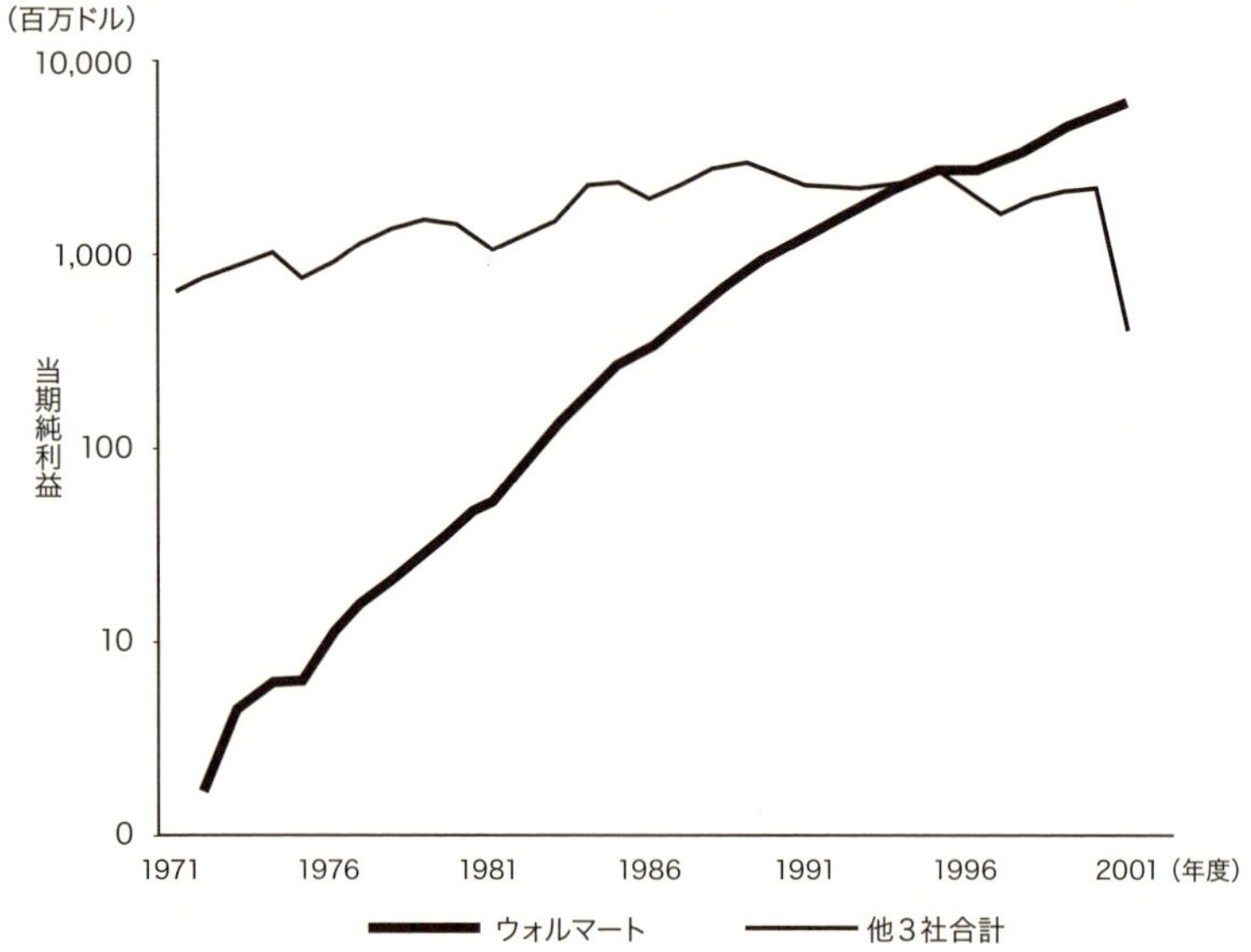

か見落としている瑕疵があるのかを確認する必要がある。次に、ウォルマートは他の小売企業がまねできないことを成し遂げるためにどのようなことを行ったのかを問うとともに、その優れた業績を維持または拡大していくために、今後どのような戦略を選択していくべきかを明らかにする。そして最後に、ウォルマートの成功が、戦略的意思決定に直面する他の企業に対してどのような教訓を与えるかを考える。

業界の巨象

ウォルマートが属する小売業界の構造は単純明快である（**図10-2**）。小売店は、個人消費者に商品を直接販売する。川上のセグメントに目を向けると、ウォルマートや他の小売業者は、清涼飲料水、洗濯機、ブラウス、芝刈り機などのあらゆる商品を各メーカーから購入する。これらの仕入先メーカーは、コカ・コーラのような全国区のブランドから、各小売業者が展開するプライベートブランド商品の製造業者、無名のブランドを販売す

図 10-2 小売業界マップ

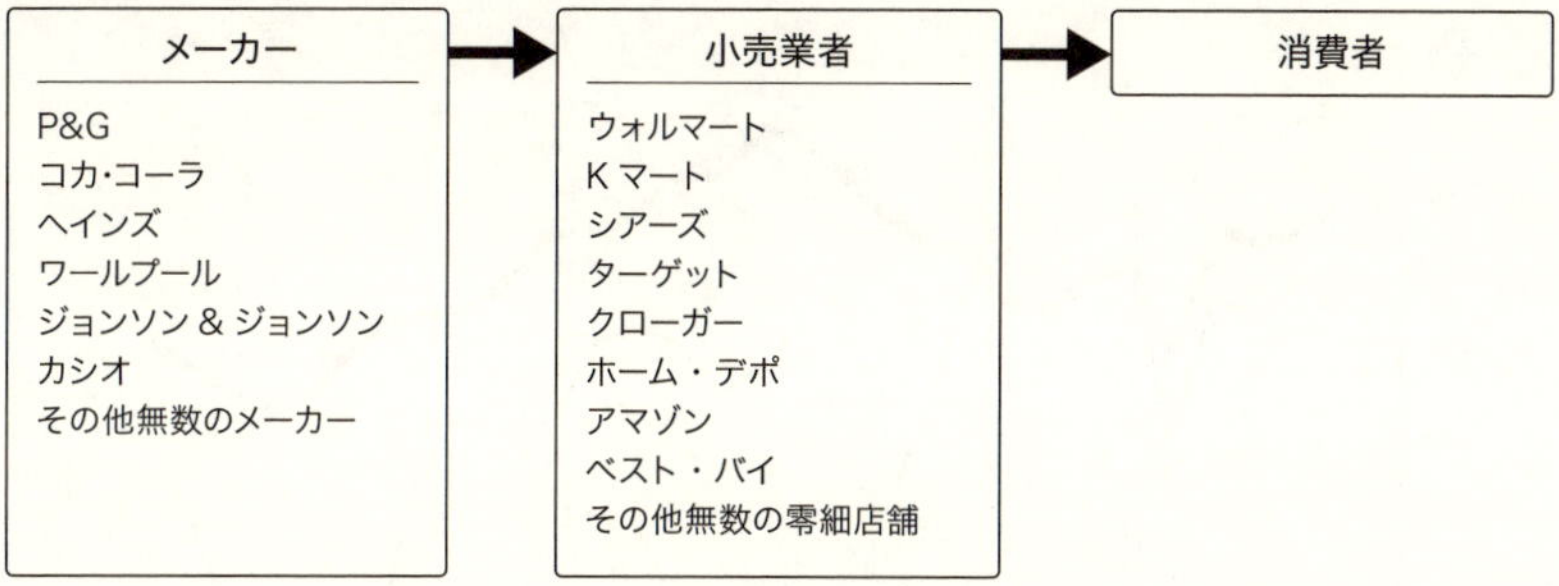

る地方の中小企業まで多岐にわたる。

扱う商品はこのように幅広いため、ウォルマートはいくつかの商品ではほぼすべての小売業者と競合している。しかし、このサプライチェーンにおける各セグメントの境界線ははっきりと区切られており、複数のセグメントにまたがって同一企業が名前を連ねていることはない。他の大半の小売業者と同様に、ウォルマートは製造事業をほとんど手がけていない。

ウォルマートが業界内で競合している企業数の多さは、我々が「アリの大群」と呼んでいる状況が当てはまることを示唆している。このように、競合の数があまりに多い状況では、自社が取る行動に対して他社がどのように反応するかをわざわざ予測する意味がない。ウォルマートは、これらアリの大群がひしめくなかで巨象として君臨していたので、個々の企業がどのような反応を示すかを心配する必要がなかったが、それでも、突然足をすくわれることがないように、素早く行動できる態勢を整えておく必要はあった。

業績のピークアウトはなぜ起きたのか

ウォルマートが巨大企業に成長した一方で、それ以前の有力小売企業が音を立てて崩れ落ちていき、なかには倒産した会社もあることは、我々がすでに知るところである。これらの企業は、何かを適切に行うべ

図 10-3 ウォルマートとKマートの営業利益率：1970～2000年度

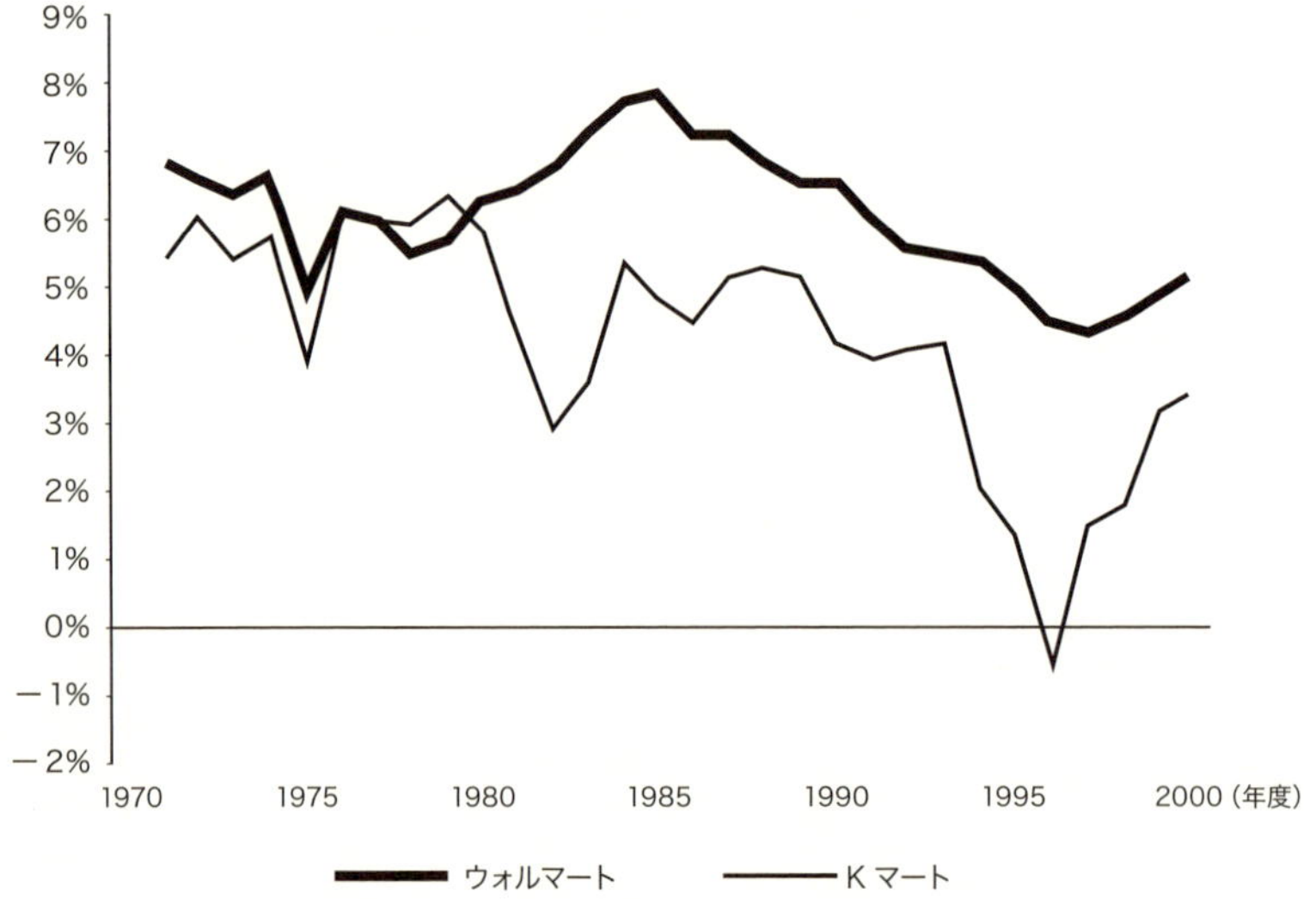

きだったことは間違いない。しかし、それは具体的に何だったのだろうか。彼らがせいぜい平凡な業績しか上げられなかった一方で、ウォルマートはどのようにして成長と発展を遂げたのだろうか。

この質問に答える前に、まずウォルマートの業績を過去に遡って詳しく調べる必要がある。業績を評価する指標としては、営業利益率とＲＯＩＣ（投下資本利益率）の二つを用いる。

営業利益率は、同じ業界に属する複数の企業の収益性を比較する際にもっとも意味がある指標である。なぜなら、同じ業界ならば、各企業は似たような資本構成（有利子負債と株主資本の構成割合）を取っていることが多いからだ。

ＲＯＩＣは、事業活動を維持するために必要な投下資本（有利子負債＋株主資本－余剰現預金）に対してどれだけの利益を得ているかを計算するものであり、同じ業界内はもちろん、業界が異なる企業同士の業績比較にも役立つ（ＲＯＩＣの分子となる利益には、調整後営業利益を用いることが通常だが、ここでは税引前利益を用いることとする）。

図 10-4 ウォルマートとKマートのROIC（税引前利益ベース）：1970～2000年度

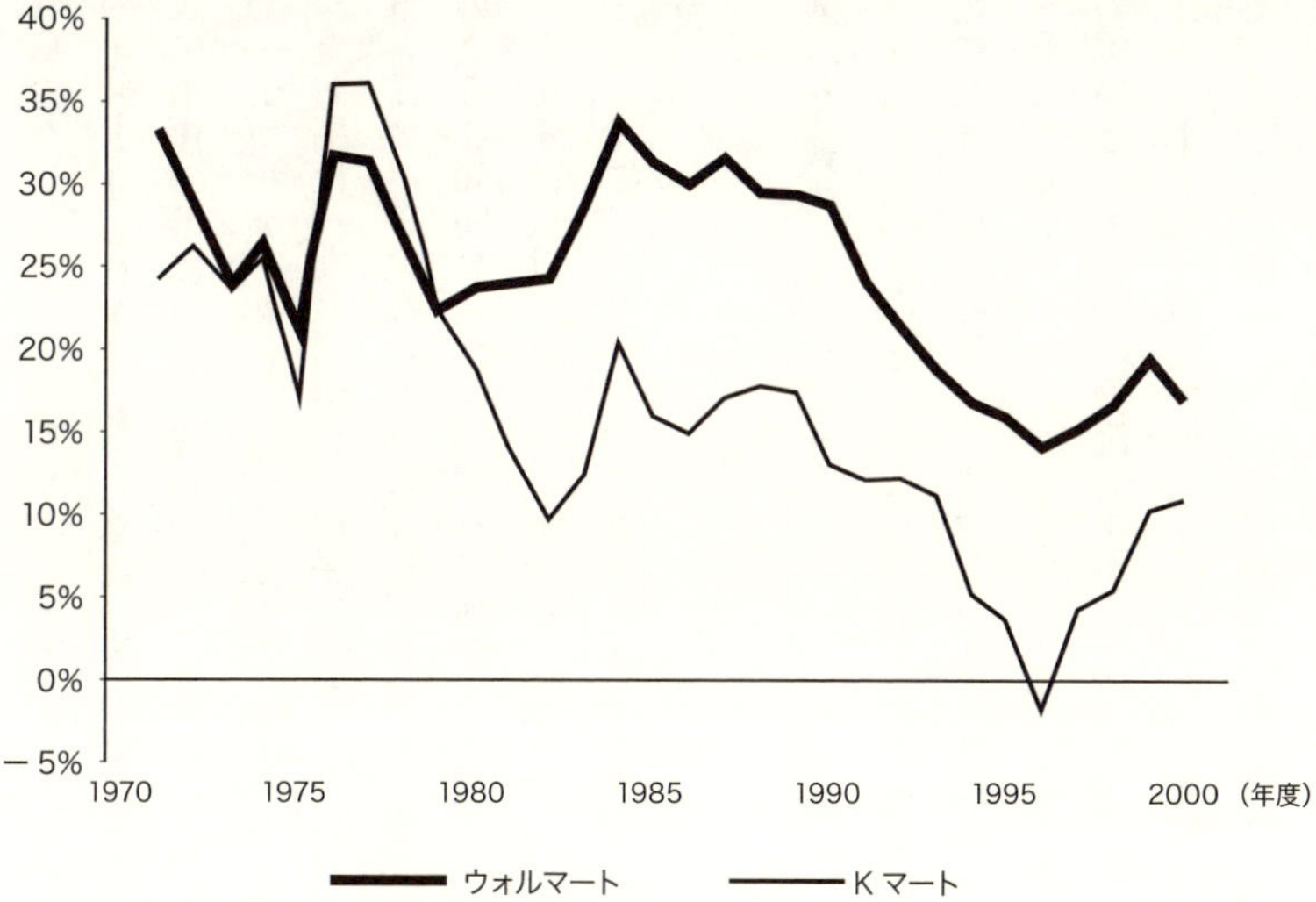

これら二つの指標は、いずれも営業利益の額に左右されるので、互いに連動して推移するはずである。もし連動していなければ、それはおそらく企業の資本構成に変化があったことを示唆している（訳注：ここでは、ＲＯＩＣの計算に営業利益〈金利の影響なし〉ではなく、税引前利益〈金利の影響あり〉を用いているので、資本構成に変化があれば、有利子負債に対する金利の額が変化し、それに応じてＲＯＩＣの分子である税引前利益が影響を受けることになる）。

一九七〇年度から二〇〇〇年度にかけてのウォルマートとＫマートの業績を比較すると、たしかにウォルマートのほうが優れた経営を行っていたことがわかる（**図10-3**）。ウォルマートの営業利益率は一九八〇年度からＫマートを上回り始めているが、当時ウォルマートの売上高はＫマートの約一〇分の一に過ぎなかった。ＲＯＩＣも、これと似たような推移を示している。ウォルマートはＫマートより規模がずっと小さかった時期からＫマートより高いＲＯＩＣを上げており、その後もずっとＫマートを上回っている（**図10-4**）。そして、二〇〇二年一月、

Kマートはチャプター11（米連邦破産法第一一章）を申請し、経営破綻した。

これらのグラフからは、もう一つ別のパターンが読み取れるが、おそらくこちらのほうがウォルマートとKマートの比較よりも意義深い。営業利益率でもROICでも、ウォルマートの利益率がもっとも高かった時期は一九八〇年代の半ば前後で終わってしまっている。営業利益率は一九八五年度に七・八％でピークを打ち、それ以降は一九九七年度の四・二％まで右肩下がりとなっている。ROICもこれと同様であり、利益率がきわめて高かった時期は一九九〇年代の前半で終わっており、その後は徐々に低下し、一四％から二〇％の、まずまずだが抜群とまではいえない水準の範囲で横ばいに推移している。

このような傾向を見れば、我々は何がウォルマートを競合から際立たせたのかという点のみならず、何がウォルマートをずば抜けて優れた企業から、ただの良い企業に変えてしまったのかという点についても問いかける必要がある。そこで、まずはウォルマートの利益率がもっとも高かった一九八五年前後の黄金期を見ることから始めよう。

一九八〇年代のウォルマート

一九八〇年代のウォルマートは、限られた地域圏内での強力企業だった。一九八五年末の時点で、アメリカ二二州に八五九店舗のディスカウント店を展開していたが、その八〇％以上は本拠地であるアーカンソー州の近隣一一州に立地していた。ウォルマートは、これらの店舗に商品を配送する物流倉庫を五つ所有しており、ほとんどの店舗はいずれかの物流倉庫から三〇〇マイル（約四八〇キロ）以内に位置していた。

ウォルマートは、自社で所有するトラックを使って商品の大半を仕入先まで引き取りに行き、それを物流倉庫に納め、そこから別のトラックに載せて各店舗へと配送した。この物流システムはきわめて効率的だった。各店舗が限られた圏内に集中立地していることで、一台のトラックが一回の配送ルートでいくつもの店舗に立ち寄り、さらに物流倉庫へ戻るまでの間に仕入先を経由して、新しい商品を引き取ることができた。

一九八五年までの一〇年間の成長は、その営業領域、特に小さな田舎町での人口増加によっても促進され、ウォルマートは明らかに追い風に乗っていた。しかし、このような人口動態はKマートや他の小売企業にも見て取ることができたので、彼らは人口増加によって生まれる商機を必死につかもうとした。一九八五年の時点で、ウォルマートの半数以上の店舗がKマートの店舗と競合していたが、それでも三分の一の店舗は同一商圏内に他の大手ディスカウント店が存在しない状態にあった。これらの無競争店舗は、地域全体の小売売上高の一〇〜二〇%を占めていたが、これは小売業界では例外的に高い数値である。

一九七六年度のウォルマートの売上高は三億四〇〇〇万ドルであり、それ以前の五年間にわたる売上高成長率は年率で約五〇%だった。同様に、一九八一年度の売上高は一六億ドルで、過去五年間の売上高成長率は年率三七%、一九八六年度は売上高が八四億ドルで、年間成長率は三九%だった。これらはいずれも非常に高い成長率であり、ウォルマートがすでにかなり大規模で、なおかつ拠点の営業地域内に深く浸透していたことを考えれば、一九七六年度以降に成長率が低下したのもけっして驚くべきことではない。

伝説的な創業者であるサム・ウォルトンのイメージを背負ったウォルマートの経営陣は、拡大成長という使命を帯びていた。規模が大きくなるにつれて、そのスピードが落ちていくのは避けられなかったが、彼らは昔ながらの戦略と新しい戦略の双方を用いて成長を維持するよう努力した。

昔ながらの戦略とは、地理的領域の拡大である。すなわち、既存の中核地域からその隣接地域へと徐々に勢力範囲を広げていき、これらの新規店舗に配送を行う新しい物流倉庫を建造した。この行動によって、ウォルマートの事業領域は、東はジョージア州、フロリダ州、ノースカロライナ州、サウスカロライナ州から、北西部はニューメキシコ州、ネブラスカ州、アイオワ州、ウィスコンシン州まで広がった。

新しい戦略とは、事業の多角化である。ウォルマートがまず手を広げたのは、金物類、薬品、美術工芸品などの取り扱いだったが、どれもさほど力を入れなかったため、ビジネスで大きな割合を占めるまでには至らなかった。ウォルマートが本格的に力を入れたのは、彼らが「サムズ・クラブ」と名づけた会員制の倉庫型店舗である。このような倉庫型店舗の概念はウォルマートが最初に考案したものではなく、そこに魅力的な商機を見出した小売企業は他にもたくさんあった。

非常に広く、必要最小限の設備しかないサムズ・クラブの店内には、限られた種類の商品が大量に積み上げられた。彼らはこれを、他のスーパーマーケットやディスカウント店より二〇％も安い価格で販売した。これほどの低価格で利益を稼ぎ出すためには、商品の回転率を上げることが不可欠であり、商品の仕入代金をメーカーへ支払う前に顧客（消費者）から売上代金を回収することが要求されたが、このような高い回転率を維持できるのは、国内に一〇〇前後しかない人口四〇万人以上の大都市圏のみだった。

一九八五年には、早くもこれらの限られた地域でさまざまな倉庫型店舗が互いに競合し始めていた。同年度末時点で、サムズ・クラブの店舗数は二三、さらに翌年開設予定の一七店舗分の賃貸借契約も結ばれていた。ウォルマートの過去の決算書では、サムズ・クラブのみの財務情報が個別に開示されていないので、その収益率がどれほどだったかを見極めることは難しい。

他を圧倒するコスト優位性

一九八〇年代を通じて、ウォルマートは競合よりも高い利益率を誇っていた。その優位性が何によるものかを正確に見極めるためには、ウォルマートと他の大手小売企業の業績を詳細に比較する必要がある。損益計算書に計上されている数値は、各企業が行った事業活動の差の結果であって原因ではないが、ウォルマートの優れた業績を説明するためにどこに目をつければいいかを教えてくれる。

そこで、まずはウォルマートとKマートの業績を横に並べて比較することから始めよう（表10-1）。一九八七

表 10-1　平均営業利益率：1985～1987年度（売上高比）

	Kマート	ウォルマート	Kマートに対するウォルマートの差異
売上高	100.0%	100.0%	
売上原価	70.5%	74.3%	3.8% 高い
販売費および一般管理費	24.7%	18.3%	6.4% 低い
営業利益	4.8%	7.4%	2.6% 高い

表 10-2　営業利益段階までのウォルマートと業界全体平均の比較：1984年度（売上高比）

	ディスカウント小売業界平均	ウォルマート	業界平均に対するウォルマートの差異
売上高	100.0%	100.0%	
ライセンス収入＋その他収益	1.1%	0.8%	0.3% 低い
売上原価	71.9%	73.7%	1.8% 高い
人件費	11.2%	10.1%	1.1% 低い
広告宣伝費	2.3%	1.1%	1.2% 低い
店舗賃借料	2.2%	1.9%	0.3% 低い
その他営業経費	7.6%	5.3%	2.3% 低い
販管費計	23.3%	18.4%	4.9% 低い
営業利益	5.9%	8.7%	2.8% 高い

年一月期決算までの三年間で、ウォルマートの営業利益率は平均七・四％であり、Ｋマートは四・八％だった。この差はすべて、ウォルマートの販売費および一般管理費（販売管理費）がＫマートよりもずっと低いことに起因している。売上高に対する売上原価の比率では、Ｋマートのほうが低くなっているが（つまり、Ｋマートのほうが粗利率が高い）、これは主に、Ｋマートの価格がウォルマートよりも高いためである。しかし、粗利段階でのＫマートの優位性は、多くの販売管理費を費やすことで消滅してしまっている。

表10-2に示されている一九八四年度のディスカウント小売業界全体の数値を見れば、営業費用（売上原価＋販売管理費）の各構成要素を正確に把握して、ウォルマートの優位

性がどこに存在しているかを突き止めることができる。業界全体の数値にはウォルマートも含まれているため、他社との差が実際より小さく表示されているものの、ここで読み取れるパターンは、ウォルマートとKマートの比較で見られたものとよく似ている。売上高に対する比率で見ると、ウォルマートは競合よりも売上原価の比率が高いが、この理由は先ほどと同様、ウォルマートが競合よりも安い価格で商品を販売しているからである。

また、他の小売企業は、デパートからウォルマートよりも多くのライセンス収入を得ている。しかし、ウォルマートは販売管理費に該当するあらゆる業務活動を競合より低コストで行っているので、最終的な営業利益率は競合より高くなっている。つまり、ウォルマートは他の企業に比べて、非常に管理が行き届いた、効率的な経営を行っていたといえる。

このようなウォルマートの低コストを説明する要因は何だろうか。ウォルマートの卓越したマネジメント手法や、規律正しい企業文化によるものだろうか。それとも、ただ単に、ウォルマートが大都市圏以外の南部地方を中心に事業を行っていたからだろうか。または、これらの内部要因とはあまり関係のない、もっと構造的な経済要因によるものなのだろうか。

もし、この問いに対する答えが卓越したマネジメント手法や企業文化なのであれば、ウォルマートは既存地域で収めた成功を他のどの地域でも再現できるし、ディスカウント店の分野のみならず似たような業種にも応用できるはずである。あるいは、南部地方の小都市を中心に事業活動を行っていることが答えならば、他の地域へ進出して拡大成長を目指すことは忘れて、古くからの営業地域でシェアをさらに高めることに注力すべきだろう。

はたまた、何らかの構造的な経済要因なのであれば、ウォルマートはそれがいったい何なのかを正確に理解し、その優位性を再現できる地理的または産業的な分野を標的とした拡大戦略を策定すべきである。そして、ウォルマートの既存の競合もしくは潜在的な競合や、ウォルマートと似た性質を持つ事業を行っている企業は、これとまったく同じ戦略を追求すべきである。

競争優位の源泉を見極める

ウォルマートのような輝かしい歴史を持つ企業であれば、世間の注目を集めることは避けられない。ウォルマートが成功した理由については、過去長年にわたって多くの説明がなされてきたが、そのなかには明らかに誤りであったり、一見説得力があるが、よく調べてみると妥当性に欠けたりするものもある。また、いくつかの説は、他の説よりもずっと優れている。これらのうち合理的だと思われる五つの説を取り上げて、一つずつ検証していくこととする。

仮説① 仕入先に対する値引き圧力

ウォルマートは、大口顧客としての強い立場を利用して、仕入先から強引に値引きを勝ち取る企業だといわれることが多かった。つまり、商品の仕入原価の低さが、ウォルマートの高い利益率に反映されているというのだ。しかし、すでに見てきたように、ウォルマートの売上原価率は競合よりも高かったことから、この説明には疑問を抱かざるをえない。また、ウォルマートの粗利率は、売上高が増加するにつれて上昇しているわけではない。粗利率は一九八三年度の二八・三％がピークで、その後はほぼ右肩下がりとなり、一九九〇年代半ばには二二％以下の水準で落ち着いている。このことから、値引き圧力が大きな要因として働いているわけではないと考えられる。

小売企業の売上原価の大部分を占めるのは商品の仕入費用であるが、これ以外にも売上原価に算入される項目がある（**表10-3**）。その一つは、購入した商品を仕入先から自社の店舗や物流倉庫へ納めるまでにかかるコストであり、「引取運賃」または「物流輸送費」と呼ばれている。事実、ウォルマートはこの業務を競合よりも効率的に行っており、売上高に対する比率が二・八％と業界平均の四・一％を下回っている。

表 10-3 売上原価項目の比較：1984年度（売上高比）

	ディスカウント小売業界平均	ウォルマート	業界平均に対するウォルマートの差異
商品仕入原価	65.6%	69.6%	4.0% 高い
物流輸送費	4.1%	2.8%	1.3% 低い
棚卸減耗費	2.2%	1.3%	0.9% 低い
売上原価	71.9%	73.7%	1.8% 高い

さらに、もう一つの売上原価項目である「棚卸減耗費」、すなわち、商品の紛失、破損、盗難等に起因するコストの売上高に対する比率も低く、業界平均の二・二％に対して、一・三％となっている。これらの項目も含めて売上原価を分析すると、ウォルマートの売上高に対する仕入原価の比率は、業界平均よりもさらに高くなることが明らかとなる。

売上げに対する仕入原価の比率が他社よりも高いからといって、ウォルマートが仕入先から値引きを得るために交渉力を行使していたことが完全に否定されるわけではない。しかし、値引き圧力をかけていたのが仮に事実だとしても、ウォルマートは値切った分以上の金額を顧客に還元している。

各地域によって価格水準がさまざまである以上、全体としてウォルマートが他のディスカウント店よりどれくらい安い価格で商品を販売していたかを正確に把握するのは不可能である。ウォルマートがKマートやターゲット（訳注：アメリカの大手小売チェーンの一社）の店舗と隣接する地域で営業を行っている場合は、ウォルマートの価格は競合店よりも一～二％安い程度だった一方、ライバル店との距離が少なくとも五マイル（約八キロ）以上離れている店舗では価格差が大きくなり、八～一〇％くらい安かった。ウォルマートの店舗の三分の二が他社の店舗と競合していた状況を考えると、全体としての価格差を四～五％程度と仮定することは妥当と思われる。

この数字は偶然にも、ウォルマートが競合に比べてどれくらい多くを商品の仕入原価に費やしているかという我々の計算値（**表10-3**の四・〇％）と非常に近い。

仮に、ウォルマートが同じ商品であれば主な競合と同じ金額で仕入れていたという現実的な仮定を置けば、ウォルマートの低価格政策が、その相対的に高い売上原価率を説明する理由となる。したがって、我々は、仕入先に対する値引き圧力が、ウォルマートの高い営業利益率の源泉になっていたとは考えない。また、ウォルマートが数年ごとに売上高を倍増させた一方で、売上原価率も上昇したという事実や、ウォルマートが実行する以前にKマートやその他の大手小売企業も仕入先に対して強い交渉力を行使できたはずであるということも、この説の妥当性を弱めるものである。

最後に、ウォルマートがコカ・コーラやP&Gのような大企業に対しても、競合より安い値段を引き出すように圧力をかけることができたという主張には説得力がない。たとえば、コーラを購入したい顧客がコカ・コーラに対して、他の小売業者よりも安い価格で売らなければコカ・コーラは買わないと脅しをかけている状況を想像してほしい。もしコカ・コーラがこの要求を断れば、顧客には他にペプシしか選択肢がないので、ペプシに対しても同様に強く出ることはできない。

ウォルマートはたしかに、規模が小さく、営業地域が限られている仕入先には強い交渉力を持っており、値引きの圧力をかけられるかもしれないが、これはKマートや他の大手小売企業にとっても同様である。したがって、仕入先に対する強い交渉力が、ウォルマートの優れた利益率の理由であるという説明は、妥当性に乏しいというのが我々の結論である。

仮説② 小さな町での独占体制

ウォルマートが成功した要因は、多くの店舗がウォルマートしか存在しない町に立地していたためだろうか。ウォルマートは、このような独占体制によって他の店舗より高い価格を設定して、利益を押し上げていたのだろうか。この問いに答えるためには、ウォルマートの価格戦略と、それが競合とどのように異なっていたのかを調

表 10-4 独占店舗のメリット

	Kマート	ウォルマート	
独占店舗での価格上乗せ分（a）	9.0%	6.0%	Kマートに対するウォルマートの差異
独占店舗数の比率（b）	12.0%	33.0%	
独占店舗による総合プラス効果 (a) × (b)	1.1%	2.0%	0.9% 高い

べる必要がある。

ディスカウント店事業に進出した当初から、ウォルマートは顧客に低価格で商品を提供することに誇りを持ってきた。全店舗に「私たちはどこよりも安く売ります」というスローガンが掲げられ、彼らは実際にそうしたが、このような最低価格政策は、Kマートやターゲットなどの店舗と競合している町で特に顕著だった。

一九八四年に行われた調査の結果、各社の店舗が五マイル前後離れていたダラスやフォートワースの地域では、ウォルマートの価格はKマートより一〇%、ターゲットより七～八%安かった一方、ウォルマートとKマートの店舗が近接していたセントルイスの郊外地域では、価格差が一・三%だったことがわかった。

一方で、ウォルマートしか大きな店舗がなく、彼らが独占していた町では、ウォルマートは顧客に対して若干厳しい態度を取っており、フランクリン、テネシーなどの独占地域では、Kマートと競合しているナッシュビルの店舗よりも六%高い価格を設定していた。Kマートの場合は、独占地域と競合地域の店舗間価格差が約九%とウォルマートよりも大きかったが、Kマートは独占店舗の数が全体の約一二%だったのに対して、ウォルマートのそれは三三%を占めていた（**表10-4**を参照）。

これらの差異をまとめると、ウォルマートは独占体制を築いていた町で高い価格を設定することによって、いくらかの利益を捻出していたという事実が浮かび上がってくる。**表10-4**に示されている通り、価格面での総合的な差異が営業利益率に反映する効果は、ウォルマートがKマートに対して〇・九%分優位だったことを示しているが、これはウォルマートとKマートの営業利益率の差の約三分の一を占めている。

ただし、これはウォルマートの優位性を説明する理由の一部ではあるが、けっしてすべてではない。さらに、我々が仮説①で見たように、ウォルマートの平均価格は競合よりも四~五％ほど低かった。ウォルマートがいくら独占地域での高価格設定によって一％弱の超過営業利益を得ていたとはいえ、全体的な平均価格差のマイナス分をほんのわずかしか取り返せていない。差し引きして考えれば、独占店舗体制によるウォルマートの優位性は、みずからの「エブリデー・ロープライス」戦略によって、それ以上の分を打ち消されていた。結論として、この説明も、ウォルマートの優れた業績の主要因ではない。

仮説③　優れたマネジメント手法とシステム

ウォルマートは、卓越したマネジメント手法で高い評価を得ていた。バーコード・スキャナーのような生産性を高める技術を早い段階から取り入れたのも、その一例である。バーコード・スキャナーの活用は、レジの行列を減らすことだけでなく、在庫管理や発注業務の自動化にも役立った。この技術の導入には一店舗当たり五〇万ドルという多額の設備投資を必要としたが、ウォルマートは躊躇することなく迅速に、これらの設備を既存店舗や新規店舗に設置した。こうした積極的な設備投資は人件費の削減に貢献し、売上高に対する人件費の比率は一九七〇年代後半の一一・五％から、一九八五年度には一〇・一％にまで低下した。

しかし、電子スキャンの採用はウォルマートに特有のものではなく、業界全般に普及した技術だった。Kマートもウォルマートとほぼ同じ時期にバーコード・スキャナーを導入し、一九八九年までには全店舗に設置する計画を立てていたし、ターゲットやその他のディスカウント業者もウォルマートと同じ機器を使っていた。したがって、いくらウォルマートが新技術への投資から大きな効果を得たといっても、それは競合に対する優位性を説明する理由にはならない。

同じことは、ウォルマートが採用した他の洗練された経営システム、たとえば、各店舗の商品構成を計画するソフトウェアや、倉庫業務を自動化する機械の導入にも当てはまる。ウォルマートは、これらの技術を他社から購入する立場であり、自社自身で開発したわけではない。つまり、ウォルマートが購入したものは、競合も同様に買うことができた。たしかに、他社に一歩先んじて新しい技術やシステムを導入すれば、短期的な優位性は得たかもしれない。しかしその一方で、後に続く競合は、ウォルマートが新技術の導入に際して起用した同じコンサルタントを使うことによって、彼らがウォルマートとのプロジェクトから得た経験を生かしたり、犯しやすい失敗を避けたりすることができるというメリットがあった。

人材管理の面でも、ウォルマートは実に優れた制度を採用していた。ウォルマートの役員たちは非常に多くの時間を店舗内での勤務に費やし、現場の従業員（社内のチームワーク精神を反映するように、ウォルマートでは「アソシエート」〈仲間〉と呼ばれていた）に対して、どんな商品を仕入れて、それをどのように陳列するかについての意見を求めた。その他、利益目標を上回ったマネジャーに特別報酬を与えるインセンティブ制度を採用したり、万引き等で発生した損失を従業員で負担し合う制度の導入によって盗難率を低下させたりした。従業員の給与水準は、業界平均に比べてけっして高くはなかったが、彼らはウォルマートを働きやすい会社として支持した。ウォルマートの人件費率が他社よりも低い理由の一部は、これらの優れた人材管理制度に起因するものであると思われる。

したがって、ウォルマートの成功を説明する理由として、優れたマネジメント手法を完全に無視するのは浅はかだが、これを過大視すべきでもない。ウォルマートの黄金期だった一九八〇年代半ば以降は、マネジメント手法が稚拙化したのだろうか。それとも、社内の管理業務が複雑になったのだろうか。なぜ、彼らのマネジメント手法は、金物類、薬品、美術工芸品に多角化したときはうまくいかなかったのだろうか。

彼らが力を入れたサムズ・クラブも店舗数は大きく増加したが、伝統的なディスカウント店事業と同じほどの優れた業績は上げていない。ウォルマートが一九九〇年代の半ばから、サムズ・クラブのみの財務情報を公表し始めたことで、その収益率はきわめて低いことが発覚した。サムズ・クラブが投下資本一単位当たりで稼ぐ利益は、ディスカウント店事業に比べて四五％も低かった。しかも、これはサムズ・クラブを立ち上げてから一五年もたった後のことであり、それまでに事業上の問題を解決するための時間は十分あったはずである。

仮説④　南部地方特有の営業関連費用の安さ

ウォルマートの売上高に対する店舗賃借料の比率は業界平均より〇・三％低く、人件費は一・一％低かった。これらのコスト優位は、店舗が南部地方の小さな町に集中していたことにその一因があるかもしれない。南部地方では、他の地域に比べて店舗を開設する費用や固定資産税が安かった。また、当初ウォルマートの従業員はだれも労働組合に入っていなかったが、これも南部に特有の性質だった。

これら二つの項目に起因するウォルマートのコスト削減効果は、売上高の一・四％となるが、これは販売管理費全体の削減分である四・九％（**表10-2を参照**）のうちの比較的大きな割合を占めている。ただし、南部ではコストと同様に販売価格も他の地域より低い傾向があったのも事実である。

南部特有の要因によってどれだけのコスト削減効果があったのかを調べるために、これ以上分析を精緻化するのは不可能である。南部への集中立地がコスト面での優位性に何らかの関係があったのは明らかだが、これは我々がすでに見てきたウォルマートの優れたマネジメント手法と同様である。

いずれにしろ、一九八六年頃にはこのようなコストが安い地域への拡大余地は、非常に限定されるようになってしまった。ウォルマートはそれ以前からすでに大都市への進出を始めていたが、一九八六年以降の伸びは、本拠地である南部地方から遠く離れた州での事業からもたらされる部分が大半を占めるようになった。二〇〇一年度の時点では、ディスカウント店と大規模小売店の店舗数で見た上位一一州のうち六つを、カリフォルニア州、オハイオ州、ペンシルバニア州、インディアナ州、ニューヨーク州、ウィスコンシン州といった南部以外の州が占めている。

仮説⑤　地域集中支配による強力な競争優位

ウォルマートが地理的な優位性、具体的には市場領域の集中によるメリットを享受していたことは間違いない。一九八五年度の時点で、八〇％以上の店舗がアーカンソー州とその隣接州に集中して立地していたことは、すでに見た通りである。会社全体の規模でいえば、ウォルマートはKマートよりもずっと小さかったが、自分たちが本拠とする地域内では、Kマートよりもはるかに強大だった。Kマートも中西部では事業拠点を集中させていたが、彼らが局所的な強みから得たメリットは、他の集中度が低い地域での事業によって薄まっていた。対照的に、当時のウォルマートは地域集中戦略を最大限に活用しており、これがウォルマートの優れた利益率を説明する最大の要因となっている。

当時、ウォルマートは二つの要因に基づく競争優位を享受していた。その一つは規模の経済であり、この効果は非常に大きかった。もう一つの要因は、いくぶんその効果は限られていたが、顧客の囲い込みである。これら二つの要因は、いずれも局所的（ローカル）な性質のものであり、けっして全国的または国際的なものではなかった。小売業や流通業など、最終消費者のもとへ商品またはサービスを提供するためのコストが地域限定的な性格を持つ業種では、規模の経済と得意客の存在が重要な成功要因となる。

ウォルマートの地域集中戦略によって生じるコスト優位は、主に三つの業務分野からもたらされていた。第一に、前述したように、各店舗から三〇〇マイル圏内に物流倉庫を置き、自社所有のトラックで仕入先の倉庫から商品をみずから引き取って各店舗に運ぶことで、物流輸送費を低く抑えていた。物流輸送費に関連するウォルマートのコスト優位は、業界平均に対して売上高比で一・三％となっている。注23

第二に、ウォルマートの売上高に対する広告宣伝費の比率は、業界平均より一・二％低く（表10-2を参照）、相対的なコスト優位は五〇％以上だった（訳注：一・二％÷二・三％＝五二・二％）。小売企業にとって、広告宣伝活動はローカルな性格を持つものである。新聞広告、ビラ、チラシ、テレビCMは、いずれもそれが行われる地域の店舗圏内に住んでいる潜在顧客を対象としている。

仮に、ウォルマートがそうした広告宣伝活動を、他の大手ディスカウント企業とほぼ同じ規模で行っていたという合理的な仮定を立てれば、ウォルマートのコスト優位は、広告宣伝活動を行う市場圏内に店舗と顧客が競合よりも集中していたことに起因することとなる。あるCMの放送圏内にウォルマートの店舗が三店あろうと三〇店あろうと、三〇秒のCMを流すことに対してテレビ局が請求する金額は同じである。このような計算は、一定圏内の住民に配布される新聞広告やチラシにも同様に当てはまる。

広告媒体企業は、広告到達者一〇〇〇人当たりのコストを基にサービスの価格を決めるが、小売企業側にとって直接的に関連があるのは、潜在顧客一人当たりのコストであり、それは広告圏における潜在顧客の集中度合いによって左右される。大都市圏以外の地方におけるウォルマートの売上高は競合の約三倍だったので、売上高一単位当たりの広告宣伝費は競合の約三分の一となる。物流輸送費を低く抑えるのに貢献したのとまったく同じ地域集中戦略が、広告宣伝費を下げるうえでも役立っていたのだ。ウォルマートの広告宣伝活動は、競合よりも効率的に潜在顧客へ訴求していたので、支出費用に対してより多くの収入を得ることができた。

ウォルマートが競合に対してコスト優位を持つ第三の業務分野は、経営陣による現場の指揮および監督である。創業当初から、創業者のサム・ウォルトンとウォルマートの経営陣は店舗を頻繁に訪れて、現場で何が起きているかを絶えず注視してきた。一九八五年時点で、ウォルマートは一二人の地域統括責任者を任命し、それぞれの責任者の下には七、八人の地区担当マネジャーがついて、各担当地区の情報を地域統括責任者に報告した。地域統括責任者は、ウォルマートの本部があるアーカンソー州ベントンビルの近くに住み、毎週金曜日と土曜日には、その週の営業成績を見直して、翌週の計画を立てる本部会議に出席した。そして、月曜日の朝になると、全員がそれぞれの担当地域へ飛び立って、木曜日までの四日間は地域内の店舗を訪問して回る勤務に就いた。

このシステムは非常にうまく機能し、本部と現場のコミュニケーションが頻繁かつ円滑に行われた。営業拠点が集中していることによって、地区担当マネジャーはより多くの時間を店舗内で費やすことができ、移動に割かれる時間も少なくて済んだ。情報の流れは双方向的であり、管理職のみならず、指揮命令系統の末端にいる従業員でさえ、自分の意見や考えを経営陣に伝えられるようにするのがウォルマートの経営方針だった。

この指揮監督システムの有効性は、店舗同士の密集度と、店舗と本部ベントンビルの近接性に依存していた。Kマートやターゲットの地区担当マネジャーが、ウォルマートのマネジャーと同じ数の店舗を監督するためには、ウォルマートより三倍から四倍も広い範囲をカバーしなければならなかった。彼らは、ウォルマートのマネジャーほど店舗を頻繁に訪れることができなかったし、店舗内で費やせる時間も移動のために削られた。

これらの問題によって追加で発生したコストは、売上高の二％程度と推測されるが、業界全体の営業利益率がわずか六％弱（表10-2）だったことを考えると、これは非常に大きな痛手である。この指揮監督業務に関連するウォルマートと競合の相対的なコスト差（表10-2の「その他営業経費」を参照）は約三〇％（二・三％÷七・六％＝三〇・三％）であり、きわめて大きいコスト優位である。「より少ない労力で、より多くの成果を引き出す」という目標は、企業のマネジャーたちがよく掲げるものだが、実現されることはほとんどない。しかしウォルマートはそれを実際に成し遂げたのである。

これら三つの業務分野――物流輸送、広告宣伝、経営陣による現場の指揮監督――でウォルマートが達成した優れた経営効率は、すべて合わせると営業利益率で四～五％（訳注：表10-2と表10-3より一・三％＋一・二％＋二・三％＝四・八％）のプラス効果をウォルマートに与えていた。一方、その他の要素もすべて考慮した営業利益率では、ウォルマートの優位性は三％弱だった（表10-2）。ウォルマートは、その低価格政策によって売上高に占める仕入原価の比率が他社よりも高かったために、これ以外の項目でのコスト低減効果が営業利益率全体の差異を上回っていた。

三つの業務分野での優れた効率性を生み出していたのは、ローカルな規模の経済である。ここでいうローカルとは、店舗や倉庫の立地や、広告宣伝活動の展開範囲、重要な社員が住んでいる地域などの局所性を指している。規模の経済という面から見れば、当時（一九八四〜一九八五年度）のKマートの売上高はウォルマートの三倍だったが、これはまったく重要ではない。売上高は、全国的または国際的な領域にまたがる数値なので、意味がないのだ。全国的・国際的な指標は、ある商圏内での物流活動や、地元店舗に来店する顧客への広告宣伝活動、各現場の監督業務にはほとんど関係がない。

これらの業務分野で規模の経済を築くために重要な意味を持つのは、それが行われる領域内での店舗数や顧客数といった指標である。これらのローカルな指標を使って評価すれば、ウォルマートは競合よりも規模が大きい企業だった。彼らが営業活動を行っていた領域内では、間違いなくウォルマートのほうが店舗数も顧客数も多かったし、それらの集中度もウォルマートのほうが高かった。企業全体としての規模は競合より小さくても、特定地域への集中度を高めることで、ウォルマートは高い利益率を誇ったのである。

規模の経済を成立させるための二つの要件

第3章の規模の経済に基づく競争優位に関する議論のなかで、我々は企業がこのタイプの優位性を享受するためには、二つの条件が成立していなければならないことを述べた。

第一の条件は、コスト全体に占める固定費の割合が大きいことである（ここでいうところの「大きい」とは、企業が属する特定の市場領域内で測定される基準である）。これらの固定費には、工場、機械設備、ＩＴなどに対する設備投資や、広告宣伝費、管理監督費などの営業経費が含まれる。売上高が増加するにつれて、固定費はより多くの単位に広く分散して割り当てられるので、平均コストが減少し続ける。したがって、売上高がもっとも大きい企業が、競争の先頭に立つこととなる。

しかし、事業の規模が十分大きくなると、単位当たりに占める固定費の割合が非常に小さくなるので、平均コストの低下が頭打ちとなる。すると、売上高では最大企業に匹敵しないような企業でも、平均コストを最大企業と同じ程度の水準まで近づけることが可能となり、最大企業の優位性は消滅する。規模の経済は、売上高の増加に伴う単位当たり固定費の減少が大きい場合に限り効果を発揮するものであり、したがって、市場の規模が大きいほど、その効力は弱まる。この意味においては、市場規模の成長は企業の利益率にマイナスの作用を及ぼすものとなる。

第二の条件は、規模の経済はある程度――競合に既存顧客を奪われない程度――の顧客の囲い込みと組み合わされていなければならないということである。理論的には、Kマートはウォルマートと同じ事業インフラ（店舗、物流倉庫、業務管理システムなど）を、ウォルマートの営業領域内で複製することが可能だったが、ウォルマートに匹敵する数の顧客をひきつけない限り、同等の効果を発揮する規模の経済を築くことはできない。そのためには、ウォルマートから顧客を奪い取る必要があるが、ウォルマートがサービスの悪化や、高い価格設定、その他の悪条件によって顧客のロイヤルティを低下させない限り、これは容易なことではない。

仮にKマートが利益率をギリギリまで下げるか、極端な場合には赤字になるくらいまで価格を下げて対抗しようとしても、ウォルマートはKマートと同じ水準まで値下げを行うことができる。なぜならば、この価格競争が始まる時点ではウォルマートのほうが顧客シェアが高いので、平均コストが低く、値下げによって被る痛手も相対的に小さいからである。仮に、より大規模な広告宣伝活動、店内販促、ゼロ金利でのカード決済などの考えられるすべての競争手段をKマートが用いてきたとしても、ウォルマートはより低いコストで同じ行動を取ることができる。

Ｋマートが破産に追い込まれる前にウォルマート側が譲歩して顧客を譲りわたしてくれるだろうという希望的観測のもと、どんな損失を負ってでも市場シェアを勝ち取るという焦土作戦を選択しない限り、Ｋマートがウォルマートの事業領域内で対等の立場に立つすべはない。

成長の裏で始まった利益率の低下

その後に起きたことは明白である。ウォルマートは一九八五年度以降も成長を続け、世界最大の小売企業となり、世界中の企業から恐れられ、また賞賛される会社となった。しかし同時に、ＲＯＩＣと営業利益率で測定されるウォルマートの収益性は大幅に低下した。

利益率が低下した理由として唯一説得力のある説明は、ウォルマートが事業領域をアメリカ全土や海外まで拡大するにつれて、これらの新しい領域では全盛期に享受していたもっとも強力な競争優位――ローカルな規模の経済と、競合に奪い取られない程度の顧客の囲い込みの組み合わせ――を再現できなかったというものである。ウォルマートがカリフォルニア州やその他の西海岸州に進出した際には、その地域で確固たる地位を築いていたターゲットと戦わなければならなかった。中西部ではＫマートの勢力が強く、北東部ではカルダー（訳注：カルダーはアメリカの大手ディスカウントチェーンの一社。一九九五年にチャプター11を申請して事業の再生に努めたが、結局再建は果たせず、一九九九年五月にすべての事業活動を停止して清算した）が多数の店舗を構えていた。カルダーは最終的に会社自体が消滅する運命をたどったが、それは行きすぎた拡大戦略の失敗の結果だった。ウォルマートがみずからの中核領域を越えて進出した地域では、競合と対等の立場で戦うのがせいぜいであり、最悪の場合には競合よりも不利な状況に立たされていた。

設立当初から、ウォルマートは卓越したマネジメントを行ってきた。その管理手法は、Ｋマート、シアーズ、ＪＣペニーや、その他の大手小売企業より明らかに優れており、カルダー、エイムズ、ＥＪコルベット、ＷＴグラント、ブラッドレスや、一時的に成功したがその後消え去っていった企業とは雲泥の差だった。

ウォルマートの経営陣は、新しい技術を積極的に取り入れて、それを有効に活用した。彼らは勤務時間の大半を店舗内で費やし、現場の従業員や顧客の声に耳を傾けた。ウォルマートの営業経費は低く抑えられ、過去の失敗に起因する損失が無視できないほど大きくなったときに報告される特別損失を損益計算書に計上する必要がほとんどなかった。

しかし、四〇年以上にわたって継続されてきた、これほど優れたマネジメント手法を用いていても、一九八〇年代半ばと同水準の高い営業利益率やROICを維持し続けることはできなかった。サムズ・クラブは、会員制の大型チェーンのなかでも店舗の密集度がもっとも低く、たいした利益を稼げずにいた。また、ウォルマートが多角化を図ったその他の事業も、大きな実を結ばなかった。一九九〇年代の後半には、ウォルマートの営業利益率とROICは、強固な営業拠点を持って成功を収めたもう一社のターゲットとそれほど変わらない水準となった。

時系列で見ても、市場セグメント別で見ても、ウォルマートの利益率の推移は、こうした経緯とだいたい一致している。アメリカ全土への積極的な進出を始めた一九八〇年代半ば以降、営業利益率とROICはともに右肩下がりで低下した。全国規模の企業となる一方で、営業地域の集中度が黄金期よりも低下した一九九〇年代半ばには、ROICは一五％前後にまで落ち込んだ。

その後、店舗間の隙間を埋めて地域密集度を高めていくにつれて利益率は回復し始めたが、例外として扱われたのが海外事業のセグメントである。ウォルマートの海外事業は、国と地域が広い範囲にわたって分散していた。想像通り、その営業利益率とROICは、ウォルマートの中核セグメントであるアメリカのディスカウント店事業のわずか二分の一から三分の一程度でしかなかった（訳注：ウォルマートは二〇〇二年に日本へも進出し、二〇〇五年には西友を子会社化しているが、必ずしも日本での事業がうまくいっているとはいえない）。

成長戦略は犠牲を伴う

一九八五年の時点に戻ったとして、ウォルマートは高い利益率を維持しながら事業を成長させるために何ができただろうか。おそらく、それほど多くのことはできなかっただろう。まず、取扱商品の種類を増やすのは、成功する見込みがあまりなかった（しかし実際には、ウォルマートは後に食料品を加えることで一定の成功を収めている）。地理的な事業領域の拡大については、ウォルマートはそれ以前からすでに、アーカンソー州周辺の本拠地と同じくらい重要な特性を持つ新たな領域を見つけ出すという難しい課題を抱えていた。それは必ずしも、地方の小さな田舎町でなければならないわけではなく、実際にウォルマートやターゲットは大都市圏でも顧客を取り込んでいた。

新たな事業領域の対象として本当に重要な要素は、そこに大手の既存企業がいないということだった。他の大手小売企業は、アーカンソー州とその周辺地域で大型ディスカウント店事業が成り立つとは思ってもいなかったので、結果的にこの地域は見落としたが、西海岸、南東部、ニューイングランド地方といった地域を見落とすことはなかった。したがって、これらの地域はウォルマートが新たに進出を図る先としてあまり望ましいものではなかった。

もしウォルマートが、それ以前の成功体験を新たな地域で再現したいと思っていたのであれば、経済発展の途上にありながら、他の大手小売企業からはまだあまり注目されていないような海外の国に目を向けるという可能性があったかもしれない。当時この条件を満たす国があったとすれば、それはブラジルか韓国だっただろう（ただし、この戦略を取る場合は、ウォルマートが進出する地域の地元企業または政府の利害を保護する目的でつくられた、克服不可能な障害が存在しないことが前提となる）。

しかし、実際には新規進出に相応しい未開拓の地を見つけることができなかったので、ウォルマートは仕方な

表 10-5 ウォルマートのコスト優位のまとめ（売上高比）

要因	損益計算書の計上項目	ディスカウント小売業界平均	ウォルマート	業界平均に対するウォルマートの差異
低価格政策	商品仕入原価	65.6%	69.6%	4.0% 高い
優れたマネジメント手法	人件費、棚卸減耗費	13.4%	11.4%	2.0% 低い
ローカルな規模の経済と顧客の囲い込みの組み合わせ	物流輸送費、広告宣伝費、その他営業経費	14.0%	9.2%	4.8% 低い
総合的なコスト優位				2.8% 低い

く、「犠牲を伴う成長戦略」に身を投じたように思われる（ここでいう「犠牲」とは、成長するための新しい投資から得られる利益率〈つまり、ROIC〉が、従来よりも低くなってしまうことを意味する）。しかし、この利益率の低下という点を必要以上に問題視するのは誤っている。ウォルマートのROICは、依然として高い水準を維持している。たとえ昔のように莫大な株主価値は創造していないとしても、少なくとも競争劣位で事業を営み、株主価値を破壊しているということはない。

利益率がもっとも高かった期間におけるウォルマートの特質を一覧表にまとめることによって、成功に貢献したさまざまな要因の重要度を比較することができる（**表10-5**）。

この一覧表からは、いくつかの教訓を得ることができる。

①効率性は常に重要である：優れたマネジメント手法によって、ウォルマートの売上高に対する人件費と棚卸減耗費の比率は、業界平均を大きく下回っていた。

②競争優位の存在（ウォルマートの場合は、ローカルな規模の経済と顧客の囲い込みの組み合わせ）は、さらに重要である：優れたマネジメント手法だけでは、サムズ・クラブを大成功させることも、一九八五年度以降の利益率の悪化を防ぐ

こともできなかった。また、海外事業の成功を保証してくれることもなかった。

③競争優位の存在は、効率性の向上にもつながる：ウォルマートは、ローカルな規模の経済に基づく優位性を利用して、コスト低減分の一部を顧客に還元したり、非常に効率的な業務管理を行った。また、彼らは企業が所有する経営資源のなかでもっとも希少といえる経営陣の時間を効率的に使った。優れたマネジメントは、優れた戦略と密接に結びついている。

④競争優位は、適切に防御される必要がある：ウォルマートの低価格政策は、ローカルな規模の経済を活用する戦略に本質的に備わっている要素であり、別個のものではない。Ｋマート、カルダー、ＥＪコルベットなどの大手ディスカウント企業は、いずれもローカルな規模の経済をうまく活用して、大きな利益を上げていた時期があった。しかし、いずれも本拠地をおろそかにして拡大に走るという不適切な戦略を選択したことによって、その本拠地に競合がすんなりと入り込めるような状態をつくってしまい、拡大を図った進出先のみならず、みずからの本拠地でも敗者となった。

ローカルな規模の経済が持つ競争優位の汎用性

ウォルマートの事例は、金額的な規模が大きいことや、それが非常に有名であること以上に重要な意義がある。ウォルマートにとって真実だったこと、すなわち、ローカルな規模の経済には非常に強力な競争優位が存在するということは、小売業界一般に当てはまるように思われる。

たとえば、スーパーマーケットの収益性は、その商圏内での市場シェアと密接に連動しており、クローガーのような成功しているチェーンは、店舗が地理的に集中している傾向がある。「ドラッグストア業界のウォルマート」ともいえるウォルグリーンは、非常に厳格な地域集中戦略を取っていたが、この規律を緩めた頃から収益率が落ちたように見える。その一方で、家具の販売では、ネブラスカ・ファニチャー・マートのような店舗を一つしか持っていない企業でさえ、その地域を支配することで際立った業績を上げている。

地理的集中の重要性は、純粋な小売業のみならず、サービスの提供が地域ごとに行われるような業種にも同様に当てはまる。たとえば、地方銀行は、全国的に店舗を構えている都市銀行よりも収益性が高い傾向がある。オックスフォード・ヘルス・プランのように特定地域内で強固な地位を築いているＨＭＯ（健康維持機構）は、全国に散らばって患者と医師を抱えている大規模な競合よりも優れた業績を上げている（第3章を参照）。

電気通信業界では、地上通信であるか無線通信であるかによらず、ベライゾン、ベルサウス、シンギュラーのような地域に特化した企業のほうが、ＡＴ＆Ｔ、スプリント、ＭＣＩ、ネクステルなどの顧客層が分散している全国的な企業を上回る業績を上げている。

もしサービス産業が経済発展の牽引役となるのであれば、特定地域の支配を経営戦略の重要項目に掲げる企業が成功を収めることになるだろう。

拡大成長戦略の落とし穴：クアーズ

コロラド州ゴールデンに本拠を構えるクアーズ（当時の正式名称はアドルフ・クアーズ・カンパニー）が一九七五年に株式上場を果たした頃、彼らはビール競争のほぼ先頭を走っていた。当時の業績は、五億二〇〇〇万ドルの売上高に対して当期純利益が六〇〇〇万ドルと、純利益率は一一％を上回っており、これは同年度の売上高が一六億五〇〇〇万ドル、当期純利益が八五〇〇万ドルだったアンハイザー・ブッシュ（バドワイザーを主力銘柄とするビールメーカー。現在の社名はアンハイザー・ブッシュ・インベブ）の純利益率（五・二％）と比較すると倍以上も高かった。

国内に一〇拠点のビール醸造所を持ち、全国で営業展開していたアンハイザー・ブッシュとは異なり、クアーズは巨大な醸造所を一つだけ所有し、そこからコロラド州と近隣一〇州にビールを販売していた。しかし、ビール業界の成長とともに、クアーズは方針転換を図ることを決意した。アメリカ連邦取引委員会（ＦＴＣ）（訳注：日本の公正取引委員会に相当する）がクアーズの流通制限に対して課徴金を課す決定を下したことも一因となり、クアーズは営業地域の拡大に乗り出し、一九八五年までに計四四の州へ進出した。しかし、この拡大戦略は結果的に成功しなかった。

他の大手ビール会社とは異なる方法で、クアーズは多くのことを行っていた。まず、競合企業よりも業務の統合化を進めていた。ビール缶の製造も、原料となる穀物もみずから管理し、製造過程で使用する水は自社所有の水源から汲み取り、電力でさえ自社が持つ炭坑から採掘する石炭を使って発電していた。また、労働者たちは組合に加入していなかった。

クアーズは、自社が持つ唯一の巨大な醸造所内での業務管理と作業効率をきわめて重視しており、生ビールのようなフレッシュな風味を与えるために低温殺菌処理も施さなかった。神秘的なイメージを持つクアーズ・ビールは、ポール・ニューマンやヘンリー・キッシンジャーといった東海岸に住む有名人が西部のコロラド州からわざわざ取り寄せて飲むほどで、企業のマーケティング担当者であればだれもが羨むくらいの支持を得ていた。

他社とは異なるクアーズのやり方は、概ね正しいように思われる。しかし、この違いは、ビールそのものではなくビジネスとして、クアーズを競合よりも優位に立たせるものだっただろうか。そして、クアーズが地域限定的なビール会社だった一九七五年頃にはうまく作用していたこの違いは、全国に進出した後も優位性を与え続けるものだっただろうか。

一九八五年度の業績を見れば、二つ目の問いに対する答えは明らかである。その前の一〇年間で、クアーズの売上高は倍以上に増加した一方、利益はその伸びについていかなかった。一九八五年度の利益は一九七五年度よりも減少し、当期純利益率は約四％まで低下した。これと同じ期間に、アンハイザー・ブッシュの地位は劇的に向上した。売上高は四倍以上に伸び、当期純利益率は以前の五％台から六％台へと上昇した。

このような状況は、一九八五年度のみに限られたものではなく、その後もクアーズは競争優位の地位を取り戻すことができなかった。二〇〇〇年度のクアーズの業績は、二四億ドルの売上高に対して一億二三〇〇万ドルの当期純利益を計上し、純利益率は約五％だったが、アンハイザー・ブッシュはクアーズよりもはるかに大きい売上高に対して一五億ドルの当期純利益を計上し、一二％を超える純利益率を達成した。

いったい、何がうまくいかなかったのだろうか。クアーズの優れた業務効率と、人件費のコスト優位にどのような変化が生じたのだろうか。神秘的なイメージと、高いマーケティング能力はどこにいってしまったのだろうか。すべて、規模が拡大するとともに消え失せてしまったのだろうか。それともそもそも、クアーズ自身も含むみんなが思っていたほど、これらの要因は利益に大きく貢献していなかったのだろうか。

クアーズには他の選択肢があったのだろうか。特定地域に事業を集中し続けていれば、高い利益率を維持することができたのだろうか。それとも、当時ビール業界に起こった合併や再編の動きが、クアーズを取るに足らない弱小プレーヤーの地位まで落としたのだろうか。

ビール業界の構造変化

一九四五年から一九八五年までの四〇年間で、アメリカ国内のビール総消費量は七七〇〇万バレルから一億八三〇〇万バレルへと、年間三％強の伸び率で増加した。消費量が増えた主な要因は、人口の増加によるものであり、同時期にアメリカの人口は年間約二・五％の伸び率を示している。このような緩やかな成長は、ビール業界における企業間の競争が非常に激しいことを示唆しており、完全な定和ゲーム（第6章152ページを参照）とまではいわないものの、どこか一社が売上高を伸ばすためには、他社の売上高が減らなければならないという状況に非常に近かった。

ビール業界の構造は四〇年間で劇的に変化したが、その要因のほとんどは、企業同士の合併や再編の動きである。一九五〇年の時点では、業界の上位四社を合わせた市場シェアは約二〇％だったが、一九八五年にはこれが約七〇％となった。以下に述べる主な状況変化も、その大半が企業の合併や再編化の動きと関連していた。

①家庭内での消費量の増加

第二次世界大戦終了当時は、ビール業界の総売上高の三分の一以上を樽入りビールが占めていたが、一九八五年には、この比率は一三％まで低下した。瓶ビールや缶ビール（特に後者）のほうが、ずっと一般的になったからである。こうした変化の一因には、バーやレストランなどでの消費量が減少したことが挙げられる。アメリカ人は、酒場に行くよりも、自宅の書斎でくつろぎながらビールを飲むようになった。このような変化と時を同じくして、禁酒法が解禁された後に出現した地元密着型の小さなビール会社の多くが、地域的または全国的なビール会社によって、だんだんと隅に追いやられるようになった。バーやレストランに樽入りビールを販売していたのは地元密着型のビール会社だったので、これらの場所での消費量が減少するにつれて、彼らの売上高や利益も減っていった。多くの地元企業が倒産して永遠に消滅した一方で、他社に買収されてその傘下に収まる形で事業を継続する会社もあった。

②製造工場の大型化

ボトリング（容器詰め）の技術が進歩したことによって、醸造工程とボトリング工程を統合した生産効率の高い工場が登場し、一工場当たりの年間生産量は一九五〇年の一〇万バレルから、一九八五年には五〇〇万バレルへと増加した。規模が小さいビール会社にとって、これほどの大型工場の建設は採算に合わないので、彼らは徐々に大規模な競合企業に取って代わられることとなった。

規模が大きい企業のなかでも特に強力だったのが、アンハイザー・ブッシュとミラーの二社であり、彼らは工場をより大型化し、その数も増やしていった。一九八五年時点で、アンハイザー・ブッシュは一一の醸造所を持ち、各工場は少なくとも年間四五〇万バレルの醸造能力を有していた。

③広告宣伝費用の増加

シェア獲得を追い求める過酷な競争のもと、各ビール会社は広告宣伝活動への支出をどんどん増やしていった。アンハイザー・ブッシュの広告宣伝費は、一九四五年度は売上高の二・六%に相当する五〇〇〇万ドルだったが、一九八五年度には一二億ドルへ増加し、売上高に対する比率ではなんと約一〇%を占めるまでになった。同社をはじめとする大手は、当時ほとんど普及していなかったテレビを新たな媒体として、莫大な広告宣伝費をつぎ込み、自社銘柄をアピールするための激しい広告競争を繰り広げた。

しかし、テレビ広告は視聴者や放送局の間で人気を博したものの、顧客を獲得するという点ではきわめて一時的な効果しかなかった。また、広告宣伝費は固定費であり、企業の売上高が大きいほど広く分散して割り当てられるので、地元型のメーカーより全国的なビール会社に優位性を与えることとなった。

④銘柄数の増加

一九七五年、ミラーは主力商品の「ミラー・ハイライフ」よりアルコール度数とカロリーが低い「ミラー・ハイライフ・ライト」を売り出した。やがて、他の大手ビール会社も揃ってライトビールを導入し、そのうちスーパープレミアムや、その他主力商品から派生した銘柄を持つメーカーも出てきた。

このような細分化戦略の進展は、ビール全体の総消費量を増加させることはほとんどなかったが、これもまた、地元中心の小規模なビール会社に対する大規模メーカーの優位性をもたらした。規模が大きい企業ほど、多数の銘柄を打ち出してそれを維持するための莫大な広告宣伝費を負担する余力があったし、また銘柄細分化の軸となる強力な主力商品を持っていた。

結局、合併や再編が進む過程で大きな勝利を収めたのは、わずか二社のみだった。アンハイザー・ブッシュとミラーである。一九六五年当時、ミラーの市場シェアはたった三%程度でしかなかったが、親会社のフィリップモリス（訳注：ミラーは、一九六九年にフィリップモリスに買収された）から派遣されたマーケティングの天才たちによって経営が行われていた二〇年後には、シェアは二〇%まで上昇した。一九六五年の時点で約一二%の市場シェアを持ち、業界最大の企業だったアンハイザー・ブッシュも、さらに成長を遂げて、一九八五年には市場の三七%を支配していた。

その他のビール会社は、この二〇年間の間に完全に消えてなくなっていたか、残されたシェアを奪い合う熾烈な競争を行っていたかのどちらかであった。

クアーズがこだわった独自のやり方

業界内で企業の合併や再編が進んでいたこの時期、クアーズの市場シェアは約八%で安定して推移していた。他のビール会社とは異なるやり方で事業を行っていたにもかかわらず――もしくはそのおかげで――市場での地位を保ち続けた。

全国展開を始めた一九七七年以降、クアーズはそうした他社との特異性が、その後に予期されるビール戦争での勝利を確実にしてくれるものと期待していた。

第一の特異性は、信じがたいくらいのレベルまで行った業務の垂直統合である。専属契約を結んだ農家によって育てられた大麦を使ったのをはじめ、その他のビールの原料となる穀物の大部分を自社で加工した。アルミニウム缶も、自社がデザインしたものをメーカーに製造させた。一九七七年には、それまでビール瓶を供給していたメーカーを買収して、醸造と瓶詰めを行う機械設備を次々とつくった。他社のビールにはない優れた喉越しを提供するとクアーズが大々的に宣伝した「ロッキー山脈の天然水」は、自社が所有する山の水脈から汲み取ったものだった。さらに、クアーズは製造設備に電力を供給するための炭坑をみずから開発して所有していた。

このような業務の垂直統合は、ただ単に独立独歩を限界まで追求することの象徴に過ぎなかったのかもしれない。結局、クアーズがこの垂直統合からコスト優位を得ることはなかった。一九七七年度当時、ビール一バレル当たりの製造コストは、アンハイザー・ブッシュの三六・六ドルに対して、クアーズは二九・〇ドルだった。しかし、一九八五年度には、クアーズのコストは四九・五ドルへ上昇し、アンハイザー・ブッシュの五一・八ドルと比べてそれほど大きな差がないところまでコスト差が縮まった。

このように振り返ってみると、数々の業務統合化のどれをとっても、それがクアーズに競争優位をもたらしたと考えることは難しい。ボトリング用の機械設備、瓶と缶の購入、電力の供給といった面では、おそらくクアーズは他社よりもコスト上不利だったと思われる。大手ビール会社に比べてクアーズの規模は小さかったので、規模の経済によるメリットを受ける効果は他社のほうが大きかった。また、業務範囲が非常に広かったので、これらを監督する現場管理者の注意も分散しがちだった。

第二の特異性は、醸造所をたった一つしか持たないまま、年間生産能力を一九七〇年の七〇〇万バレルから、一九七五年には一三〇〇万バレル、一九八五年には一六〇〇万バレルへと拡張していったことだ。少なくとも理論的には、このような工場の大型化は規模の経済効果を生み出す可能性を秘めているが、実際には生産能力が年間五〇〇万バレル程度の工場のほうが作業は効率的であり、クアーズがこの巨大な工場から規模の経済に基づく優位性を享受できる可能性は低かった。一バレル当たりの製造コストの比較を見ても、理論上は存在するはずのスケールメリットが、現実としては顕在化しなかったことを示している。

また、ビールは非常に重たいので（いかにそれが〝ライト〟ビールであっても）、クアーズの営業領域が狭かった頃には問題にならなかった一拠点のみからの輸送にかかるコストが、流通範囲が広がるにつれて増加していった。これに対して、アンハイザー・ブッシュは全国各地に一一の醸造所を持っていたので、輸送距離が短く、流通コストも低く抑えることができた。

第三に、ビールが缶や瓶で販売されるようになっても、クアーズは他の大手ビール会社のように低温殺菌を行わなかった。低温殺菌しない生風味のビールでなければ、大事な顧客に新鮮な喉越しを提供できないというのがクアーズの主張だった。低温殺菌を行うためのエネルギーのコストをある程度節約できるというメリットはあったが、ビールを常に低温に保ち、保管設備を無菌状態にしておくための費用が余分にかかるため、結果的にその効果は相殺された。醸造所から卸売業者を通して顧客の手にわたるまでの間、より厳格な品質管理体制を維持することが不可欠だったのだ。さらに、いかに風味が優れているとはいえ、クアーズの瓶ビールや缶ビールは他社の製品よりも賞味期間が短かった。

最後に、一九七〇年代のクアーズ製のビールには、他のビールとはどこか違うという神秘的なイメージが漂っていた。それは、もしかしたらロッキー山脈の天然水によるものかもしれないし、低温殺菌がされていないことや、東海岸では手に入りにくかったためかもしれない。理由は何であれ、ヘンリー・キッシンジャーや、ジェラルド・フォード大統領、ポール・ニューマン、クリント・イーストウッドといった大物たちがクアーズのビールを好んで飲み、わざわざ手間をかけて西海岸から取り寄せていた。仮にクアーズの労働者が組合化されていないことをポール・ニューマンが快く思っていなかったとしても、嗜好のほうが勝っていた。

ただ、興味深いのは、バドワイザーやミラー・ハイライフ、はたまた地元でしか知られていない低価格のビールと比べてすら、その味にはほとんど差がなかったということである。いずれにしろ、このような独特のイメージのおかげで、クアーズが他社よりも高い価格でビールを販売できたわけではなかった。一九七七年度の時点で、ビール一バレル当たりの売上高は、クアーズの四一・五ドルに対して、アンハイザー・ブッシュは四六・〇ドルだった。一九八五年度の数字で見ても、アンハイザー・ブッシュがクアーズを若干上回っていた。

営業地域拡大が利益率の低下を招く

一九八五年までに、クアーズのビールは全米四四の州で飲まれるようになっていたが、この地理的領域の拡大は、クアーズにとって高くついた。すべてのビールを依然としてコロラド州ゴールデンのみから出荷しており、配送中の新鮮さを保つために、冷蔵機能を備えた鉄道車両やトラックを購入せざるをえなかった。平均輸送距離が一九七七年度の八〇〇マイルから一九八五年度には一五〇〇マイルへ延びた結果、流通コストが増加したが、それを消費者への販売価格に転嫁することはできなかった。

新しい営業地域での卸売ネットワークを一から築く必要もあった。これらの地域におけるシェアは他の大手企業よりもはるかに低かったので、クアーズの製品をもっとも多く扱うという条件を飲んでくれる卸売業者は販売力があまり強くない企業ばかりだった。新しい地域でアンハイザー・ブッシュやミラーと戦うに当たって、これらの卸売業者は頼りになるどころか、むしろ足手まといとなった。

また、年々マーケティング予算を積み増していく他社に後れを取ることなく、自社銘柄の認知度を高めるためには、クアーズもまた広告宣伝費を徐々に増やさなければならなかった。だが不幸なことに、営業地域が以前よりもはるかに広がったことによって、販促活動の効果は逆に弱まっていた。結局、クアーズはより少ない成果を得るために、より多くの資金を投じる事態に陥っていた。

表10-6は、クアーズが地域集中型の強大な企業から、地域分散型の弱小企業へと変化したことを示している。一九七七年度の時点では、営業範囲を三つの地域（西海岸と中西部と山間部）に集中させて、全米ビール市場の八

表 10-6 アンハイザー・ブッシュ（AB）とクアーズの地域別シェア：1977・1985年度（数量：百万バレル）

1977年度

地域	総販売数量	AB販売数量	ABシェア	AB地域販売／販売計	クアーズ販売数量	クアーズシェア	クアーズ地域販売／販売計
ニューイングランド	7.4	2.0	27%	5%	-	0%	0%
南東部	18.2	6.4	35%	17%	-	0%	0%
北東部	22.9	3.6	16%	10%	-	0%	0%
北西部	12.2	2.7	22%	7%	0.9	7%	7%
中西部	17.3	3.0	17%	8%	3.7	21%	29%
山間部	8.4	2.2	26%	6%	3.1	37%	24%
西海岸	21.4	6.0	28%	16%	5.1	24%	40%
その他＋輸出	53.8	10.9	20%	30%	-	0%	0%
合計	161.6	36.8	23%	100%	12.8	8%	100%
上位３地域計		23.3		63%	11.9		93%

1985年度

地域	総販売数量	AB販売数量	ABシェア	AB地域販売／販売計	クアーズ販売数量	クアーズシェア	クアーズ地域販売／販売計
ニューイングランド	7.8	3.5	45%	5%	0.9	12%	6%
南東部	25.5	11.4	45%	17%	1.7	7%	12%
北東部	24.0	5.8	24%	9%	0.5	2%	3%
北西部	13.0	4.4	34%	6%	1.1	8%	7%
中西部	22.1	7.5	34%	11%	3.2	14%	22%
山間部	10.7	4.4	41%	6%	2.1	20%	14%
西海岸	25.3	11.5	45%	17%	3.2	13%	22%
その他＋輸出	58.0	19.5	34%	29%	2.0	3%	14%
合計	186.4	68.0	36%	100%	14.7	8%	100%
上位３地域計		42.4		62%	8.5		58%

%のシェアを占めていた。西海岸を除く二つの地域では最大のシェアを誇っており、西海岸地域の三州（オレゴン州、ワシントン州、カリフォルニア州）ではアンハイザー・ブッシュとほぼ対等の立場で競争していた。クアーズがオレゴン州とワシントン州ではほとんど営業活動を行っていなかったことを考えれば、カリフォルニア州で最大のシェアを占めていたのはほぼ間違いない。

それから八年後、クアーズの全米シェアは八%のままだったが、みずからの本拠地である山間部を含めて、すべての地域でアンハイザー・ブッシュの後塵を拝するようになっていた。全売上高に対する三地域（西海岸と中西部と山間部）の比率は、一九七七年度の九三%から、一九八五年度には五八%へ低下した。営業地域の拡大は競争力の分散を招き、それが収益性に対する大きな打撃となった。

売上げの伸びが鈍化したことも問題の一因である。一九八五年度にクアーズが販売したビールの量は、一九七七年度に比べて一四・八%増加したが、同じ期間にアンハイザー・ブッシュは八〇%を優に超える増加率（八四・八%）を達成した。ここでもまた、営業地域の分散がクアーズにとって痛手となった。三地域（西海岸と中西部と山間部）ではこの時期にビール全体の総販売数量が二三%増加したが、クアーズはこの数字に追いつくことすらできなかった。

拡大戦略の代償が大きかったことは、クアーズの一九七七年度と一九八五年度の損益計算書をざっと見比べてみるだけでも明らかだ。ここでも、アンハイザー・ブッシュとの比較が効果的である（表10-7）。この時期に、クアーズの売上原価率は七〇%から六七%へと低下したが、その一方で販売管理費率が大幅に上昇した結果、営業利益率は二〇%から九%へ下がった。かたや、アンハイザー・ブッシュは売上原価率を大きく下げることにより営業利益率を上昇させ、一九八五年度には一五%の営業利益率を達成した。

両社の営業利益率の差は、そのほぼすべてが広告宣伝費の負担比率の違いに起因する。絶対額で見れば、アンハイザー・ブッシュはクアーズの約三倍の金額を広告宣伝費につぎ込んでいたが、一バレル当たりの負担額で見

表 10-7 アンハイザー・ブッシュ（AB）とクアーズの損益計算書：1977・1985年度
（単位：百万ドル）

	1977年度			
	AB		クアーズ	
バレル販売数量（百万）	36.8		12.8	
売上高	1,684		532	
（バレル当たり売上高）	(45.8)	(100%)	(41.6)	(100%)
売上原価	1,340		371	
（バレル当たり売上原価）	(36.4)	(80%)	(29.0)	(70%)
広告宣伝費	73		14	
（バレル当たり広告宣伝費）	(2.0)	(4%)	(1.1)	(3%)
その他販管費	102		38	
（バレル当たりその他販管費）	(2.8)	(6%)	(3.0)	(7%)
営業利益	169		109	
（バレル当たり営業利益）	(4.6)	(10%)	(8.5)	(20%)

	1985年度			
	AB		クアーズ	
バレル販売数量（百万）	68.0		14.7	
売上高	5,260		1,079	
（バレル当たり売上高）	(77.4)	(100%)	(73.4)	(100%)
売上原価	3,524		727	
（バレル当たり売上原価）	(51.8)	(67%)	(49.5)	(67%)
広告宣伝費	471		165	
（バレル当たり広告宣伝費）	(6.9)	(9%)	(11.2)	(15%)
その他販管費	491		94	
（バレル当たりその他販管費）	(7.2)	(9%)	(6.4)	(9%)
営業利益	774		93	
（バレル当たり営業利益）	(11.4)	(15%)	(6.3)	(9%)

図 10-5 クアーズとアンハイザー・ブッシュの営業利益率：1975～2000年度

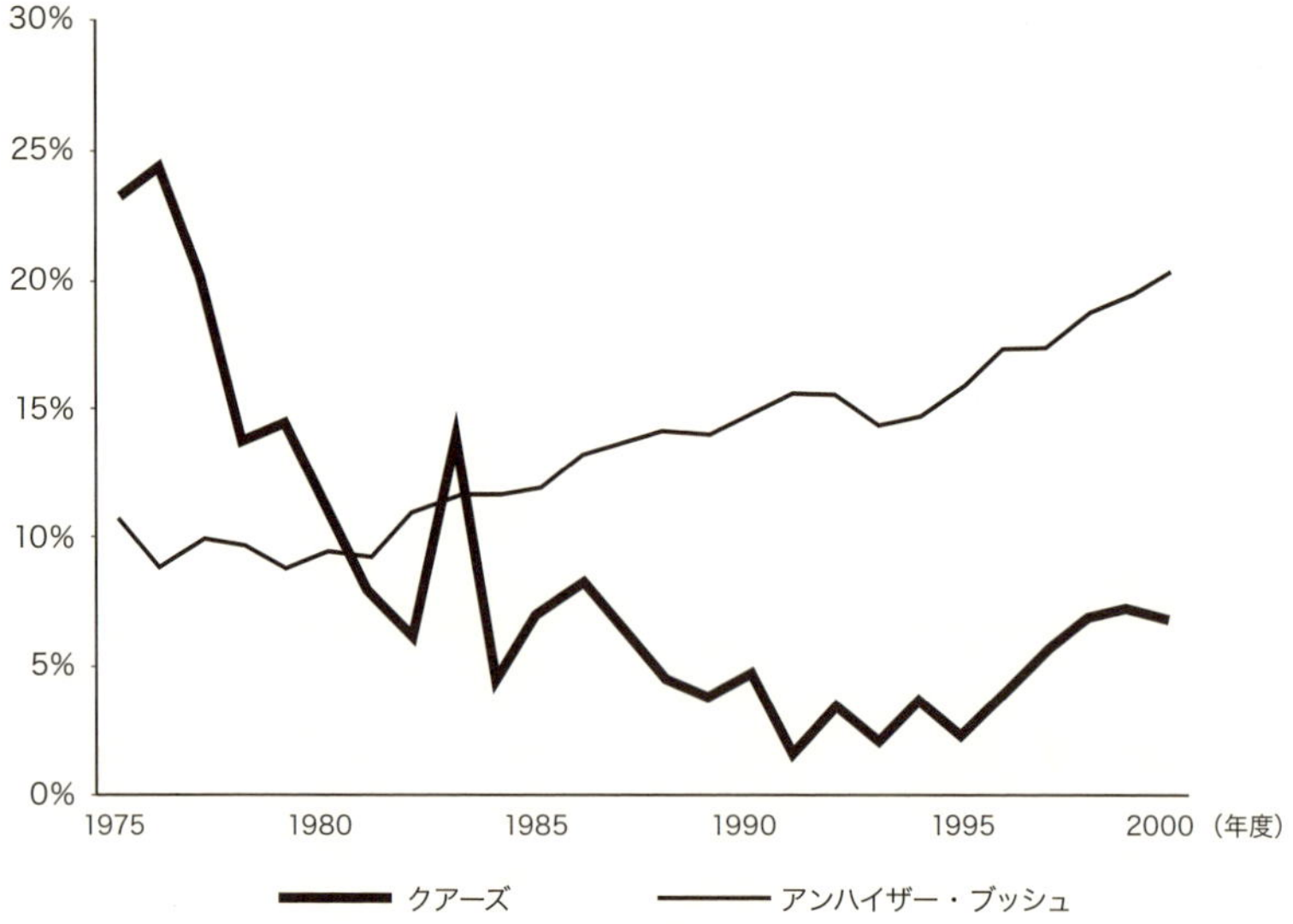

ると、クアーズより四ドルも安かった。この大きな差は、アンハイザー・ブッシュが規模の経済による恩恵を享受していることから生じるもので、まさに「ビールの王様」であることの賜物だといえる（訳注：「ビールの王様」は、アンハイザー・ブッシュの主力銘柄であるバドワイザーに与えられている呼称）。

ビール業界では、ローカルな規模の経済が非常に強力な効果を発揮する。広告宣伝費は、各地域単位での固定費となる傾向が強い。全国規模で行う宣伝に対しては、一〇％前後の割引料金が適用されるものの、この程度の割引は、地域内のシェアが二〇％の企業と八％の企業の一バレル当たり広告宣伝費の差に比べれば小さいものである。

広告宣伝費と同様に、物流費用も地域単位の固定費となる性質が強い。地域内のシェアが大きい企業ほどトラックの輸送距離が短く、物流倉庫の稼働率も高くなる。売上原価に算入されるこれらの物流費用は、ビールのような重たい製品を扱う企業にとって特に重要である。実際、一九八五年度のデータでは、ビール一バレル当たりの小売価格二〇〇ドルに対して、ビールそのもののコストは七〇ドルのみで、卸売業者と小売業者の利益上乗せ分も含めた物流費用が一一〇ドルを占めていた。また、当時のビール業界では、ある一社を他の競合よりも著しく優位に立たせるような特殊技術も存在しなかった。

一九七五年以降の二五年間で、アンハイザー・ブッシュの営業利益率は着実に上昇し、業界のリーダー企業としての地位を固めていくにつれて、利益率はほぼ倍となった（図10-5）。一方で、クアーズの営業利益率は、スタートからいきなり急降下し、一九九〇年代の前半には五％未満まで低下した。その後、クアーズが不稼働資産を処分して効率性を高めることに注力した結果、利益率はある程度回復した。

後から考えれば、全国に進出するというクアーズの意思決定は、重大な過ちだったように思われる。しかし、当時のクアーズに認識できた選択肢は他にあったかどうかは疑問だ。

本拠地集中戦略の重要性

クアーズがもし軍事戦略でもっとも神聖な原則、すなわち「兵力を中心線に集中せよ」というクラウゼヴィッツの教えにしたがっていれば、物事はもっとうまくいっていたかもしれない。クアーズにとっての「中心線」は、一九七五年当時に営業を行っていた一一の州と、それに隣接する二、三の州、たとえばワシントン州やオレゴン州だった。クアーズのビールをなかなか手に入れられない東部在住者からの誘惑的な懇願を無視して、みずからが強力な地位を築いていた三地域での市場シェアを堅守していたなら、一九八五年度における販売数量は、四四の州に営業地域を拡大した現実の数量よりも多かったに違いない（表10-8）。

たとえFTCがクアーズに対して流通範囲を広げるように強く要求したとしても、中核地域以外では需要を最小限に抑えるために価格を吊り上げたりするなどして、FTCの要求を形式上満たすことは可能だったと考えら

表 10-8 1985年度のクアーズの販売数量：1977年度の地域別シェアを適用した場合（数量：百万バレル）

地域	総販売数量	クアーズのシェア（1977年度）	クアーズ販売数量
ニューイングランド	7.8	0%	-
南東部	25.5	0%	-
北東部	24.0	0%	-
北西部	13.0	7%	1.0
中西部	22.1	21%	4.7
山間部	10.7	37%	3.9
西海岸	25.3	24%	6.0
その他＋輸出	58.0	0%	-
合計	186.4	8%	15.7

（実際の販売数量は14.7）

れる。

営業地域を集中させていれば、物流費用ははるかに安かっただろうし、強力な卸売ネットワークを維持することもできた。地域内でのシェアの高さを考えれば、卸売業者はクアーズのビールを独占的に扱うことに喜んで同意しただろう。もし販売数量が増えて生産能力を増加する必要が生じれば、当時需要が大きく伸びて、クアーズの認知度も高かったカリフォルニア州に新しい醸造所を建設するという方法もあった。

地域内における強力な地位をもってすれば、巨大企業アンハイザー・ブッシュからの攻勢に対しても、もっとうまく防御できたと思われる。これらの地域では、クアーズのビールはバドワイザーよりも安く売られていたし、アンハイザー・ブッシュが顧客を奪い取ろうとして、値下げや大々的な広告宣伝活動を行ったとしても、クアーズはそれに十分対処することが可能だったはずだ。

それでもなおアンハイザー・ブッシュがしつこく食い下がるようなら、彼らの本拠地である中西部地域でいくつかの卸売業者にかなり大幅な値引きを提供するなど、自分たちの側から攻勢を仕掛けて対抗する方法も考えられた。当時はまだ、クアーズのビールはなかなか手に入りにくいという神秘的な雰囲気があったし、相手の本拠地での価格戦争ならば、クアーズのほうが損害はずっと小さくて済む。状況がこのように変わっていれば、アンハイザー・ブッシュはクアーズの膝元であるコロラド州のフォート・コリンズでの醸造所建設を考え直していたかもしれない。

この地域集中戦略が実際に成功したかどうかについて、たしかなところはわからない。顧客が心変わりすることもあるし、アンハイザー・ブッシュが他を出し抜いて見事な成長を遂げたという事実は、彼らが何かを他社よりもうまく行っていたことを暗示している。しかし、仮にそうであったとしても、みずからがすでに強固な基盤を持つ地域に注力する戦略のほうが、強みを分散する戦略よりもクアーズの高い収益率を維持することに貢献した可能性が高い。

たしかに、クアーズは何とか生き残ってきた。これだけでも、同時期に経営難に陥ったシュリッツやブラッツ(両社とも他社に買収された)、その他多数の廃業に追い込まれた中小ビール会社よりはましかもしれない。しかし、その高い知名度にもかかわらず、クアーズが繁栄を築くことはなかった。

つまるところ、ビール事業はマーケティング機能と流通機能が決め手となるビジネスであり、いくつかの本質的な面で、クアーズはウォルマートと似たところがあった。しかし、さまざまな理由によって、その歴史はウォルマートとは大きく異なっている。

第一に、クアーズは非常に強大な力を持つ全国規模の競合、特にアンハイザー・ブッシュと戦わなければならなかったので、本拠地を越えて営業地域を拡大する際の苦労や痛みがウォルマートよりも大きかった。Kマートがアンハイザー・ブッシュと同じくらいの力を持つ企業だったなら、ウォルマートの成功はもっと小さなものになっていただろう。

第二に、ウォルマートはクアーズよりも優れた戦略を用いていた。ウォルマートは、本拠地のアーカンソー州からカリフォルニア州や北東部地域へ一足飛びに事業領域を拡大したりはせず、みずからの強みの源泉となっていた顧客の囲い込みや規模の経済をより容易に築くことができる周辺地域へ徐々に拡大していく方針を取った。また、ウォルマートは本拠地で築いた支配的な地位をその後も適切に防御したが、クアーズにはそれができなかった。もしクアーズが、自社の強みであるローカルな性質をきちんと認識していたら、もっとうまく収益率を維持し続けることができたかもしれない（訳注：クアーズは二〇〇五年にカナダ最大級のビール会社であるモルソンと合併し、モルソン・クアーズになった）。

ネット事業でも競争優位の原則は通用するのか

ここで、別の視点からビジネスの将来像を眺めて見ると、インターネットの重要性が浮き彫りとなる。一九九〇年代後半のインターネットブームを加速させた要因の一つは、この新しい技術が、本、パソコン、DVD、食料品、ペットフード、薬品、銀行サービス、美術品、その他ありとあらゆるものの購入方法を一変させることになるという確信だった。多くの人が、従来のビジネスモデルを踏襲する伝統的な小売企業がインターネット社会の敗者となる一方で、アマゾン、ウェブバン、ペッツ・ドットコム、ドラッグストア・ドットコム、ウイングスパンバンク・ドットコムなどの「ドットコム企業」が、ウォルマート、クローガー、シティバンクなどを追い抜くと、強く信じていた。

ブームが一段落した後で明らかになったのは、これらの予測が、オンライン取引が従来の購買行動に置き換わる速度をいかに過大視していたかということだった。新しく誕生するネット専門の小売企業が、実店舗を持つ従来型の企業に取って代わるという予想も誤りだったことが判明した。ほどなくして、破産裁判所には経営破綻したかつての革新的なB-to-C企業の残余資産が積み上がるようになった。アマゾンを筆頭に、大きく成長して生き残りを果たした企業もなかには存在したが、これらの企業についても、十分な収益を上げるまでの道のりは、ニューエコノミー理論の提唱者が予想していたよりもはるかに長かった。

しかし、多数の企業が経営破綻して、大きな成功を収めている企業がごく一部に過ぎないからといって、インターネットが小売の媒介手段として重要でないということにはならない。時がたつにつれて、より多くの人が、より多くの商品やサービスをオンラインで購入するようになり、日常的な買い物や銀行取引も、従来の方法からオンラインに徐々に置き換わっていくという予測は、ほぼその通りになるはずだ。

ここで、我々が学んでいる戦略経済学の観点から問題となるのは、オンライン事業がどれくらいの規模に発展するかということではなく、この事業には十分な収益性があるか否かということと、仮に収益性があるならば、それを勝ち取るのはだれかということである。

競争優位の主な源泉は、顧客の囲い込み、技術面での優位、そして規模の経済（特にローカルな範囲内でのもの）であるが、特殊な状況を除けば、これらすべてがインターネット上の取引では容易に築くことができない。

まず、オンライン企業の顧客は、従来型の小売企業よりも簡単に商品の価格やサービスの内容をインターネット上で比較することができる。オンライン企業が競合し合う距離はたった一回のクリックであり、各社の価格を比較して一覧表示するサイトも存在する。

次に、オープン・スタンダードを採用しているインターネットの世界では、独占的な技術を築く余地がほとんどない。新しい最良のアイデアを取り入れたとしても、その優位性が持続する期間は短く、すぐにもっと優れたアイデアが登場する。これは、検索エンジンや、オンライン株取引、インターネットバンク、宅配、個人用ホームページの作成などといった例を考えてみれば明らかである。

最後に、どんな企業であれ、インターネット事業で規模の経済を生かして利益を獲得することはほぼ不可能である。そもそも規模の経済は多額の固定費が広い顧客層に分散されることから生じるものだが、オンライン企業は実店舗を持たずにコストを抑えていることを声高に謳っている。新規参入に要する初期投資の金額も最小限で済むので、既存企業に優位性はなく、事実上だれもが競争に参加することができる。

また、規模の経済では特定の地域性が重要な要素の一つとなるが、インターネットの世界には企業が営業を行う地理的領域を区切る境界線が存在しない。さらには、伝統的な小売企業であれ、銀行、証券会社、保険会社、新聞社、その他あらゆる業種の企業であれ、従来型のやり方に加えて、自社自身でインターネットを利用したビジネスモデルを構築することができる。

インターネットは、規模の経済を築くどころか、望みさえすればだれもが入っていける無数の入り口を提供した。結局のところ、顧客に対してはこのうえない恩恵を与えたインターネットは、それを利用して顧客にサービスを売り込む企業にとってみれば、利益の破壊者だったのである。[注24]

【注】

22 ウォルマートの決算月は多くの小売企業と同じく一月末であり、ここで用いた決算データは一月末時点の数字を表している。

23 ウォルマートの売上高に対する物流輸送費の比率は二・八％であるのに対して、業界全体の平均は四・一％である（238ページの**表10-3**を参照）。これは、ウォルマートの相対的なコスト優位が三〇％以上（（四・一％－二・八％）÷四・一％＝三一・七％）であることを意味している。これに対して、人件費や店舗賃借料の相対的なコスト優位は一〇〜一五％程度だった。なお、業界全体の数値にはウォルマート自身も含まれているので、ウォルマートと他の企業との差が実際よりも小さく表示されている。

24 物事を一般化した記述には、少なくとも一つか二つの例外がある。ここでのインターネット企業の収益性に関する記述で、明らかな例外の一つとして挙げられるのが、ｅＢａｙである。ｅＢａｙは、規模の経済の一形態である「ネットワーク効果」を生かして高い収益力を誇っている（ただし、日本ではヤフーがオークションサイト市場を支配しており、ｅＢａｙの存在感はほとんどない）。ｅＢａｙとは対照的に、アマゾンは約一〇年間もの歳月を費やした後で、ようやくわずかな利益を計上するに至った。

第11章

持続可能な競争優位とは
——フィリップス、シスコシステムズ

市場の急成長は先発の利益を奪う：フィリップスのCD事業

オランダに本拠を置く多国籍コングロマリットのフィリップスは、家庭用電化製品事業に長く従事しており、LP盤レコードの代替品となる録音カセットテープを世界で初めて開発したことでも知られる。

一九六〇年代の後半、フィリップスの技術者たちは、その一〇年前にマサチューセッツ工科大学（MIT）で研究が始められた、デジタル再生を行うためのレーザー技術の開発に乗り出した。最初の成果として現れたのは、円盤型のディスクに刻まれたアナログ画像を光学的に読み込むビデオシステムだった。この製品は、従来のビデオテープに比べて再生画質は優れていたが、予めデータが記録されたディスクしか再生できなかったので、一般に広く受け入れられることはなかった。

それでも技術者たちは、レーザースキャン技術の高い将来性、特にそれが聴覚や視覚情報のデジタル暗号化と組み合わされた場合の有用性に大きな可能性を感じた。一九七九年、フィリップスの家電部門の役員たちは、各家庭で聴く音楽のCDへの録音作業にこの技術を用いることの可能性について分析し始めた。

レコードやカセットテープは、アーティストが音楽スタジオで楽曲を録音してから、家庭で聴く消費者の手に

図 11-1 音楽業界マップ

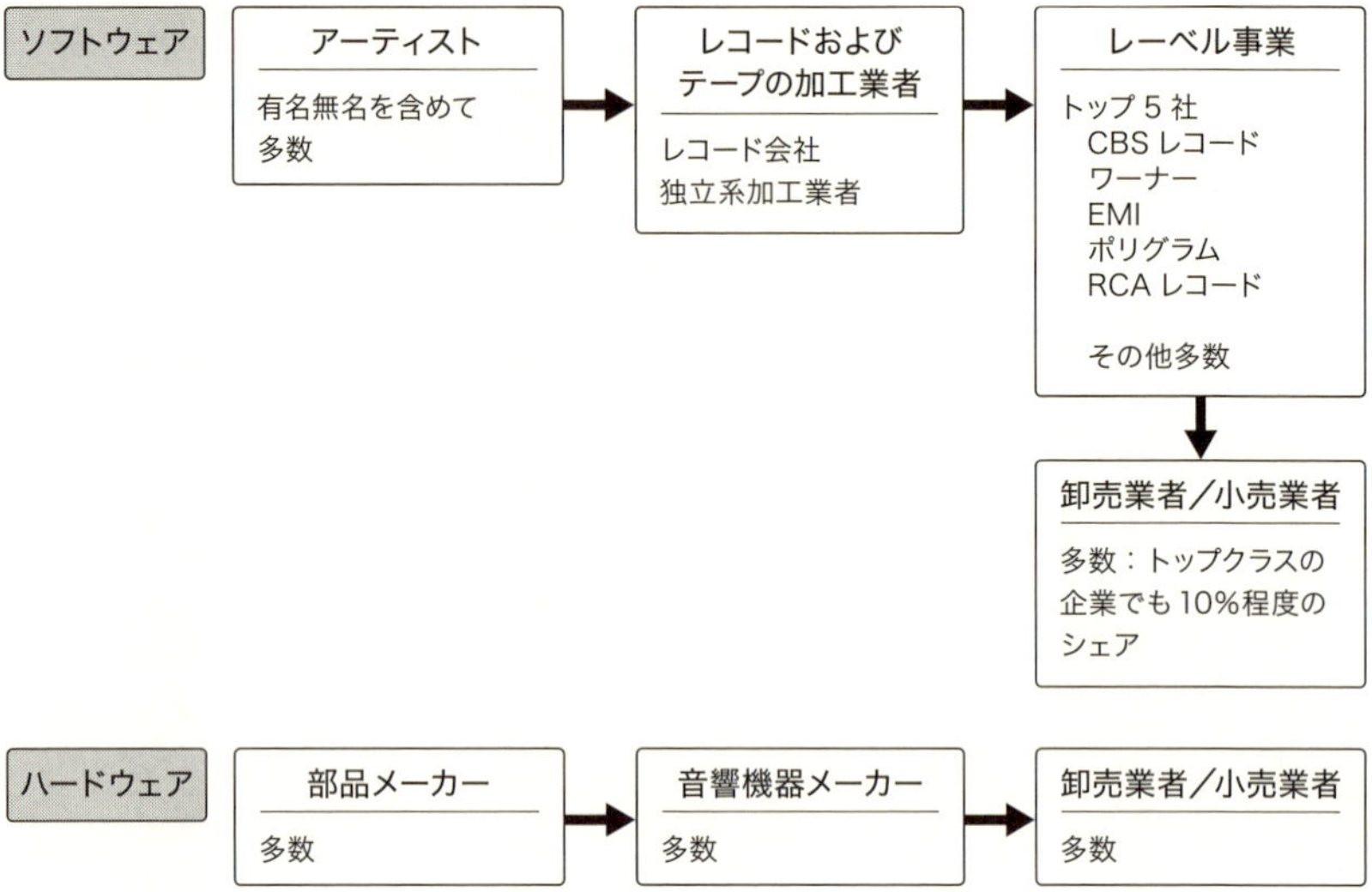

わたるまでに、多くの段階を経ていた。音楽業界の各セグメントの大半は競争が非常に激しく、多数の企業がそれぞれ小さな市場シェアを占めている状況だった。唯一の例外は、業界全体の中心に位置するレコード会社のセグメントだった。アーティストを起用して、レコードの製造と販売を行うこのセグメントでは、ＣＢＳレコードとワーナーがシェアの大部分を支配していた（**図11-1**）。

フィリップス自身は、この業界のなかで二つのセグメントに属していた。まず、音響機器メーカーのセグメントでは、品質、デザイン、価格のどれをとっても他の製品と大差はなく、フィリップスの地位は、多数存在するメーカーの一社に過ぎなかった。もう一つのセグメントは、レコード制作を行うレーベル事業のセグメントで、ここではドイツの巨大企業であるシーメンスと五〇％ずつを折半出資するポリグラムを所有していた。

実際のところ、ＣＤの開発をもっとも強く主張していたのは、ポリグラムのマーケティング部長だった。ポリグラムはセグメントのなかで二番手グループに属しており、CBSレコードとワーナーに大きく水をあけられていた。

業界内には、複数のセグメントにまたがって事業を行っている企業はフィリップス以外にほとんどなかった。東芝がEMIと、ソニーがCBSレコードと資本関係を持っていたが、いずれも日本での事業のみに限定されていた（その後、ソニーは一九八八年にCBSレコードを買収した）。これらの企業を除けば、各セグメントはそれぞれ自己完結していた。フィリップスの幹部たちに課せられた問題は、この非常に細分化された市場のどこでCD事業から利益を上げるかということだった。

見落とされた第三の課題

一九七九年当時、音楽鑑賞用の商品を購入したい顧客には、LPレコードかテープかの二つの選択肢があり、テープはさらに八トラック・カートリッジテープ（楽曲が予め録音されているテープ）とカセットテープの二つに分かれていた。最初に開発されたオープンリール式のテープは、専門家や一部の音楽オタクの間では依然として使われていたが、一般消費者向けの録音テープとしてはすでに市場から消えていた。

一九七九年時点の販売枚数は、LPレコードが三億枚以上、八トラック・カートリッジテープが約一億枚、カセットテープが八三〇〇万枚で、カセットテープの売上げが八トラック・カートリッジテープのそれを急速に追い上げていた。カセットテープは八トラック・カートリッジテープとは異なり、空のテープを購入して自分が選んだ音楽を録音できるという融通性があったが、同時に海賊版のテープが市場に出回る脅威をレコード会社やアーティストたちに与えていた。

フィリップスは、CD事業が会社にとって大きなチャンスになると見込んでいたが、成功するためにはいくつかの課題を克服することが前提条件だった。まず、CDそのものと、音楽を再生するためのCDプレーヤーの標準規格をどうするかという問題があった。ちょうど同じ時期に見られた、ソニーが開発したベータマックス規格と、日本ビクターが開発したＶＨＳ規格――どちらの規格でもしばらくの間、ＲＣＡ製とフィリップス製のビデオディスクが使われていた――が競い合っていたビデオテープ市場の例は、標準規格の競争が行われている状況下で利益を上げることがいかに難しいかを如実に物語っていた。さらに、八トラック・カートリッジテープとカセットテープ間での競争も、似たような状況で進んでいた。フィリップスはレーザー技術を用いた音響製品の開発で競合よりも一歩先んじていたが、テレフンケン、日本ビクター、ソニーといった企業が、フィリップスとは互換性のない製品の開発に取り組んでいることを知っていた。

統一化された標準規格がなければ、この製品の市場への浸透はかなり遅れることが予想された。レコード会社は、同じ音楽に対して異なる規格の商品をいくつも製作することは望まないだろうし、ＣＤプレーヤーのメーカーも、十分な規模の市場があると確信できなければ、機器の製造には乗り気にならないと考えられた。したがって、フィリップスの事業計画には、業界全体の企業に採用される統一標準規格――もちろん、フィリップス自身が開発するもの――を確立することが含まれていた。

第二の課題は、ＣＤの製造コストと販売価格の釣り合いが取れるかどうかという問題だった。損益分岐点を大きく上回る規模の顧客を獲得して事業を成功させるためには、ＣＤが他の代替品と十分競い合えるような価格で提供される必要があった。ＣＤプレーヤーも、レコード・ターンテーブルより高くなるとはいえ、消費者が手に入れやすい価格で提供されなければならなかった。

消費者に対する調査を行った結果、フィリップスの役員は、ＣＤとＣＤプレーヤーは優れた音質と耐久性の高さが評価されて、少なくとも代替品よりは高い価格で売ることができると確信した。また、販売数量が十分な規模に達すれば、ＣＤプレーヤーは同じような機能を持つレコード・ターンテーブルよりもほんの少し高い程度のコストで製造できることにも自信を持っていた。彼らにとってこれよりも難しい問題は、ＣＤに音楽を焼き付ける際にかかるコストと、完成品を流通チャネルに乗せて最終消費者の手元に届けるまでのコストがどれくらいかかるかということだった。

第三の課題は、フィリップスの役員たちには注目されなかったものだが、CDの市場規模が成長するなかで、数多く存在する他のCDおよびCDプレーヤーのメーカーと、どのように差別化を図るかという問題だった。何らかの差別化要因がなければ、他のメーカーと経済的に対等の立場で戦わざるをえない。このような競争状況のもとでは、利益率は資本コストと見合う水準まで押し下げられ、先発優位の立場から超過利益を獲得する余地はほとんど、あるいはまったくなくなることになる。フィリップスの戦略が最終的に大きな利益を生み出すか否かは、この最後の課題にいかにうまく対処するかにかかっていた。

事業の成功は約束されたはずだった

CDの需要を推定するに当たって、フィリップスの役員たちはジャズとクラシック音楽のLPレコードを購入している顧客層に焦点を当てた。ジャズやクラシック音楽は、ロック、ポップス、カントリー、その他の音楽ジャンルよりも音域が広くて躍動的なので、これらの顧客層はCDの優れた音質を高く評価していた。

一九七九年にアメリカで販売されたジャズとクラシック音楽のLPレコード枚数は約二五〇〇万枚で、LPレコード全体に対する比率は一〇％未満だったが、これらの顧客層は、音質の改善度がCDよりもはるかに小さいデジタル・リマスター版（訳注：デジタル技術を利用して、オリジナルの音源にあるノイズを修復した製品のこと）のレコードに対してすら、通常のLPレコードより三〇％高い価格を支払う意思があることがわかっていた。

フィリップスは、彼らの半数がCDに移行するまでに約五年の歳月がかかると予測した。一方で、市場全体の九〇％以上を占める他の顧客のうち、ある程度が最終的にはCDに移行するだろうと見積もっていた。その結果、CDを導入してから三年後には年間の販売枚数が一八〇〇万枚となり、七年後までには一億二〇〇〇万枚に達すると試算した。さらに、これらの数字はアメリカ市場のみに限定したものであり、仮にアメリカ市場の規模が世界全体の半分を占めると仮定すれば、世界全体の需要はこの二倍に相当する可能性があった。

ポリグラムに資本参加していたこともあり、フィリップスはLPレコードとカセットテープの製造にかかるコストをある程度正確に把握することができた。CDの販売開始を予定していた三年後の一九八二年時点では、LPレコードまたはカセットテープ一枚当たりの製造費と包装費を除いた変動費の構造は、**表11-1**のようになると予測した。

これらの費用項目にかかる金額は、CDでもそれほど大差はないと信じていた。まず、アーティストへ支払う著作権使用料は、LPレコードでもカセットテープでも同じなのだから、CDの場合だけ変わると考える理由はなかった。また、販売促進費は仲介業者が得る利益も含めてLPレコードまたはカセットテープ一枚当たり一・三三ドルで、製品が消費者に販売されるまでの卸売段階と小売段階でかかる物流費用は、各仲介業者の利益取り分も含めて同じく約三・〇〇ドルとなった。これらをまとめると、消費者に転嫁されるコストは、製造費と包装費を除いて約七ドルになると試算された。

一九七九年に、LPレコードは一枚約六・七五ドルで販売されていた。一九八二年までのインフレ率を年間一〇%と仮定すれば（実際にそうなった）、三年後にはレコード一枚の価格は約九ドルまで上昇すると予測された。仮に消費者が音質の良い音楽製品に対して三〇%の上乗せ分を支払う意思があるとすれば、CD一枚の小売価格は一一ドルから一二ドルの間となる。このうち、製造費と包装費を除いて約七ドルのコストがかかるので、CD一枚を製造してそれをケースに収めるためのコストは、四ドルまでは許される計算だった。もしフィリップスがこの金額以下でCDの製造と包装を行うことができるのであれば、コストと販売価格に関する問題は解決すると目された。

表 11-1 製造費と包装費を除く単位コストの推定：1982年時点（単位：ドル）

アーティストへの著作権使用料	2.65
販売促進費（仲介業者の利益を含む）	1.33
物流費用	3.00
合計	6.98

表 11-2 CDの累積生産枚数と単位当たり製造変動費（単位：ドル）

累積生産枚数	単位当たり製造変動費
0－499万枚	3.00
500－999万枚	2.34
1000－4999万枚	1.77
5000万枚以上	0.69

フィリップスの経営陣で、その強い熱意でCD事業を牽引していたハンス・ゴートは、彼が「宝石箱」と呼んだカチッと開くタイプのプラスチック・ケースにCDを一枚ずつ入れて販売することを望んだ。ケース一枚当たりのコストは一・一八ドルであり、これは厚紙でつくられたLPレコードジャケットのコストに比べるとはるかに高かった。しかし、ゴートはCDの優れた品質を印象づける効果を思えば、包装費を上乗せする価値が十分あると考えた。CD一枚当たりの包装費が一・一八ドルだとすれば、製造費に費やせる金額は一枚当たり二・八二ドルとなる。

CD一枚の製造費がどれくらいかかるかについては、フィリップスは参考になる知識や経験をそれほど多く持ち合わせていなかったが、ビデオディスクの製造では、効率的な生産ができるまで、具体的には画像のノイズが除去されて歩留まりが十分向上するまでに、数年の時間を要することを経験上学んでいた。

彼らは、CDの製造では、累積の生産枚数が五〇〇〇万枚に達するまでは歩留まりが改善して単位当たりの製造コストが下がり続け、五〇〇〇万枚を超えると単位当たりのコストは〇・六九ドルで横ばいになると推測した（**表11-2**）。理論

表 11-3 生産設備に関連する単位当たり製造固定費（単位：ドル）

年度	単位当たり 生産設備建設コスト	単位当たり 年間製造固定費 （資本コスト＋減価償却費）
1982	12.50	2.50
1983	8.35	1.67
1984	5.58	1.12
1985	3.73	0.75
1986	2.39	0.48
1987	1.67	0.33

的には、この事業に最初に参入した企業が、後発の競合よりも先に経験曲線を下方へ伸ばしていき（つまり単位コストを下げていき）、大きな利益を獲得すると考えられた。

しかし、この変動費は製造費全体の一部でしかなく、この他にも、CDに音楽を焼き付けるための工場や機械設備の固定費が必要だった。

フィリップスの技術者たちは、年間二〇〇万枚の生産能力を持つ最初の製造ラインは建設コストが二五〇〇万ドルかかり、一八カ月の建設期間を要すると見込んだ。そして、その後に追加する製造ラインは建設期間が一年に短縮され、生産能力が向上し、建設コストも安くなると推測した。また、生産設備が毎年新しい世代のものに更新されていくにつれて、建設コストの低下は最初に製造ラインを導入してから少なくとも五年間は続くと考えた。

これらの生産設備に対する資本コストを一〇％、さらに減価償却を一〇年間均等（年間一〇％）で行うと仮定すると、生産設備に関連するCD一枚当たりの製造固定費は、一九八二年度の二・五〇ドルから一九八七年度には〇・三三ドルまで低下するという計算になった（**表11-3**）。また、製造ラインの年間生産能力が二〇〇万枚を超えても、CD一枚当たりの生産設備に関連する固定費が大きく減少することはないと考えた。

製造費を構成するこれら二つの要素をまとめると、最新世代の生産設備を用いれば、販売を開始してから三年か四年後には、CD一枚当たりの製造費は二・八二ドルを優に下回ることが明らかとなった。これは、レコード会社が吸収でき、かつ消費者に受け入れられる小売価格をもとにフィリップスが試算した許容額の範囲内に収まるものだった。

一方で、生産規模の拡大に伴い規模の経済が働く余地は、非常に限定的だった。たとえば、四年目（一九八五年度）に最新式の製造ラインを使ってCDを製造する際の単位当たり生産設備建設コストは三・七三ドル、年間製造固定費（資本コスト＋減価償却費）は〇・七五ドルと、固定費が占める割合はほんのわずかに過ぎなかったからである。仮に、この時点までに累積生産枚数が五〇〇〇万枚を上回っていれば、製造費の変動費部分は単位当たり〇・六九ドルで、単位当たり固定費の〇・七五ドルと合わせると、CD一枚当たりの製造費は一・四四ドルとなる。このように、コストの面から見れば、CD事業は十分採算に合うと思われた。

経験曲線効果は本当に存在するか？

フィリップスにとって、未来はバラ色に見えたに違いない。第一の課題であった標準規格の問題は、ソニーとの間でお互いの優れた面を生かしつつ共同で取り組むことで解決した。

CDの大きさを直径一二センチにすることを主張したのはソニーだった。これは、ベートーヴェンの第九交響曲が十分に収まる七五分間の音楽再生が可能な大きさであり、その決定にクラシック音楽の愛好家たちは喝采をおくった。しばらくの間、日本ビクターは自社独自の規格開発に取り組んでいたが、CDの商業生産が始まった一九八二年頃には、フィリップスとソニーの規格を採用することで大筋合意が成立していた。一番初めにCDで販売された楽曲は、ビリー・ジョエルの「フィフティセカンド・ストリート」で、第九交響曲もその後すぐに発売された。一九八二年の末には、一〇〇以上の楽曲がCDで入手できるようになっていた。

フィリップスにとって残された課題は、どうやってCD事業から利益を得るかということだった。CDの開発段階からフィリップスおよびソニーと共同して取り組んできたポリグラムとCBSレコードが、CDを採用した最初のレコード会社となり、その他のレコード会社もすぐに追随した。

しかし、この新しい技術に対してだれもフィリップスにロイヤルティを支払うことはなく、実際はむしろまったく逆の状態だった。フィリップスとソニーは、CDを採用するように相手を説得しなければならず、新技術を利用する見返りとしてロイヤルティを支払い、利益を削ろうとするレコード会社などどこにもなかった。技術はもともと一九五〇年代にMITで開発されたもので、特許で保護することができなかった。また、業界全体で交渉力を持っているのはトップクラスのレコード会社のみで、フィリップスはロイヤルティの支払いを強要できる立場にはなかった。

フィリップスはCDの製造事業のみに携わることで、成功できただろうか。この分野の先駆者として経験曲線を一番先に下方へ伸ばしていける地位を利用して、音楽のノイズを最低限に抑えて高い歩留まりを達成することの複雑さを学び始めたばかりの競合よりも、はるかに低いコストでCDを製造することができただろうか。

先発企業は、常に自社を競合よりも一歩先に立たせる経験曲線効果を得られる可能性はあるが、一方でこれには問題点もある。他社よりも先に経験を積むことによって歩留まりが向上し、単位コストが下がっていくことは事実だが、この効果は、最新の製造ラインに一番先に投資しなければならないという不利な点によって相殺されてしまう。製造ラインに対する投資コストの面では、先陣を切るのに伴う代償を支払う必要がない後発企業のほうが安く済むのだ。

これらのプラス効果とマイナス効果のどちらが大きく働くかは、CDの市場規模がどれくらい早く成長するかによって決まる。

例として、第三世代（三年目）の設備を使ってCDの製造事業に新規参入する企業の状況を考えてほしい。彼らの単位当たり年間製造固定費は一・一二ドルであり、これはフィリップスが第一世代の設備で新規参入するときの二・五〇ドルより一・三八ドル安い（表11-3を参照）。仮にフィリップスの二年目終了時点までの累積生産枚数が一〇〇〇万枚だったと仮定すれば、三年目のフィリップスの単位当たり製造変動費は一・七七ドルとなり、これは新規参入企業の三・〇〇ドルよりも一・二三ドル安い（表11-2を参照）。したがって、先発企業であることによる利益と不利益は、互いにほぼ相殺し合うこととなる。

フィリップスが第三世代の製造ラインを使えば、年間の製造固定費は新規参入企業と同等になり、製造変動費での一・二三ドル分のコスト優位をすべて享受することができる。この場合は、総合的に見てもフィリップスが後発企業に対する優位性を経験曲線効果から得ることが期待できる。

しかしながら、後発企業が経験を積んで経験曲線を下方に伸ばしていくにつれて、フィリップスの優位性は縮小し始め、後発企業の累積生産枚数が五〇〇〇万枚に達した時点で消滅することとなる。後発企業は参入当初時点でフィリップスよりも新しい世代の設備を導入しているので、年間の単位当たり製造固定費は、フィリップスよりも安く済む。もしCD市場が年間二億枚かそれ以上の規模に急成長するとすれば、少なくとも何社かの後発企業は、急激な速度で五〇〇〇万枚の累積生産枚数を達成すると考えられる。

フィリップスの重要顧客は、規模が大きく、洗練されていて、強力な支配力を有するトップクラスのレコード会社なので、フィリップスが顧客の囲い込みによって優位性を築く可能性は低い。したがって、フィリップスのコスト優位が続くのはせいぜい二年以内程度になる。

皮肉なことに、フィリップスが経験曲線効果による優位性を長期間持続するためには、競合の累積生産枚数が五〇〇〇万枚に到達し、経験曲線を最下限まで伸ばすまでに何年間もかかるくらいCD市場の成長速度が遅いことが唯一の条件となる。

この観点から見れば、CD事業にとっての問題点は、市場規模が小さすぎることではなく、それが大きすぎることにあった。フィリップスは他社に先駆けてスタートを切ったが、先発の優位を維持できるのは二、三年しかなさそうだった。ある程度の顧客の囲い込みを実現しない限り、彼らの既存顧客が他の企業に乗り換えるのを阻止することはできない。また、工場や機械設備は、わずか二〇〇万枚程度の年間生産能力で効率的に運営することができたので、生産面での規模の経済が他社の参入を阻止する要因にはならなかった。

顧客の囲い込み、持続的な技術優位、相対的な規模の経済のどれもない状態では、フィリップスがCDの製造業者として競争優位を獲得できる見込みはないに等しかった。

このような絶望的な状況は、音響機器製造事業のセグメントでもほとんど変わらなかった。フィリップスとソニーはCDプレーヤーを最初に発売した企業だったが、他の企業が同様の製品を販売するまでにほとんど時間はかからなかった。すべての企業が同じ技術を使っていたので、他社との差別化を図る要素はデザイン、付加機能、価格くらいしかなかった。しかし、これらの要素が高採算事業の決め手となることはめったになく、フィリップスのように自社の技術開発力に誇りを持っており、多額の経費を支出している企業にとっては特にこれが当てはまる。

後知恵でフィリップスのCD事業戦略を非難することは易しい。しかし、急速に成長する市場で先発者となって利益を得るというフィリップスの夢は、他業界の多くのメーカーも共通して持ってきたものである。だが、この夢を実現した企業の大半は、フィリップスと比べても同等以上の結果を生んでいない。フィリップスの事例は、なぜこのような結果になるかを我々に示している。

先発者となることは、まさしく諸刃の剣である。累積生産数量が増加するにつれて単位コストが減少する経験曲線効果が有利に働く一方で、ビンテージ効果——後から出てくる生産設備のほうが効率的であり、古い生産設備は相対的に陳腐化すること——が先発者にとって不利に働く。

CDのように成長速度が非常に速く、規模も大きい市場では、先発企業のみならず、後発企業にとっても累積生産数量と学習効果が急速に上昇していく。やがて、「収益逓減の法則」によって先発企業の優位性は徐々に縮小し、ビンテージ効果のほうが相対的に大きく働くようになる。この段階に達すると、CD事業に商機を見出した新規参入企業が増えて、フィリップスの収益率は低下する。

実際のところ、フィリップスにとっては、CD市場が五年から七年間ほど自社のみで独占できるくらいのニッチ市場に限定されていたほうが、もっと良い結果につながっていたかもしれない。この独占体制の期間中に、初期段階の生産設備費用を十分補う超過利益を獲得できていた可能性はある。

新市場への挑戦：シスコシステムズのネットワーク機器事業

CD市場の開拓者となるためにフィリップスが費やした努力は、消費者にとっては非常に良い状況を生んだ。その一方で、フィリップス自身とそれに追随してCD事業へ参入した他のメーカーにとっては、あまり良い結果をもたらさなかった。LPレコードに固執する一部の熱狂的なファンを除いて、大部分の音楽愛好家たちはCDの便利さと耐久性の高さを評価し、CDは音楽鑑賞の媒体としてLPレコードに取って代わっていった。将来的には、デジタル形式の音楽や海賊版の流通などによって、CDの永続性にも難題が突きつけられることになるだろうが、CDが商業技術、エンターテインメント、そしてデータ記憶媒体の歴史に一つの地位を築いたことは明らかである。

シスコシステムズ（以下シスコ）がネットワーク事業で経た経験は、多くの点でフィリップスのCD事業とは対照的な様相を呈している。シスコは、異なるコンピュータシステムを結びつけることを可能にするルーターを開発した。ルーター事業の初期段階における顧客は、音楽を聴く消費者ではなく、一般企業、政府系機関、大学、その他の公共機関などだった。シスコがこの事業に乗り出したときにはすでに多くの競合が存在しており、先発者の地位を目指していた企業は他にもあったが、シスコは常にもっとも大規模で、もっとも多くの利益を稼ぎ、もっとも早く成長を遂げた。

シスコは首尾よく自社の競争優位を築き上げ、事業規模が拡大するにつれて、それはますます強力なものとなっていった。CD事業では、工場の年間生産能力が二〇〇万枚程度で効率的となったが、市場全体の規模が大きすぎたので、規模の経済が競争優位を築く重要な要因とはなりえなかった。これとは対照的に、ルーターには膨大な量のデータを処理する高い性能が要求され、その製造には多額の固定費を伴ったので、シスコは規模の経済に基づく優位性を享受することができた。

さらにシスコは、この優位性を実にうまく管理した。フィリップスとは異なり、この新しい事業から何十億ドルもの利益を稼ぎ出したおかげで、シスコの株を早い時期から持っていて、二〇〇〇年半ばに始まった株価急落（訳注：ITバブルの崩壊）の前に売り抜けた投資家は、巨万の富を得ることができた。

初期の輝かしい成長

シスコは、ある一つの問題を解決することによって成長し、成功を収めた。背景にはその生い立ちが深く関係している。

一九七〇年代と一九八〇年代にコンピュータとそのメーカーが急増するにつれ、さまざまな異なるコンピュータ言語と通信プロトコル（訳注：ネットワークを介してコンピュータ間でデータを送受信するための決まりごと）が生まれて、システム間の相互通信を妨げる要因となっていた。

一九八四年にシスコを設立したスタンフォード大学勤務の技術者たちも、この問題に悩まされていた。彼らは、それぞれの学部ネットワークをまたがってeメールを送受信したいと考えていたが、ビジネススクールとコンピュータサイエンス学部がともにHP製のコンピュータを使っているにもかかわらず、それぞれモデルが違い、異なるプロトコルを使っているせいで、お互いのファイル交換ができないということを知った。

図 11-2　シスコの株式時価総額、売上高、営業利益：1990～2000年度
（単位：十億ドル）

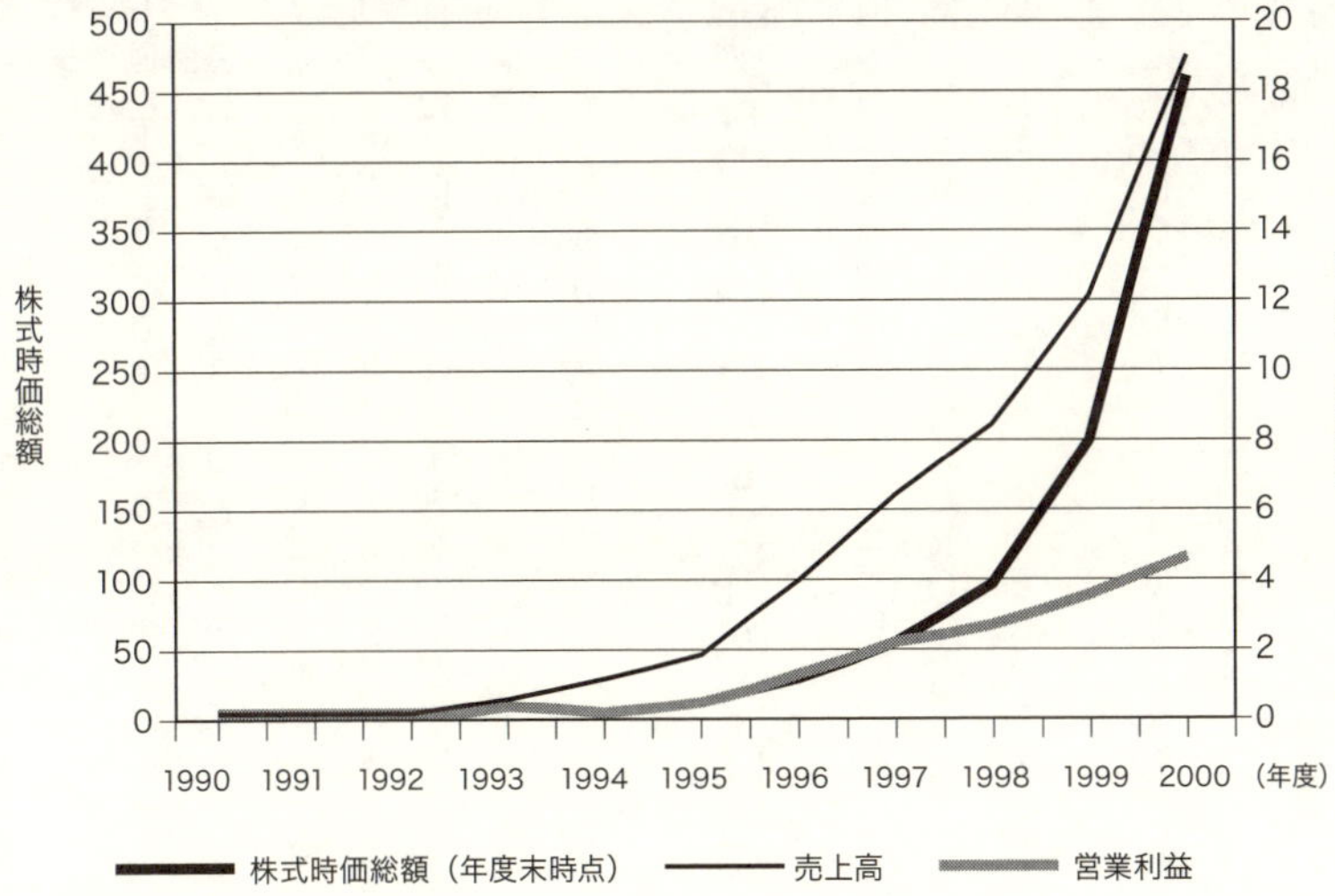

そこで彼らは、この問題を解決するために、あるネットワークから出力されたデータを異なるネットワークでも読み取れるように処理して送る接続機器であるルーターを開発した。異なるコンピュータネットワーク間の言語障害を取り除くことによって、組織全体を一つに結びつけるネットワークを現実のものとしたのである。よくあることだが、一般に広く共有されている問題を解決することが、富を築く道となりうる。

シスコは、みずからを飛躍させるもう一つの波にも乗ることができた。組織内の異なるネットワークを結びつける機能を持つルーターは、当時まだ黎明期にありながら急速に拡大していたインターネット上で、もともとは互換性のないコンピュータ同士の相互通信を可能とする機能も同時に持ち合わせていた。シスコのルーターを用いることにより、ボーイングなどの企業はインターネットを社内データの通信媒体として、社内の全システムを「イントラネット」と呼ばれるネットワークに結びつけることができるようになった。この結果、ボーイングの作業負

担は大幅に減ることとなり、それを知った他の企業も自社の社内ネットワークを向上させるためにシスコのもとへと群がった。

自社と似たような便益を提供する競合との差別化を実現しつつ、顧客の日々の活動を大幅に改善させることができる企業は、非常に大きな見返りを得る。シスコの場合でいえば、その見返りは、売上高の成長、利益の増加、そしてこれら二つをはるかに上回る株価の上昇という形で表れた（図11-2）。

一九九〇年度に七〇〇〇万ドルだった売上高は、二〇〇〇年度には一九〇億ドルとなり、年間平均六六％の成長率で伸びた。同じ期間の営業利益の年間平均成長率は六三％であり、株式時価総額は三億五〇〇〇万ドルから四五〇〇億ドルへと増加し、年間平均上昇率は九〇％を超えた。[注25]一九九九年の一時期には、シスコの株式時価総額は世界最大の金額を誇っていた。

顧客の囲い込みと規模の経済による優位

フィリップスとは異なり、シスコの場合は競合の新規参入によってその力が弱まることはなかった。売上高の成長、高い営業利益率、並外れたＲＯＩＣ（投下資本利益率）、そして株式時価総額の莫大な増加の基盤となっていたのは、拡大を続ける市場におけるシスコの支配的な地位と、この支配的地位の拠り所となる競争優位の存在だった。

商業的に成功したマルチプロトコルルーターを最初に製造したのはシスコであり（訳注：厳密にいうと、原始的なルーターを最初に製造したのは別の企業である）、しばらくの間はシスコが市場で唯一のプレーヤーだったが、その後すぐにウェルフリートやスリーコム（3Com）のような競合が現れた。シスコの市場シェアは、一九八九年初頭の一〇〇％から、一九九四年の第１四半期には七〇％まで低下したものの、それから二年以内に八〇％までシェアを回復した。

ルーターの市場には、CD市場にはない二つの要素が存在した。それは、強固な顧客の囲い込みと、規模の経済である。ルーターは、ハードウェアとソフトウェアが複雑に統合された精巧な機器である。ネットワークシステムの設置と維持管理には高度な専門技術が必要であり、十分な人員と技術力を有するIT部門を持たない企業は、シスコかその競合メーカーに頼らなければならなかった。これらの企業が社内のネットワークを拡大していく際には、既存のシステムを仕入れた先のメーカーへ最初に話を持っていくのが自然であり、あえて新しいメーカーに変えるリスクとコストを負担しようとはしない。

このような、ルーターメーカーと顧客企業間の技術的な習熟度の非対称性は、顧客がメーカーを変えるのを困難にするもう一つの特性によって、さらに増幅された。その特性とは、ルーターそのものには、各メーカーの製品間で互換性がなかったということである。シスコ製のルーターは、ウェルフリート製やスリーコム製のルーターとは互換性がなかった。そのため、最初にシスコからルーターを購入した顧客は、その後もシスコとの取引を続けることがほとんどだった。ここでは、製品の複雑さによって、顧客が仕入先に囲い込まれることとなったのである。[注26]

他のデジタル機器と同様、ルーターの性能は急速に向上していった。ハードウェアとソフトウェアは、より正確に、より速く、そしてより多くのデータを処理できるようになった。シスコは市場シェアの大半を占めていたので、ソフトウェアコードの作成や改良モデルの設計を行う際に、競合よりも強力な規模の経済の効果を得ることができた。

また、彼らはルーターの販売先の大部分を占める安定的な顧客層を抱えていたため、競合よりもずっと効率的に新しい技術を広められる立場にあった。この特権的な地位は、社内での研究開発活動や他社の買収を通じた新技術の獲得に対して、シスコが競合よりも多くの投資を行える資金的余裕があることを意味した。

シスコは、社内の研究開発活動と他社の買収の双方を積極的に追求した。一九九三年度から一九九六年度にかけて、計一五社の買収または部分出資（過半数未満）を行ったが、一九九七年度の第1四半期だけで、さらに八社への投資を行った。すべての投資がうまくいったわけではなく、なかには買収金額があまりに高すぎるものもあったが、自社自身では築けないものを他社の買収によって獲得することで、常に競争の先頭に立つことができた。製品の流通販売、システムの維持管理、そして研究開発の各業務で規模の経済を自社自身と買収した企業の双方で活用したおかげで、シスコはもともとの強みを持つルーター事業の周辺領域に勢力を拡大することができた。一九九〇年代の半ば頃、新しい組織内ネットワーク機器としてＬＡＮスイッチが登場してルーターに脅威を与えたが、シスコは他社の買収によってＬＡＮスイッチ事業に乗り出し、すぐに最大のシェアを占めるようになった。一九九四年度の第1四半期時点では、ＬＡＮスイッチ市場の市場シェアはスリーコムが四五％でシスコは三五％だったが、一九九六年末には、スリーコムのシェアは二一％まで低下し、シスコは五八％へとシェアを伸ばした。

一九九〇年度から二〇〇〇年度にかけてのシスコのＲＯＩＣ（税引前利益ベース）は、平均で一四二％という凄まじい数値を記録した[注27]（**図11-3**）。従業員や役員の給与にストックオプションの割合を多く取り入れていたので、給与費用の相当部分が損益計算書に計上されず、コストが実際よりも小さく表示されていたのは間違いない。そのため懐疑論者のなかには、もしストックオプションの分が費用として損益計算書に計上されていれば、シスコは実際のところずっと赤字だった可能性があると主張する人すらいるが、この批判は明らかに誇張しすぎである。

二〇〇〇年度の時点で、シスコが保有していた現預金は五五億ドル（一九九〇年度は五〇〇〇万ドル）であり、この他にも現金化が容易な投資有価証券が一四〇億ドルあった。一方で、一九九〇年度から二〇〇〇年度にかけては有利子負債がまったくなく、新たに株式を発行したのは三〇億ドル以下である。したがって、たとえ従業員や役員の給与の実態的なコストが隠されることによって損益計算書が実際より良く見えていたにせよ、一九九〇

図 11-3　シスコのROIC（税引前利益ベース）：1990～2003年度

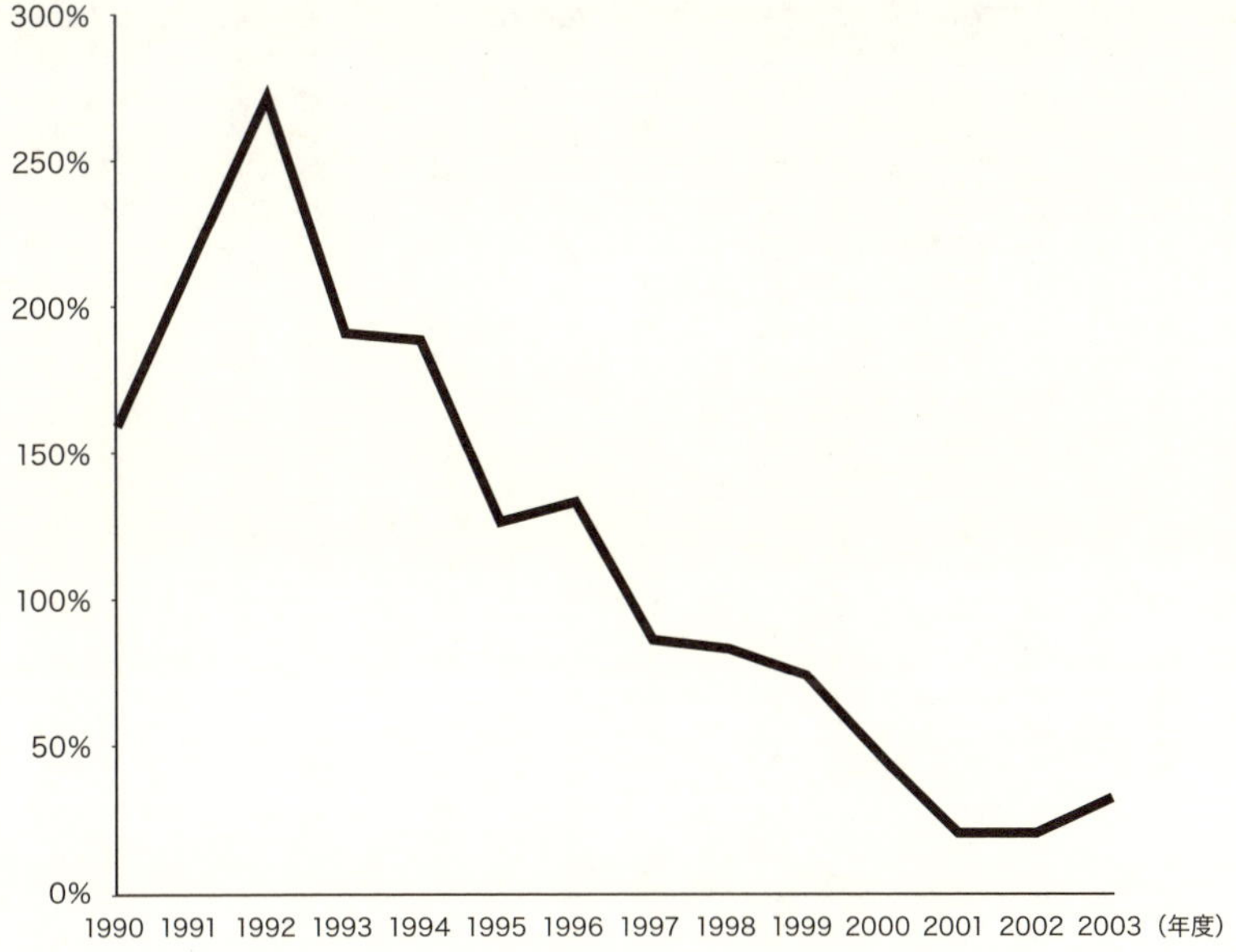

年代を通じてシスコの利益率が資本コストを上回っていたことは確実である（訳注：要するに、この期間に投下資本〈有利子負債＋新規株式発行〉を三〇億ドル増やした一方で、最低でもその倍近くに相当する五四億五〇〇〇万ドル〈五五億ドル－五〇〇〇万ドル〉の現預金を積み増した〈実際には、これに現金化が容易な投資有価証券の増加分も足される〉ので、投下資本に対して十分なリターン〈キャッシュ〉を生み出す事業を行っていたことは間違いないという主張である）。

この期間におけるシスコの収益率の高さは、**図11-3**を見れば明らかだ。景気の後退が始まって、その年の三月に最高値をつけた株価が急落していた二〇〇〇年七月の時点でも、シスコの勢いは衰えなかった。売上高は前年度比五六％増の約一九〇億ドルであり、営業利益も前年度比一三％増の三二億ドルを計上した。これらの増加要因の一部は、この年に多数行われた買収によるものだった。

しかし、一方でシスコの苦しい状況を示すデータもいくつかあった。この年の営業利益率は一七％と初めて二〇％を下回り、一九九六年度のわずか半分の水準まで落ち込んだ。シスコの損益計算書は、ほぼすべての項目で過去に比してマイナスの傾向が見られたが、なかでももっとも大きく落ち込んだのは研究開発費だった。

通信キャリア向け市場への進出

営業利益率が低下した背景には、事業の性質が大きく変化したことがあった。シスコは創業当初から、組織内のネットワークシステム市場を支配する立場にあった。最初に参入したのは、みずからが先駆者として開拓したルーターの市場だったが、企業や他の組織からより大規模で情報処理能力が高いネットワーク機器に対する需要が増大するにつれて、ＬＡＮスイッチのような新しい技術を取り入れてきた。

一九九〇年代の後半を迎える頃には、こうした組織内ネットワークシステムの市場は以前よりも成熟していた。自社内部のネットワークを持ちたい組織はすでにそれを築いており、彼らがシステムをアップグレードする際のシスコの優位性も、徐々に弱まり始めていた。すでに市場シェアの大部分を占めていたので、競合のシェアを奪って拡大を図る見込みは薄かった。もしさらに成長を望むのならば——シスコのような輝かしい成長の歴史をたどってきた企業は、現状の売上高を維持するだけでは満足しないのが通常である——新しい市場を見つけなければならなかった。

一九九〇年代の後半にシスコが置かれていた状況からすれば、彼らにとっての自然な選択肢は、一般企業、大学、その他の組織といった従来の顧客領域を越えて、より大規模な電気通信事業者向けの市場に参入することだった。これらの顧客層には、伝統的な電話会社（特に、AT&Tの前身であるベル電話会社）、その競合として新たに誕生した新興の通信事業者（ワールドコム、スプリント、ＭＣＩ、その他の有力な地域電話会社など）、インターネットサービス・プロバイダ（ＡＯＬやアースリンクなど）、そして、顧客のために音声やデータを長距離伝送することを中核事業とする企業が含まれていた。

これらの企業は、かつてないほど増加することが予想されていたデータ送信を扱うための通信インフラを構築している最中だった。これら「通信キャリア」のネットワーク機器に対する需要は、それまでシスコに多くの利益をもたらした既存顧客の需要がちっぽけに見えるほど、巨大な規模に増加すると見込まれていた。

シスコは、技術的な専門知識、有能なマーケティング担当者、巨額に積み上がった現金を、通信キャリアの顧客に投入した。しかし、既存顧客向けの事業と通信キャリア向けの事業は、予想していた以上に大きく異なっていたため、この新しい試みはすぐに暗礁に乗り上げた。

第一に、通信キャリア向けの市場には、洗練された技術と長年の実績を持つ競合が存在しており、ルーセントやノーテルをはじめとする有力企業が何十年間も電話会社に接続機器を納入していた。これらの競合は規模が大きく経験豊富で、顧客と緊密な関係を築いていた。彼らが従来式のアナログ接続機器から新しいパケット交換機に移行する必要があったのは事実だが、その準備はできていた。加えて、このような既存の有力企業のみならず、熱狂的な投資家から潤沢な資金を獲得して優れた技術力を生かすチャンスをうかがっていたベンチャー企業とも、シスコは競争しなければならなかった。

この市場では、シスコは新規参入者の立場にあったので、従来の一般企業向け市場で享受していた決定的な競争優位を持つことができなかった。顧客との関係に関していえば、自社に囲い込めるような顧客がいなかった。安定した囲い込み顧客の基盤がなかったため、流通販売業務やシステムの維持管理業務で規模の経済を生かすことができなかった。同様に、研究開発活動でも規模の経済に基づく優位性を築けなかった。

このような状況では、競合と対等の立場で戦うことがやっとだった。従来の顧客は高度な専門知識を持っておらず、技術的な負担を減らしてくれるメーカー（シスコ）がいるだけで十分満足していた。しかし、大手の通信キャリアは強大で、みずからが豊富な資産と高い技術力を誇っていたので、これまでと同じような関係を築ける見込みは薄かった。

また、通信事業業界で新たに誕生した光ファイバー通信会社やインターネットサービス・プロバイダは、歴史が浅く、たいした利益も稼いでいなかったとはいえ、企業規模は大きく、その技術力も高かった。ＣＤ事業における大手レコード会社と同じく、これらの通信キャリアは一社の仕入先のみに依存して、その仕入先に囲い込まれるような状況はつくらないのが通常である。仮に彼らがそうするとしても、その地位を得られるのはいままで彼らと緊密な関係を築いてきたルーセント、ノーテル、シーメンス、エリクソンなどの通信機器メーカーであり、新参者のシスコではなかった。

資金力だけで競争優位が築かれることはない

そこでシスコは、通信キャリア向けの事業にもいままでと同じやり方、つまり、他社の買収を通じて参入することにした。

まず、製品価格を値下げするとともに、顧客の資金負担を軽減するために、代金の支払日をだいぶ先まで延ばす条件を提示した。潤沢な現預金を持つシスコには、その余裕は十分あるように見えた。しかし、資金力のある大企業が新規参入時の不利な状況を克服しようとして顧客に有利な支払条件を提供する方法がほとんどの場合うまくいかないのと同様に、シスコの戦術も良い結果を生まなかった。

コダックのコピー機市場への参入、ＡＴ＆Ｔのデータ処理サービスとコンピュータ事業への参入、ゼロックスが追求したＯＡ事業、そして、ソフトウェア事業でマイクロソフトに、コピー機事業でゼロックスに取って代わろうとしたＩＢＭの試み……。これらはすべて、社会的に評判が高く、資金力もある企業が、競争上不利な立場にあることが明らかなのに、新規市場への参入を決意して失敗した例である。この経験からシスコが学んだように、豊富な資金力だけでは競争優位を築く要因となることはほとんどない。
シスコはこの教訓を、当時の歴史的状況によって、ごく短期間のうちに非常な厳しさを持って学ぶこととなる。後から見ればだれの目にも明らかだが、当時はほとんどの人が見落としていた事実は、シスコの顧客である通信キャリアが、全体を合わせると過剰な供給能力を積み上げていたということだった。これらの通信キャリアは、インターネットの利用数が三カ月ごとに倍増するというあまりに楽観的な需要の成長予測に思わず魅了されてしまっただけではなく、同様の需要予測を基にインフラの構築を進めていた他の競合の存在を頭に入れていなかった。

株式市場における一九九〇年代後半のバブルと、二〇〇〇年から二〇〇二年にかけてのバブル崩壊は、いずれも電気通信関連企業の株価によるところが大きい。新興のインターネットサービス・プロバイダと通信事業者の何社かが倒産したとき、シスコは多額の不良債権を抱え込んだ。

さらに厄介だったのは、これら倒産企業の資産処分を行う過程や、eBayのネットオークションなどを通じて、シスコの最新機器がグレーマーケット（訳注：販売方法自体は合法だが、メーカーから正規に仕入れていない品物が流通する市場のこと。たとえば、並行輸入品やバッタものの販売などを指す）に流入したことだった。そのおかげで、通信キャリア向け事業で自社に残されていた限られた需要をめぐって、自社の正規品と競合する羽目になった。通信キャリアの顧客に対して寛大な支払条件を提供することを可能にしたシスコの健全な財務内容は、結局そのツケが回って悪化した。

シスコにとって最悪の決算となったのは二〇〇一年度で、この年には税引前損益で約二〇億ドルの損失を計上した。そして、このうちの一〇億ドル強は、不採算事業のリストラに関連するものだった。いかに二〇〇一年度がテクノロジー企業全般にとって散々な年だったとはいえ、シスコのように毎年多額の利益を稼ぎ、高い営業利益率、ROA（総資産利益率）、ROICを記録することが通常だった企業にとって、これほど巨額の損失を計上するのは衝撃的な出来事だった。

この損失額は、一般企業向けの伝統的なネットワーク機器事業による損益と、新しい通信キャリア向け事業の損益が一緒になった数値である。通信キャリア向け事業の損失額は二〇億ドルよりずっと大きかったが、従来通りの高収益を維持した一般企業向け事業の利益と相殺されることによって、その実態損失額が隠されることとなったのである。

通信キャリア向け市場からの一部撤退

株価の急落と利益の減少が同時に発生するまで、シスコは拡大する市場で支配的な地位を維持しながら、高い利益率で成長する力を持っている企業として、ウォール・ストリートのアナリストや業界の観測筋から最高級の評価を受けていた。しかし、いまやCEOのジョン・チェンバーズと役員たちは、経営の舵を切り替えて、目の前の業界不況を乗り切らなければならなかった。彼らは、何四半期かにわたっていくつかの軌道修正作業を行ったが、状況を好転させるには至らなかった。

ここに至って彼らは、収益の減退が単なる景気循環的な性質のものではないことを悟り、コストの削減に着手して、営業利益の回復を目指した。そして、競争劣位の立場にあり、他社の買収でしか参入の道を開けなかった通信キャリア向けネットワーク機器事業の一部から撤退することを決めた（訳注：全面撤退ではないことに注意。シスコは現在も通信キャリア向けルーター市場でトップシェアを占めている。しかし、競合各社の攻勢により、シェアの数値は年々低下傾向にある）。

元来のルーター事業では、ジュニパーネットワークスがこの市場に参入して、主要企業の一社に名を連ねるようになったとはいえ、シスコは市場シェアの過半を占め続けた。[注28] 通信キャリア向けのうち低採算事業から一部撤退したことで、売上原価は減少し、営業利益が上昇し始めた（図11-4）。

図 11-4　シスコの四半期売上高と営業利益率：2000～2003年度（単位：10億ドル）

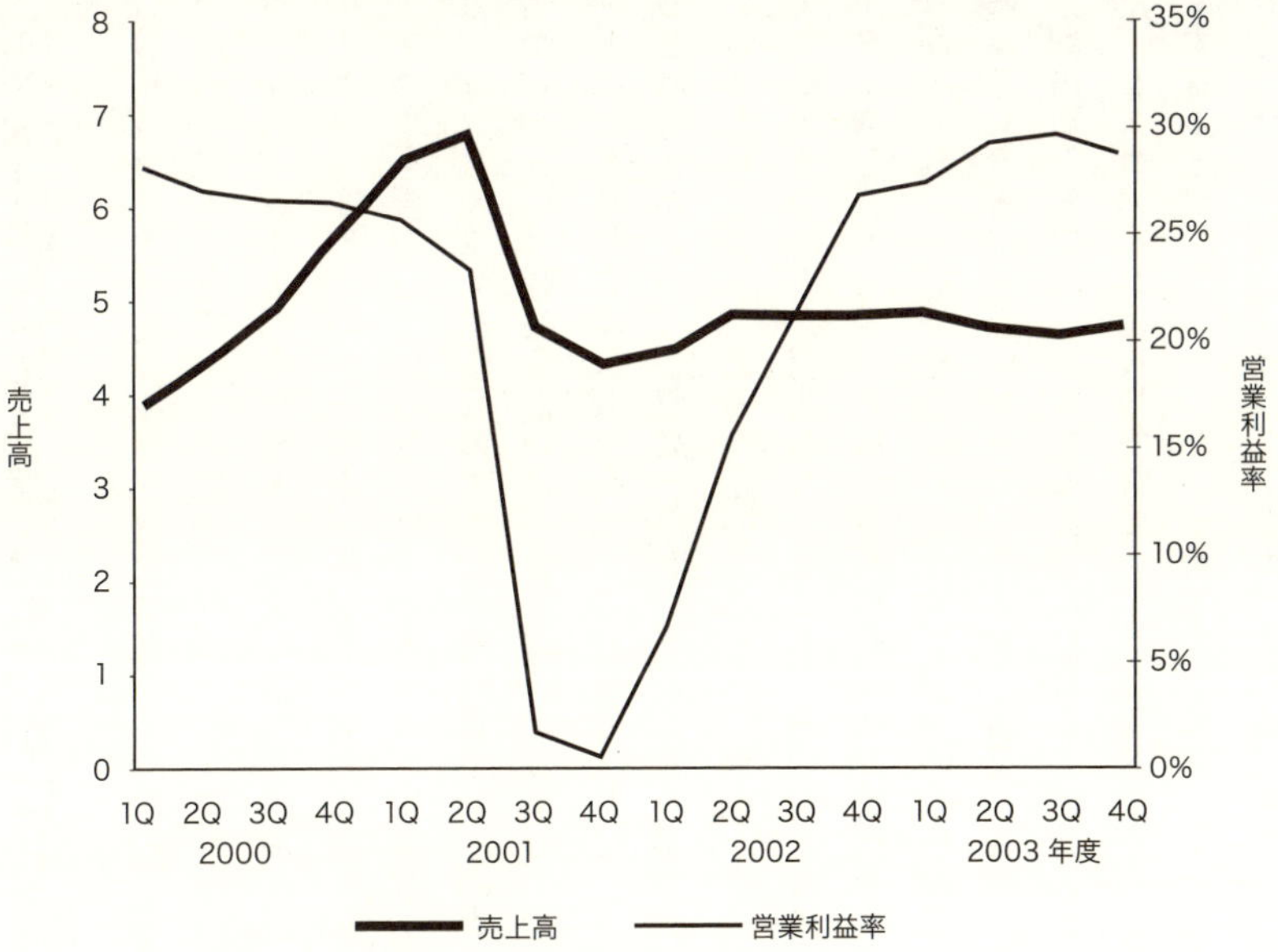

経営陣は、販売管理費の削減にも取り組んだ。二〇〇一年度から始まった売上高の減少に伴い、販売管理費の売上高に占める比率は大きく膨らんでいた。売上高に対する販売管理費の比率を四五％以下へ下げるまでに約一年間を要し、四〇％近くまで下げるにはさらに一年半の時間がかかった（これでも、売上高が減少する前の隆盛期に比べれば、まだ高い比率だった）。

一時的な損失を含めて、営業利益率は二〇〇〇年度の一七％から二〇〇一年度には赤字に転落したが、二〇〇三年度には二六％まで回復し、一九九九年度以来の水準を達成した。一九九〇年代の絶頂期の水準まで利益率が回復する可能性はないかもしれないが、シスコの経営陣は、ＡＴ＆Ｔ、コダック、ゼロックスよりもうまく苦境を乗り越えられることを証明した（訳注：直近三年間の営業利益率は、二〇〇九年度が二〇・三％、二〇一〇年度が二二・九％、二〇一一年度が一七・八％である）。

持続可能な競争優位をいかにして築くか

フィリップスを含めて（シスコは含まれないが）、ありとあらゆるメーカーがトースターを製造しており、アメリカでは五〇以上のブランドが販売されている。これらの製品は、シンプルで意図的にレトロなデザインにしているものから、近未来的なデザインでたくさんの機能が付いた奇抜なものまでさまざまであるが、少なくともすべてのトースターが、パンを焦がさずにきつね色に焼くことを基本的な機能としている。

トースターを製造しているメーカーの大半は、他にも小型の家電製品を幅広く扱っており、その他少数のメーカーは、フィリップスやGEのような多角経営を行う巨大企業なので、決算書を見ても、彼らがトースターの製造事業からどれだけ利益を稼いでいるかはわからない。

しかし、この市場に参入障壁がないことを考えれば、どのメーカーであれ、トースター事業で莫大な利益を得ているとは考えがたい。各製品が機能やデザインの面でそれぞれ異なっているにせよ、トースターは所詮トースターに過ぎない。仮に、ある特定のデザインや機能——パンが焼けたときに音声で教えてくれる機能など——に対して突然大きな需要が発生したとしても、他のメーカーがすぐに似たような製品を販売するだろう。

ルーターやLANスイッチなどの機能が複雑で高価なネットワーク機器とトースターとでは、ビジネスの競争という面でどれくらい異なるのだろうか。競争の初期段階では非常に異なる様相を呈するが、最終的に行き着くところはそれほど違わないだろう。ルーター事業の初期におけるシスコの成功は他社の新規参入を招いたが、その大半は当初一五年間、シスコの業績に打撃を与えることができなかった。

また、シスコの顧客は技術的なサポートとシステムの維持管理をシスコに大きく頼らなければ、機器を効果的に活用することができなかった。一般の人が家電製品を扱うのと同じように、シスコのネットワーク機器を使いこなせるだけの技術力を持っていなかったためである。

さらに、ルーター事業では新しい世代のソフトウェアとハードウェアを次々と開発する必要があったので、総コストに占める固定費の割合が常に大きくなり、これが規模の経済を生み出す源泉となっていた（対照的に、CD製造事業の場合は、工場や機械設備への投資支出が一回限りで済み、規模の経済による効果は、わずか年間二〇〇万枚程度の生産規模で上限に達してしまった）。これらすべての要因がシスコに競争優位を与え、一般企業向けのルーター事業に参入障壁を築くこととなった。

しかし、これらの優位性は、時間がたつにつれてその効果が弱まっていくことは明らかなように思われる。ネットワーク機器は性能の安定度と使いやすさが増して、システム・サポート費用はどんどん安くなっている。また、製品の機能が標準化されていくにつれて、異なるメーカー間の互換性が高まっている。製品の成熟化に伴い研究開発費は減少し、顧客は機器の取り扱いに十分慣れ親しんで、いままでとは違う低コストメーカーの製品を試そうとする意識が強くなっている。

このような変化のいくつかは、実際にシスコの事業に影響を与えてきた。一般企業向けの市場では、新規参入企業、特にジュニパーネットワークスが最先端の技術を駆使した製品を提供して、シスコから少しずつシェアを奪い始めた。また、通信キャリア向けの市場でも、ルーセント、アルカテル、ノーテルといった歴史ある有力企業が、多くの問題を抱えながらも、依然として立ちはだかっていた（訳注：ルーセントとアルカテルは二〇〇六年に合併し、アルカテル・ルーセントになった）。

シスコは二〇〇一年の「テレコムバブル崩壊」から見事に回復を遂げたものの、一九九〇年代半ば――高い成長率と並外れたＲＯＩＣが短期間でシスコを世界最大の株式時価総額企業へと押し上げた――の全盛期の勢いを取り戻すまではいかなかった。

もし他の業界の前例が参考となるのであれば、先に挙げた数々の傾向は、最終的にシスコの競争優位を消し去ってしまうことになるだろう。ある製品が、最初はいかに複雑で独特の要素を持っていたとしても、長期的にはすべての製品がトースターと変わらなくなるのだ。

CDの市場では、フィリップスはシスコが味わったような蜜月の時期を経験することがなかった。フィリップスの顧客（大手レコード会社）は大規模で洗練されており、CDにはこれといった技術サポートも必要なかったので、安定的な顧客を囲い込むことができなかった。また、フィリップスは規模の経済の恩恵を受けることもなかった。CDの流通と製品サポートにかかる費用は総コストのわずかな割合を占めるに過ぎず、一番初めの設備投資は高額となる可能性があるとはいえ、その後の研究開発費は取るに足らないものだった。

フィリップスが競争優位を獲得するために唯一残された希望、すなわち経験曲線効果に基づくコスト優位は、競合も短期間で経験曲線を下方へ伸ばしていけるほどのCD市場の急速な成長によって、その効果が弱められた。結局、フィリップスのCD事業は、あっという間にトースター事業と同様の競争状況に陥った。

シスコとフィリップスのどちらの事例を見ても、一般的に市場の魅力度を高めると考えられているものが、実際には企業の成功を決める重要な要因とはなっていない。市場規模の大きさも、成長の速さも、戦略の策定における決定的な要素ではない。

これは、いわゆる「コア・コンピタンス」（自社の事業活動の核となる能力や強み）についても同様である。フィリップスとシスコは、ともに高い水準の技術力を持っており、それをCD事業とネットワーク機器事業へ持ち込んだが、並外れた利益を上げることに成功したのはシスコのみであり、それも一時期でしかなかった。

事業を営むうえで重要なのは、持続可能な競争優位であって、市場規模の大きさと成長の速さは、むしろそれを弱める方向に働きかける。シスコの通信キャリア向け事業では、市場規模だけが大きくて競争優位が存在しなかったので、何の役にも立たなかった。CD市場の急速な成長は、フィリップスが競争優位を築く唯一の可能性を低める要因となった。

製品の差別化も、それだけでは競争優位となりえない。トースターは非常に差別化されている製品であるが、この市場には参入障壁と競争優位が存在しない。ある商品が、トースターと同様の性質を持つようになれば（たいていの商品が長期的にはそうなるが）、並外れた利益を得る機会は消滅する。

【注】

25　シスコの決算期は七月であり、年度の数値はすべて七月末時点のものである。

26　製品を差別化すれば、それで顧客を囲い込めるというような単純なものではない。家電製品やパソコンなどのオフィス機器は、機能、ブランドイメージ、品質などの点で各製品が差別化されている。しかし、仮に最初に買ったパソコンがＩＢＭ製だったからという理由で、その後もずっとＩＢＭ製のパソコンを買い続けるという顧客はめったにいない。

27　シスコの貸借対照表には、「投資有価証券」として計上されている固定資産が多額に積み上がっているが、この実質的な内容は余剰の現預金が満期一年超の証券に投資されているものであり、現金化が比較的容易である。したがって、我々はＲＯＩＣを計算する際に、この「投資有価証券」を余剰現預金と同等として扱い、投下資本の算定にはこの分を差し引いて計算している。

28　ジュニパーネットワークスの市場地位は、我々に難しい問題を投げかける。もしジュニパーが新規参入に成功したと考えるのであれば、一般企業向けのルーター事業では市場の参入障壁が低くなっていることを示唆するものとなり、他にもジュニパーのような企業が新規参入で追随してくる可能性が高い。もう一つ別の可能性としては、シスコの競争優位は本質的には傷ついておらず、ジュニパーの成功はせいぜい限られたものにとどまるという考えもある。

第12章

コーラ戦争と囚人のジレンマ
——コカ・コーラ VS. ペプシ

ペプシ・チャレンジ

一九七四年、ペプシはテキサス州ダラス地域における炭酸飲料の売上高で、コカ・コーラとドクターペッパーに次いで第三位の地位にあった。ペプシの販売担当マネジャーは、コカ・コーラに直接対決を挑むことを決意し、スーパーマーケットに来店した客にブラインド・テストを行って、どちらが好まれるか調査した（ドクターペッパーは最初から相手にしなかった）。結果は、五八％対四二％でペプシが圧勝し、販売担当マネジャーは製品の普及に大きな自信を得た。この自信は現実のものとなり、ブラインド・テストの結果を公表すると、ペプシの地域内シェアは上昇した。

この成功を受けて、ペプシは攻撃範囲を広げることを決意する。一九七五年には同様の攻撃を、ペプシの炭酸飲料売上高の約二〇％を占めるペプシ所有のボトラー（コーラの原液を製品化して、流通・販売する会社）が営業を行う全地域で行った。その後の二年間で、「ペプシ・チャレンジ」と名づけられたこのキャンペーンはアメリカ全土で繰り広げられ、コカ・コーラよりもペプシの味を好む消費者が多いというデータ結果が大々的に宣伝された。これが功を奏して、食料品店でのコーラの売上高はペプシがコカ・コーラを上回り、その差を広げていくようになった。

このキャンペーンは大胆かつ効果的で、コカ・コーラにとってはかなり屈辱的なものだったが、その一方で、ペプシがコカ・コーラに対して長年にわたって繰り返し仕掛けてきた攻撃のなかで大きな成功を収めたものとしては、いままでのところ最後のものとなっている。この攻撃はコカ・コーラの注意をひくこととなり、その後両社は熾烈な戦いに突入し、コーラ戦争と呼ばれるようになった。

本章で扱うコカ・コーラとペプシの競争は、アメリカ国内の炭酸飲料事業に絞って論じることとする。両社が進出した他の事業（映画、ワイン、蒸留酒、スナック菓子、テレビ番組、機械リース、ミネラル・ウォーターなど）については、両社ともに似たような（たいしたことのない）成果しか上げていないので検討の対象外とする。

また、海外事業については、両社ともに利益の大きな割合を占めているが（特にコカ・コーラは、海外事業からの利益のほうが国内よりも大きい）、ここではあえて重点を置かない。「アメリカ版の薔薇戦争」（薔薇戦争は一五世紀に勃発したイギリス貴族同士の内戦）ともいえる、両社間の激しい国内競争だけでも十分興味深い事例であるし、特に、両社（とりわけコカ・コーラ）が長い年月をかけて、みずからは大きな損害を負わない形でライバル企業に対処するための方法を学んだ点は注目に値する。

ライバルを無視し続けたコカ・コーラ

コカ・コーラとペプシの生い立ちは似通っている。コカ・コーラは一八八六年にジョージア州アトランタで、ペプシは一八九三年にノースカロライナ州ニューバーンでといったように、両社とも一九世紀末にアメリカ南部で設立され、設立者もそれぞれ一人の薬剤師だった。いずれのコーラも、最初は一つの薬局で店頭薬として販売されていたが、その後は販売店を広げ、さらにボトラーを通じて広く一般大衆へ販売されるようになった。

それぞれが人気を集めて顧客層を拡大していったが、設立後の五〇～六〇年間は、コカ・コーラのほうがずっと大きな成功を収めていた。一九一九年に、投資家のアーネスト・ウッドラフがコカ・コーラを二五〇〇万ドルで買収したが、これは当時にしてはかなり大きな投資額だった。コカ・コーラとは対照的に、ペプシはたびたび経営危機に陥り、実際に倒産したことも一度や二度ではなかった。一九五〇年に、アルフレッド・スティールがペプシのCEOに就任したときは、彼が会社を清算するためにやってきたと思い込む従業員がいたのも無理はないだろう。しかし、スティールの役割はペプシを安楽死させることではなかった。それどころか、ペプシをみずからが営業担当役員を務めていたコカ・コーラの強力なライバル企業にまで育て上げた。

スティールは、従来よりも大きい「ファミリーサイズ」のボトルを導入して、第二次世界大戦後の全国的な郊外化の流れのなかで事業規模を拡大していたスーパーマーケットを通じて販売した。彼の在任期間中の最初の八年間で、ペプシの売上高は三倍以上に増加した。一九六三年に後継者としてCEOに就任したドナルド・ケンダルも、コカ・コーラから市場シェアを奪うためのキャンペーンを継続した。コカ・コーラを選ぶことがまだ習慣づけられていない若年層の顧客に狙いを定めた結果、一九七五年には食料品店でのコーラ売上高が初めてコカ・コーラを上回った。

これに対してコカ・コーラの戦略は、何年もの間、ペプシの存在そのものを否定することに重点が置かれていた。コカ・コーラの経営陣は、社内会議どころか、ボトラーとの会話においてさえ、ペプシの名前を口にするのを禁じられていた。コカ・コーラは、一九五五年に製品の標準容量を一二オンス(約三五四ミリリットル)に増やしたが、これはペプシが二〇年も前にすでに行っていたことだった。一九六〇年には、キャンペーンのスローガンを、「スカッと爽やかコカ・コーラ!」から、「間違いなくコカ・コーラが一番爽やか!」に変更した。

こうした現実に目を向けようとしないコカ・コーラの取り組みには、ある種の傍観者的な意図が反映されていた。すなわち、自分たちが何もしなくても、問題は自然に解決するだろうという考えである。しかし、不幸なことに、コカ・コーラのそうした姿勢はペプシに良い結果をもたらすだけとなる。ペプシはアメリカの炭酸飲料市

図 12-1 炭酸飲料業界マップ

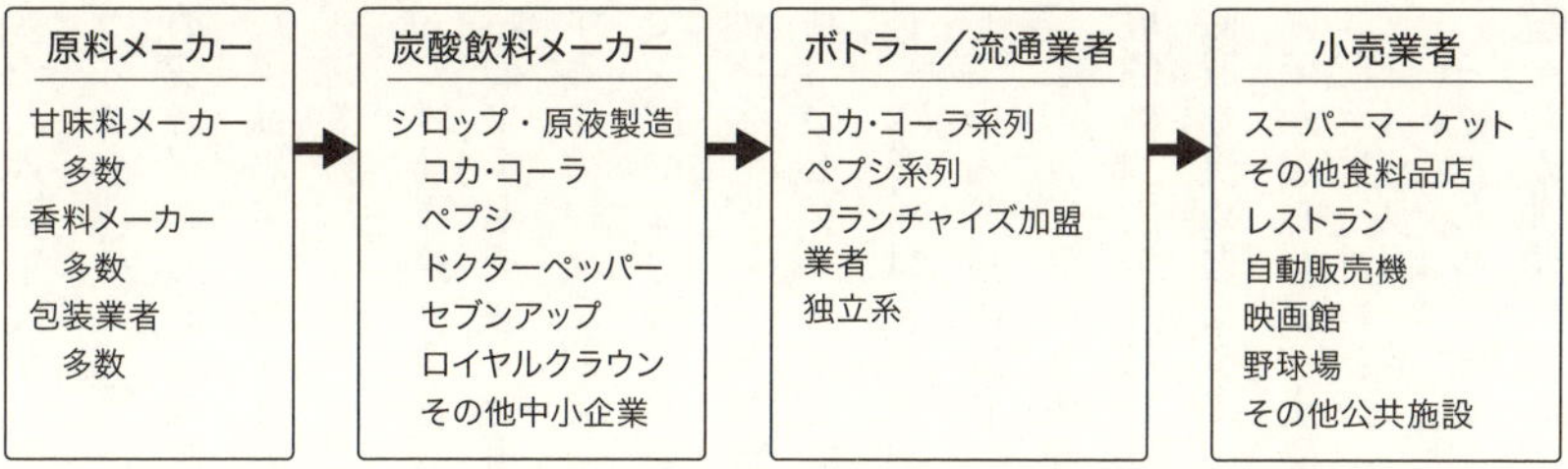

場でシェアを伸ばし続け、その大部分をコカ・コーラから奪っていった。コカ・コーラには、急成長を遂げたライバルに対処するための、より効果的な戦略が必要だった。

自社の実際の問題として熟慮を必要とする企業にとっても、過去に立ち戻って批評を行う戦略家にとっても、効果的な戦略を策定するための必要不可欠な第一歩は、その企業が属する業界と、その競争構造の分析を行うことである。

炭酸飲料業界の構図

コーラの原料となる香料や甘味料を製造するメーカーから、最終製品が消費者の手にわたるまでには、数多くの企業が中間業者として介在する。**図12-1**の業界マップで明らかに中心的な位置を占めているのは、シロップと原液を製造する炭酸飲料メーカーである。彼らは、業界全体に及ぶサプライチェーンのなかで、他のセグメントに属する企業を所有していたり、みずから事業を行ってもいるので、たとえ同一企業またはその系列下にある企業がところどころで見られようと、同じセグメントとして見なされる領域と、その仕入先や販売先として外側に位置する領域とを正確に分けることが重要である。

製品に必要な原料は多岐にわたり、メーカーの数も多く、炭酸飲料メーカーとの業務統合もそれほど進められていない。コカ・コーラとペプシは、いずれも一九六〇年代から缶の製造事業を自社で手がけていたが、一九九〇年まで包装事業は行っていなかった。サプライチェーンのもう一極に位置するのは、スーパーマーケット、レストラン、ガソリンスタンド、野球場など、消費者に炭酸飲料を販売する小売業者であり、その数は原料メーカーよりもさらに多い。このセグメントも、炭酸飲料メーカーとの統合化はあまり進んでいないと考えてよい。

ペプシに関しては、ピザハット、タコベル、ケンタッキーフライドチキンなど、炭酸飲料を大量に販売する大衆向けフードチェーンを所有していた時期があるため、この点については別の見方があるかもしれないが、後にこれらのフードチェーン事業はペプシ本体から分社化されたという事実を踏まえれば、炭酸飲料の流通の末端に位置するこの領域を独立した別個のセグメントとしてとらえることは妥当と思われる。また、ファーストフード業界で支配的な地位を築いているマクドナルドも、炭酸飲料メーカーの系列企業としてではなく、彼らとは独立した顧客としての立場で成功を収めてきたということも、この考えを支える根拠となる。

これらのセグメントとは対照的に、ボトラーと流通業者は、炭酸飲料メーカーときわめて密接に結びついている。彼らの多くは炭酸飲料メーカーによって所有されており、その他の企業も飲料メーカーのフランチャイズに加盟している。炭酸飲料メーカーは、彼らに対してシロップと原液を販売してその代金を徴収しており、折に触れて、広告宣伝活動と販売促進活動の支援を強化するという約束のもとに値上げを行ってきた。

一般的に、広告宣伝費は炭酸飲料メーカーとボトラーが半々で負担し、販売促進費は三分の二をボトラーが負担する取り決めとなっている。このような費用負担の違いこそあれ、これらの活動は両者が共同で行うキャンペーンにほかならない。炭酸飲料メーカーは、系列下にあるボトラーや流通業者が十分な利益を出して満足しない限り、自分自身も事業をうまく営むことができない構造となっている。炭酸飲料メーカーに直接所有されていようと、そのフランチャイズに加盟している立場であろうと、ボトラーと流通業者は、業界全体のなかで川上領域との統合化が非常に進んでいるセグメントである。

ボトラーには、業界全体のなかでもっとも多額の設備投資を要するセグメントであるという特質がある。高速製造ラインは高価で、その機能も非常に専門化されている。たとえば、瓶詰めを行うための設備で缶詰め作業を行うことはできず、クオート容器(九四六ミリリットル容器)用のラインに一二オンスの瓶を乗せることもできない。このように、設備投資に対する旺盛な資金需要が発生するため、炭酸飲料メーカーは折に触れてボトラーのセグメントに介入し、必要に応じて資金を提供したり、可能な場合には株式の一部を投資家に売却したりして、その代金を資金需要に充ててきた。

コカ・コーラとペプシは、同時期におけるボトラーの直接所有比率がほとんど一致していないため、両社の財務諸表を同じ尺度で比較することは難しい。原液を製造してボトラーや流通業者へ販売する事業だけを切り取って見れば、営業利益率は高く、ROIC(投下資本利益率)はさらに驚くべき高水準となるだろうが(それほど多くの設備投資と資産を必要としないため)、これに各メーカーが所有しているボトラーの事業を加えると、全体の収益率は低下することとなる。

安定したシェアと高利益率が示すもの

我々は、ここまで競争市場を大きく二つの形態に分けてきた。すなわち、参入障壁が存在する市場と、存在しない市場である。炭酸飲料の市場は、このうちどちらに当てはまるだろうか。

参入障壁と競争優位の存在を示す二つの重要な指標——安定的な市場シェアと高い利益率——は、どちらもこの市場で見られる傾向である。ペプシ・チャレンジが展開された一九七〇年代後半には、アメリカ炭酸飲料業界の主要企業の市場シェアは非常に安定的なものとなっていた。その頂点に位置していたのがコカ・コーラとペプシの二大企業であり、両社で市場全体の六〇%以上のシェアを占めていた。そして、残りのシェアは、それなりの知名度がある二番手グループのメーカー三社と、その他無数のプライベートブランド企業や地域密着型企業などの三番手グループ以下に属する企業で分け合っていた（表12-1）。

製品別に見ても会社全体で見ても、コカ・コーラのシェアがこの期間を通じて若干低下した一方で、ペプシのシェアは徐々に上昇していった。この変化は、コカ・コーラにペプシに対して何らかの対策を打たなければならないと気づかせるには十分なものだったが、参入障壁が存在しない競争市場で見られるような大きなものではなかった。

こうしたシェアの安定性は、二番手グループ以下の企業についても同様で、セブンアップ、ドクターペッパー、ロイヤルクラウンは、それぞれ自社が持つ市場シェアに何とかしがみついていた。彼らのシェアは、二大巨人企業に比べれば小さなものだったかもしれないが、それでもやはり一定の存在感を持つプレーヤーであることに変わりはなかった。

もう一つの重要な指標も、この市場に参入障壁が存在することを裏づけている。コカ・コーラとペプシが国内の炭酸飲料事業から上げていた収益は、両社ともにきわめて高いものだった[注29]（表12-2）。この事業では、売上高一単位当たりに要する設備投資が非常に少額で済むので、売上高に対する営業利益率では一六～一七％となっているものが、ＲＯＩＣ（税引後利益ベース）では最低でも三〇％以上に上昇する。これは、アメリカ上場企業の平均ＲＯＩＣの約三倍に相当する数値で、炭酸飲料市場に参入障壁が存在するという主張を裏づける根拠となっている。

しかし、表12-2には、もう一つの重要な情報が示されている。それは、一九七〇年代後半にコカ・コーラとペプシの競争が激しくなるにつれて、両社の営業利益率がともに減少し始めたということである。何年間にも及んだペプシからの攻撃にようやくコカ・コーラが対応したことで、コカ・コーラはペプシのみならず自社の収益をも傷つけることとなった。コーラ戦争における主な出来事と両社の戦略について論じる前に、まずは炭酸飲料

表 12-1 アメリカ炭酸飲料市場の市場シェア（販売数量ベース）

	銘柄	1977年	1978年	1980年	1982年
コカ・コーラ	コーク	26.3%	25.8%	25.3%	24.6%
	ダイエット・コーク	ー	ー	ー	0.3%
	スプライト	3.0%	3.0%	3.0%	2.9%
	タブ	2.8%	2.9%	3.3%	4.0%
	その他	4.2%	4.0%	4.3%	3.8%
	コカ・コーラ全社合計	36.3%	35.7%	35.9%	35.6%
ペプシ	ペプシ	20.0%	20.4%	20.4%	20.3%
	ダイエット・ペプシ	2.4%	2.7%	3.0%	3.3%
	マウンテンデュー	2.2%	2.7%	3.2%	3.2%
	その他	1.4%	1.2%	1.1%	1.3%
	ペプシ全社合計	26.0%	27.0%	27.7%	28.1%
その他	セブンアップ	7.3%	7.0%	6.3%	6.7%
	ドクターペッパー	5.6%	6.0%	6.0%	5.2%
	ロイヤルクラウン	4.6%	4.3%	4.7%	3.9%
	その他企業	20.2%	20.0%	19.4%	20.5%
	コカ・コーラ、ペプシ以外の合計	37.7%	37.3%	36.4%	36.3%

表 12-2 コカ・コーラとペプシの売上高と営業利益（アメリカ炭酸飲料事業のみ）
（単位：百万ドル）

	1977年度	1978年度	1980年度	1982年度
コカ・コーラ				
売上高	1,178	1,307	1,928	2,281
営業利益	201	191	204	250
営業利益率	17%	15%	11%	11%
ペプシ				
売上高	876	1,000	1,403	1,867
営業利益	136	159	177	221
営業利益率	16%	16%	13%	12%

市場における競争優位の源泉を分析しよう。

確たる競争優位の源泉

市場に参入障壁が存在するということは、その市場の既存企業が新規参入者には太刀打ちできない競争優位を持っていることを示唆する。炭酸飲料市場の場合、これらの競争優位を特定するのは難しいことではない。

まず需要面を見ると、既存の炭酸飲料メーカーは、テレビ局、ビール会社、自動車メーカーなどが夢見るような顧客の囲い込みを築いている。炭酸飲料を飲む人はそれを習慣的に繰り返し、どのような状況であれ、いつも同じ銘柄を選ぶことを好む。

たとえば、ビールの場合には、普段はバドワイザーを頼む人が、日本料理店ではキリンを、中華料理店では青島《チンタオ》ビールを、そしてメキシコ料理店ではドスエキスを注文することは珍しくない。しかし、ペプシやコカ・コーラを飲む人は、メキシコ料理を食べるからといってメキシコ製のコーラを頼もうとはしない。また、以前はフォードの自動車に乗っていたが、いくらか裕福になったので次はＢＭＷを選ぶといったような、高所得者層向けの銘柄もコーラには存在しない。

第二に、炭酸飲料事業では、炭酸飲料メーカーとボトラーの双方にとって強力な規模の経済が働いている。新製品の研究開発費と、既存製品の広告宣伝費は、いずれも売上高の増減にかかわらず一定額が生じる固定費の性質を持つ。

また、炭酸飲料の流通にはローカルな規模の経済が働くということも、同様に重要な点である。炭酸飲料メーカーは原液をボトラーに供給し、ボトラーはそれに炭酸水と甘味料を加えて容器に詰め、最終製品をさまざまな小売業者に販売する。ビールと同じく水は重たいので、長距離の輸送には多額のコストがかかる。したがって、ある特定の地域に顧客が集中しているほど、流通業務が経済効率的になる。たとえば、ある地域内で四〇〜五〇

%のシェアを占めるコカ・コーラ系列のボトラーは、シェアが五～六%程度のドクターペッパーのボトラーよりも、製品単位当たりの流通コストが安くなる。

顧客の囲い込みと規模の経済の組み合わせはもっとも強力な競争優位を創造するが、他の炭酸飲料メーカーを市場からすべて排除するほどの力はなく、二番手グループ以下の企業は独立系のボトラーや流通業者と手を組んで、自社の製品を販売することができた。しかし、彼らは業界に君臨する二大企業の地位を脅かすまでには至らなかったため、現在よりも多くの利益を稼ぎ出せると判断した投資家によって買収されたり、その後にまた売却されたりすることが多かった。

このような投資家の判断には、理にかなった部分もある。二番手グループに位置する企業も、コカ・コーラやペプシと同様、参入障壁によって守られていることに変わりはない。彼らは自社の製品に忠実な顧客層を抱えており、たとえばドクターペッパーは、営業地域を集中させることで一定の規模の経済を築いている。また、この事業はキャッシュフローが安定しているので、彼らはLBO（レバレッジド・バイアウト）（訳注：LBOは企業買収手法の一つで、買収対象企業の資産価値や将来のキャッシュフローを担保に銀行から多額の借入金を調達して、買収を行う方法である。したがって、現金化しやすい資産を豊富に持っている企業や、キャッシュフローが安定的な事業を行っている企業がLBOの標的になりやすい）の格好の標的となることが多かった。

囚人のジレンマ・ゲーム

囚人のジレンマ・ゲームを行うことは、ゴモラの町で結婚生活を送るようなものである（訳注：ゴモラは、旧約聖書の「創世記」に出てくる町の名前。住民たちが悪事を繰り返していたために神の怒りを買い、滅ぼされたとされている）。すなわち、お互いに誠実であり続ければ幸福な日々を送れるが、その信頼関係は相手を欺こうとする強い動機によってしばしば裏切られる。どちらか一方の裏切りは、双方の裏切り合いに発展することが多く、お互いの不信感が積もり積もって、結婚生活は崩壊する。このような状況下で幸せな結婚生活を維持するためには、各人の努力と注意、そして、家族全体の幸福のためにお互いが協力し合おうとする強い意志が必要となる。

コカ・コーラとペプシの結婚生活は、その始まりから悪夢のような状態だった。より強い立場にあったコカ・コーラは、必要以上に長い間ペプシのことを無視し続けた。一九七〇年代に入るまで、コカ・コーラの役員たちは社内会議でペプシのことを口にすらしなかった。相手に無視され続けたペプシは、コカ・コーラに対して無作法な行為を繰り返した。

世界恐慌の真っ只中にあった一九三三年、ペプシはコーラ一本の値段を五セントに据え置いたまま、容量を六・五オンスから一二オンスへほぼ倍増させ、実質的に価格を半額近くまで値下げした。一九五〇年代に入るとペプシは攻撃を再開し、スーパーマーケットへの販売活動をコカ・コーラよりも早く取り組むとともに、まだどの銘柄にもこだわりがなく取り込みやすい若い世代をターゲット顧客とした。広告宣伝活動にポップ・ミュージックの人気スターを起用することで若年顧客層をひきつけて、彼らを一大世代現象――「ペプシ・ジェネレーション」――に巻き込み、この世代に向けたコンサートやプロモーション活動のスポンサーとなった。若者向けである点を強調するために、コカ・コーラのことを、「高齢者居住地区や養護施設で出される老人向けの飲み物」と冷やかすことまでした。

一方、コカ・コーラはペプシが取ったこれらの行動の多くをまともに取り合わず、何の対抗策も打たないことで、その執拗な攻撃をやり過ごす戦略を選んだ。この状況を囚人のジレンマ・ゲームに照らし合わせれば、ペプシはたいてい非協力的な行動を選択するプレーヤーであり、コカ・コーラはそれに対して何の報復措置も取らないプレーヤーに当てはまる。**表12-3**には、一九三三年から一九八二年までの間に両社間の競争で行われた先制攻撃と、それに対する相手の反応が時系列で示されている。

表 12-3 コカ・コーラとペプシの行動：1933～1982年

年	ペプシの行動	コカ・コーラの反応または行動	ペプシの反応
1933	価格を1本5セントに据え置いたまま、ボトル容量を12オンスへ増やす。	1955年にボトル容量を12オンスへ増やす。	
1950	アルフレッド・スティールがCEOに就任し、“打倒コーク”の方針を打ち出す。	1955年に広告のスローガンを“スカッと爽やかコカ・コーラ！”へ変更する。	
1950年代	・24オンスのファミリーサイズ・ボトルを導入する。 ・スーパーマーケットへの販売強化に取り組む。		
1950～1958	売上高を3倍以上に伸ばす。		
1961		スプライト（レモンライム風味の炭酸飲料）を導入する。	1964年にマウンテン・デューを導入する。
1963		タブ（ダイエットコーラ）を導入する。	1964年にダイエット・ペプシを導入する。
1963	ドナルド・ケンダルがCEOに就任する。		
1964	“ペプシ・ジェネレーション”キャンペーンを展開する。		
1960年代と1970年代	店舗直送体制と効果的な陳列方法を通じて、スーパーマーケットへのサービスを向上させる。	ペプシに追随して同様の行動を取る。	
1970年代初期	・原液の価格を20％値上げして、コカ・コーラと同じ水準に合わせる。 ・広告宣伝活動への出費を増やす。	ペプシと同様に広告宣伝活動への出費を増やす。	
1974	ダラスでの味覚テストを皮切りに、“ペプシ・チャレンジ”を開始する。		
1975	食料品店でのシェアが最大となる。		
1975	ペプシ・チャレンジをボトラーの全営業地域（売上げの20％相当）へ拡大する。		
1976		CEOのオースティンが、アメリカ市場はコカ・コーラにとって成長分野ではないと発表する。	
1977	ペプシ・チャレンジの展開範囲が全国規模となる。	コカ・コーラの主力領域で価格競争を開始する。	
1980	ペプシUSA社長のジョン・スカリーが、自社系列のボトラーに対して、コカ・コーラの主力領域へ自動販売機を多数設置するように要請する。	炭酸飲料売上高の62％を海外市場で上げる（ペプシの海外売上高は全体の約20％）。	
1981		ロバート・ゴイズエタがCEOに就任し、アメリカ市場での成長を目指すと発表する。	
1982		“コークこそが本物”のスローガンを掲げて、より積極的な広告宣伝活動を開始する。	
1982		食料品店向けの約50％を値引き価格で販売し始める。	コカ・コーラに追随して値引きを行う。
1982		ダイエット・コークを導入し、1983年にはダイエット飲料で最大の売上高を占める銘柄となる。	

この期間を通じて、先制攻撃のほとんどはペプシのほうから行われた。これに対するコカ・コーラの反応は遅く、また控えめなものにとどまったため、ほとんど効果はなかった。たとえば、コカ・コーラは自社製品の象徴的な存在となっていた六・五オンスのくびれ型ボトルと競合することを嫌ったため、一二オンスボトルの製品を導入するまでに二〇年もかかった。また、スーパーマーケットへの進出でも、店舗直送サービスの導入でも、コカ・コーラはペプシに後れを取った。

レモンライム風味の炭酸飲料とダイエットコーラの販売で先を越した例を除けば、コカ・コーラは常にペプシの後塵を拝する企業だった。おかげで、一九五〇年代の間にペプシは売上高を三倍以上に伸ばし、国内炭酸飲料市場でのコカ・コーラとの差を縮めることができた。第二次世界大戦が終結した頃は、コカ・コーラの市場シェアは約七〇％を占めていたが、一九六六年には約三〇％まで低下し、第二位のペプシのシェアは二〇％にまで上昇していた。

一九七〇年代の後半になると、ペプシは依然として二番手ではあったものの、着実にコカ・コーラからシェアを奪い、特に若い世代の顧客層、スーパーマーケット、食料品店におけるシェアの上昇は顕著だった。この成功は、ペプシにとってはうれしい知らせだったかもしれないが、両社間で繰り広げられてきたコーラ戦争の歴史は、お互いの関係にとってけっして明るい未来を示すものではなかった。

どちらも、協調体制を築いて相互利益を得るための方法を見つけるよりも、相手に損害を与えることのほうに関心があるように思われた。両社には戦闘を好む企業文化が浸透しており、それがあらゆる態度や行動の基準となっていた。また、両社の役員とも、売上高と市場シェアの増加に基づいて報酬額が決められるシステムになっていたため、利益を犠牲にすることを厭わなかった。こうした要素は、どれをとっても結婚生活を成功に導くものではない。

コカ・コーラの反撃

自社の市場シェアが徐々に侵食され、営業利益率も低下していく現実にようやく向き合ったコカ・コーラは、ペプシに対して正面攻撃を仕掛けることを決意した。一九七七年、コカ・コーラは市場シェアを取り戻すために、価格競争を開始した。参入障壁で守られている市場の二大企業が繰り広げる価格競争は、彼らを死に至らしめることまではめったにないものの、市場を荒廃させて、顧客のみが得をする結果に終わる傾向が強い。

価格競争を行うにも、良いやり方と悪いやり方があるが、コカ・コーラが取った方法は最悪のものだった。

自社主力領域での価格競争

コカ・コーラの第一手は、販売する原液の価格を、国内均一ではなく、自社の市場シェアが非常に高く（約八〇％）、ペプシのシェアが低い（約二〇％）地域に集中して値下げするというものだった。この戦術は、ペプシが一ドル分の売上げを失うごとに、コカ・コーラは四ドル失うことを意味するものだった。また、これらの地域のボトラーはコカ・コーラが直接所有していたが、ペプシ側のボトラーは出資関係のない独立系の企業だった。これも、コカ・コーラの損害をより大きくする要因となった（訳注：連結ベースの財務諸表で見た場合、コカ・コーラは直接所有しているボトラーの収益悪化が反映されるのに対し、ペプシはボトラーと出資関係がないので、それが反映されない）。

コカ・コーラからの攻撃に直面したペプシには、自分たちも原液の値下げを行って、地域のボトラーを支援するしか選択の余地がなかった。さもなければ、必要不可欠な事業パートナーであるボトラーをペプシがどれだけ本気で支えていくのかという点について、他の地域のボトラーたちまでもが疑念を抱いてしまうからである。必然的に、ペプシはコカ・コーラの挑戦を真っ向から受けて立ったが、そもそもこのようなペプシの反応は、コ

図 12-2 コカ・コーラとペプシの囚人のジレンマ・ゲーム

コカ・コーラ ＼ ペプシ	協力する	協力しない
協力する	ペプシ ＋ コカ・コーラ ＋	ペプシ ＋＋ コカ・コーラ −−−
協力しない	ペプシ −−− コカ・コーラ ＋＋	ペプシ −− コカ・コーラ −−

カ・コーラが最初の時点で自分たちの戦術を注意深く考慮していればおのずと予想できたはずのものだった。

　ペプシは、原液の値下げとともに、広告宣伝費への追加投資も行った。こうした一連の行動の結果、両社の利益率は低下した。さらに悪いことに、コカ・コーラの先制攻撃は、市場シェアを徐々にペプシに奪われていく流れを食い止めることができなかった。

　一般的な形式の非協力ゲーム（プレーヤー同士が協力関係を結ぶことができないゲーム）において、各プレーヤーにとって最悪の結果となるのは、どちらも「協力しない」という行動を選んだ場合である（**図12-2**）。そして不幸にも、これはプレーヤーたちがもっとも陥りがちな結果、すなわち均衡でもある。なぜなら、相手が非協力的だと仮定すれば、自分も非協力的な行動を取ることが最善の選択肢となるからだ。

　コカ・コーラの値下げ戦略は、双方が高い代償を支払う結果となったが、その損害度合いはコカ・コーラのほうがより大きかった。

世紀の大失策の思わぬ収穫

　一九七〇年代後半から一九八〇年代前半にかけて、両社は新製品を導入し続けた。たとえば、ダイエットコーラ、カフェイン抜きのコーラ、カフェイン抜きのダイエットコーラ、コーラ以外の炭酸飲料などである。どちらも店舗直送体制の拡充に資金を投下して、スーパーマーケットの陳列スペースを維持または拡大することに積極的に取り組んだ。

コカ・コーラとペプシの陳列棚の獲得競争は結果として引き分けに終わったが、価格競争や広告競争とは大きく異なり、この戦いで打撃を受けたのは双方ではなく、他の小規模な炭酸飲料メーカーだった。新製品の導入（研究開発費と広告宣伝費を伴う）と、店舗直送体制の拡充（ローカルな規模の経済を伴う）は、いずれも規模の経済が働く活動だった。幅広い製品の品揃えと、より優れたサービスの提供によって、コカ・コーラとペプシは規模が相対的に小さいメーカーから陳列スペースと売上高を奪うことができたのである。

しかし、セブンアップやドクターペッパーなどのメーカーには勝利を収めたとはいえ、コカ・コーラはまだペプシに借りを返せていない部分があった。若い世代はペプシの甘い味覚を特に好んでいたし、[注30] 取扱銘柄が限定される飲食店とは異なり、顧客が自由に銘柄を選べる食料品店での売上高は、すでにペプシのほうが上回っていた。そのうちペプシが、単に「ペプシの味覚を好む人のほうが多い」というだけでなく、「ペプシを飲んでいる人のほうが多い」と正当に主張できるようになってしまうのではないかと、コカ・コーラは懸念した。

一九八五年、コカ・コーラはこの問題に正面から取り組むことを決意した。従来の主力銘柄である「コーク」に比べて、ペプシに近い味だと顧客が判断した「ダイエット・コーク」の成分を基本として、人口甘味料に代わってブドウ糖果糖液糖を使うこととした。何万回もの味覚テストを行った後、いままでよりも甘みの強いレシピを完成させた。

コカ・コーラは、こうしてできた「ニュー・コーク」を新たな主力商品に掲げるだけでなく、従来のコークを市場から一掃することまで行った。ニュー・コークには、新しい缶、新しいスローガン、そして新しい広告キャンペーンが用いられた。甘い味覚とともに、これらすべての活動は、ペプシがそれまで支配的な地位を築くことに成功していた若い世代の顧客層へ向けられたものだった。

しかし、結果は惨憺たるものだった。味覚テストではペプシよりも高い評価を受けていたにもかかわらず、実際の売上高は呆れてしまうほど低かった。従来のファン顧客から「元の味に戻せ」という抗議が殺到した結果、戦略を見直さざるをえない状況に追い込まれたのは、コカ・コーラにとってむしろ不幸中の幸いだった。新製品の導入からわずか三カ月で、以前のコークが「コカ・コーラ・クラシック」として復活し、その後、名前を変えて、「コカ・コーラ」となった。ニュー・コークは、より甘い味の銘柄としてその後しばらく販売が続けられた後、市場から姿を消した。

ニュー・コークの導入によってコカ・コーラは高カロリー、高カフェインの製品を一種類から二種類に増やし、結果的により多くの陳列スペースを獲得することができたので、これは見事な作戦だったと主張する分析家もなかにはいる。しかし、このような解釈は、コカ・コーラが当初は従来のコークを完全に排除するつもりだったという事実を都合よく無視してしまっている。コカ・コーラは、売上げが二つの銘柄に分散することで、単一銘柄のシェアでペプシ（ペプシ・コーラ）に首位の座を明けわたしてしまうのを望んではいなかった。

ただ、この大混乱が、結果的にはコカ・コーラに恩恵をもたらしたのも事実である。この騒動に対するマスコミの注目度は非常に高く、コカ・コーラは自分たちが見落としていた事実を知った。それは、コカ・コーラに忠実な顧客の多くは、伝統的なコークを自分の若い時代、自分が生まれ育った国、そして自分の存在そのものと結びつく飲み物として、無意識のうちに愛着を抱いているということである。

単一銘柄の市場シェアでは、ペプシがコカ・コーラを上回った時期（一九八五年）もあったが、それは短い間に過ぎなかった。一九八六年にはコカ・コーラ・クラシックが単一銘柄のシェアで首位を奪回し、コカ・コーラ・クラシック、ニュー・コーク、ダイエット・コークを合計したシェアは、ペプシ・コーラとダイエット・ペプシを合わせたシェアを、二九％対二三％の差で上回った（**表12-4**）。

表 12-4 アメリカ炭酸飲料市場の市場シェア（販売数量ベース）：1982～1986年

	銘柄	1982年	1984年	1985年	1986年
コカ・コーラ	コカ・コーラ・クラシック			6.1%	19.1%
	コーク＋ニュー・コーク	24.6%	22.5%	15.0%	2.4%
	ダイエット・コーク	0.3%	5.2%	6.7%	7.3%
	スプライト＋ダイエット・スプライト	3.3%	3.8%	4.3%	4.3%
	タブ	4.0%	1.6%	1.1%	0.6%
	チェリー・コーク			1.7%	1.9%
	カフェイン抜きの炭酸飲料		1.8%	1.7%	1.7%
	その他	3.4%	2.6%	2.0%	2.5%
	コカ・コーラ全社合計	35.6%	37.5%	38.6%	39.8%
ペプシ	ペプシ	20.3%	19.1%	18.9%	18.6%
	ダイエット・ペプシ	3.3%	3.2%	3.9%	4.4%
	マウンテンデュー	3.2%	3.0%	3.0%	3.0%
	カフェイン抜きの炭酸飲料	0.4%	2.7%	2.4%	2.0%
	その他	0.9%	0.7%	1.6%	2.7%
	ペプシ全社合計	28.1%	28.7%	29.8%	30.7%
その他	セブンアップ	6.7%	6.8%	6.0%	5.2%
	ドクターペッパー	5.2%	5.0%	4.9%	4.8%
	ロイヤルクラウン	3.9%	3.1%	3.0%	2.9%
	その他企業	20.5%	18.9%	17.7%	16.6%
	コカ・コーラ、ペプシ以外の合計	36.3%	33.8%	31.6%	29.5%

ニュー・コークの大失敗は、最終的にはコカ・コーラに、より甘い風味のセグメントと若い世代の顧客セグメントで戦うための武器を与えることとなった。ペプシに戦いを挑もうと思った場合には、この武器をペプシの主力領域で用いることができる。

具体的には、ニュー・コークを攻撃用の銘柄として利用し、ペプシが支配している領域へ導入する。これが顧客から受け入れられれば、ペプシのシェアの六分の一程度を獲得できる可能性はある。ここで、ニュー・コークを大幅に値下げすれば、ペプシも値下げで対抗するしかないが、値下げに伴う売上高の減少効果は、コカ・コーラの六倍になる。一方で、伝統的なコカ・コーラ・クラシックはこの攻撃に加えず、成熟したコーラ愛飲者向けの、利益率が高い製品としての地位を保つことができる。

意図的ではなかったにせよ、コカ・コーラは価格競争でだれが傷つくかをようやく学び、ここにきて両社の間に協調が築かれる可能性が出てきた。

賢明な気づき

約一〇年間にわたって相手を傷つけ合い、コカ・コーラがニュー・コークという武器を手に入れた後で、両社は戦うことをやめた。十分な回数のゲームを経験した後で互いに協調することの大切さを学んだ囚人のように、両社はついにその戦略を変更した（表12-5）。彼らは、協調する意思があることを相手にはっきりと伝える行動を取るようになった。

まず、コカ・コーラが大規模な企業再編を行うことによって、新しい時代を切り開いた。自社と取引関係がある独立系ボトラーの多くを買収して流通ネットワークを再編成した後で、ボトラー事業を分社化して新たに「コカ・コーラ・エンタープライズ」を設立し、五一％分の株式を一般投資家へ売却した。

この分社化に当たって、コカ・コーラは借入金の大半をコカ・コーラ・エンタープライズへ移した。多額の借入金を返済する必要が生じたことで、コカ・コーラ・エンタープライズは、ペプシから市場シェアを大きく奪うという幻想を抱くよりも、十分なキャッシュフローを確実に生み出すことを重視しなければならなくなった。

業界の巨人企業が二社しか存在しない炭酸飲料市場では、コカ・コーラが取ったこの行動を見落とすことなどありえず、その意図を理解することも難しくなかった。ペプシは、それまでの執拗な攻撃を取り下げることで反応し、挑戦的な広告宣伝のトーンを弱めて、自分たちも休戦に応じるという意思を示した。

この新しい協調体制は、コカ・コーラがもっとも重要視するようになった利益率指標に望ましい結果をもたら

表 12-5 コカ・コーラとペプシの行動：1984～1992年

年	ペプシの行動	コカ・コーラの反応または行動	ペプシの反応
1984	すべてのダイエット飲料にアスパルテーム（人口甘味料）を使い始める。	一部のダイエット飲料でアスパルテームを使い始める（全製品で用いるには十分な量を確保できなかった）。	
1985年4月		ニュー・コークの導入とコークの廃止を大々的にプレス発表する。	ニュー・コークの失敗をあざ笑う内容のキャンペーンを展開する。
1985年7月		従来のコークをコカ・コーラ・クラシックとして復活させる（9月までに食料品店での売上高がニュー・コークの3倍となる）。	
1986	ウェイン・キャラウェイがCEOに就任し、利益率とROEに重点を置く方針を発表する。		
1986		フランチャイズ傘下で最大級のボトラー2社を買収し、ボトラーの直接所有比率を38%へ高める。	独立系大手ボトラー2社の買収を皮切りに、1990年までボトラーの買収を進め、直接所有比率を51%へ高める。
1986		ボトラー事業を分社化してコカ・コーラ・エンタープライズを設立し、51%分の株式を一般投資家へ売却する。	1999年にボトラー事業を分社化してペプシ・ボトリング・グループを設立し、65%分の株式を一般投資家へ売却する。
1989	両社がそろって炭酸飲料の価格を3.3%値上げする。（1981年以来最大の値上げ幅）		
1992		一部の限られた地域のみで、ニュー・コークをコークⅡとして再販売する。	コークⅡが販売されていた地域のうち1つの市場でテレビCMを増やす。

図 12-3 コカ・コーラとペプシの営業利益率（アメリカ炭酸飲料事業のみ）：1977～1998年度

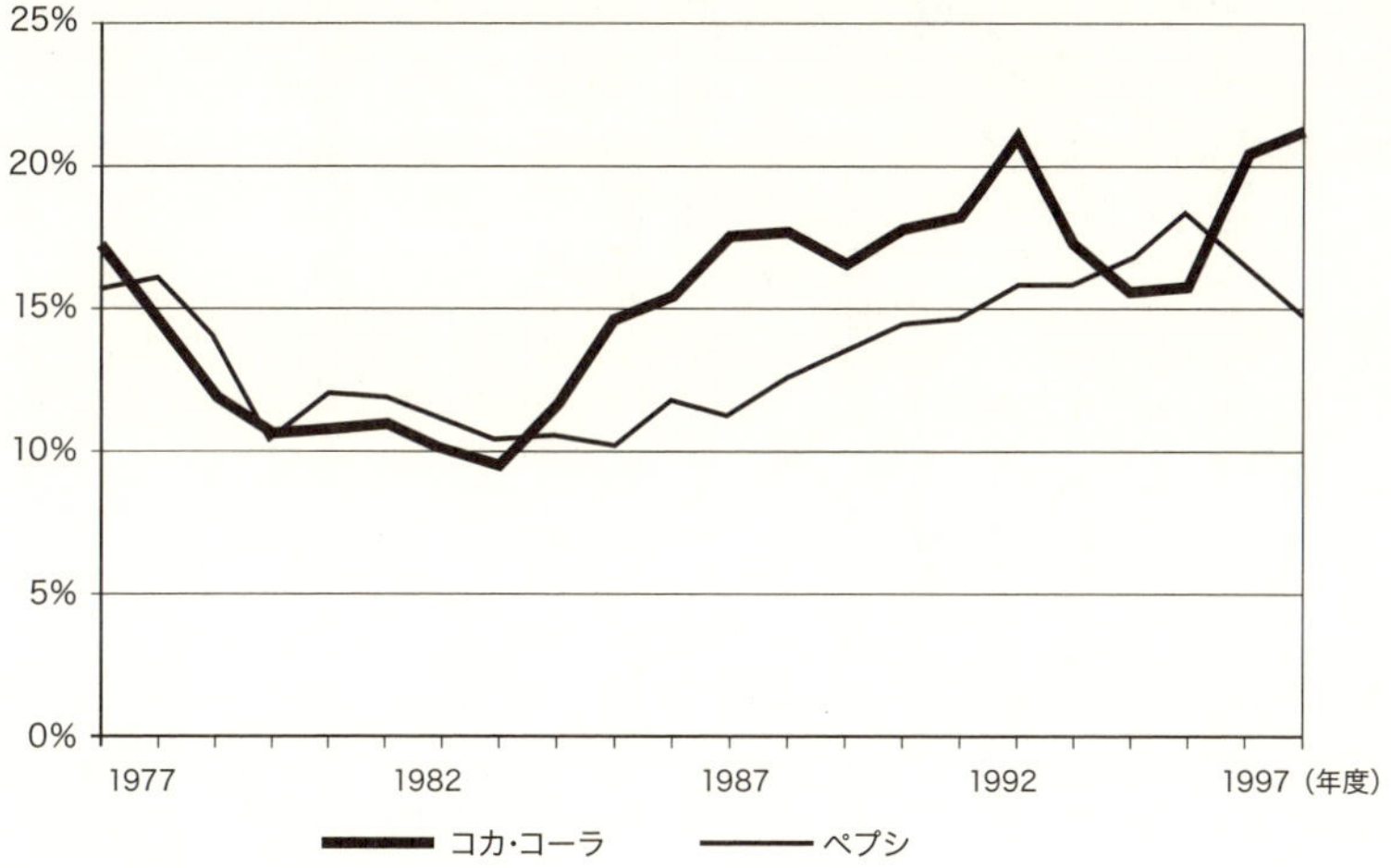

し、営業利益率は一〇％以下から二〇％を超える水準まで上昇した。ペプシの営業利益率も、コカ・コーラほど劇的ではないにせよ、十分大きく上昇した[注31]（図12-3）。このような協調的で利益率が高い状態は、一九九〇年代に入ってからも持続した。

企業文化の宿命

不幸なことに、うまくいかない結婚生活と同様、企業の内部には、平穏な状況と高い利益率をもってしても簡単には払拭できない力が根づいている。

ペプシＣＥＯのウェイン・キャラウェイと、コカ・コーラＣＥＯのロバート・ゴイズエタ、そして、政治家のような手腕でゴイズエタを支えたコカ・コーラ役員のウォーレン・バフェットは、コーラ事業の世界に一定の平和をもたらした。ゴイズエタはＲＯＥ（株主資本利益率）と株価という二つの指標に基づいて自社の業績を判断し、売上高に基づく業績評価を「諸悪の根源」と見なした。彼の在任中の一六年間、コカ・コーラの株価は年間で約三〇％上昇した。ペプシのＣＥＯに就任する前はフリトレー（ペプシグループの菓子ブランド）の社長を務めていたキャラウェイも、市場シェアよりＲＯＥを重視した。一〇年間にわたる彼の在任中、ペプシの株価も年間二四％というめざましい上昇を示した。しかし悲しいことに、両ＣＥＯとも若くして、癌でこの世を去った。

彼らの後継者となったコカ・コーラのダグラス・アイベスターと、ペプシのロジャー・エンリコは、両社の企業文化を支配してきた攻撃的な戦闘を非常に好むタイプの人物だった。以前よりコカ・コーラの次期ＣＥＯと目され、「ゴイズエタが従えている闘犬」とも評されていたアイベスターは、フォーチュン誌の記事のなかで「コカ・コーラの企業方針は、プールのなかで溺れかけている相手の口の中へ臭い靴下を突っ込むことだ」と断言して世間の注目を集めた。

一方のエンリコはベトナム戦争を経験した退役軍人で、ＣＥＯになる前に、ニュー・コークの大失敗をあざ笑う内容の本『ペプシはどうやってコカ・コーラに勝ったのか』（邦題は『コーラ戦争に勝った！』新潮社、一九八七年）を出版しており、コカ・コーラの社員は彼のことをけっして許さなかった。エンリコの指揮のもと、ペプシはコカ・コーラが支配的な地位を築いていた海外市場で、シェアを奪取するという壮大な目標を打ち立てた。

しかし、彼らの戦略はどちらも失敗に終わった。アイベスターはペプシを溺れさせるどころか、彼の任期中にペプシのシェアは上昇した（このような結果になることは、彼と他の経営陣は当然予測しておくべきだった）。一方のペプシも、海外で唯一圧倒的なシェアを占めていたベネズエラでコカ・コーラに大敗を喫した。ベネズエラ国内で独占体制を築き、それまでペプシと取引を行っていたボトラーに、コカ・コーラが一つの提案を申し入れたのだ。このボトラーが一夜にしてペプシへの忠誠心を翻し、コカ・コーラとの取引を始めたことからも、その提案がいかに魅力的なものだったかがわかる。

一九八〇年代後半の休戦前にひどい結果をもたらした好戦的な戦略を両CEOが選択した際に、まわりにいた役員たちはいったい何をしていたのかと疑問に思う人がいても不思議ではない。

アイベスターの在任期間は、二年にも満たなかった。健康上の不安や、アトランタ州で起きた人種差別訴訟など一連の問題によって、任期途中でCEOの座を降りた。コカ・コーラの役員たちも感じていたことだが、アイベスターの戦略はあまりに攻撃的すぎて、もっとも重要な資産の一つである企業イメージを傷つけていた。競合を倒すために用いたその頑固で激しい気性によって、みずからがトップの座を追われることとなったのである。

彼がまだ在任中だった一九九九年、ペプシは遅ればせながらコカ・コーラにならってボトラー事業の分社化を行い、同時に、両社はそれ以前の四年間で一〇％以上下落していたスーパーマーケット向けの価格を値上げした。業界紙はこれを「分別のある行動」と評価したが、アイベスター個人にとってはあまりに遅すぎた行動だったといわざるをえない。彼はその年が終わる前にCEOの座を追われることとなった。

さらに成長したいという欲望、そして、競合を打ち倒して市場から追放するか、少なくとも市場シェアを大きく奪いたいという衝動は、競争優位を持ちながら満足しきれていない企業にとって、業績を低迷させる根源的な要因であり続けてきた。

どんな犠牲が生じようとも他社との競争に駆り立てるのは、出世階段の頂点に上り詰めるまで人々を突き動かすのとまったく同じ、好戦的な性格特性なのかもしれない。企業トップの大半を占める戦士タイプの人物が、突然みんなの調整を重んじる政治家タイプに変わるのを期待するのは愚かである。それでも、売上高や市場シェアではなく、利益に関連する指標に基づき報酬額が決められるインセンティブ制度を導入することで、企業の株主やその他のステークホルダー（従業員、取引先など）にとって良い方向へ経営の重点が向けられる可能性はある。

【注】

29 一九七〇年代の半ばまでに、コカ・コーラとペプシの事業はかなり多角化されており、また、両社とも海外事業を大規模に展開していたので、連結財務諸表の数値から国内の炭酸飲料事業にかかわるデータのみを抜き出して収益性を見る必要があり、ROICもこのデータに基づいて推定されている。

30 長い間コカ・コーラの大株主であり、一時期は取締役でもあった偉大なる投資家ウォーレン・バフェットは、彼自身が甘い物が大好物で、「炭酸飲料業界での味覚テストは、常により甘いほうの飲み物が人気を集める」と述べている。

31 一九八六年にコカ・コーラが行った分社化では、利益率の低いボトラー事業が切り離されたため、コカ・コーラの利益率（連結ベース）が押し上げられることとなった。一方、ペプシは一九九九年まで同様の分社化を行わなかったため、コカ・コーラとの比較では利益率が見劣りしている。

第13章 テレビ・ネットワーク事業への参入とゲーム理論
――フォックス放送

四つ目のテレビキー局の誕生

一九八五年、ルパート・マードックは、アメリカで四番目となるテレビ・ネットワーク（キー局）となるフォックス放送を設立する計画を発表した。この計画は、第二次世界大戦後に誕生してから一〇年足らずで三社の企業が支配する構図をつくり上げていたテレビ放送業界に、新たな一社が加わることを意味した。マードックはこの戦略の一環として、アメリカ大都市に存在していた六つの独立系放送局と、映画製作会社の二〇世紀フォックスを買収した。

マードックがオーストラリア西部の一新聞社から立ち上げ、世界的なメディア・コングロマリットにまで成長させたニューズ・コーポレーションは、すでに一〇〇紙以上の新聞と雑誌を欧州、オーストラリア、アメリカで発行しており、欧州とオーストラリアではテレビ放送事業も手がけていた。二〇世紀フォックスを自身が統治するメディア帝国の中心に据えて、グループ傘下の放送媒体を通じて世界へ発信するコンテンツの製作を行わせるというのが、マードックの計画だった。

これを「発想のスケールが小さい」と評する人はだれ一人としていなかった。アメリカで四番目のテレビキー局を立ち上げて、成長させるという計画は非常に大きな挑戦であり、一九五〇年代以来、だれ一人として成し遂げたことのないものだった。この計画とさらなる世界進出を達成するに当たって、マードックはコンテンツの制作会社（二〇世紀フォックス）とアメリカ全土に及ぶテレビ放送網との統合によるシナジーが実現することを期待していた。

テレビ放送業界の構造

マードックが何としても手がけたかったアメリカでのテレビ・ネットワーク事業には、それまでABC、CBS、NBCの三社しかプレーヤーがいなかった。いずれの会社も一九三〇年代にラジオ放送事業で成功を収めており、この経験がテレビという新しい媒体へ移行した際に役立った。彼らはスポンサーである広告主との付き合い方を熟知していたし、地方の提携系列局や独立系放送局への対処法や報道組織の運営方法、視聴者へ配信する番組の大きな要素を占めるエンターテインメント性についても学んでいた。

業界内でテレビ装置の技術開発に携わっていたアレン・デュモンが一九四六年に設立したテレビ・ネットワーク（デュモン・ネットワーク）は、一九五〇年代の半ばまでなんとか存続したが、その後姿を消した。この他、パラマウント映画のようなエンターテインメント企業がテレビ・ネットワーク事業で確固たる地位を築こうとした試みも、長くは続かなかった。

第二次世界大戦の終戦から四〇年が過ぎる頃には、テレビ・ネットワーク事業はニュース、スポーツ、娯楽番組、CMをアメリカの家庭へ配信する業界全体の一セグメントに組み込まれていた（図13-1）。ラジオ放送からテレビ放送へと発展を遂げる過程で、アメリカ政府は各放送局に事業の許認可を与えたが、他のどんな国とも異なり、政府自身が放送局を直接所有することはしなかった。

業界全体にとって最大の収益源は、放送時間の枠を買ってCMを流す広告主（スポンサー企業）からの広告収

図 13-1　テレビ放送業界マップ：1985年前後

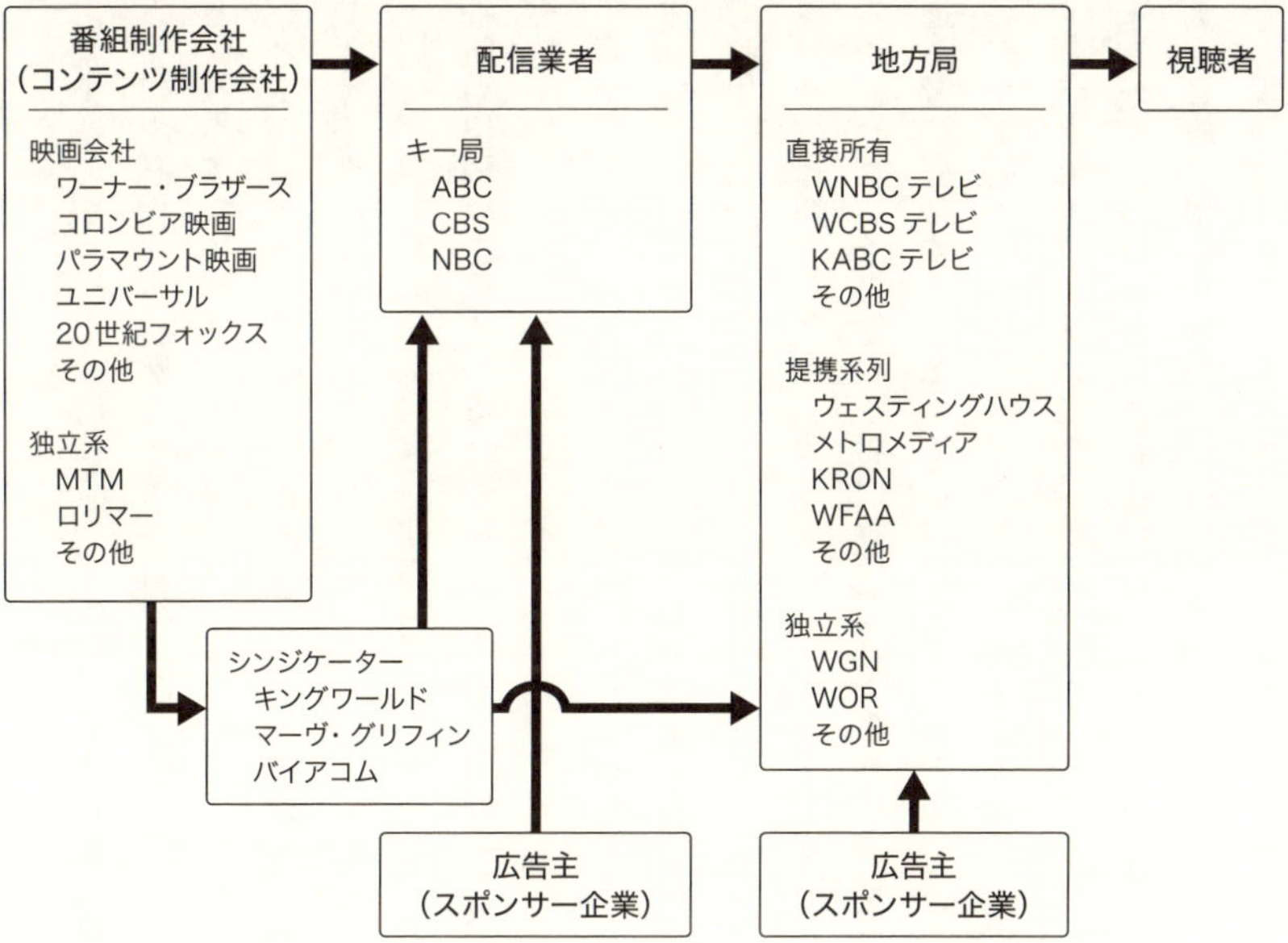

入だった。ラジオ放送の最盛期とテレビ放送開始後の初期には、大手のスポンサー企業が自社のCMを流す番組をみずから制作することもあったが、一九六〇年代初期には番組の制作と放送の取りまとめをキー局へ移譲した。番組の制作費が増加したことに加えて、一定の時間枠を幅広い番組やテレビ局にまたがって購入する融通性を好んだからである。彼らはまた、独立系とキー局系列の双方を含む地方局から、直接CM枠を購入することもあった。

番組コンテンツの制作は、キー局、番組制作会社、地方局の間で役割分担がなされていた。全国または各地域のニュース番組、スポーツ番組、その他の各種イベントの放送は、キー局と地方局がみずから手がける一方で、夕方以降のゴールデンタイムに放送するコメディ、ドラマ、テレビ放送用の映画などのエンターテインメント番組については、番組制作会社がつくったものをテレビ局が購入していた。

独占禁止法の観点から政府によって映画館の直接保有を禁じられていた映画会社は、これらのエンターテインメント番組を制作する経験と事業基盤をすでに整えていたので、新たな収入源を得る機会に飛びついた。テレビ画面という小さなスクリーンで放送されるにせよ、テレビ用映画製作事業の魅力自体は大きかったので、多数の小規模企業がこのセグメントへ参入して大手の映画スタジオと競い合い、新番組のコンセプトを提案する創造的なプレーヤーが次から次へと現れた。

キー局は、自分たちが気に入ったエンターテインメント番組を番組制作会社から購入した。この際、キー局はその番組の視聴率を見極めるために一シーズン分のみを購入し、もし視聴率が良ければ次のシーズンを購入する契約を結ぶことが多かった。

キー局が番組制作会社に支払う金額は、番組制作コストの八〇～九〇％分だった。したがって、番組制作会社は制作コストの残り分と自分たちの利益を確保するための資金をどこか他のところから調達しなければならず、そこで利用したのがシンジケーション市場だった。

アメリカでは政府の規制によって、一つのキー局が著作権を有することができるゴールデンタイムの番組数には制限があった。その他の番組の著作権は番組制作会社に帰属し、彼らは番組放映権をシンジケーターと呼ばれる流通業者に売却することができた。そして、番組の人気が定着すると、シンジケーターはいくつかの放映分をまとめてキー局や地方局に転売した。シンジケーション市場へ売りに出す番組は六〇話分のまとまりがなければならず、ほとんどの番組はこの条件を満たせなかったが、条件を満たしたわずかな番組は番組制作会社に大きな収益をもたらした。一九七〇年代には、映画会社は総収益の半分以上を、キー局やシンジケーターへの番組販売、テレビ放送用の映画製作、古い映画の再放送といったテレビ関連事業から得ていた。

政府の規制は、キー局が直接所有できる地方局の数にも制限を設けていた。規模の経済によってテレビ放送事業が独占状態に陥り、報道がごく少数の企業に支配される事態を恐れ、業界内企業の事業規模に一定の上限を設けたのである。ＶＨＦ（超短波）の放送局数が五局から一二局へ増加した後でも、キー局はみずからが直接所有する地方局を通じて、人口の二五％を上回る視聴者にアクセスすることを禁じられていた。

そのためキー局は多数の地方局と「提携契約」を交わし、提携関係を結んだ地方局は、すべてとはいわずとも大半の放送枠で、提携キー局制作の番組を流すことを約束した。地方局にとっても、キー局が制作する人気番組を流すほうが、同程度の視聴率を稼げる番組をみずからつくるよりもコストが安くついた。

独立系の放送局に対しても、キー局と同様、みずからが直接所有できる放送局の数には制限がかけられていた。事業の採算で見ると、独立系の地方局よりもキー局の直接所有下や提携系列下にある地方局のほうが利益率は高かった。直接所有や提携系列の地方局は、地元のニュースやイベントといった地域性の高い番組につぎ込む予算がより多く、視聴者の数も多かった。一方で、独立系の地方局は、過去に放送した番組の再放送や、古い映画、地方のスポーツ番組などに頼らざるをえず、視聴者層も限られていた。

提携系列の地方局がキー局の番組を放送する場合、彼らがキー局へ番組の購入代金を支払うのではなく、逆にキー局が提携地方局へ番組放送料を払っていた。その代わりとして、キー局は提携地方局からゴールデンタイム一時間につき六分間のＣＭ枠をもらい、そこから得る広告料収入を手に入れた。提携地方局自身には三分間のＣＭ枠が与えられ、彼らはこれをスポンサー企業へ販売したり、公共広告の放送に用いた。

業界全体のなかでもっとも収益率が高かったのは、キー局の直接所有もしくは提携系列下にある地方局だった。一九八四年度と一九八五年度を合わせて見ると、三大ネットワーク（ＡＢＣ、ＣＢＳ、ＮＢＣ）の営業利益率が九％だったのに対して、彼らが直接所有していた地方局の営業利益率は三二％もあり、実態としては地方局がキー局の屋台骨を支えているという構図となっていた。

この非常に重要な関係は、我々が分析する際に、彼らが直接所有している地方局や提携関係にある地方局も同じセグメントの一部としてとらえる必要があるということを示唆している。しかし、その他の番組制作会社、シンジケーター、広告主などは、出版社と書店の関係や、果糖原料生産農家と飲料水メーカーの関係と同様に、明らかに業界全体のなかでキー局とは異なるセグメントに属していると考えられる。

市場の参入障壁は存在するか？

これまで述べてきた通り、ある業界が参入障壁で守られているか否かを判断するためには、二つの指標を用いる。その一つは、市場シェア推移の安定性である。業界への新規参入者が確立した地位を築けておらず、かつ既存企業の市場シェアにほとんど変化が見られない場合は、参入障壁が存在する可能性が高い。二つ目の指標は、既存企業の利益率の水準である。業界内の既存企業が標準的な水準を大きく上回るＲＯＩＣ（投下資本利益率）を上げていれば、参入障壁が存在することを裏づける根拠となる。

我々の知るところ、フォックス放送が設立される以前は、テレビ・ネットワーク事業への参入を図った企業の試みはすべて失敗に終わっており、これにはラジオ放送事業の経験を持たずしてテレビ事業へ参入したデュモン・ネットワークも含まれていた。また、市場シェアは例外的ともいえるほどの安定性を示していた。一九七六年から一九八六年までの一〇年間の正規化視聴率（三社の視聴率の合計を一〇〇％とした場合の各社の視聴率）は、三社のうちもっとも変動の大きかったＮＢＣでも四・六％にとどまっている（表13-1）。

ただ、正規化視聴率をもって市場シェアの安定性を測る方法は、三社間のシェアの変動を知るうえでは役立つが、それと同じくらい重要な情報を無視してしまっている。実際のところ、この一〇年間で、三大ネットワークの合計視聴率は年間平均一％以上落ちていた。

これらの視聴率は独立系の放送局に奪われた部分もあれば、一九八六年までに四〇〇〇万世帯へ普及していたケーブル・テレビに流れた部分もあった。たとえ既存のキー局を新規参入者から守る参入障壁の存在が確認され

表 13-1 3大ネットワークの市場シェアの推移：1976～1986年

	視聴率		正規化視聴率*		シェア増減（絶対値）
	1976年	1986年	1976年	1986年	
ABC	18.7%	12.8%	35.8%	31.6%	4.2%
NBC	16.4%	14.6%	31.4%	36.0%	4.6%
CBS	17.1%	13.1%	32.8%	32.3%	0.4%
合計	52.2%	40.5%	100.0%	100.0%	9.2%
				3局平均	3.1%

＊正規化視聴率　3大ネットワークのシェアの合計を100%とした場合の各局の比率

たとしても、伝統的なテレビ番組に代わる他の選択肢を数多くの小規模プレーヤーから与えられるようになった視聴者を、彼らに奪われる心配がまったくないというわけではなかった。

参入障壁の有無を判断するもう一つの重要な指標は、ＲＯＩＣの水準の高さである。一九八四年度と一九八五年度の二年間で、三大ネットワークは合計一五八億ドルの売上高に対して二〇億ドルの営業利益を稼いでおり、営業利益率は一二・六%だった。この数字には、キー局のみならず、彼らより利益率がずっと高い直接所有の地方局の分も含まれている。ＲＯＩＣを見る場合は、この一二～一三%の営業利益率を、必要投下資本の規模と照らし合わせて評価しなければならない。

実際のところ、この事業で必要とされる投下資本は、ごくわずかなものに過ぎなかった。大部分の広告枠は放送期間（シーズン）が始まる前に広告主に売られて、その時点で代金も回収されるので、未回収分として計上される売掛金は限られていた。また、テレビ放送事業では在庫として計上されるものもなかった。

この時代にはキー局から地方局へ番組を伝送する業務はＡＴ＆Ｔが一手に扱っていたので、キー局自身が計上する有形固定資産は制作スタジオと放送機器のみだった。キー局の直接所有下にある地方局でも、自社の制作スタジオ、アンテナ、放送機材以外で必要な投下資本はほとんどなかった。

表 13-2 キー局と直接所有地方局の推定貸借対照表（売上高に対する比率）：1984～1985年度

現金等価物	1%	
売掛金	4%	
在庫	0%	
有形固定資産	10%	
総資産（a）	15%	
短期借入金以外の流動負債（b）	5%	
必要投下資本	10%	＝（a）－（b）

これらの企業が保有する資産に関する推定値は、**表13－2**の通りである。すべての資産を合わせると売上高の一五％となるが、我々はこれらの資産に対する投資のうち三分の一は、短期有利子負債以外の流動負債（具体的には、買掛金や未払費用などの利子を伴わない負債）で調達されるものと仮定した。[注32]すると、最終的な必要投下資本額は売上高の一〇％となり、一二～一三％の営業利益率（営業利益÷売上高）は、税引前ベースのＲＯＩＣ（営業利益÷投下資本）で一二〇～一三〇％に相当する計算となる。仮に必要投下資本が我々の推定値の二倍だとしても、税引前ＲＯＩＣは六〇％を上回る水準だ。

テレビ放送事業の収益の安定性を考えれば、キー局は必要な事業資金のうち半分程度を借入金（有利子負債）、残り半分を自己資本で調達することが容易にできた。借入金の利息には節税効果が働くので、ＲＯＥ（株主資本利益率）を高い水準に保つ役割を果たした。

高い参入障壁によって守られている業界のあらゆる兆候がここにははっきりと現れている。この参入障壁のおかげで、三大ネットワークはきわめて高いＲＯＩＣを上げていた。過去におけるパラマウントや他の新規参入を望む企業にとってそうだったのと同様に、この高い収益機会こそ、マードックがテレビ・ネットワーク事業に魅力を感じた点だった。しかしそれは同時に、新規参入者が障壁を乗り越えて内部へ入り込み、事業を存続し続けることがいかに困難かを警告するものでもあった。

人気番組による顧客の囲い込み

テレビ・ネットワーク事業に参入障壁を築く競争優位の源泉として唯一含まれないのは、独占的な技術要因であった。三大ネットワークはどこも、各家庭のテレビ受信機へ放送信号を送る設備に対して何の特許権も持っていなかった。

NBCの親会社だったRCA（訳注：その後一九八六年、RCAがGEに買収されたことに伴い、NBCはGEグループの傘下に入ることとなった）はテレビ受信機の製造事業を手がけていたが、これはデュモン・ネットワークについても当てはまっていたし、放送事業とはかかわりのないその他多数の企業も生産していた。すなわち、この業界では技術要素はみんなに対して開かれたものであり、だれもが対等に手に入れることができた。

一方で、顧客の囲い込みに関しては話が異なる。成功を収めた人気番組は忠実なファン視聴者層を築き、何年間にもわたって放送されることが多く、他の放送局は自分たちの人気番組がこれらの番組と同じ時間帯に重ならないよう注意を払っていた。リモコンが発明される以前は、大半の視聴者が一つの番組が終わって次の番組が始まるまでのタイミングでしかチャンネルを変えなかったため、キー局の経営陣は新番組の視聴率を高めるための策として、既存の人気番組に連続して放送するように番組スケジュールを組んだ。

視聴者は、その気になれば自分の見たい番組を自由に選べるので、完全に囲い込まれているわけではなかったが、新規参入者は番組競争に対処しながら時間をかけて新しい視聴者を獲得していく必要があったので、既存の放送局は彼らよりも有利な立場にあった。

政府の規制

アメリカ政府は前述のもの以外にも、テレビ放送業界に対して数々の規制を課していた。信号干渉を防ぐために各放送局へ限られた電波スペクトルしか割り当てなかったり、競争下で公共の利益とフリー・アクセスを維持するための規制などを行った。これらを逃れるためキー局は、直接所有の形態よりは結びつきが多少緩やかな提携系列のシステムを構築したが、政府規制は主に業界の参入障壁を強化する方向に働いた。

米連邦通信委員会（ＦＣＣ）は地方局の事業を許認可制として、放送周波数を割り当てた。人口が最大規模の各大都市圏では認可発行数を七つ以下とし、より人口規模が小さい地域ではさらに少なくした。一九四〇年代には、これらの許認可は既存のラジオ放送局に与えられており、視聴者へのアクセスでは既存業者が常に優位な立場にあった。一九六〇年代に入って有料ケーブル・テレビの技術が普及すると、ＦＣＣは当初こそ視聴者の無料受信を保護する目的で地理的な放送範囲や有料サービスの番組数を制限したが、次第にテレビ視聴者はケーブルシステムやＵＨＦ（極超短波）技術の発達を通じてより多くのチャンネルを楽しめるようになった。

政府は、テレビ番組を地方局へ伝送する業務の対価として、キー局がＡＴ＆Ｔに支払うコストの金額にも規制をかけた。当初は番組を丸一日放送する場合でも、一日に一時間しか放送しない場合でも、金額がほんのわずかしか変わらないように決められていた。これは一日に二、三時間分の番組しか持たない小規模な放送局にとって非常に不利な料金体系だったが、一九八〇年代の初期以降、この状況に変化が生じた。通信衛星会社を含むＡＴ＆Ｔの競合が番組伝送事業への参入を認められるようになると、ＡＴ＆Ｔへ支払うコストは伝送される放送時間に応じて決められる形となり、かつては強固だったこの政府による参入障壁は、一九八六年には著しく弱まっていた。

コストの大部分が固定費という事業特性

三大ネットワークを新規参入者から守っていたもっとも強力な競争優位の源泉は規模の経済であり、これはどのような時代にあっても変わるものではなかった。以下に述べるように、テレビ・ネットワーク事業はコストの大部分が固定費で占められている。

●番組の制作費用は固定費である

新しい番組を制作する際、キー局はどれくらいの視聴者を獲得できるかがわかる前に番組制作会社と契約を結ぶ。たしかに、花形タレントを起用している大人気番組の契約を更新する場合は契約金がより高額になるのは事実であり、キー局はこれを受け入れることもあれば断念することもある。しかし、一般的には番組の制作費が視聴者の数に比例して上昇することはない。

●番組の伝送費用は固定費である

AT&Tに支払うキー局から地方局への番組伝送費用は、視聴率が高いからといって増加するものではなく、ゼロから視聴者を獲得していく必要がある新規参入者は、視聴者一人当たりの伝送費用できわめて不利な立場にあった。

●番組の発信費用は固定費である

一定の地域内で放送信号を発信するコストは、番組の視聴率が五〇％であろうと五％であろうと変わらない。新聞事業でさえ、テレビ放送ほどはっきりとした規模の経済による優位性が働くことはない。

●現場の制作経費は固定費の性質が強い

知名度の高いニュースキャスターを起用するのにコストがかさむのは事実だが、出演者の知名度の高さと視聴者数は必ずしも比例しない。また、スタジオ設備、カメラ、その他の放送用機材のコストも、視聴者の数によって異なるものではない。

●広告宣伝費用は固定費である

キー局や地方局が自分たちのために放送する番組宣伝などのCMや、新聞、雑誌などに掲載する広告の費用は、視聴者の規模に比例しない。また、スポンサー企業にCM枠を販売する際にかかるコストは、視聴者の数にかかわらず、全国規模のキー局でほぼ横並びとなっている。

当時の良識的な経営者であれば、テレビ・ネットワーク事業への参入に何百万ドルもの資金を投じるべきかどうかを決定するに当たって、既存企業の地位と高い利益率を守っている一連の競争優位がいかに強固なものかを認識しているに違いなかった。かたや、既存の三大ネットワークが全体として市場シェアを落としており、技術要因の変化（リモコン、ビデオデッキ、衛星通信の登場など）や政府規制の変化（ケーブル・テレビの放送範囲緩和など）によって、いくつかの優位性が失われつつあるということにも気づいていただろう。

たとえ大胆不敵で潤沢な資金を持ち、政治的手腕にも長けているオーストラリア出身のメディア王であれ、事業参入時は競争上きわめて不利な立場に置かれることになり、けっして戦略的に望ましい形ではないと考えられた。一方で、マードックは参入障壁の内部にいる既存三大ネットワークが全体としての市場シェアを落としつつも、競争を和らげるためにいくつかのルールを守ってうまく立ち回っていたことに気づいていたかもしれない。もし彼が適切な行動を取れば、業界の一社に仲間入りして、既存の競合ネットワークと共存しながら成功を収める可能性はあった。

三大ネットワークの友好的な競争関係

コカ・コーラとペプシの争いがアメリカ南北戦争の再現だとすれば、三大ネットワーク間の競争はカントリークラブでの仲良しゴルフ大会のようなものだった。三社はいずれもニューヨークに本社を置き、ラジオ放送事業から発展した歴史を持ち（ＡＢＣは、一九四〇年代にＮＢＣが強制的に分割を命じられた過程で誕生した企業である）、ビデオ時代の到来を機にテレビ放送事業を開始した。

そして彼らは、長い年月をかけて競争の抑制と高い利益率を維持するための暗黙のルールをいくつかつくり上げ、自分たちが金銭を相手に請求する場合であれ支払う場合であれ、価格競争に陥ることを互いに避けた。炭酸飲料メーカーとは異なり、三大ネットワークは、みんなの利益を最大化するために囚人のジレンマ・ゲームをうまく行う方法を習得していた。

広告枠の販売に関する取り決め

三大ネットワークは、広告主であるスポンサー企業にCM枠を販売することで主な収入を得ており、けっして値引きしないように注意を払っていた。

まず、広告枠の大部分は、シーズンが始まる前に長期契約を結ぶ形で販売された。実際の放送日が近い場合にはスポット市場でCM枠が販売されることもあったが、スポット価格は長期契約での料金よりも高く設定された。どの局でも、長期契約を販売する期間を限定して、スポンサー企業が料金を交渉する余地を与えなかった。また、彼らは互いに他社よりも低い広告料金を提示しないようにしていた。

次に、三大ネットワークは広告主に対する責任の観点から、ゴールデンタイムにおけるCM枠の供給数を絞っていた。さらに、広告枠を販売する際には視聴率の予想データをスポンサー企業へ提示し、実際の視聴率が予想よりも低かった場合には、追加のCM枠を無料で提供することを契約に規定していた。この補償規定は、何らかの理由で売れ残った時間枠のみならず、ゴールデンタイムの貴重な時間枠にも使われたため、広告枠の供給が絞られることとなった。

仮に許容できる価格で十分な買い手がつかなかった場合には、自局の番組を宣伝したり、公共広告を流したりして空き枠を埋め、スポンサー企業が割引料金を提示されるまで待つような動機を与えなかった。これらの取り組みの結果、全体としての市場シェア（視聴率）は低下したにもかかわらず、三大ネットワークが得る広告収入は着実に上昇し続けた。

番組の購入に関する取り決め

三大ネットワークは、番組制作会社から番組を購入する際にも、広告枠をスポンサーへ販売するときと同様に紳士的な行動を取り、新しい番組の獲得をめぐって互いに激しく競争しようとはしなかった。新しい番組の企画が売りに出される期間は二週間に限定されていたので、ある局が興味を示した場合、番組制作会社にはもっと高い値段を提示してくれる他の局が現れるかどうかを見極める十分な時間がなかった。

試作番組が撮影されると、購入意思を示した局はそれを見て、気に入らなければキャンセルすることができた。この場合も、試作番組の制作費用は番組制作会社が負担した。番組企画を購入するかキャンセルするかを決める期間も二週間に定められており、この間に彼らは全体の番組放送スケジュールを組んだ。このように購入期間が限られていたことは、人気が出そうな番組を各局が高値で競い合う状態を防ぐ効果があった。

また、三大ネットワークは他局の定番番組を奪い取らないように、お互いに努めた。一九八二年に放送局がABCからNBCへ変わった「タクシー」のように、あるシリーズ番組の放送局が変更された場合、その理由は新しいシリーズの内容に満足しなかったもともと放送していた局が、契約の更新をキャンセルしたためだった。

番組の購入に対する三大ネットワークの協力的な姿勢は、スポーツ番組でも同様に見られた。CBSは長年にわたってナショナルフットボールリーグ（NFL）の放映権を持っていたが、NBCはこれを奪い取ろうとするのではなく、新しいアメリカンフットボールリーグ（AFL）の発足に協力する形を取った（訳注：NFLは一九二〇年、AFLは一九五九年にそれぞれ発足し、一九六九年に両者が統合した）。

一九六〇年代の後半にNFLとAFLが統合した後は、それぞれの局が放映する試合を分け合った。人気が高まっていたスポーツの中継から自分だけ取り残されたくはなかったが、三大ネットワークがこれまでうまく協力し合ってきたことを理解していたABCは、「マンデーナイト・フットボール」を放送して、分け前を獲得した（訳注：CBSとNBCはそれぞれ日曜日午後の試合を放映し、ABCは月曜日ゴールデンタイムの試合を中継した）。この三大ネットワーク間での取り決めは、二〇年以上にわたって続けられた。

地方局との提携に関する取り決め

三大ネットワークは、互いの地方提携系列局を奪い合うようなことはしなかった。政府の規制によって、一定の地域内では各局が一つの地方局としか提携関係を結ぶことが許されていなかったので、みんなにとって提携先の選択肢は十分残されていた。また、事業許認可をある地方局から他の地方局へ移し変えるのが規制上難しかったことも、ネットワーク間での争奪戦を防ぐ効果があった。このように規制上の要因が大きかったとはいえ、互いに対する友好的な姿勢も、競争心を抑える意味で同じくらい重要な役割を果たした。

新規参入者が伝えたメッセージ

ルパート・マードックは、行儀よく振る舞って一大メディア王になったわけではない。競合や労働組合、政府と正面から対決してきた彼の、既存のテレビ・ネットワークに挑戦を挑むという意思表明が、三大ネットワークの注意をひかないわけがなかった。すでに映画製作会社の二〇世紀フォックスといくつかの地方局を所有していたし、三つの大陸で新聞事業を成功させていた。マードックが銃の火花を散らしながらテレビ・ネットワーク市場へ参入することになれば、三大ネットワークにとってはこれまでのどんな侵入者たちよりも手強い相手になると考えられた。

それでも、フォックス放送と既存の三大ネットワークを比較した場合、後者が優位に立っていることは明らかだった。すでに一定の視聴者層を抱えており、直ちにそれを失うとは考えにくかった。したがって、番組の購入にフォックス放送よりも多くの予算を充てられ、広告料金もフォックス放送より高く設定できた。さらに、直接所有のみならず、提携系列の地方局とも緊密な関係をすでに築いていた。ＧＥの資本傘下にあったＮＢＣと、キャピタル・シティーズの一事業部門だったABCは、フォックス放送との争いが長引いてもそれに耐えうる資金力を持っていた。

CBSは何とか独立経営を維持しようとした結果、借入金が膨らんで財務内容が他の二局に比べて脆弱だったが、直接所有の地方局をはじめとする、いざとなれば売却できる資産を持っていたし、一部の事業を統合してコストを削減できる余地もあった。三大ネットワークは、過去何年にもわたってゆとりのある経営を行っており、多額の含み資産を蓄積していたので、競争が激しくなったからといってすぐに経営危機に陥る心配はなかった。

だが、たとえ最終的にフォックス放送の敗北で終わることになろうとも、正面対決は三大ネットワークにとって痛手となるのは明らかだった。マードックが広告料金の値下げ競争を仕掛けてきた場合、三大ネットワークがフォックス放送と同等の値下げで対抗することは可能だったが、フォックス放送の広告収入は三大ネットワークのそれよりもずっと小さかったので、値下げ競争による損害の規模は三大ネットワークのほうがはるかに大きくなる。

フォックス放送が番組の購入で争ってきた場合には、三大ネットワークはより多くの金額を提示する余力があった。しかし、彼らは他にも番組を抱えており全体への影響が及ぶ一方、フォックス放送は新参者なのでそのようなことを考える必要がないという立場の違いがあった。これまで注意深く行ってきた緩やかな競争を放棄して激しい乱闘状態に突入すれば、三大ネットワークはもとよりフォックス放送自身も、大きな痛みを伴うことが予想された。

マードックには、荒々しく入場門を叩くことなく、フォックス放送と三大ネットワークの事業収益を損ねないような形で、新しく業界のメンバーに加わる方法が必要だった。彼は、自分の意図が三大ネットワークの利害と多少なりとも調和が取れているということを彼らに知らしめ、フォックス放送の参入に対して頑なに抵抗するよりも、平和的に受け入れるほうが得策だと認識させなければならなかった。一言でいえば、マードックは三大ネットワークがこれまで行ってきたゲームのやり方を自分も理解しているというシグナルを彼らに伝える必要があったのである。

マードックの棋譜

①地方局の買収

マードックは最初の行動として、メトロメディアから六つの独立系放送局を買収した。三大ネットワークの怒りを買わないように、彼らと提携関係を結んでいる地方局を避けたのである。一六億五〇〇〇万ドルという買収額は当時の六社の収益規模からすれば正当化できないほど高額であり、しかもその資金は借入金で調達されたものだったが、新しいテレビ・ネットワークの柱として、それだけの買収プレミアムを支払う価値は十分にあるとマードック自身は考えていた。

三大ネットワークにとっては、マードックが自分たちの提携系列局には手を出さず、そのうえ多額の借入金を背負って事業へ参入してきたという事実は安心感を与えるものだった。マードックの事業計画ではフォックス放送は初期段階で赤字になると見込まれており、広告料金や番組購入で価格競争を仕掛けてくる可能性は低いと考えられた。

メトロメディアから買収した六つの直接所有の地方局を基盤として、フォックス放送はその他の地域にも進出し、地元の局と提携関係を築いていった。その結果、なんとかアメリカ全土の八〇%をカバーする地方局と提携契約を結んだものの、そのネットワークはけっして強力ではなかった。フォックス放送は、参入当初は小規模な視聴者層で事業を立ち上げようとしていた。

②広告料金の設定

マードックは、ゴールデンタイムの放送枠三〇分につきCM時間の上限を定めていた三大ネットワーク間の決まりにしたがった。その一方で、視聴率一％当たりの広告料金を三大ネットワークより二〇％低く連動するように設定したが、まだ新参者でその実力もわからず、企業規模もはるかに小さいフォックス放送がスポンサーを募ろうとすれば、何らかのメリットを提供しなければならないのは当然で、この程度の値引きが攻撃的だと受け止められることはほとんどなかった。

値引きしたとはいえ、広告料金を三大ネットワークの価格に連動させる形を取ったことによって、マードックは協調的な行動を取る意図を三大ネットワークへ伝えるとともに、彼らが広告料金をフォックス放送と同じ水準まで下げて対抗するのは得策ではないことを理解させた。もし彼らが広告料金を値下げすれば、フォックス放送も二〇％の割引設定を維持するように、さらに値下げするからだ。

三大ネットワークの広告収入はフォックス放送をはるかにしのぐので、値下げ競争に伴う痛みは彼らのほうがずっと大きくなる。逆に、三大ネットワークが広告料金を値上げすれば、フォックス放送は二〇％の割引率を保ちつつも、これに追随して値上げをすることになる。つまり、フォックス放送の存在は、広告料金に対する三大ネットワークの価格決定力を阻害する要因にはならないと考えられた。

③番組内容

放送する番組の内容に関しても、三大ネットワークと正面対決するのは避けて、独自色の強い番組を少数に絞って放送することから始めた。最初に契約した人気タレントはジョーン・リバーであり、深夜に放送するトーク番組の司会に起用した。リバーはそれまでNBCと契約していたが、ジョニー・カーソンに代わる「ザ・トゥナイト・ショー」（訳注：NBCが放送する人気トーク番組）の司会者の人選から漏れていた。

フォックス放送が初期に放送したその他の番組も、三大ネットワークが最初から興味を示さなかったものや、放送しそうにはないものばかりだった。たとえば、「スタッズ」「マリード・ウィズ・チルドレン」「ザ・シンプソンズ」は、三大ネットワークにとっては低俗すぎる番組だととらえられていたし、アニメ番組は土曜日の朝に子ども向けやディズニースペシャルとして放送するのが定石だった。

新聞や雑誌、時にはタブロイド紙の広告を通じて、一般大衆の感情に訴えかけることによって富を築いてきたマードックは、フォックス放送の経営でも同じ手法を採用した。市場の下位に位置するセグメントへ狙いを定めることで、他のネットワークとの直接競争を避けたのである。仮にこの種の番組が人気を博してフォックス放送の視聴者が増えるとしても、過去に同様の番組を放映した経験を持つ独立系地方局から流れる可能性が高かった。またフォックス放送は、まだ特定ジャンルの番組を見る習慣が確立していない、比較的取り込みやすい一〇代中心の若年視聴者層をターゲットとした。

フォックス放送のみに与えられた参入余地

地方局の買収、広告料金の設定、放送する番組のコンテンツに関するフォックス放送の行動は、面倒な問題を起こすつもりはないことを三大ネットワークにはっきりと伝えるためのものだった。そのメッセージの通り、三大ネットワークの人気番組やタレント、提携系列地方局を金銭で強引に奪い取ろうとはしなかった。広告料金は割引価格で提示されていたとはいえ、三大ネットワークが設定する価格に連動するように決められていたし、CM枠の時間を守られていた以上に拡大して番組供給数を増やそうともしなかった。

フォックス放送が三大ネットワークに送ったメッセージは、次のようなものだった。

●三大ネットワークがこれまで行ってきたゲームのルールにしたがうつもりである。

●三大ネットワークは、その気になればフォックス放送を踏みつぶせるだろうが、そうなれば参入を受け入れるよりもずっと高くつく。フォックス放送はマードックが考える世界的なメディア戦略の中心部を担うものであり、簡単に、また静かに引き下がることはない。
●したがって、三大ネットワークにとってもっとも賢明な行動は、フォックス放送の仲間入りを容認することである。

これを囚人のジレンマ・ゲームの観点からとらえれば、フォックス放送はテレビ・ネットワーク業界を表すマトリクスのなかで、もっとも全体の利得が大きい象限に加わりたいという意図を伝えていた。

メッセージを受け取った三大ネットワークが、フォックス放送のことを業界全体を荒らすその他多くの新規参入者たちと同じには見ていなかったとしたら、それは賢明な判断だった。フォックス放送が業界を荒らすような行為を仕掛けてくれば、三大ネットワークは他の参入者たちへの警告として、フォックス放送を徹底的に叩きつぶすしかないが、それは両者にとって不幸な結果しかもたらさない。フォックス放送は、少なくとも自分たちは他の潜在的な新規参入者とは異なる例外的な存在だということを示すことができた。

フォックス放送はメトロメディアから六つの地方局を買収したほか、二、三の地方局を直接所有下に加え、その他の地方局と提携関係を結ぶことによって、全国的な放送網を築いた。もし他の参入者がフォックス放送と同様のことをやろうと思えば、ケーブル・テレビ網を使うほかなかったが、これは視聴者にとってコストが高くつく方法だった。

また、フォックス放送のテレビ・ネットワークは、映画スタジオや多数の新聞社、雑誌社を含むメディア帝国の一部に組み込まれており、たとえ実際の結びつきはそれほど強くなかったにせよ、三大ネットワークにとってはこれらの関係が非常に強固なものに見えたかもしれない。これらすべての要素が組み合わされることによって、フォックス放送は自分と同じ潜在能力を持ってテレビ・ネットワーク事業へ参入しようとする企業が出てくる可能性はほとんどないと思わせることができた。

環境変化が競争形態を変える

参入当初、三大ネットワークはフォックス放送を叩きつぶそうとはしなかった。彼らは、存続を許される限り行儀よく振る舞うというフォックス放送からのメッセージを正しく読み取り、少なくともしばらくの間はこれがきちんと守られた。しかし、時がたつにつれて業界の環境が変化し、より競争的な性質が強まるようになった。

政府の規制緩和によって、より多くのケーブル・テレビ局が参入を認められて事業規模を拡大し、有料のケーブル・チャンネルは番組数と視聴者数を増やしていった。衛星放送技術の発達は、地方局への番組伝送コストを低下させ続けた。大規模なシンジケーターは番組制作会社から新番組を購入して、それを独立系の地方局へ直接販売するようになったため、キー局とシンジケーターが競合し合う関係になっていった。さらに、リモコンやビデオが普及することによって各局が視聴者を囲い込む力が弱まり、しまいには、ザッピングやCMスキップ機能を使うことで、テレビ局の最大収入源である広告を視聴者が見なくても済むようになった。

これらの環境変化は、テレビ・ネットワーク事業の収益性を高く保っていた競争優位の効力を弱めることとなった。ABC、CBS、NBCを新しく手に入れたオーナーたちは、報道局の人員を減らすことで人件費を抑えたり、番組の購入予算を削減し始めた。これらすべての変化は、マードック率いるフォックス放送が新規参入を果たしたのとほぼ同時期に進行し、その後フォックス放送が確固たる地位を築くまでの間もこの状態が続いた。

業界全体の収益性が低下し、三大ネットワークのオーナーが変わるなか、フォックス放送の存在感が強まったことは、それまでプレーヤー間の競争心を抑制していた協調的な取り組みを弱体化させる結果につながった。もはやテレビ・ネットワーク事業は、長年付き合ってきた仲間が集う快適な場ではなくなった。

一九九三年、フォックス放送はそれまでCBSが持っていたNFLの放映権を奪い取るためにより高い金額を提示して、何十年間にもわたるCBSとNFLの契約関係を終わらせた。これが、アメリカンフットボール中継の利益率を減らすことになる放映権の争奪合戦が激化するきっかけとなる。それから数年後には、CBSと契約していた人気タレントのデイヴィッド・レターマンをABCが引き抜こうと画策したが、このような策略は過去には見られなかったものであり、むしろコカ・コーラとペプシがお手のものとしていた競争形態だった。

シナジーは稀にしか生まれない

マードックが意図していた戦略の根幹にあるのは「統合化」であり、具体的には二〇世紀フォックス、フォックス放送（キー局）、直接所有の地方局を含むフォックス・ネットワーク・グループの内部のみならず、ニューズ・コーポレーションの傘下にある他のグループ企業とも緊密な関係を結ぶことによって、収益機会を最大限追求するという考えだった。フォックス放送の収益向上に二〇世紀フォックスのコンテンツを活用するほか、海外市場でテレビ番組のシンジケーションを行う計画も立てていた。

しかし、ある資産を高額で買い取る行為を正当化する根拠としてしばしば引き合いに出される「シナジー」は、実際には実現する可能性が低い。

一連のサプライチェーンに位置する複数の企業を同じグループの傘下に収めることで、何か新たな付加価値が生み出されるのだろうか。業界が参入障壁で守られているのであれば、各企業はグループ化しなくともすでに優れたROICを上げているはずである。逆に、業界全体が競争的な環境にあれば、企業群をグループ関係にまとめたところで各企業の利益が増加することはない。いずれにせよ、複数の企業を同じグループの傘下に収めることから付加価値が得られるとは考えにくかった。

一方で、番組制作会社のセグメントには明らかに参入障壁が存在せず、エンターテインメント・ビジネスの魅力に取りつかれてこのセグメントへ新規参入する企業は後をたたなかった。我々が想像できるように、このセグメントに属する企業のＲＯＩＣは歴史的に見てもきわめて低かった。フォックス放送以外の三大ネットワークは番組制作会社を所有しておらず、それには規制上の理由も一部あったが、より大きな理由は、コンテンツの制作は外部の企業に委ねるほうが安く済むということに気づいていたからである。

二〇世紀フォックスとフォックス放送を例にとって考えてみよう。仮に二〇世紀フォックスが高い確度で高い視聴率が見込める番組を制作した場合、これを一般市場へ売りに出すよりも、フォックス放送へ提供するほうが得になることなどあるだろうか。逆に、あまり人気がなさそうな番組を二〇世紀フォックスが制作した場合、ＮＢＣやＡＢＣがその番組に対して支払うよりも大きい金額をフォックス放送が支払って購入しなければならない理由などあるだろうか。売買に伴う金銭は一方の会社（フォックス放送）から他方（二〇世紀フォックス）の口座へ動くかもしれないが、フォックスグループ全体として見た場合、利益は相殺されてゼロとなる。

つまり、業界全体として番組コンテンツの供給が不足する状態にならない限り、フォックス放送が二〇世紀フォックスと同じグループ関係にあることから得られる利益など何もないのである。同様に、他のテレビ局が望むような番組を制作できている限り、二〇世紀フォックスがフォックス放送との結びつきから得られるものは何もなかった。

広告枠の販売についてはどうだろうか。仮に、フォックス放送が広告枠をすべて売り切ることができなかった場合を考えてみよう。このとき、売れ残った時間は二〇世紀フォックスが製作した映画の宣伝ＣＭを無料で流すことができるのではないだろうか。おそらくそれは可能だろう。しかし、無料で手に入るような時間帯であれば、予想視聴率は広告主にとって魅力的ではない可能性が高い。つまり、二〇世紀フォックスがただで何らかのメリットを得ることは事実かもしれないが、その効果はあまり大きくないだろう。そもそも、視聴率が低い時間帯に無料のＣＭを流すことが、マードックの考えるシナジー戦略の源であるわけがなかった。

フォックスグループのシナジーの源泉として他に考えられるのは、二〇世紀フォックスが制作したコンテンツをグループ内の他のコンテンツとともに、海外市場へ販売するという可能性である。先と同様にここでも問題となるのは、そうした作業を行うシンジケーターをグループ内に持つほうが、外部の企業へ委ねるよりも得なのかどうかという点である。

仮に、国際シンジケーション市場が競争的な業界であれば、グループ内にシンジケーターを持つことで余剰利得が生じることはない。この場合、フォックスグループのシンジケーターは、他の競合よりも高い値段でコンテンツを販売できるわけでもなければ、競合より低い値段を提示しながら十分な利益を確保できるわけでもないからだ。

これに対して、国際シンジケーション市場が競争的でなければ、つまり、ある市場では既存のシンジケーターが参入障壁によって守られていれば、後発組であるフォックスグループのシンジケーターは競争劣位の立場にあることとなる。この場合、番組制作会社からすれば、より強力な力を持つ既存のシンジケーターと契約するほうが得策である。したがって、ここでも番組制作会社とシンジケーターが同じグループに属していることから新たな利得が生まれることはないという結論が得られる。

フォックス放送の成功と失敗

マードックによるテレビ・ネットワーク事業への参入事例は、本書で論じる理論の多くに関連している。フォックス放送が参入する以前、三大ネットワークは視聴者の囲い込み、政府の規制、強力な規模の経済によって参入障壁を築き、競争優位を享受していた。彼らは、広告主が通らなければならない料金所のように機能する地方局を直接所有することで、多額の利益を上げていた。三大ネットワークは四人のジレンマ・ゲームをうまく行う方法を習得しており、番組コンテンツの購入に支払う代金であれ、スポンサー企業から徴収する広告料金であれ、価格競争に陥ることを避けていた。

このような高い収益性と参入障壁の存在が、マードックがテレビ・ネットワーク事業を興すことを決心した理由の一つだった。マードックは、第6章で詳細に論じた参入・阻止ゲームを非常にうまく行った。彼は既存の三大ネットワークに対して、フォックス放送を追放するよりも仲間の一員として受け入れるほうが低コストで済むことを明確に伝えた。こうしてフォックス放送は、四番手としての確立した地位を築くという、過去の参入者がことごとく失敗してきた挑戦に成功した。

ただ、マードックの経営手腕と、価格競争を巧みに避けてきた三大ネットワークの高い能力にもかかわらず、テレビ・ネットワーク業界の牧歌的な状況は長くは続かなかった。その背景には、前述した事業環境の変化がある。政府の規制緩和と衛星放送技術の発達は、キー局の収益率を高く保っていた競争優位の大半を弱体化させた。ケーブル・テレビやビデオ、リモコンの普及は、各放送局が視聴者を囲い込む力を弱め、最大の収益源である広告主にとっての魅力を低下させた。フォックス放送と三大ネットワークは現在も存続しているが、もはやかつてのような多額の利益を生む企業ではなくなっている。

事業環境の変化だけでなく、マードックに読み違いがあったことも否定できない。フォックスグループの戦略は、さまざまなセグメントの企業を所有することによって互いの収益を強化するシナジーを生み出すことを狙いとしていた。具体的には、二〇世紀フォックスが制作する番組コンテンツをキー局（フォックス放送）や提携系列局へ供給することや、売れ残った広告枠を二〇世紀フォックスの映画宣伝に使うこと、グループ傘下のシンジケーターを通じて番組を海外市場へ販売することなどが見込まれていた。

マードックはメディア王として君臨していた人物であり、彼が持つすべての要素を一つのグループに収めれば、たしかに何らかのシナジーが生まれることは期待できただろう。しかし、実際にシナジーが実現するか否かは、参入障壁の有無にもかかっている。もし一連のサプライチェーンを形成する市場に参入障壁が存在しなければ、グループ企業を持つことから余剰利得が得られることはないのである。

【注】

32　買掛金や未払費用（未払賃金など）を含む短期有利子負債以外の流動負債は、事業を営むうえで自然に発生する債務である。これらの流動負債は、仕入先や労働者など債務の相手先から一時的に無利子の借入を行っているのと実質的には同じであり、企業が資産を購入するために必要な投資額（投下資本）を減らす効果がある。詳細については、理論編の補遺を参照。

第14章

歴史的大敗に終わった新規事業参入
——コダックのインスタント写真事業

ポラロイドの牙城

ジョージ・イーストマンは、アメリカのビジネス史における偉人の一人である。彼が設立したイーストマン・コダック（以下コダック）は、その長い歴史の大部分で紛れもない数々の成功を収めてきた。

一八八〇年代に写真乾板とフィルムのメーカーとして誕生してからすぐに、コダックはアメリカのみならず世界中のアマチュア写真家向けの市場を支配するようになった。ほぼ一世紀にわたり、経営は順風満帆だった。家庭用写真の需要は右肩上がりで急増し、「コダック・モーメント」のキャッチコピーを確立したコダックは、この間ほぼ無敵の状態を維持していた。一九五八年度から一九六七年度にかけて、コダックの中核であるアメリカ市場では、インフレ率調整後で年間一三％の売上高成長率を示した。

しかし、一九七〇年代になると、コダックは徐々に市場が飽和していく状況に直面し、長年の伝統である技術革新をもってしても、売上高の伸びを刺激することができなくなった。一九六七年度から一九七二年度にかけてのアメリカ市場の年間成長率はインフレ率調整後で五・六％へ低下し、一九七二年度から一九七七年度はさらに三・五％にまで落ち込んだ。

経営陣はこの状況に対処するため、従来の中核事業と非常に関連性が高いと考えられる隣接事業での拡大機会を検討し始めた。彼らが目をつけたのは、コピー機事業とインスタント写真事業の二つだった。コピー機市場にはゼロックス、インスタント写真市場にはポラロイドと、どちらの市場にも強力な参入障壁を築き、支配者として君臨している既存企業がいたが、いずれの参入に際してもコダックは、既存企業が築いていた競争優位に対処するための一貫した戦略を策定しなかった。

結局、どちらの参入も失敗に終わったが、特に彼らがポラロイドに対決を挑んだときの意思決定はひどいものであった。コダックとポラロイドの戦いは、新しい市場への参入に際して「何をすべきではないか」を教えてくれる事例である。

揺るぎないミッションが好業績を生む

多くの企業がミッション・ステートメントを掲げているように、ポラロイドにも一つのミッションがあった。エドウィン・ランドは一九三〇年代にポラロイドを設立し、当初は偏光フィルターを製造していたが、その後彼はインスタント写真を開発するという、半ば狂信的な企業目的とみずからの天職を見出した。

一九八一年に行われたインタビューで、ランドは次のように語っている。「企業の役割は、顧客の心の奥底に潜んでいるニーズを感じ取って、そのニーズを満たすために科学技術を活用することだというのが、我々のもっとも重要な考えだ」

ランドが感じ取ったニーズは「人と人とのつながり」であった。彼はそれを、まったく手間がかからず、その場ですぐに現像される写真で満たすことを提案した。ランドの使命感は最初から明確かつ強固で、インスタント写真を開発した一九四七年以降、ポラロイドはほぼこの事業のみに専念し、すべての経営資源がインスタント写真事業へ投じられた。

ポラロイドが最初に開発した「ポラロイド・ランド・カメラ」は、重さが五ポンド（約二・三キロ）、小売価格は九〇ドルで、約一分間でまずまずの画質の写真を現像することができた。この製品は、ポラロイドがアマチュア向け写真事業に参入する足がかりを築き、インスタントカメラとフィルムのセグメントにおける独占的な地位をポラロイドに与えた。

初期モデルは斬新さがうけてヒット商品となったが、さらに成長を遂げるためには灰色がかったセピア色の画質を改善する必要があった。ポラロイドは研究開発活動に多額の費用を投じて次々と革新的な製品を開発し、一九四七年以降、カメラとフィルムの双方で品質改善を実現した。

フィルムの感度を高め、写真はセピア色から白黒、さらにはカラーへと変わり、解像度は徐々に上がり、カメラ本体の操作方法もより使いやすいように改良された。もともとのセピア色写真では一分間かかっていたフィルムの現像時間は、白黒写真では一〇秒間に短縮された。処理が煩雑な廃棄物をフィルムの原料から排除するとともに、画質を安定させるために写真の一枚一枚を手作業でコーティングするという手間も不要にした。

フィルムのみならずカメラの性能も向上し、多くの機能が自動化され、より使いやすく進化した。超音波で距離を測って自動的にレンズの焦点を合わせるソナー機能まで開発された。一九七五年の時点で、ポラロイドが開発した一連のインスタント写真製品は、非常に高い技術水準を誇っていた。

インスタント写真事業に対するランドのひたむきな献身は、非常に大きな実を結んだ（図14-1）。ポラロイドの売上高は、一九五〇年度の六〇〇万ドルから一九六〇年度には九八〇〇万ドルへ、さらにその一〇年後には四億二〇〇〇万ドルまで成長し、一九七五年度には八億ドルを突破した。一九六〇年代後半を通じて、営業利益は売上高よりもさらに急速な伸びを示した。その後、一九七四年度までは研究開発費の急増による影響で営業利益が落ち込んだものの、一九七五年度にはV字回復を果たした。

急速かつ着実な売上高の成長に加えて利益も安定していたので、ポラロイドの株式はウォール・ストリートの

図 14-1 ポラロイドの売上高と営業利益：1950 〜 1975年度（単位：百万ドル）

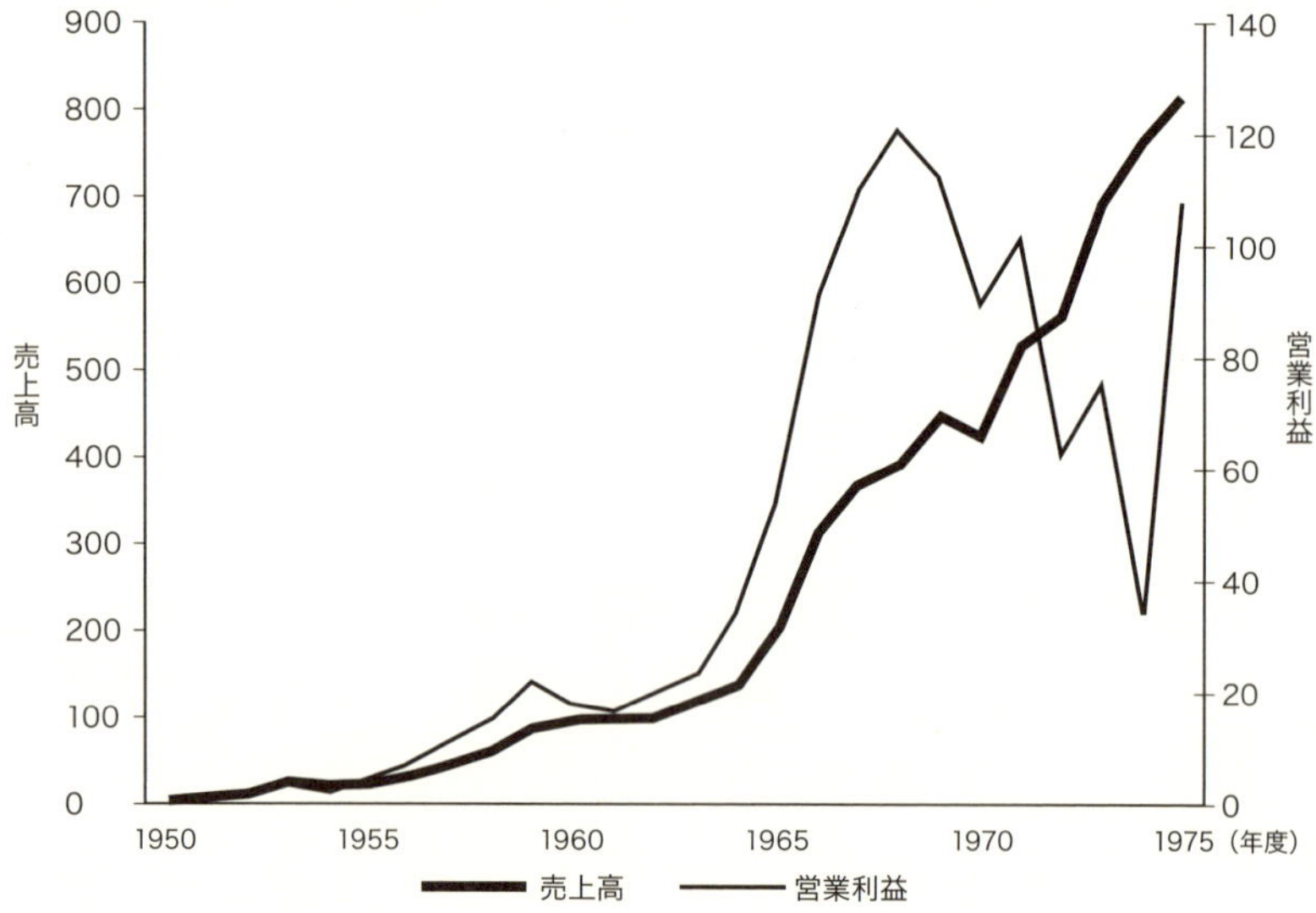

投資家たちが好んで買う銘柄となった。この時期を通じて、ポラロイドの株式は、非常に高いＰＢＲ（株価純資産倍率）とＰＥＲ（株価収益率）で取引された。

一九六〇年代の後半、ポラロイドはプロの資産運用家たちのお気に入り銘柄で構成される超一流企業集団に対して名づけられた「ニフティ・フィフティ」の仲間入りを果たした。これらの超優良企業は、競争的な市場経済の浮き沈みによる影響は受けないと考えられていたが、残念ながら他のニフティ・フィフティ企業の株価と同様、ポラロイドの株価も一九七三年から一九七四年にかけての下げ相場で急落した。

しかし、不況が到来する前の一九六九年に行った総額一億ドルの新株発行をはじめとして、ポラロイドは良いタイミングで資本増強策を講じていたために、財務内容は強固そのものだった。一九七五年末の時点では、わずか一二〇〇万ドルの有利子負債に対して、一億八〇〇〇万ドルもの現預金を保有していた。

強固な財務基盤を支えていた重要な要素は、ランドの才能、研究開発活動への積極的な投資、そしてインスタント写真事業での独占的な地位の三つが組み合わされることによって生まれる技術的な優位性だった。一九六二年度から一九七一年度までの一〇年間、研究開発費は売上高の七％以上を占め、その後も金額は急増し、一九七五年度までに合計六億ドル以上を費やした。

こうした技術投資によって次々に開発された新世代のカメラやフィルムは、いずれも特許で固く保護されていた。後にランドは次のように語っている。「我々を成功に導いている唯一の要素はポラロイドの技術優位であり、その優位性を守っている唯一の要素は我々が取得している特許である」。加えて、特許の対象にはなっていないものの、ポラロイドが長年をかけて培ってきた製品の加工や製造に関するノウハウも、インスタント写真事業での独占体制を維持することに寄与していた。

わずかなつけ入る隙

ポラロイドは初期の段階では、カメラ本体の製造を下請企業に委託しており、フィルムのネガもコダックから購入していた。しかし、製品の性能が向上するにつれて、要求される技術もだんだん複雑になったため、一九六九年には、それほど機密度が高くない作業も含めて大部分の製造工程を下請けに出すことをやめた。品質管理と機密保護の観点から、製造工程をほぼ完全な管理下に置くことを望んだのである。

一方で、マーケティング手法に関しては首をかしげる部分もあった。最初に開発したポラロイド・ランド・カメラのときから、彼らが新製品を導入する手順は一定のパターンにしたがっていた。新しいモデルは高価で相対的に使いにくいことが多く、導入当初の売れ行きは鈍い。その後、製品の品質が改善され、価格水準も下がるにつれて市場の顧客に受け入れられ、売上高の伸びが安定的になり、後半の段階では急激な増加を示すというものである。

しかし、ちょうどこの段階でポラロイドは旧型モデルとフィルムの互換性を持たない画期的な新型モデルを導入し、前世代のモデルと同じプロセスを繰り返した。ポラロイドの販売戦略には、旧型のカメラを大幅に値下げしてフィルムの販売から利益を獲得しようという考えはまったくなかった。

第一世代のカメラが世間に広く認知されるようになった一九六〇年代の後半、ポラロイドはまったく新しいフィルムとカメラの開発に着手し始めた。一九六三年に、初期モデルの改良版としては最終形となるカラーフィルムを開発して減少傾向にあった売上高を回復させたが、そのわずか六カ月後には、カラーと白黒の双方に利用可能なまったく新しいフィルムとカメラを発売した。

この新しいモデルでは、従来のロール型フィルムに代わってパック型のフィルムが採用され、より使いやすくなったが、これに応じてカメラも新しいものにする必要があった。「カラーパック・カメラ」と呼ばれた新型カメラは、当初一〇〇ドルの小売価格で販売され、ポラロイドが過去に導入した新製品と同様に、当初の売上高は目標に達しなかった。それから一年もたたずに、ポラロイドはより安価な改良版を開発して、一九六九年には消費者から広く受け入れられるようになり、カラーパック・カメラの小売価格は二九・九五ドルまで低下した。

その頃、ポラロイドは究極のインスタント写真というランドの目標に大きく近づくと考えられた次世代モデルSX-70の開発に取り組んでいた。SX-70は、バッテリーを搭載したフィルムパックをカメラ本体に差し込む形で使用し、自動焦点機能と外付けフラッシュによって、より鮮やかな解像度と色彩の写真を実現した。シャッターを一回押すと同時にフィルムの現像処理が始まり、フィルムパックに搭載されたバッテリーで動くモーターが現像し終わった写真を出力した。

他の大半の新製品と同様、一九七二年に導入されたSX-70も、当初の売れ行きは芳しくなかった。小売価格は一八〇ドルで、これはカラーパック・カメラの六倍に相当する金額だった。また、SX-70はカメラとフィルムの双方、特にバッテリーの品質面でいくつかの問題が発生していた。当初の売上高は予想をはるかに下回り、安価な改良版のＳＸ-70が導入されて販売数量が増加し始めるまでには、三年から四年の月日を要した。一九七六年当時、より単純なカラーパック・カメラを使用していた人が世界中で約二五〇〇万人いたのに対して、ＳＸ-70の推定利用者数はわずか二〇〇万人に過ぎなかった。

ポラロイドは、取引相手となる顧客企業との間に良好な関係を築くような行動は、ほとんど何も取らなかった。自社の製品を最終消費者のもとへ届ける役割を果たす卸売企業や小売企業といった仲介業者の利益など考慮しないのが、彼らのスタイルだった。創業当初から、カメラ専門店、デパート、ディスカウントストア、量販店、ドラッグストアなど、ありとあらゆる流通チャネルを通して、できるだけ広い範囲でカメラとフィルムを販売しようとした。製品の小売価格水準を管理しようとはせず、新しいモデルを導入するときも古いモデルの在庫処分は流通業者任せにして、彼らの利益を守ろうとはしなかった。

その結果、ポラロイドと流通業者間の関係は非常に弱く、もめごとが起きることもしばしばだったが、ポラロイドにとって重要なのは流通業者ではなく最終消費者であるというのがランドの考えだった。この点のみから見れば、ポラロイドが取った行動は大きな成果を上げた。広告宣伝活動に多額の費用を投じた結果、ポラロイドという社名はインスタント写真と同義語となるまでになった。

強固な優位性

一九七五年の時点でインスタント写真市場におけるポラロイドの競争優位を評価したとすれば、それは非常に強力であるという以外の結論はなかった。一九七六年までインスタント写真事業を独占し、すべてのカメラとフィルムを一社のみで販売していた。撮影した写真をすぐその場で手に入れたい人にとっては、ポラロイドの製品を使うしか他に選択肢がなかった。

市場シェアとその安定性に関していえば、ポラロイドは一九四七年から一九七五年まで一〇〇％のシェアをず

図 14-2 ポラロイドのROIC（税引前利益ベース）：1960～1975年度

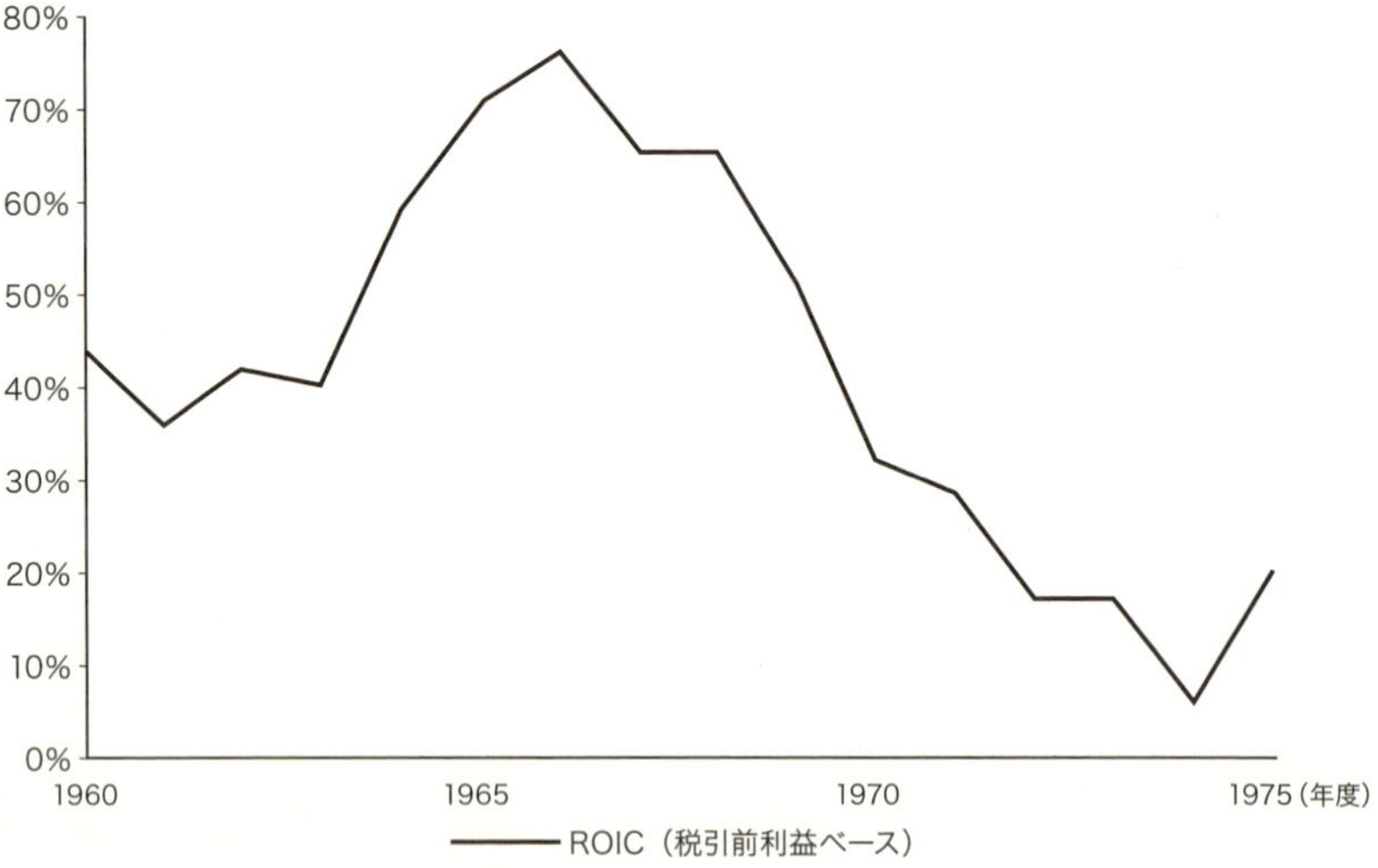

っと維持し続けた。また、税引前のＲＯＩＣ（投下資本利益率）もきわめて高く（図14-2）、一九六〇年度から一九七五年度までの平均は約四二％と、明らかにポラロイドの資本コストを上回る数値を示した。しかし、一九六六年度に七五％でピークを打った後は利益率が低下し始め、一九七〇年度から一九七五年度にかけての平均ＲＯＩＣは二〇％以下にまで下がっていた。

独占企業だったため、利益率が低下した理由は他社との競争によるものではなく、それはむしろランドの個人的な志向とＳＸ-70モデルの導入が原因だった。ＳＸ-70モデルの開発に伴い、研究開発費と生産設備への投資が増加して収益を圧迫し、一九七五年度の決算は予算を達成しなかった。一九七〇年代にポラロイドの利益率がそれ以前よりも低下した背景的要因は、財務指標に対するランドの関心の低さであり、けっしてポラロイドの競争優位が弱まったということではなかった。

競争優位の源泉はいくつかあり、顧客の囲い込み、特許技術、規模の経済などから利益を得ていたが、それぞれの効力には違いがあった。まず、ポラロイドのカメラを使用する消費者はポラロイド製のフィルムを買う必要があったという点で、ポラロイドはたしかにある程度の顧客を囲い込んでいたが、その力はそれほど強いものではなく、また持続的なものでもなかった。

新型モデルの性能が明らかに優れていれば、既存顧客にとって買い替えコストは克服できないほど大きな障害ではなく、ポラロイド自身も一九六三年にカラーパック、一九七二年にSX-70を導入したときは、既存のユーザーがこれらの新型モデルに乗り換えてくれることを期待していた。また、取り扱いの単純さが一つの売りだったことから、ポラロイドの製品を使い慣れている顧客が他社製のカメラに乗り換えたとしても、せっかく覚えた難しいノウハウを放棄しなければならないということもなかった。

ポラロイドは第二の競争優位、すなわち、その製品と写真現像処理に関する特許技術によって固く防御されていた。初期型カメラの設計に関する特許が失効した一九六六年、ポラロイドはさらなる前進を遂げるための新しい特許を申請した。また、カメラとフィルムの双方について、設計・開発・製造に関する無数のノウハウを蓄積した。

新型のモデルを導入する前には、数年間をかけて製造工程を改良し、諸々の問題を解決する必要があったが、SX-70モデルの開発はそれ以前のモデルよりもずっと難易度が高かった。カメラとフィルムの製造技術は複雑であり、新規参入企業がポラロイドに匹敵する地位を築くためには、莫大な投資、人材、そして忍耐が必要とされ、なおかつポラロイドが持つ特許に抵触しないよう気をつけなければならなかった。

第三の要素である規模の経済も、ポラロイドを強く守っていた。インスタントカメラとフィルムの製造には、工場や機械設備に対する多額の設備投資が必要だった。また、研究開発費も巨額で、ポラロイドは一九六二年度から一九七五年度までの一四年間で六億ドル以上の費用を支出し、このうちの二億ドル強はSX-70モデルを導入するためにわずか二年間で費やしたものだった。

さらに、ポラロイドは広告宣伝活動にも大々的に取り組み、一九七五年度には売上高の六%以上に相当する五二〇〇万ドルを広告宣伝費として計上した。仮に新規参入企業が短期間でポラロイドの売上高の半分を奪うという野心的な目標を掲げるならば、ポラロイドへ追いつくために売上高の一二%強を広告宣伝費に費やさなければならないという試算が成り立つが、これはどう考えても利益が出るような水準ではなかった。

したがって、ある程度の顧客の囲い込みと組み合わされた規模の経済効果は、新規参入者が克服しなければならない非常に大きな障壁となっていた。これら三つの競争優位が一体となり、それがさらにインスタント写真事業への狂信的な取り組みによって強化されていたため、どのような潜在的参入者にとっても、ポラロイドの牙城を崩すことはきわめて困難であり、ポラロイドの領域には手を出さないほうが賢明だといわれているような状態だった。

新規参入を決断したコダック

ポラロイドはインスタント写真事業を独占していたものの、「アマチュア向けの写真」という広い市場領域で見れば、他社との競争に直面していた。顧客は常に、商品の選択肢が多い伝統的なカメラやフィルムを選ぶことができた。この伝統的な領域では、コダックがフィルムの製造で断トツのシェアを誇っており、低価格帯のカメラ製造でも首位に立っていた。

コダックは、創業者のジョージ・イーストマンが一八八〇年代に最初のロール型フィルムとカメラを開発して以来、使いやすいフィルムとカメラといえば、真っ先に名前のあがる会社として広く認知され、鮮やかな黄色で彩られたフィルム包装箱は、写真が撮影される場所でもっともよく目立つブランドのシンボルとなっていた。

アマチュアの個人写真のみならず、プロのカメラマンや科学・医療写真の市場においても、コダックは支配的な地位を築いていた。一九五四年にアメリカ司法省がフィルム販売事業と写真現像事業を分離するよう命じるまで、写真事業のバリューチェーンのほぼ全体を掌握していた。たとえ写真現像事業が別会社に分離されたとしても、その会社は印画紙、化学原料、現像設備のほとんどをコダックから購入することとなり、司法省の命令から二〇年がたった一九七六年の時点でも、第三者に供給した原料の売上げを含めれば、コダックは写真現像事業で約半分の市場シェアを占めていた。

ポラロイドと同様にコダックも、革新的な技術で成長を遂げていた。伝統的なフィルム市場における最大のシェアを武器に、フィルムの品質向上に必要な研究開発費を惜しみなく投じ、その金額は競合をはるかに上回っていた。写真撮影をできるだけシンプルにすることによって富を築き上げたのも、ポラロイドと共通する。だれにでも使いやすいカートリッジロード式のフィルムを採用した「インスタマティック」は、一九六三年に販売されてからわずか二年強で一〇〇〇万台を売り上げ、一〇年後に小型版の「ポケット・インスタマティック」が発売されるまで成功を収め続けた。どちらのモデルも、カートリッジ式のフィルムをカメラ本体へ簡単に差し込むという設計だったが、ポケット・インスタマティックでは、その名の通りすべてがポケットに収まるようにフィルムとカートリッジが小型化された。露出設定を自動化し、フラッシュ機能の性能も向上させた。もしジョージ・イーストマンがこの進化を知ったなら、きっと誇りに思ったに違いない。

先進的な技術を取り入れているにもかかわらず、あらゆる面でシンプルそのものだったコダックのカメラは大人気商品となり、小型化されたフィルムはさらに大きなシェアをコダックにもたらした。競合各社は、その技術に追いついていくためだけに、新しい設備を購入しなければならなかった。

ポラロイドと同様に、コダックの利益率もきわめて高かった。一九五〇年度から一九七五年度にかけての平均営業利益率は二五%と、同じ時期のポラロイドの一九%よりも高く、一九七五年度のＲＯＩＣ（税引前利益ベース）も三三%と、ポラロイドのＲＯＩＣ（二〇%）を大きく上回っていた。売上高と利益はいずれも急激に増加

図 14-3 コダックの売上高と営業利益：1950 ～ 1975年度（単位：百万ドル）

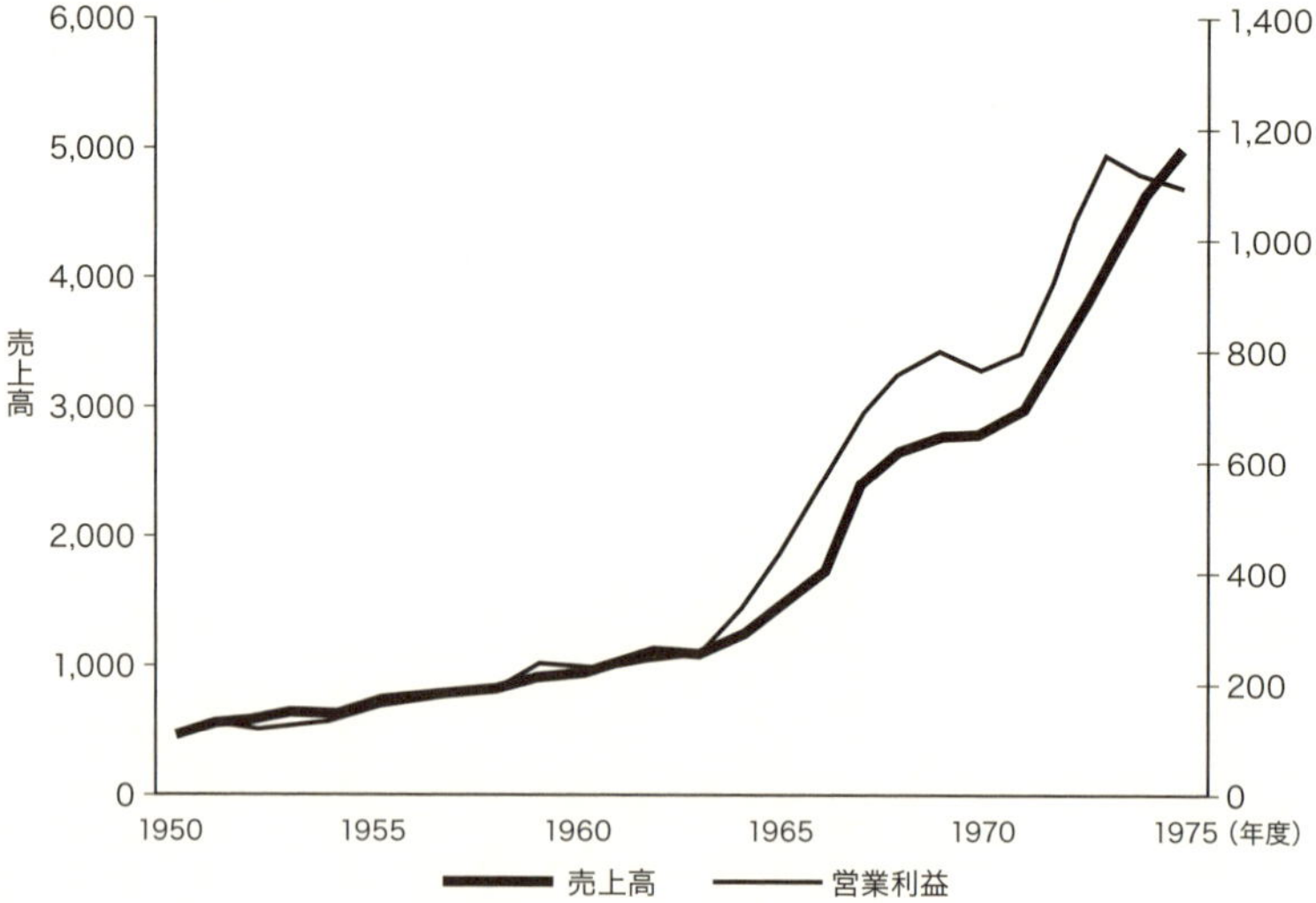

し、一九五〇年度に約五億ドルだった売上高は、一九七五年度には五〇億ドル弱にまで増えて、一〇%近い年平均成長率を示した。[注33] また、一九七五年度の営業利益は一一億ドル弱で、これはポラロイドの一〇倍以上に当たる（図14-3）。

コダックはポラロイドとともにニフティ・フィフティの一社に属し、財務内容はきわめて良好であり、一九七五年末の時点で、一億二六〇〇万ドルの有利子負債に対して、七億四七〇〇万ドルの現金等価物を保有していた。

しかしながら、一九七〇年代の半ばには、コダックの経営陣はかつて経験したことのない問題に直面していた。年間一〇%という売上高成長率は、インフレ率が一～二%の時代には申し分のない数字だったが、インフレ率が六%以上へと高まる状況では満足できる水準ではなかった。また、それまで独占していたカラー印画紙事業をはじめとしたいくつかの事業セグメントで、市場シェアを落とすようになっていた。この結果、少なくとも従来の中核事業よりは高い成長率を示していたインスタント写真市場が、魅力的な参入対象として浮上した。

業界内では、コダックがインスタント写真事業への参入に興味を示しているということは広く知られていた。一九六九年にはポラロイドが、自社のカメラと互換性のあるカラーフィルムをコダックが販売することを容認するのではないかという憶測が流れたが、噂だけに終わった。

コダックは結局、独自の道を歩み、ポラロイドと真っ向から競合する製品を開発することとなった。インスタント写真事業への参入を機密扱いとはせず、一九七三年度と一九七四年度の年次報告書でその計画について記載した。事業計画の内容は、廃棄物をできるだけ出さないフィルムを使用し、価格帯の異なる複数のカメラを提供するというものだった。「インスタント」という用語はすでにインスタマティックで使用していたので、コダックはこのビジネスを「高速処理写真事業」と呼んだ。

長い消耗戦の火蓋が切って落とされた

コダックは、インスタント写真事業への参入戦略がどのように展開すると考えていたのだろうか。参入の意思決定を下した当時の担当役員であり、後にCEOとなったウォルター・ファロンがポラロイドの実力を調べていれば、その競争優位に気づかないはずはない。ポラロイドの社名はインスタント写真と同義語にまでなっており、カメラとフィルム双方の事業で何十年にもわたる経験を通じて規模の経済を働かせるとともに、すでにポラロイド製のカメラを利用している多くの顧客層を抱えていた。さらに無視できない優位性として、ポラロイドはSX-70モデルに関連する新技術に対して多数の特許を取得していた。

たしかに、ポラロイドにも弱点はあった。製品の流通を仲介する顧客企業との関係がうまくいっていなかったうえに、一九七五年末の時点では、SX-70モデルで生じた数々の問題をすべて克服していたわけではなかった。しかし、総合的に判断すれば、ファロンは相当困難な戦いを覚悟しなければならなかった。

もしポラロイドがコダックの参入に対して攻撃的な反応を示すと仮定すれば、ポラロイドはコダックと同等か、もしくはそれを上回る行動で対抗してくると考えられた。たとえば、コダックが価格帯を下げて顧客をひきつけようとすれば、ポラロイドはそれ以上の値下げで対抗する可能性が高かった。なぜなら、ポラロイドには規模の経済に基づく優位性と、技術面での経験曲線効果があるので、ポラロイドの製造コストはコダックよりもはるかに低いと予想されたからである。

もしポラロイドより優れた製品を提供しようとすれば、相手が持つ特許に抵触せず、なおかつ技術面や製造面でより豊富なノウハウを蓄積しているポラロイドの製品よりも、何らかの優位点を打ち出さなければならなかった。大規模な広告宣伝活動を行うことによって打ち負かそうとすれば、相手も広告宣伝費を増やして対抗してくるのは必至だった。ポラロイドのほうが幅広い顧客層を抱えているので、一顧客当たりの広告宣伝費が増加する度合いは、コダックのほうが大きかった。

攻撃を仕掛けることで、ポラロイドも損失を負う可能性があるとランドが認識する可能性は、少なくとも理論的にはあった。コダックよりも多くのインスタントカメラとフィルムを販売していたので、値下げを断行することに伴う損失額はポラロイドのほうが大きい。一方で、固定費の追加を伴う広告宣伝費や製品の研究開発費については、生産量が相対的に少ないコダックのほうが損失額は大きくなる。しかし、財務的な体力面ではどちらも優れており、すぐさま経営悪化に陥るような可能性は考えにくかった。

コダックの参入に対してポラロイドが攻撃的な反応を控えるべきか否かという選択は、両社の相対的な力の差によって決まるものではなかった。競争優位を考えれば、ポラロイドのほうが有利な立場にあることは明らかだった。むしろポラロイドの意思決定は、激しい競争によって双方が負う損害を考慮して、これを避けるための協調的な体制をランドが受け入れるかどうかにかかっていた。

過去の歴史を見れば、ポラロイド、すなわちエドウィン・ランドが控えめな反応にとどめる可能性はないに等しかった。インスタント写真事業に対するランドの精神的かつ経済的な献身を考えれば、相手がたとえ業界の巨象企業たるコダックであろうと、他社がポラロイドとランド自身の神聖な使命を邪魔することを許すとは、到底考えられなかった。

同じく重要な点は、ポラロイドはインスタント写真事業以外に向かうべきところがないということだった。かたや、コダックは写真の他にも多数の事業を手がけており、特に化学品の取扱高は大きかった。これに対してポラロイドは純粋なインスタント写真企業で、すべての経営資源をこの事業へ投じていたので、ほんの一部であれ相手と戦わずしてシェアを受けわたすようなことはしないというのが大方の予想だった。

そして、最後のポイントとして挙げられるのが、ランドは会社の財務指標にまったく関心を寄せていなかったということである。コダックがインスタント写真事業への参入を決めるずっと以前から、ランドがSX-70モデルの開発に莫大な資金と時間を注いでいた事実は、彼が「人と人とのつながり」に対する欲求を満たすという目標をなんとしても成し遂げようとしていることを物語っていた。ポラロイドを分析すればだれでも、いかなる新規参入者もポラロイドの敵と見なされ、あらゆる行動に対して猛烈な反撃を受けることになると気づかないわけがなかった。

それにもかかわらず、コダックはフォックス放送が取ったような、直接対決を避ける形での参入戦略を検討したようには見えなかった。ポラロイドを刺激しない可能性が残る控えめなアプローチを選択する代わりに、戦闘開始を告げる音を高らかに鳴り響かせながら参入していったのである。前述の通り、一九七三年度の年次報告書でインスタント写真事業への参入をそれとなくほのめかし、一九七四年度と一九七五年度の年次報告書ではより多くの紙面を割いて記載した。

さらに、ファロンのような上級役員が密接にかかわっていたことが、インスタント写真業界のうち小規模なニッチ市場を占めるのみで満足することはないというメッセージを強く伝える方向に働いた。ランドの立場から見れば、コダックはまるでポラロイドなど存在していないかのような態度で、意図的に自分たちの領域へ足を踏み入れてきた相手だった。明らかに強力な支配的地位を築いている既存企業に対してコダックが取ったこの参入方法は、とても建設的なやり方とはいえなかった。

出だしからつまずいたコダック

これらの考慮すべき点があったにもかかわらず、コダックは一九七六年の二月に、五月一日からカナダで、その二カ月後からアメリカで、インスタントカメラとインスタント用フィルムの販売を開始することを大々的に発表し、これを宣言通り実施した。カメラではＥＫ４とＥＫ６という価格帯が異なる二つのモデルを発売し、フィルムは品質面と画質の安定性でポラロイドに匹敵する製品を送り出した。新製品の投入と同時に大規模な広告キャンペーンを展開したほか、小売店の販売員に対して顧客対応に必要な情報を与える教育も行った。

もしファロンが、ポラロイドは無抵抗でシェアの一部を譲りわたしてくれるだろうと考えていたとすれば、それは明らかな誤りだった。また、ポラロイドよりも優れた製品を提供できると考えていたとすれば、その点でも彼は間違っていた。

ランドがコダックのインスタントカメラを初めて手に取ったとき、その顔は喜びで満ちあふれたといわれている。ポラロイドのＳＸ-70は持ち運びが便利なように折りたたみが可能だったのに対して、ＥＫ４とＥＫ６は折りたたむことができないかさばった物体だった。たしかに、ポラロイドの低価格帯のカメラも折りたためなかったが、コダックが顧客を奪うためには、ポラロイド製品より優れている必要があった。かたや既存の顧客をつなぎとめておくだけでよいポラロイドは、コダックと同等の品質があれば十分だった。業界ウォッチャーたちの見解も、コダックの製品はポラロイドより優れたものではないというランドの最初の反応と同じだった。

コダックは、予め想定しておくべきだったにもかかわらず、それを行わなかった製造面での問題にも直面した。計画通りのスピードでフィルムを製造できず、それが追いつくまで、カメラの出荷も止めなければならなかった。追い討ちをかけるように、カメラの製造でも別の問題が発生し、予定されていたいくつかのモデルの投入が遅れた。

大々的な広告キャンペーンを打ったにもかかわらず店に商品がないことは、ポラロイドにとって有利に働いた。コダックの宣伝につられて来店した顧客が、製品自体がないことに失望して、結局はポラロイドの製品を買っていったという報告がいくつもの小売店から寄せられた。インスタントカメラを購入したい顧客は、コダックの製品が販売されるまで我慢して待とうとはしなかった。

ポラロイドもコダックの参入を黙視していたわけではない。一九七五年の八月には、SX-70の新型機種を高価格帯と中価格帯の二つに分けて発売するとともに、クリスマス・シーズンに向けたこれら新機種の販売促進活動の一環として、すでに多額の資金を投じていた広告宣伝費をさらに一六〇〇万ドル上乗せした。遅ればせながら、流通業者との関係改善に向けても精力的に取り組んだ。以前は小売店からの注文を待っているだけの御用聞きに過ぎなかったポラロイドの営業マンが、コダックの参入後は一変した。みずから頻繁に小売店へ足を運ぶようになり、出荷の迅速化やサービスの改善、より効果的な宣伝協力に力を注ぐようになった。

これらの対策を打つと同時に、ポラロイドは法廷の場でもコダックの脅威を抑え込もうとした。インスタントカメラに関する特許の多くを侵害しているとして、アメリカ、カナダ、イギリスでコダックを提訴し、速やかにインスタント写真事業から追放するための差し止め命令を要求した。イギリスでの第一審ではポラロイドにとって有利な判決が出たが、控訴審で判決が覆され、その後も裁判は続いた。

ポラロイドも、敵を市場から排除する判決がすぐに勝ち取れると期待していたわけではなく、ビジネスだけでなく裁判の場でもコダックを追いつめることが目的だった。その狙い通りコダックは、最終的に敗訴して多額の賠償金を支払うだけでなく、インスタント写真市場からの撤退そのものを命じられる可能性もあることに苦しめられた。

コダックの経営陣は、小売店からの注文数は計画値を上回ったと主張したが、参入初年度の売上高は不本意な結果に終わったように思われた。一九七六年末までに、コダックは一一〇万個のインスタントカメラを出荷したと発表したが、残念ながらその多くが小売店の陳列棚に積まれたままの状態で売れ残っており、一九七六年度の年次報告書には、「年末時点で〝半数以上〟の商品が最終消費者の手にわたっている」とだけ書かれていた。

この不振を受けて、クリスマス・シーズン中の大々的な広告キャンペーンは年が明けてからも継続され、例年ならば販売が落ち込む一月と二月まで引き延ばされた。販売開始から最初の一年間で、コダックは六〇万個から七〇万個のインスタントカメラを販売したと予測された一方で、ポラロイドは同時期に四〇〇万個のカメラを販売していた。このような状況に直面してもなお、ファロンはコダックが製造面での問題を解消し、市場調査が示す顧客の強い需要を満たす状態まで改善することができると信じきっているように見えた。

実際、次の二、三年でコダックは、ポラロイドとの差を徐々に詰めていった。一九七六年に一一〇万個だったインスタントカメラの販売数量は、一九七八年には五五〇〇万個となり、市場シェアは一五％から三五％へと上昇した。

それでも、インスタント写真事業は、コダックに利益をもたらすビジネスではなかった。コダックが新しい機種のカメラを導入するたびにポラロイドが追随し、特に低価格帯の製品ではその傾向が顕著だった。コダックが流通業者への販売奨励金制度や値下げを行った際には、ポラロイドは最初こそ抵抗感を示したものの、やがて同様の行動で対抗した。一方で、ジレットがカミソリ本体の価格を製造コストと同等かそれ以下に設定して付け替え刃の販売促進を図ったように、コダックはカメラ本体の価格を下げることによってフィルムの販売を伸ばすのに成功した。

値下げや品質の改善、両社の積極的な広告キャンペーンを通じた顧客の関心の高まりによって、インスタント写真の市場規模は拡大した。一九七五年の時点で、インスタント写真はアマチュア向け写真市場全体の二五％を占めていたが、一九七八年にはこの比率が四五％へ増加した。しかし、コダックにとっては、この市場規模の成長は喜びと苦悩が入り交じったものだった。つまるところ、コダックはインスタントカメラと競合する通常のカメラ市場で支配的なシェアを占めている企業だったからである。

市場そのものの縮小

残念ながら、一九七八年がインスタントカメラとコダック双方にとってのピークだった。その後、高品質で価格が相対的に安く、使い勝手もいい三五ミリフィルムが日本から入ってくるようになったのである。三五ミリフィルムは品代に現像代を加えても、インスタント用フィルムの商品代金より安かった。三五ミリフィルムの写真を一時間で現像してくれる店が登場し始めると、インスタント用フィルムの優位性はさらに弱まった。

一九八〇年には、インスタント写真市場の高成長が終わりを告げたのは明らかなように見えた。一九七八年に五〇〇〇万個以上のインスタントカメラを販売した後、コダックのこの事業における収益は低下した。一九八一年度は販売数量が三〇〇〇万個、市場シェアは約三三％へ減少し、その後状況が好転することはなかった。

決算書では、インスタント写真事業のみの業績が個別に開示されていなかったが、業界アナリストたちは同事業の業績がもっとも良かった年でも収支トントンに過ぎなかったと見ていた。彼らの推測では、一九七六年度から一九八三年度にかけての税引後営業損失は累計で三億ドル以上に達しており、しかもこの数字には製品の開発に投じた投資額は含まれていなかった。

とどめの一撃は、法廷の場で加えられた。特許権の侵害に関するポラロイドの訴訟は、数年間にわたる論争を経て、一九八一年一〇月に連邦裁判所へ持ち込まれた。判決が下されるまでにはさらに四年の歳月がかかり、一九八五年九月、ルヤ・ゾベル判事は、コダックがポラロイドの特許のうち七つ（その大部分がSX-70に関連するもの）を侵害したと判断して、一九八六年一月九日までにインスタントカメラとインスタント用フィルムの販売をやめるよう命じた。

コダックは最高裁へ上告したが、判決が覆ることはなかった。一九八六年一月、コダックはインスタント写真事業から撤退し、八〇〇人の正社員とそれ以上の派遣社員を解雇することを発表した。インスタント写真事業から撤退すれば莫大な損害を被ることになるという法廷におけるコダックの主張は、信憑性に欠けていた。というのも、そもそもコダックのインスタント写真事業はまったく利益を生まず、経営陣にとって無視できないほど多額の費用をたれ流していたからである。

一九九〇年に下った最終判決によって、ポラロイドへの九億ドル弱の賠償金支払いが確定した。ポラロイドが請求した五七億ドルには遠く及ばず、またアナリストが予想した二五億ドルをも下回っていたが、特許権の侵害に関する賠償額としては過去最大だった。賠償金はポラロイドにとって史上最高のボーナスとなり、一九九一年度の決算書に六億七五〇〇万ドルの利益（税引後）が加えられた。一方のコダックにとっては、大失敗に終わった事業における最後の屈辱的な出来事となった。

コダックがインスタント写真事業から追放されたことにより、特許による保護が競争優位の一つであることが証明された。コダックが市場に参入してから撤退を余儀なくされるまでに九年（一九七六～一九八五年）という長い年月がかかったことは、コダックの財務的な体力や、技術力、そして決意の強さを示すものであり、けっして彼らの戦略計画が巧妙だったからではなかった。紛れもない事実は、コダックがインスタント写真事業で損失を出すだけに終わり、ポラロイドから業界首位の座を奪うことができず、市場規模が縮小していくなかでシェアをポラロイドに明けわたしたということだった。

ゾベル判事が事業撤退を命じるずっと以前、すなわちインスタント写真事業への参入を検討し始めた一九七二年やその後数年間の時点で、この事業で利益を上げるのは難しいことをコダックは十分に理解しておくべきだった。ポラロイドは、顧客の囲い込み、特許技術、規模の経済というあらゆる競争優位を享受しており、いざとなれば存続をかけて戦う強い意思を持っていることは明白だった。

コダックはたしかに、自社とポラロイドの双方に大きな損失が伴うことを覚悟しつつ市場へ参入を果たすだけの十分な財務体力を持っていたが、販促活動、値下げ、新モデルの導入、技術力の向上、大々的な広告宣伝など、コダックが取る行動のすべてに対して、ポラロイドはそれと同等か、多くの場合それをしのぐ行動で対抗してきた。コダックの参入がもたらしたものは、一社独占で収益性が非常に高かった業界を、一方（コダック）が損失を出し続け、もう一方（ポラロイド）が収益力を落とす業界へ変えたという事実だけだった。

もう一つの新規事業参入

一九七〇年代のコダックのつまずきは、インスタント写真事業だけではなかった。ポラロイドとの直接対決を計画していたのと同時期に、コピー機市場でゼロックスに戦いを挑んでいた。コダックの経営陣がその理論的根拠としたのは、コダックにはコピー機を製造するための技術と、製品を販売するための営業力がすでに備わっているというものだった。マイクロフィルム機器事業が衰退し始めていたため、コダックはこの事業で用いていた設備と人員をコピー機事業へ転用できると考えたのである。

最初は高価格帯の製品で参入し、もっとも安い機種の「エクタプリント」でも四万五〇〇〇ドルしたが、すぐにより安価で操作が簡単なコピー機を導入する計画を立てた。コピー機事業にはアフターサービスが必要なため、当初の販売地域は国内主要五〇都市に限定され、コダックのマーケティング担当責任者は、「製品が販売されたその日から、各都市に二人のサービス要員体制が整備されています」と述べた。

コダックのコピー機事業は、裁判所による撤退命令と莫大な賠償金の支払いを除けば、インスタント写真事業

図 14-4 コダックとポラロイドのROIC（税引前利益ベース）：1970～1994年度

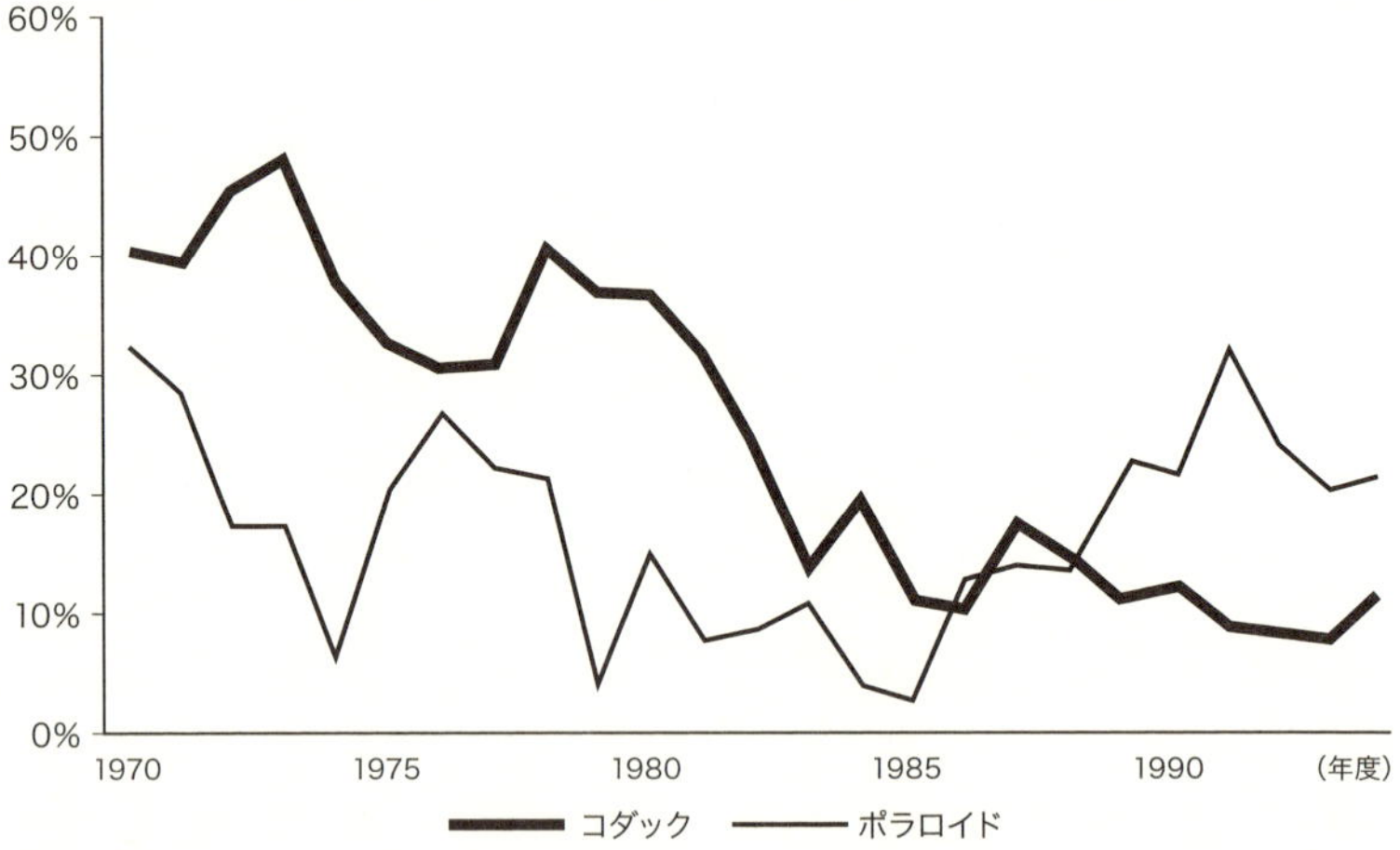

と同じ歴史をたどった。すなわち、市場への参入を決めたときにはすでに支配的な地位を築いている既存企業が存在しており、製品の認知度を上げて市場へ食い込んでいくために、莫大な資金と人材を投入しなければならなかったのである。

一九七五年に導入されたエクタプリントは、最初こそゼロックスの類似機種よりも性能が優れていたが、ゼロックスはエクタプリントの開発に九年、改良機種の開発に七年もの時間を費やしたコダックにすぐさま追いつき、追い越していった。インスタント写真事業と同様に、コダックは参入の初期段階では成功を収めて相当の市場シェアを獲得したが、既存企業が対抗策を講じてくるとシェアを失い始めた。

小型機種の製造をキヤノンに委託したり、ソフトウェア技術の活用によりコピー機とデスクトップ・パブリッシングの融合を図るなどして、インスタント写真事業よりは長い間市場にとどまったが、何を行うにせよ、コダックは常にゼロックスの後手に回っているように見えた。たとえば、ゼロックスは大型のデジタルコピー機を一九九〇年に導入したが、コダックが同タイプの機種を扱い始めたのは一九九四年になってからだった。結局、コダックは一九九六年にコピー機事業の販売部門とアフターサービス部門をダンカに売却した。その後三年間は製造部門を継続したが、最終的にはこれもドイツの印刷機器トップメーカーであるハイデルベルグに売却した。

従業員の労力と経営資源がこれらの不採算事業に浪費される一方で、コダックはみずからの中核事業を防御することを怠り、富士フイルムや他の新規参入者にシェアを奪われていった。一九七〇年代には、低価格戦略をひっさげた富士フイルムの印画紙事業への参入を許し、自身も値下げで対抗する動きに後れを取った。富士フイルムはまた、コダックの基礎フィルム事業にも参入を果たした。

コダックのROICは、一九七〇年代の約四〇％から一九九〇年代初期には一〇％を下回るまで低下し、その後の一〇年間はいくぶん回復したものの、二〇％に達することはなかった（**図14-4**）。インスタント写真事業とコピー機事業を追求した結果、コダックはアメリカトップクラス企業の一社という座から滑り落ちた（訳注：コダックは二〇一二年一月にチャプター11〈米連邦破産法第一一章〉の適用を申請して経営破綻した）。

そしてだれもいなくなった

一方のポラロイドは、さらにひどい状況に陥った。コダックのインスタント写真市場への参入とともに、ポラロイドの収益力は著しく低下した。コダックが撤退した後は多少回復したものの、その後デジタル写真が登場すると一気に崩壊し、最終的には倒産という形で終わりを告げた（訳注：ポラロイドは二〇〇一年と二〇〇八年の二度にわたりチャプター11の適用を申請して経営破綻している）。

この長い悲話を振り返ると、二つの疑問が持ち上がる。第一の疑問は、「ポラロイドは、コダックの参入を阻止するために、もっと何かできなかったのか」というものであるが、この問いに対する答えは、ほぼ間違いなく

「ノー」である。

コダックが参入した場合、ポラロイドがどのような反応を示すかについては、手がかりとなる情報が十分すぎるほどあったし、両社間の競争がコダックの収益にどのような影響を及ぼす可能性が高いかについても、予測の根拠となるデータが揃っていた。インスタント写真市場の状況を冷静に分析すれば、コダックはこの事業に参入すべきではないという以外の結論はなかったはずである。そのような状況下で、ポラロイドがコダックの参入を阻止するために、何か他のことができたはずだということはできない。

第二の疑問は、「コダックは、フォックス放送が選択したような非競争的な戦略を追求して、たとえば事業規模を小さく抑えるなど、インスタント写真事業へもっとうまく参入することができたのではないか」というものである。ここでもまた、答えは「ノー」であるように思われる。まず、テレビ局業界とは異なり、インスタント写真業界は市場の細分化が容易ではない。また、コダックが参入初期の段階から多額の開発費を投じていたことは、彼らの戦略が市場全体を追求することによってのみ持続可能なことを意味していた。さらに、ポラロイドの経営姿勢やミッションへの執着ぶりを見れば、いかにコダックが事業規模を小さく抑えようと、あらゆる動きに対抗してくることはほぼ確実だった。たとえ静かに足を踏み入れようが、巨象企業はやはり巨象である。つまるところ、コダックにとって唯一経済合理的な選択は、インスタント写真事業に手を出さないことだった。

結局、コダックは自分自身の競争優位と、自分たちが戦いを挑む相手（ポラロイドとゼロックス）の競争優位をまるで理解していなかったように思われる。コダックは、インスタント写真市場とコピー機市場を、自社が持つ専門技術や、顧客との関係、ブランド力が容易に生かせる隣接市場だととらえていた。しかし、実際はどちらの市場でも核となる技術は異なっており、既存企業はコダックの製品にたやすく追いつき、追い越すことができた。コピー機を販売する際に既存の営業組織はあまり役に立たず、アフターサービス部門は多額の資金をたれ流す結果となった。

より重要なポイントは、どちらの市場にも、戦わずしてコダックの参入を受け入れることなど絶対にない、強力な既存企業が存在していたということだった。結論としてはどちらの市場も、コダックが持っていた既存の強みを自然に、もしくは容易に転用できるような場ではなかった。

同時に、コダックは自分たちが支配していた印画紙事業と基礎フィルム事業の防御には精力的に取り組まなかった。彼らは、富士フイルムのアメリカ市場への参入に対してすぐさま攻撃的に反応せず、ようやく対抗策を講じたときには、富士フイルムはすでにアメリカ市場での足場を固めていた。コダックはグローバル企業ではあったが、その優位性は特定の地域や製品に限定されるローカルなものであるということを理解していなかった。

【注】

33 この数字にはコダックの化学品事業も含まれている。しかし、一九七五年度のフィルム事業とカメラ事業の売上高は少なくとも二〇億ドルを上げており、これはポラロイドの売上高の二・五倍以上に相当する。

第15章

協調戦略のノウハウ
――任天堂、有鉛ガソリン添加剤メーカー、オークション会社

協調戦略はなぜ失敗するのか

成功する協調戦略は、めったに見られず、簡単に実践できるものでもない。協調戦略では、ライバル関係にある競合同士が、自分たちの〝総〟利得を増加させるために調和して行動する方法を見出さなければならない。しかも、市場競争の阻害を防ぐ責任を負っている政府当局の怒りを買わないように、合法的に行動しなければならない。本章で紹介する事例では、協調戦略の取り組みで起こりがちな三つの顛末が示されている。

最初に紹介する任天堂の事例は、支配欲とみずからが不死身であるという思い込みに駆られて、仕入先や販売先との間により有益な関係を築く必要性を無視した例である。その結果、任天堂は競合が自分たちの事業領域へ入り込み、シェアを奪っていくのを黙って見ているだけの状況に陥った。

二番目の事例は、複数の有鉛ガソリン添加剤メーカーが協調的な取組体制を実現するのに成功した例である。彼らは、環境規制によって緩慢な死を運命づけられた業界だったが、首尾よく行動することで最大限の利得を吸い上げた。

最後の、オークション業界の二大プレーヤーであるサザビーズとクリスティーズの事例は、互いに協力して値

下げ競争の慣習をやめた例である。しかし、不幸なことに、彼らの「協調」は明らかに違法な共謀行為という形を取ったため、当事者の一人が投獄され、その他の関係者を辞職に追いやった。このような破滅的な結果を招かずとも、彼らの目的の大部分を達成できる他のやり方があったことを提示する。

事例1・任天堂

任天堂が家庭用テレビゲーム業界に参入した一九八〇年代の半ばまでに、この業界は短期間で二度の急成長期と、二度の壊滅的な落ち込みを経験していた。一九八二年の時点で、アメリカのテレビゲーム機器とゲームソフトの売上高は計三〇億ドルだったが、一九八五年には一億ドルまで落ち込んだ。この状況は日本でもそれほど変わりがなかったが、任天堂が小太りの「スーパーマリオ」を生み出してから業界は息を吹き返し、多くの収入がもたらされた。

任天堂は、一九八三年に日本で、一九八六年にアメリカで八ビットのゲーム機の販売を開始し、何百万戸もの家庭に普及させた。これらのゲーム機はジレットのカミソリに相当する役割を果たし、ゲーム機本体ではなく、ゲームソフトの販売から多くの利益をもたらした。ゲーム機を持っている消費者（典型的な顧客層は八〜一四歳の少年）の平均ソフト所有数は、日本で一二個、アメリカでは八個だった。

一九八九年度には北米での業界売上高が三〇億ドルまで回復し、任天堂は日本で約九五%、アメリカで約九〇%という圧倒的市場シェアを誇った。ゲーム機とソフトの販売、他社からのロイヤルティ収入、その他の収益源を合わせて、全世界における任天堂の売上高は、一九九二年度に四〇億ドルを突破した。

この成功はゲームソフトの品質改善によるところが大きかった。任天堂は一九七〇年代後半に、最初のヒット作となった「ドンキーコング」で、ゲームセンターの業務用テレビゲーム事業に参入していた。家庭用ゲーム機市場とは異なり、コインを入れて遊ぶ業務用ゲーム機の市場は一九八〇年代に大きく落ち込むことはなく、一九八〇年半ばの総売上高は五〇億ドル前後と、高性能のゲームに対する需要が堅調であることを示していた。

業務用のゲーム機は家庭用の機器に比べて機能が優れており、製造コストもずっと高かったが、どのゲーム機を導入するかはゲームセンターのオーナーに選択権があった。当時、アタリ（訳注：一九七二年にアメリカで設立された世界初のテレビゲーム機メーカー）やその他のゲーム機メーカーを深刻に悩ませていた問題は、低品質で安価なゲームの大量流入だった。これらの多くは正式なライセンス供与を得ておらず、偽造品のゲームが市場にあふれていた。アタリなどのゲーム機メーカーは、これらの乱入者たちによって収益を奪われたうえに、ゲームの質の低さ――なかには、まったく作動しないゲーム機すらあった――が業界全体の信頼性を損なっていた。

任天堂はこれらの問題を解決した。家庭用ゲームソフトで最初のヒット作となった「スーパーマリオブラザーズ」や、初期における他の人気ソフトは、彼ら自身の手によって開発された。業務用ゲーム機と同様の成功体験を積むという目的のもと、技術改善に力を入れて、未ライセンスの低品質のゲームが流入するのを防ぐとともに、ゲーム機の値段を上げることなくその性能を高めた。

カートリッジ型のゲームソフトにはそれぞれ二つのマイクロチップが埋め込まれた。一つはソフトを機器本体に固定するため、もう一つは暗号化されたセキュリティ・チップで、それなしではソフトが作動しないようにするためのものだった。このセキュリティ・チップには、任天堂の機器に使用する全ソフトに共通するコードも含まれていた。いくつかの機能をゲーム機本体からソフトへ移すことによって、ゲームソフトの制作費は増加したが、その一方でゲーム機の製造費用を低下させることができた。一九八三年に日本で任天堂の製品が導入されたとき、ゲーム機本体の小売価格は約一〇〇ドル、ゲームソフトは四〇ドル前後だった。

任天堂の取り組みは、最初から成功を収めた。彼らが日本で販売したゲーム機の台数は、一九八三年に一〇〇万台以上、翌年以降は二〇〇万台、三〇〇万台、四〇〇万台と、右肩上がりで増加した。アメリカ市場に参入する際は、玩具よりもパソコンに近い印象を与えるようにゲーム機のデザインを変える必要があったが、日本を上回る成長率を示した。一九八九年にはアメリカで九〇〇万人以上が任天堂のゲーム機を購入し、ソフトの販売数量は五〇〇〇万個を超えた。一九九〇年には、八～一四歳の男児を持つ家庭の七〇％以上がテレビゲーム機を所有しており、そのうち九〇％以上が任天堂の製品だった。

2 圧倒的な成功の要因

テレビゲーム事業で成功する秘訣は、質の高いゲームソフトを幅広く揃えることだと、任天堂の経営陣は早くから理解していた。彼らはまた、この要求を満たすのに十分な数のゲームソフトを開発するための創造的な人材や経営資源は、任天堂一社だけでは抱えきれないことも認識していた。

一つのゲームソフトを制作するには約五〇万ドルの開発費用がかかるが、それだけかけても失敗作になる可能性があるため、すべてのゲームを単独で開発するのはリスクが高かった。そこで、彼らは任天堂機器用のゲームソフトを製造するライセンスを他社へ与えることとし、まずは日本で多少なりともゲーム業界の知見を有する六社とライセンス契約を結んだ。このライセンス契約では、ゲームソフトの卸売価格の二〇％をロイヤルティ収入として任天堂が得ることとなっていた。ソフトの卸値は約三〇ドルだったので、ソフトが一個売れるごとに任天堂は六ドルの収入を手に入れた。

最初にライセンス契約を結んだ六社は、多額のゲームソフト開発費に加えて、二〇％のロイヤルティを任天堂に支払わなければならなかったが、後にライセンスを取得したゲームソフト開発企業の契約内容と比較すると、その条件はかなり寛大なものだった。

一九八八年までに任天堂とライセンス契約を締結した追加の四十数社は、二〇％のロイヤルティ費用に加え、ソフトの製造業務を任天堂にすべて委託し、その対価としてソフト一個当たり約一四ドルを支払わなければならなかった。初回の発注数量は最低でも一万個以上とされ、しかも製造費用は前払いする必要があった。

任天堂が同様の取り組みをアメリカでも開始したときには、初回の最低発注数量が三万個へと跳ね上がり、日本国内で製造されたソフトは神戸港で、ＦＯＢ条件（ＦＯＢとはFree on Boardの略語で、商品が港で船に積み込まれた時点で所有権が購入者に移転し、海上の輸送費用は購入者が支払わなければならない契約条件である）で引きわたされた。そのため、輸入業務と輸入後の流通・販売業務はゲームソフト開発企業がみずからの手で行わなければならなかった。[注34]

任天堂はソフトを自社で製造していたわけではなく、リコーに再委託していた。任天堂がリコーに支払った製造費用は一個当たり約四ドルだったので、ゲームソフト開発企業から徴収する一四ドルとの差額で一〇ドルの利益が任天堂の手に入った。最初にライセンス契約を結んだ六社についても、一九八九年の更新時には、任天堂に製造業務を行わせることが契約条件として加えられた。なかには不満を漏らす企業もあったが、彼らには他にいくところがなかったので、仕方なく任天堂との契約を更新した。

任天堂は、ゲームソフト開発企業が一年間に制作できるゲームの数を最大五つまでに制限することによって、彼らをさらに強い支配下に置いた。ゲームの質を吟味してコンテンツの内容を規制し、過度に暴力的もしくは性的な表現を含むものにはライセンスを与えなかった。ライセンス契約のなかには、他のゲーム機メーカーに対するソフトの制作を二年間は禁じる条項も含まれていた。こうして、ゲームソフト開発企業は、任天堂にがっちりと囲い込まれていった。

任天堂が占めている圧倒的な市場シェアを考えれば、ゲームソフト開発企業には事実上選択肢がなかった。彼らに与えられていたのは、少数のヒット作から利益を上げることを期待して任天堂と組むか、他のゲーム機メーカーと組んで、残り一〇％のシェアを奪い合う世界に身を置くかのどちらかであった。

任天堂は、小売業者との関係でも同様に支配的な地位を築いた。一九八五年に任天堂が初めてアメリカ国内でゲーム機を販売しようとしたとき、玩具店の反応はすこぶる悪かった。彼らは前世代のゲーム機に対する需要が急落したときに大きな痛手を負っており、まだ売れ残っているアタリ製の在庫を処分することで手一杯だったからである。

そこで任天堂は、ゲーム機のデザインをパソコン調に変えて、玩具店ではなく電器店を通して販売することとした。最初の頃は、実際に売れた商品の分だけ小売業者に代金を請求する委託販売の形式を取る必要があったが、任天堂のゲーム機はすぐにヒット商品となり、彼らの地位は販売協力を懇願する立場から、取引の支配権を握る強力な供給業者へと変わっていった。ウォルマート、Kマート、トイザラスといった小売業界の最大手企業でも、任天堂との取引に際しては、玩具業界で一般的だった後日払いではなく、商品の納入とほぼ同時に仕入代金を支払わなければならなかった。

ウォルマートはゲーム機の販売を任天堂製品のみに限定したし、他の小売業者もみな希望販売価格を忠実に守った。人目をひくような任天堂機器専用のゲームセンターを設置せよという任天堂の要求に、小売業者はすぐさましたがった。任天堂は、小売業者の注文や最終消費者が望むよりも少ない数のゲームソフトしか出荷しなかったので、自分たちがつくったルールにしたがわない業者に対しては販売数量の割り当てを減らすことができた。

テレビゲーム業界の構造

任天堂の突出した成功と、ゲームソフト開発企業や小売業者に対するやり方は、一部から批判を招いた。批判者のなかには、「独占禁止法、規制緩和、民営化に関する米下院小委員会」の議長も含まれており、一九八九年、議長は司法省に任天堂の商行為を調査するよう依頼した。それから二年後、任天堂はアメリカ連邦取引委員会（FTC）および州検事総長との間で、小売価格の固定化をやめることに同意する署名を行った。

図 15-1 テレビゲーム業界マップ：1980年代後半

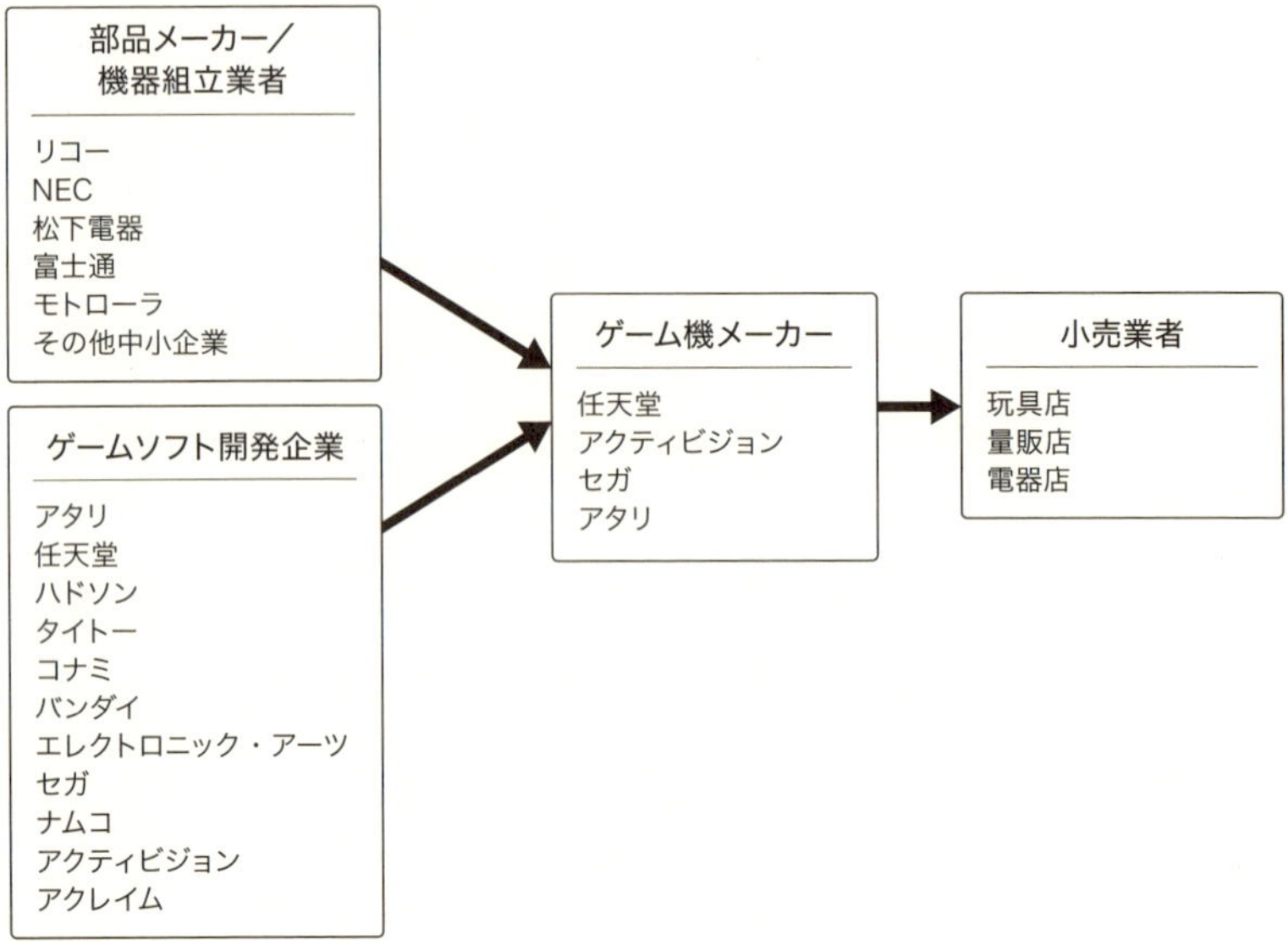

しかし、これによって小売業者とゲームソフト開発企業に対する任天堂の支配体制が影響を受けることはほとんどなかった。任天堂の支配が続いた背景には、以下に述べるゲーム業界の構造的な要因があったからである。

一九八〇年代の後半までに、テレビゲーム業界の構図は**図15-1**のような形に落ち着いていた。業界全体の中心に位置していたのがゲーム機メーカーであり、彼らはゲームソフトを作動させる機器の設計、流通、販売を主な業務とした。製造業務を自社自身で行うメーカーもあれば、任天堂のように他へ製造を下請けするメーカーもあった。みずからゲームソフトを開発することもあったが、これは市場に出回っているソフト全体のうち比較的少数に過ぎなかった。

業界支配者の地位まで上り詰める間に、任天堂はこのセグメント内でアタリ、アクティビジョン、セガとの競争に直面した。コレコ、マッテル、マグナボックスといった初期のゲーム機メーカーはこの頃までに姿を消していたが、その一方でソニー（一九九五年に参入）やマイクロソフト（同二〇〇一年）のような新しいプレーヤーが参入してきた。

一九九〇年代の前半には、業界は任天堂によって支配されていた。部品やチップのメーカーは、ゲーム機メーカーのために機器の組立作業まで行うことが多く、世間的に名の知れている大手の電機メーカーや中小規模の無名メーカーが混在していた。ゲームソフトは、ゲーム機メーカー自身も含めた多数の創造的な企業によって設計・開発され、ハドソン、エレクトロニック・アーツ、タイトー、コナミ、バンダイ、ナムコなどが、このセグメントの有力企業だった。

最後に、ゲーム機とゲームソフトは、トイザラスのような玩具店、ウォルマートのような量販店、サーキット・シティのような電器店、その他の専門小売業者を通して、最終消費者に販売されていた。

部品メーカーと機器組立業者のセグメントは競争が激しく、彼らにとってゲーム機メーカーは単なる顧客群の一つ、それもどちらかといえば重要度が低い顧客の一つに過ぎなかったので、業界で主要な位置づけを占めるセグメントはゲームソフト開発企業、ゲーム機メーカー、小売業者の三つだった。そのなかで、一九八〇年代後半以降、任天堂が業界の支配者として頭角を現したのである。

テレビゲーム業界を協調戦略の視点から見ると、もっとも効率的な構図は、一つのゲーム機を標準機種として業界の中心に据えることだった。そうすれば、ゲームソフト開発企業はその標準機種に対応するソフトのみを制作すればよく、開発費用の負担が減ると同時に、潜在的な顧客層の全体にくまなくアクセスできる。また、小売業者は標準機種用のソフトのみを揃えればよくなるので、競合メーカーの全ゲーム機種に対応するよりも低い在庫保管費用で、より多くのソフトを提供することができる。さらに、最終消費者も標準機種の操作方法を覚えるだけで、市場に流通しているすべてのソフトを楽しむことができるようになる。

ここで、単独のゲーム機メーカーが市場を支配すると、その企業は革新を怠って急激に変化する技術に対応しようとしなくなるのではないかという疑問が生じるかもしれない。しかしそれは、以下の理由により正しくない。まず、複数のメーカーが重複する作業を行うよりも、一社のみで新しい技術を開発するほうが、研究開発活動にかかる業界全体の固定費は低くなる。また、機器のアップグレードに関しても、メーカーが複数いる場合は各社が無秩序に行うあまり、前世代の機種が十分普及する前にすぐさま時代遅れのものとなってしまうが、単独メーカーの場合は「ウィンテル・プラットフォーム」（訳注：マイクロソフト製のウィンドウズOSとインテル製のCPUを搭載したパソコンのプラットフォームのこと）で見られたように、秩序だった方法で段階的に性能の向上が行われる。最後に、単独メーカーではゲーム機本体の価格を損益分岐点の水準まで下げて、ソフトの販売からすべての利益を上げるという価格戦略を取ることが容易となり、これによって業界全体の利益の最大化が図られる。

もし任天堂がこのような協調体制から得られる余剰利得をゲームソフト開発企業や小売業者と共有することを受け入れていたとすれば、この戦略が数世代の技術を越えて有効であることを否定する明確な根拠はない。反面、もし任天堂が業界の総利得を不相応に獲得することに執着すれば、任天堂の支配的な地位は、その競争優位が持続する期間のみしか保たれないこととなる。

競争優位の源泉は何だったのか？

自社製の機器をひっさげてテレビゲーム業界へ参入してから、任天堂はこの業界で競争優位を享受していることを示すに十分な成功を収めていた。日本のゲーム機市場で九五％、アメリカでも九〇％と圧倒的かつ安定的なシェアを占めていた。また、利益率も非常に高く、一九八四〜一九九二年度の任天堂のROE（株主資本利益率）は平均で二三％を超えていた。これら二つの定量的な指標から判断すれば、少なくとも一九九二年以前は、任天堂が既存企業の競争優位を築いていることは明らかだった。

株式市場でも、任天堂が強力な強みを持っていることをはっきりと反映した株価が付けられていた。一九九一年末の任天堂の株式時価総額は二兆四〇〇〇億円（当時の為替レートで一六〇億ドル以上）と、株主資本の簿価の約一〇倍に相当する額であり（訳注：つまり、ＰＢＲ〈株価純資産倍率〉が約一〇倍だったということである）、これはソニーや日産自動車といった、任天堂よりも事業規模がはるかに大きく、歴史も長い企業の株式時価総額を上回っていた。しかし、もし我々が一九九一年の時点に立ち戻って任天堂の競争優位の源泉を調べたとすれば、こうした高い評価の持続性については疑問を感じざるをえなかっただろう。任天堂の競争優位の源泉は何だったのだろうか。

仮説①顧客の囲い込みによる競争優位

八ビットゲーム機における任天堂の顧客基盤は大規模であり、他社製の機器へ乗り換える際にはスイッチング・コストが生じるので、ある程度の顧客の囲い込みを築いていたといえる。これらの顧客が、任天堂の機器で作動しないカートリッジ型ソフト（もしくは、徐々に出回り始めていたＣＤ-ＲＯＭソフト）を購入することはありえなかった。しかし、この競争優位の強さは、テレビゲーム事業では避けられないある性質によって弱められるものだった。

テレビゲームの顧客層は、移り変わりが早い。一四歳の少年はじきに一五歳になり、テレビゲームに熱中する習慣が減り、その座を年下の子どもへ明けわたすことになる。これらの小さな子どもたちはまだゲーム機を持っておらず、それゆえに任天堂製ゲーム機に特に強いこだわりも持たない。また、ゲーム機の価格は、ソフト一式を揃える値段に比べると相対的に安かった。ソフト一本の価格が四〇ドル以上するのに対して、ゲーム機は一〇〇ドル～一五〇ドルの価格帯で販売されており、ソフト三本分程度の負担でしかなかった。

さらに、チップの性能向上やビット数の増加（一六、三二、六四、一二八ビットなど）といった新技術を搭載した機種が他社から導入され、しかもその価格は任天堂の主軸である八ビット機とそれほど変わらなかった。チップの容量と処理速度の向上は、ゲームソフトの質がより精巧になることを意味した。ある段階を超えると、他社の新機種と任天堂の古ぼけた機種の品質の差が無視できないほど大きくなり、初めてのゲーム機をプレゼントとしてもらう子どもたちだけでなく、彼らに負けてはいられないと対抗心を抱く少し年上の層も他社の新機種を選択するようになり、任天堂機種対応のソフト在庫はほとんど収益を生まなくなった。

また、一つのゲームにはいずれ飽きがくることは避けられない。新しいゲームに対する需要はパックマン（訳注：「パックマン」と呼ばれるキャラクターを操作するゲーム）さながら、すでに持っているソフトの価値を食いつぶしていく。

仮説②技術力による競争優位

任天堂がすべてのソフトにセキュリティ・チップを埋め込んだのは賢明な策だったが、チップそのものはありふれた技術によるもので、専売特許を取れるような特殊なものではなかった。また、任天堂はゲーム機の製造コストを下げる目的で、リコーなどのサプライヤーから調達する部品には標準品を用いていた。なかにはセキュリティ・チップをうまく逃れる方法を見つけてライセンスを得ていないソフトを販売する企業も出てきたので、任天堂はゲーム雑誌を発行する出版社に対して、これらの企業の広告は載せないように圧力をかけなければならなかった。

つまるところ、任天堂の機器は標準部品の寄せ集めであり、しかも組立作業のほとんどを下請けに出していた。任天堂の高い利益率は、その優れた技術力に起因するものではなかった。

仮説③規模の経済による競争優位

ゲームソフトの開発には約五〇万ドルの固定費が必要だったが、任天堂に搾取される一個当たり一四ドルの製造費用と二〇％のロイヤルティ料を差し引いたとしても、ゲームソフト開発企業の手元には一〇ドルの利益（卸値三〇ドル－製造費用一四ドル－ロイヤルティ六ドル）が残ったので、固定費を回収するためには五万個のソフトを販売すればよかった。この五万個という数字は、全ソフトの年間販売数量である五〇〇〇万個に比べればごくわずかな割合であり、〇・一％のシェアで損益分岐点に達することができた。

また、ゲーム機本体の開発と製造でも、規模の経済効果はほとんど見られなかった。研究開発費の支出は比較的少なかったうえに、機器の製造も単純な組立作業であり、規模の経済が働くようなものではなかった。一九八七～一九九二年度にかけて、任天堂は一〇〇円当たりの売上高を上げるために、わずか一四円分の固定資産しか使用しておらず、しかもこの比率は任天堂の事業規模が拡大する過程においても、大きく低下することはなかった。

仮説④好循環サイクル

任天堂にとって構造的要因で有利に働いていたのは、「ネットワーク外部性」と呼ばれる好循環の力だった。ひとたび任天堂の機器が非常に大規模な顧客基盤を築いてしまえば、より多くのゲームソフト開発企業が任天堂機器用のソフトを制作することを望み、それによって任天堂の機器の人気がますます上がり、さらに多くのソフトが開発され……といったプロセスが繰り返された。

この好循環が働く範囲は、ゲームソフト開発企業のみならず小売業者にまで及んだ。小売業者は競合する機器やソフトの在庫を持ちたがらなかったので、来店した客は他のどんな代替品よりもずっと容易に任天堂用の製品を見つけて入手することができた。また、販売力に長けていた任天堂は、約一万の小売店舗に顧客が任天堂のゲームを試体験できる遊戯台を設置した。自由に活用できる場所を小売店舗内に持つことは、すべてのメーカーが夢みることだが、小売業者にとってみれば、自分たちのもっとも大事な資産である販売スペースを支配されることを意味する。したがって、専門の販売スペースが与えられるのは支配的な地位を築いているメーカーのみであり、これが彼らの地位をさらに強化するといった具合に、ここでも好循環の力が働いた。

任天堂製品の普及率は通常では考えられないほど高かったので、彼らは自社製品のユーザーに向けた専門雑誌を発行し、売上数量のさらなる増加を図った。この雑誌は広告を一切載せず、すでに発売されているゲームの評価や攻略法、新作のプレビューなどを掲載した。販売価格は収支トントンの低い水準に設定され、一九九〇年の発行部数は月間六〇〇万部と、アメリカ国内の子ども向け雑誌のなかで最大の数値を記録した。

好循環サイクルの崩壊

テレビゲーム業界の効率的な構図では単独機器メーカーの独占体制が必須の要件だったという事実を含め、先に挙げたあらゆる利点があったにもかかわらず、任天堂の地位はけっして磐石ではなかった。任天堂の好循環サイクルは二つの優位性に基づいていたが、これらはいずれも任天堂が考えていたほど強固なものではなかったことが後に判明する。優位性の一つは、任天堂の機器が築いていた大規模な顧客基盤であり、もう一つは任天堂とゲームソフト開発企業、および小売業者との協力関係だった。

第一の優位性は、続々と開発される新世代の技術によって消し去られていった。チップの容量が八ビットから一六ビット、三二ビット、六四ビット、一二八ビット、二五六ビットへと拡大するにつれて、新しいゲーム機の画質と性能の向上は、旧型の機種とソフトを陳腐化させた。新機種の製品を目玉として売りたいゲームソフト開発企業と小売業者にとっては、任天堂の八ビット機の顧客基盤はもはや魅力的ではなかった。

第二の優位性である他のセグメントとの協力関係は、任天堂が新世代の機器を開発して支配的な顧客基盤を抱えている限りはなんとか持続可能だったが、これはあくまでゲームソフト開発企業と小売業者が任天堂との関係から互いに有益な利得を得ていると実感していることが条件だった。その実感がある限り、ゲームソフト開発企業は次世代のソフトを任天堂の最新機器のためにとっておき、小売業者も優先的な販売スペースを任天堂に与え続けた。

しかし、もし任天堂がこれらの関係から創出される業界の総利得のうち不相応な取り分を奪って、ゲームソフト開発企業や小売業者が、本来得るはずの利益機会をみすみす逃すような状況になれば、まったく正反対のことが起こる。すなわち、最新かつ最良のゲームソフトは任天堂の競合メーカーのために開発され、小売業者の陳列スペースも競合メーカーに明けわたされるようになる。[注35]

実際のところ、任天堂は他社とうまく協調せず、業界全体の総利得を公平に分配しなかった。任天堂がゲームソフト開発企業と小売業者に対して課した条件は、任天堂自身を豊かにしたが、同じバリューチェーンに属する近隣企業からは反感を買った。

特にひどかったのが、ゲームソフト開発企業に対する扱いである。一般的なゲームソフトでは、卸売価格の三〇ドルと製造コストの四ドルの差である約二六ドルが一本当たりの利益だったが、任天堂はこのうち六〇％強に当たる一六ドル（訳注：製造業務の対価としてゲームソフト開発企業から受け取る一四ドルとリコーに下請代金として支払う四ドルの差額である一〇ドルと、卸売価格の二〇％分に相当する六ドルのロイヤルティ収入の合計）を搾取し、開発と販売に伴うすべてのリスクを負うゲームソフト開発企業は、総利得の四〇％を下回る一〇ドルの利益しか得られなかった。

任天堂は、これ以外の点でもゲームソフト開発企業の怒りを買った。ゲームソフト開発企業は、任天堂とのライセンス契約上、一年間に開発する新作ソフトを五つまでに制限されていた。この制限条項は、任天堂が一社のゲームソフト開発企業に依存しすぎることを防ぐとともに、ゲームソフト開発企業がみずからゲーム機の製造に乗り出すほどの大成功を収めないようにする目的で課せられたものだったが、これによって彼らの機会利益は減じられ、特にもっとも優れた開発力を持つ企業は大きな不満を抱いた。

また、任天堂は暴力的または性的なコンテンツを制限する検閲を行ったり、小売業者にとってもっとも大事なクリスマス・シーズン中でさえ、機器とソフトの出荷数量を彼らの発注数量よりも少なくするというような行為をやめなかった。この強制的な製品不足は、任天堂の神秘的なイメージを高めるのには役立ったかもしれないが、ゲームソフト開発企業と小売業者の売上げと利益を削り取った。また、代金の支払期日や店舗内の販売スペースに関する任天堂の過度な要求も、彼らとの関係を悪化させていった。

強力な競合の登場

一九八八年、セガは任天堂の八ビット機に比べて画質も音声も優れた、一六ビットのゲーム機を日本で発売した。発売当初はゲームソフト開発企業に対して自社製品用のソフトを制作するように呼び込むのが難しく、セガは以前に業務用で自社開発したソフトを販売することで対応せざるをえず、苦戦を強いられた。しかし、彼らはそのままでは引き下がらなかった。

一九八九年にアメリカでの販売を開始し、機器本体は一九〇ドル、ソフトは一本四〇~七〇ドルの小売価格を設定した。セガは、任天堂の検閲方針に合致しなかったコンテンツの製品を中心に売り出したが、初期の任天堂と同様、ゲーム機の売上台数を増やすことに苦労した。任天堂がウォルマートやトイザラスを主な販売拠点としていた一方で、セガはバベッジのような規模が小さいソフト販売業者に頼らなければならなかった。

転機は一九九一年に訪れた。一人の新任役員が、ゲーム機本体と人気ソフトの「ソニック・ザ・ヘッジホッグ」を一五〇ドルで抱き合わせ販売する方法を実行すると、情勢は一変した。セガのゲーム機は販売台数を急激に伸ばし、ゲームソフト開発企業がソフトの制作権を求めてセガのもとへ殺到した。

かたや任天堂は、一大帝国を築いた八ビット機の収益を減らしたくなかったがために、一六ビット機の導入が遅れた。セガの後を追う形で一六ビット機の市場に参入したが、セガが十分なシェアを獲得する前にその動きを封じ込めて、自身の売上げを確保するには間に合わなかった。

一九九二年から一九九四年にかけては、任天堂とセガの二社が業界首位の座を争い、大幅な値下げから大々的な広告宣伝に至るまで、ありとあらゆるマーケティング手法が用いられた。ある新聞は、「両社の争いがゲームソフトとして販売されるならば、その名称は大ヒット作である『モータル・コンバット』(訳注:一九九二年にアメリカで発売された対戦型格闘ゲーム。戦いに敗れた相手の首を引き抜いて惨殺するという残虐なコンテンツが一部に受け、アメリカではいまでも新作が出されるたびにヒット作となるほどの絶大な人気を誇る)になぞらえて、『マーケティング・コンバット』になるだろう」という記事を掲載した。

両社は互いに、自分たちこそが業界のトップだと主張し合ったが、どちらのシェアが大きいかは問題ではなく、実質的な面では明らかに任天堂が敗者だった。テレビゲーム業界における好循環サイクルの中心に君臨して支配力を行使していたときの高い利益率は、セガとの直接対決によって大きく損なわれた。一九九五年にソニーが三二ビット機で市場への参入を果たすと、ゲーム機の性能をめぐる競争はさらに激化した。

任天堂の支配的な地位は、自社の意思決定によっても弱められた。セガの一六ビット機導入にすぐさま対抗せず、既存の八ビット機からできるだけ利益を搾り取る道を選んだのは、まさしくみずからの首を絞める行為だった。需要を下回る数量しか出荷しないという方針も、セガに顧客を譲りわたす効果を生んだ。

しかし、セガの「ソニック・ザ・ヘッジホッグ」がヒット作となる前の時点でも、任天堂はセガやその後に続く競合メーカーが自分たちの領土を侵食する余地を与えていた。ひとたびセガが信頼を築けば、小売業者やゲームソフト開発企業(とりわけ後者)はセガを支援する側に立とうと駆け寄った。実際のところ、任天堂の弱体化にもっとも寄与したのはゲームソフト開発企業だった。製品の差別化要因はソフトにあるという考え方は、テレビゲーム業界で一般的な概念となっていた。任天堂は、ゲームソフト開発企業の反感を買うことによって、この強みをみすみすセガとソニーに与えた。

もし仮に、任天堂が協調戦略を取っていたとしたら、ゲームソフト開発企業がセガやソニーと契約を結ぶのを阻止できたかどうかまでは定かではない。ただ確実にわかっているのは、セガが一六ビット機で人気を博するや否や、ゲームソフト開発企業がこぞってセガのもとへ駆け込んだという事実である。異なる機種に対してソフトを開発するほうがコストはかさむにもかかわらず、ゲームソフト開発企業は複数のメーカーを顧客に持てることを喜んだ。そうすることにより、彼らは複数のゲーム機メーカーを天秤にかけて、より良い取引条件を求めて交渉できるからである。

事実、交渉力を行使する側は、任天堂からゲームソフト開発企業へと移った。当時のビジネスウィーク誌では、次のように述べられている。「ゲーム業界ではソフトの出来ばえがすべてを決める。いくらゲーム機の性能が上がろうと、魅力的なゲームソフトがなければ、その機器は消滅する運命にある」

その後、任天堂、セガ、ソニーに続いて、最後にはマイクロソフトまでが支援を懇願する側に立ち、ゲームソフト開発企業に対してより良い取引条件を提示した。ゲーム機メーカーは、ＣＤ-ＲＯＭ製造の実費に基づく取引条件を提示した（プレイステーションでは、カートリッジではなくＣＤ-ＲＯＭが使用された）。さらに、この頃にはより精巧な画質が要求され、ゲームソフト一作品当たりの開発費は約一〇〇〇万ドルと、任天堂の八ビット機が市場を席捲していた時期に比べて二〇倍まで膨らんでいたにもかかわらず、ソフト開発費を一部負担することまで申し出るようになった。

任天堂は、業界の支配者として君臨し、高いＲＯＩＣ（投下資本利益率）を誇る企業から、平凡なＲＯＩＣしか上げられないその他多くの競合の一社へと地位を落としたが、その理由の大部分は彼らが他社とうまく協調しなかったことにある。業界の総利得のうちあまりに多くの取り分を自分のものとして要求したため、ゲームソフト開発企業と小売業者にはいつでも新しいゲーム機メーカーを支援する用意があったのだ。

事例2・有鉛ガソリン添加剤メーカー

見識のある企業がいかにうまく協調して高収益を維持できるかを見るために、次の事例として、テレビゲーム業界のような魅力度や将来性とはほど遠く、どちらかといえば暗いイメージがつきまとう業界である有鉛ガソリン添加剤メーカーを取り上げる。

次のような特徴を持つ業界を考えてほしい。

●製品がコモディティ（汎用品）である。
●生産能力の過剰が顕著である。
●需要の急速な減少が確実視されている。
●マスコミには悪いイメージで報道され、政府や公共団体からの印象も悪い。

このような業界に属する企業が黒字を計上できることは信じがたく、さらにその利益率がきわめて高いとなれば想像すらできないだろう。

しかし、ガソリンのオクタン価を上げてノッキングを起こりにくくするため（訳注：オクタン価とは、ガソリンのエンジン内でのノッキングの起こりにくさを示す数値であり、オクタン価が高いほどノッキングが起こりにくい。ノッキングとは、エンジンが金属性の音や振動を発する現象全般を指す）に使われる有鉛ガソリン添加剤メーカーの経営者たちは、互いに協調するすべを心得ていたため、この難しい偉業を成し遂げることができた。

いくつかの商慣習に対してFTCが異議を唱えた後でさえ、彼らは協力して利益を共有する方法を見出した。各社が生産能力を削減することによって需要の縮小に対応し、さらに需要が落ち込むと、存続する企業に権益を売却したり、単に製造設備を廃棄したりして、一社ずつ事業から撤退していった。一九九〇年代の後半に最後の一社へ絞られるまでに、彼らは約二〇年間にわたって不況産業で利益を上げ続けた。

一九七四年の時点では、アメリカの有鉛添加剤業界にはエチル、デュポン、PPG、ナルコの四社が存在しており、合計で一〇億ポンドの添加剤を製造していた。もっとも古いエチルは一九二四年から事業を営んでおり、当初はゼネラルモーターズ（GM）とスタンダード・オイル・オブ・ニュージャージー（現在のエクソンモービル）の共同出資会社として設立された。彼らは特許によって他社との競争から守られていたが、特許が失効する一九四八年になると、エチルが独占していた市場シェアと魅力的な利益の一部獲得を狙って、デュポンが業界に参入した（参入前からデュポンはエチルから製造業務を請け負っていた）。

その後、PPGはヒューストン・ケミカルの買収を通じてモービルから、ナルコはアモコからそれぞれ後押しされる形で、この業界に参入した。モービルやアモコといった大手の石油精製会社はガソリン添加剤の主要な買い手であり、彼らは新規参入する企業に資金的な支援を行うことによって、業界内の競争を刺激し、仕入コストを削減しようとしたのである。しかし、この期待はことごとく裏切られた。エチルは後続の参入企業をうまく仲間に引き入れて競争を制限し、業界の収益性を維持し続けた。

この安定した情勢が急変したのは、一九七三年のことだった。アメリカ環境保護庁（EPA）が、一九七〇年に制定された大気汚染防止法を推進するための条例を発表したのである。この条例は、時間をかけて有鉛添加剤の使用を段階的に廃止していくことを目的としており、これを実行するためにEPAは二つの手段を用いた。

第一に、一九七五年以降に新モデルとしてアメリカ国内で販売するすべての自動車に対して、有害な排気ガスの放出を抑える触媒コンバーターを搭載することを義務づけた。このコンバーターは、ガソリンのなかに有鉛添加剤が混じっていると適切に作動しなかったので、石油精製会社は新車用に無鉛ガソリンを製造しなければならなくなった。

第二に、ＥＰＡは石油精製会社がガソリンに混ぜることができる鉛の量を減らすことによって、より直接的な制限を加えようと試みた。エチルはこの試みの実行をなんとか一九七六年までは遅らせることができたが、その後は一ガロン当たりに使用できる鉛の量が規制され、有鉛添加剤市場全体の規模も右肩下がりで縮小し始めた。一九七〇年代半ばの時点で一〇億ポンドだった販売量は、一〇年後には約二億ポンドまで減少し、一九九六年にはほとんどゼロとなった。販売量の減少要因は、一つには一九七五年以前に販売された自動車が老朽化して廃車となったためであり、一つにはガソリン一ガロン当たりの鉛使用量が規制されたためだった。

大気中の鉛を対象とする医療訴訟についてはしばらくの間論争が続いたが、有鉛添加剤が有害であるという事実そのものは疑う余地がなかった。有鉛添加剤は燃えやすく爆発性を帯びており、人体に接触すると毒を発し、呼吸器に吸い込むのは危険だった。石油精製会社は、危険を極力減らすために一〇日間以上の在庫を持たないように努めており、運搬や保管には特殊な設備を必要とした。しかし、出荷業務については、石油精製会社が専用車両をみずから配備する必要はなく、一般の運輸業者でも行うことが可能で、コモディティとしての性質を完全に備えていた。

有鉛添加剤業界の構造

有鉛添加剤の製造や売買を行う業界の構造は単純だった。四社の化学品メーカーが原料（主に鉛）を購入し、それをテトラエチル鉛（ＴＥＬ）とテトラメチル鉛（ＴＭＬ）という二種類の添加剤に加工して、石油精製会社へ販売していた。ナルコはＴＭＬの製造法が他社とは異なっていたが、製品そのものは変わりがなかった。化学品メーカーはいずれも多角経営を行っており、デュポンとＰＰＧは特にそれが顕著だった。業界の先駆者であり、最大の市場シェアを有するエチルでさえ、会社全体の売上高のうち有鉛添加剤が占める割合は、わずか一七％だった。

彼らの主な販売先は、国内や海外のガソリン精製所であり、その多くが大規模な総合石油会社によって運営されていた。ＥＰＡがアメリカ国内での鉛使用量を制限し始めてから、化学品メーカーは海外の顧客を見つけることで売上高を維持しようとした。事実、彼らは海外での販売をいくらか増やしたが、輸送費が高くつくことや、危険を伴う製品であるために、彼らの海外工場から出荷されることが通常だった。また、海外市場にはアメリカ以外の化学品メーカーも存在していたので、売上げの増加には限界があった。

製造コストの大半は、原料費が占めていた。まず、鉛はすべてのメーカーが外部から購入する必要があった。その他の原料については、エチルとデュポンがそのほとんどを自社内で製造していたのに対して、ＰＰＧとナルコは外部業者からの購入に依存する傾向が強かった。当然のことながら、これら四社の製造コストには違いがあったが、その差はいずれか一社が低コスト企業として優位に立てるほど大きなものではなかった。

この業界で、ある一社と他社を差別化する強力な競争優位を見出すことは難しかった。一九四〇年代にエチルの特許が失効して以来、どの化学品メーカーも独占的な技術を開発することはなかった。彼らの大口顧客である石油精製会社は、複数の化学品メーカーから有鉛添加剤を購入しており、売買契約の期間は一年間に限定されるのが通常だった。契約の更新時期が来ると石油精製会社は化学品メーカーを競わせて、唯一の差別化要因である価格面で良い条件を引き出そうとした。

有鉛添加剤をエチルから買おうがデュポンから買おうが、石油精製会社がそれをもって自分たちのガソリンが優れていると主張することなどなかった。したがって、たとえ販売側と仕入側企業の間に長年の取引実績があり、売買価格の算定方法が各社で異なる場合は多少のスイッチング・コストが生じるにせよ、化学品メーカーと石油精製会社の結びつきは顧客の囲い込みを示すほど強いものではなかった。顧客と馴れ合わない一匹狼的なメーカーであっても、価格さえ下げればいつでも販売数量を増やすことが可能だった。

限られた数の製造工場（四社で七つ）で業界全体の供給を行う生産体制からは、規模の経済が存在する可能性が考えられた。しかし、実際には生産能力の大きい工場が相対的に小さい工場を駆逐する現象は見られず、規模の経済が働く力は限定的であることを示していた。また、ある程度の顧客の囲い込みを伴っていなければ、規模の経済がそれのみで持続的な競争優位を生むことはない。

ただ、参入障壁に関してはこれまでと話が異なり、新規参入者が乗り越えようのない障壁が四社を守っていた。一九七三年に発表されたEPAの条例は、有鉛添加剤業界への参入を考えていた企業に対して、見間違えようのない「立入禁止」の表示を掲げるものだった。たとえ地方自治体から必要な許認可が取得できたとしても——大気中の鉛に関する懸念の高まりを考えれば、現実的にはありえないことだったが——だれが消え行く運命にある添加剤の製造工場を新たに建設したいと思うだろうか。

有鉛添加剤業界が消滅するまでの道筋をはっきりと示すことによって、EPAは既存の四社が市場を自分たちのみで独占し、業界がゆっくりと消え去っていくまでにできるだけ多くの利益を吸い上げられるようにした。

高度に洗練された協調体制

有鉛添加剤メーカーの間に価格競争を起こそうとした大手の石油精製会社は、その期待をことごとく打ち砕かれた。彼らの資金支援を受けて業界へ参入した新規業者(PPGとナルコ)は、すぐに既存メーカー(エチルとデュポン)と協調するすべを学んで彼らと同様の行動を取るようになり、石油精製会社を失望させた。

プレーヤー同士がすぐに順応し合ったのは、彼らの事業拠点が集中的に立地していたことと関係があったかもしれない。ニュージャージー州とカリフォルニア州にそれぞれ一つずつあったデュポンの工場を除けば、すべての工場は製品の供給先である製油所に近いテキサス州かルイジアナ州のメキシコ湾岸地域にあり、互いの距離は半径三〇〇マイル(約四八〇キロ)以内しか離れていなかった。工場を管理・監督する技師たちも、似たような経歴を持つ人物が多かった。いずれにせよ、各メーカーは熾烈な競争に陥らないようにお互いを牽制しながら、一致協力するための方法を見出していった。

彼らが用いた方法の大半は、自分たち自身による牽制機能の発揮であり、あるメーカーが単独で顧客に値引きを提示したり、一定の価格水準から逸脱するような行為を難しくする、次のようなものだった。

●統一的な価格設定方式

有鉛添加剤の価格は、製造コストと輸送コストの双方を合わせた費用を基準にして決められていた。基準価格のなかに輸送コストも反映させることによって、各メーカーが裏で輸送部分の請求額を減らす隠れた値引き行為を防ぐ効果があった。

●価格変更の事前通知

あるメーカーが有鉛添加剤の売り値を変更(ほとんどの場合は値上げ)するときは、顧客に対して三〇日前にその旨を通知し、通知を受け取ってから三〇日間は、顧客が変更前の仕入値で通常よりも多く注文できることが契約で取り決められていた。一九七七年まで、有鉛添加剤メーカーはこれらの価格変更をプレスリリースで公表していたが、顧問弁護士の忠告にしたがって、その後公表は差し控えるようになった。石油精製会社は、先行して値上げを通知するメーカーに他社が同調しないように説得を試みたが、ほとんど失敗に終わった。

この商慣習は一九七四年に始まり、それ以降の五年間で計三〇回の値上げ通知が行われ、そのすべてが有効に機能した。たいていの場合、エチルとデュポンが最初に事前通知を行って、PPGとナルコがそれに追随するという形が見られた。この結束した行動は、プレスリリースによる公表が中止された後も続いた。

三〇日前に値上げを事前通知するということは、現在の価格を維持したいメーカーもその意図を三〇日前の時点で暗に示す必要があることを同時に意味していた(訳注:値上げをしたくないメーカーは、追随して事前通知

表 15-1 有鉛添加剤メーカーの生産能力、生産数量、売上数量：1977年
（単位：百万ポンド）

メーカー	生産能力		生産数量		売上数量	
エチル	475	37%	432	48%	312	35%
デュポン	544	43%	250	28%	317	35%
PPG	113	9%	97	11%	150	17%
ナルコ	137	11%	122	14%	121	13%
合計	1,269	100%	901	100%	900	100%

を行わなければ、それをもって自分たちの意図を伝えることになる）。もしそのような暗黙のメッセージが伝えられれば、事前通知を行ったメーカーは単に通知を取り消して、追随しないメーカーだけが利益を得ることがないようにした。

●最恵国待遇価格

最恵国待遇は、すべての顧客がもっとも良い条件で取引することを保証する制度であり、一般的には輸入の関税を対象とするものだが、有鉛添加剤業界では製品の売買価格に対して適用されていた。より重要なポイントは、この制度は化学品メーカーがみずからの行動に束縛を課す性質のものであり、仮に彼らがある顧客だけに特別割引を提供しようとしても、他の全顧客に同じ条件を与えなければならなくなるので、このような逸脱行為を防ぐ効果があったということである。エチルとデュポンは契約書にこの条項を含めており、ナルコも多くの場合これを行った。

これらの価格戦略以上に決定的だったのが、四社共同による調達と製造だった。簡単にいえば、ある有鉛添加剤メーカーに対して出された注文の品が、立地条件や製品の在庫状況、相対的な生産効率の違い等の要因に応じて、他のメーカーの工場から出荷されることもあるというシステムである。彼らは、お互いの間で行ったすべての取引を相殺し、差額分のみを支払う決済システムを構築した。**表15-1**に記載されている一九七七年の各社の生産能力、生産数量、売上数量の数値は、共同調達と製造が実際に運用されていたことを示している。

デュポンは四社中最大の生産能力を有していたが、実際の生産数量はエチルを大きく下回っており、それにもかかわらず、両社の売上数量はほぼ同じ数値となっている。この数字からは、エチルが自社で販売する量以上の有鉛添加剤を製造して、デュポンの顧客向けにも供給を行ったことが明らかである。

共同調達を行うことにより、各社は生産効率の高いエチルの工場を最大限活用することができたので、四社間の製造コストにはほとんど差がなくなった。競争上の差別化要因からコスト差が除かれることで、市場シェアを上げるために他の三社を出し抜いて低価格戦略を取ろうという動機が弱まるとともに、業界全体のコストが最小化することとなった。

各社の市場シェアは毎年わずかしか変わらず、エチルのシェアは一九七四年の三三・五%から一九七七年の三四・六%へとわずかに上がっただけだった。事実、シェアの変動には驚くべき規則性が見られた。規模が相対的に大きいエチルとデュポンの二社については、前年のシェアが三五%以下であれば翌年はシェアが上昇し、前年の数値が三五%以上であれば翌年はシェアが低下するのが一般的だった。そして、相対的に規模が小さいPPGとナルコに関しては、この基準となるシェアが一五%だった。外部からは、まるでどの企業も継続的に市場シェアを上げようと努力していないように見えた。

共同調達体制とそれに起因する市場シェアの安定性は、業界全体の生産能力がきわめて合理的に調整されていくことにつながった。共同調達のもとでは、製造コストが高い工場の稼働率が低くなりがちなので、業界全体の需要が縮小する局面で真っ先に閉鎖の対象となるのは、これらの高コスト工場だった。一九八〇年に、エチルはテキサス州ヒューストンにあるもっとも古い工場を閉鎖し、それから一年後にはデュポンがカリフォルニア州の工場を閉じた。そして、一九八二年、PPGはこの業界から完全に撤退した。共同調達体制は過剰生産能力を排除するとともに、もっとも生産効率が低い工場から順に閉鎖していく意図が働く構造をつくり上げた。つまるところ、これは生産能力を管理して、業界全体のコストを最小化するための戦略にほかならなかった。

米連邦取引委員会（FTC）の介入

有鉛添加剤メーカー四社が行った非競争的な商慣習は、最終的にはFTCの目にとまることとなったので、彼らがどこかでミスを犯してしまったことは間違いない。一九七九年、FTCは以下に述べる四つの商行為が連邦取引委員会法の第五条に反していると提訴した。

- ●価格変更の三〇日前通知。
- ●価格変更のプレスリリース。
- ●輸送コストも含めた統一価格による販売。
- ●契約書上の最恵国待遇価格条項。

FTCの主張は、これらの商慣習によって、添加剤メーカー四社が他社の価格水準に関する不確実性を減らすことができ、業界内の価格競争を制限もしくは完全に排除しているというものだった。たとえ商行為それ自体は違法ではないにせよ、それを価格の統一性や安定性を維持するために用いるのは法に反すると非難したのだ。ちなみに、FTCの訴状では、共同調達体制についてはまったく触れられていなかった。

それから二年後の一九八一年、行政法判事はFTCの主張の大部分を支持した。価格変更の事前通知は廃止され、価格を変更してから三〇日後に各メーカーがそれを公表する形へと変えられた。最恵国待遇条項についても、「値引きを抑制して、統一的な価格設定を促す行為である」という理由で禁止された。判事は、顧客によって価格を差別化することを禁じる「ロビンソン・パットマン法」については、何も述べなかった。彼はまた、メーカー四社が寡占体制を築いていることに着目し、いかに違法そのものではないにせよ、彼らの非競争的な商行為は禁じられるべきであると述べた。

さらに二年後の一九八三年、FTCは再び、価格の固定化に関する明らかな共謀の事実は認められないものの、実質的に競争を抑制してきたとして、有鉛添加剤メーカー四社を告発した。FTCは、エチルとデュポンの二社に対して、以下の行為を禁じることを行政審決により命じた。

●顧客と合意する前の時点で価格の変更を発表すること。
●製品の送り先に関係なく、輸送費を含めた単一の価格を提示すること。
●顧客に対して、他の顧客と同等もしくはそれ以下のもっとも低い価格での取引を保証すること。

FTCは、価格変更のプレスリリースについては以前と見解を変えて、禁止を求めなかった。ナルコに関しては、単に追随して価格設定を行う企業だと認識されたので、この命令の対象には含まれなかった。またPPGは、この時点ですでにこの業界から撤退していた。

ただ、この命令が出されるよりも前に、有鉛添加剤メーカーはすでに価格変更の事前通知をやめていた。彼らは、輸送費を含めた統一価格に代わるものとして、FOB価格を採用していた（FOB価格では、製品が出荷される時点で所有権が買い手に移り、輸送費は買い手が負担する）。どちらの価格設定方式でも、有鉛添加剤メーカーがこっそりと輸送費を割り引いて、隠れた値引きを行うことができないという点では同じだった。

最恵国待遇価格に関しては、契約書上に明記されることはなくなったが、実際の運用上では継続して行われていた。結局のところ、他社よりも条件の良い価格が保証されることを望まない顧客などいなかった。

有鉛添加剤メーカーが各自の競争心を抑えるために行っていたいくつかの方策が禁じられたとはいえ、彼らは四人のジレンマ・ゲームを巧みに行い続けた。何年間にもわたって効果的な協調体制を保つ経験を積んでいたので、FTCの介入によって変わったことは、実質的にはほとんどなかった。

市場の規模が縮小の一途をたどることは避けられず、販売量も年々減っていったが、有鉛添加剤メーカーは利益を計上し続けた。一九八一年度の決算で、エチルの有鉛添加剤事業は会社全体の売上高のうち一七％を占める一方、利益額では全体の三三％を稼いでいた。この事業に投下された資産は大部分が減価償却されて貸借対照表上の簿価は少額だったので、ROICは非常に高かった。

緩慢で痛みを伴わない終焉

たとえFTCの命令が有鉛添加剤メーカー間の協調体制にたいした影響を与えなかったにせよ、国内外の環境規制は製品の需要を着実に減らしていった。各メーカーは工場を閉鎖したり、有鉛添加剤事業で得たキャッシュを他の事業へ投資したり、市場に残る場合は他社との相互協調に注力するなどの対応を取った。

PPGに次いでナルコもこの事業から撤退したが、エチルはカナダのオンタリオ州にある工場で、デュポンはニュージャージー州の工場でそれぞれ有鉛添加剤の製造業務を継続した。この二社とは別に、世界的な事業展開を行っていたのがアソシエイテッド・オクテルである。オクテル自身は本社をイギリスに構えていたが、その親会社はアメリカのインディアナ州を本拠とするグレートレイクス・ケミカルだった。

一九九四年の七月まで、デュポンは製造した有鉛添加剤の多くをエチルに供給して、エチルはそれを顧客に転売していた。その後、デュポンが有鉛添加剤事業から撤退して工場を閉鎖すると、エチルは製品の供給をオクテルに頼るようになり、一九九六年にはオクテルが製造する有鉛添加剤のうち一定割合はエチルを通して販売することを保証する合意書を取り交わした。その後、エチルはオンタリオ州の工場を閉鎖して、有鉛添加剤の製造業務からは手を引いたが、販売業務ではオクテルと競争を続けていくつもりだと声高に主張した。

オクテルが有鉛添加剤の製造を継続した理由は一つである。この事業が非常に儲かったからだ。一九九四年度の決算で、オクテルは五億二〇〇〇万ドルの売上高に対して二億四〇〇〇万ドルの営業利益を上げており、営業利益率はなんと四七％弱もあった。

一方、親会社であるグレートレイクス・ケミカルの業績からオクテルの分を除くと、一四億八〇〇〇万ドルの売上高に対して営業利益は一億六〇〇〇万ドルと、利益率は一一％程度となった。グレートレイクス・ケミカルは、有鉛添加剤の市場が完全に消滅する日に備えて、この事業から獲得したキャッシュを他の事業の買収資金に充てていた。

エチルの中心業務は他社が製造した製品を顧客へ転売する卸売業へと変わっていたが、有鉛添加剤事業とその他の事業の収益性には、オクテルと同様の不均衡が見られた。一九九四年度から一九九六年度にかけて、エチルの有鉛添加剤事業は会社全体の売上高の二三％を占めていたのに対して、営業利益では全体の六三％を上げていた。一九九八年度には、添加剤事業の売上高が一億二〇〇〇万ドル弱まで減少したが、五一〇〇万ドルの営業利益を計上し、利益率は四四％と依然として高い数値を示していた。一方、有鉛添加剤を除く他の事業の営業利益率は、全体で一一％だった。

残りわずかとなった市場をめぐって、エチルとオクテルがどれくらい真剣に、あるいは緩慢に競争をしていたかは、一九九八年に再びＦＴＣが前面に出てくることで明らかになった。ＦＴＣは、一九九六年に両社が交わした合意書が独占禁止法に反すると告発したのだ。オクテルとエチルは原契約の内容を一部変更することで、ＦＴＣと和解した。新しい取り決めのもとでは、エチルがオクテルから購入できる有鉛添加剤の数量を一定割合に固定せず、オクテルはエチルがアメリカ国内の顧客へ販売する分として望む全量を供給しなければならないこととなった。

表面上この取り決めは、以下に述べる他の変更とも合わせて、両社間の競争を促すはずだった。エチルの購入価格をオクテルの小売価格と連動させる方式はなくなり、売り値をお互いに教え合うこともなくなった。また、

表 15-2 オクテルのセグメント別売上高と営業利益：2000 〜 2002年度
（単位：百万ドル）

	2000年度	2001年度	2002年度
有鉛添加剤事業			
売上高	300	265	257
営業利益	59	69	118
営業利益率	20%	26%	46%
特殊化学品事業			
売上高	122	156	181
営業利益	11	13	10
営業利益率	9%	8%	6%

添加剤の流通に使用するための資産をアメリカ国内で購入する場合や、製造設備の購入に関しては国を問わず、事前にＦＴＣへ伝えることに合意した。最後に、彼らが業界内の競合他社へ製品を販売する契約を結ぶ場合も、ＦＴＣに事前通知することが定められた。

もしＦＴＣの狙いがアメリカ国内の顧客を保護することにあったのであれば、彼らはもっと他の業界へ目を向けるべきだった。有鉛添加剤の市場は、アメリカでは事実上消滅していたし、他の国でも風前の灯だった。ＦＴＣの命令のどれをとっても、競争の促進にはあまり効果がなかったことも否定できない。

オクテルとエチルのどちらも、消滅しかけてはいるが依然として魅力的な収益を生む業界でのシェアを伸ばそうとして、無理な値下げを行うようなことはなく、全世界をカバーしていたオクテルは、高い営業利益率を上げ続けた（表15-2）。不況期だった二〇〇〇年を乗り越えた後は、売上高が減少する一方で、営業利益は逆に増加した。

エチルや撤退前のナルコと同じく、オクテルは有鉛添加剤事業から得たキャッシュを特殊化学品事業の拡大に充てたが、二社が経験したのと同様に、特殊化学品事業の利益率は、有鉛添加剤事業のそれには遠く及ばなかった。

おそらく、この業界で最後の一社となるのはオクテルだろう（訳

注：オクテルは二〇〇六年に社名をイノスペックに変更。エチルはイノスペックとライセンス契約を結び、イノスペックが製造した有鉛添加剤の供給を受けている）。しかし、過去に撤退した他の企業と同様に、オクテルは少なくとも最後まで利益を上げながら、巧みに身を引いていくものと思われる。独占禁止法の抵触に注意しつつ、互いに協調的な行動を取ることによって、有鉛添加剤メーカーは長期間にわたって鉛を金に変えてきたのである。

事例3・サザビーズとクリスティーズ

長年の伝統と名声を誇っていたにもかかわらず、オークション業界の二大巨頭であるサザビーズとクリスティーズの業績は、可もなく不可もない状態だった。彼らは、美術品やその他の高額商品を収集家に販売することで着実に事業を拡大していき、一九九〇年の時点でイギリスとアメリカのオークション市場を独占していた。しかし、競売の対象となる高額な絵画や贅沢品の市場は浮き沈みが激しかったので、固定費の比率が高い事業に属する二社にとって、売上高が落ち込んだときの痛手は大きくなりがちだった。

石油ショックと経済不況の余波が残る一九七四年、二社ともにそれまでは競売品の売り主のみから徴収していた手数料を、買い主にも課すようになった。おそらく彼らの狙いは、石油ビジネスで急速に富を蓄積して、いまや有名絵画の買い主に名を連ねるようになった新興の富豪の資金を吸い上げることにあった。

買い主からの手数料は、サザビーズとクリスティーズに新たな収入源をもたらした一方で、売り主への手数料を下げることによる価格競争を発生しやすくし、彼らは実際にそれを行った。熱狂に沸いていた一九八〇年代後半の美術品市場は、一九九〇年以降、酔いがさめたように沈静化した。日本人の買い手は一流絵画の入札に参加しなくなり――彼らは昔であれば当然のごとく買っていた絵画にすら手を出さなくなった――、アメリカの経済は停滞し、湾岸戦争の勃発は顧客の購買意欲を落ち込ませた。市場の減速に直面したサザビーズとクリスティー

図 15-2　サザビーズの売上高と営業利益：1987～2002年度（単位：百万ドル）

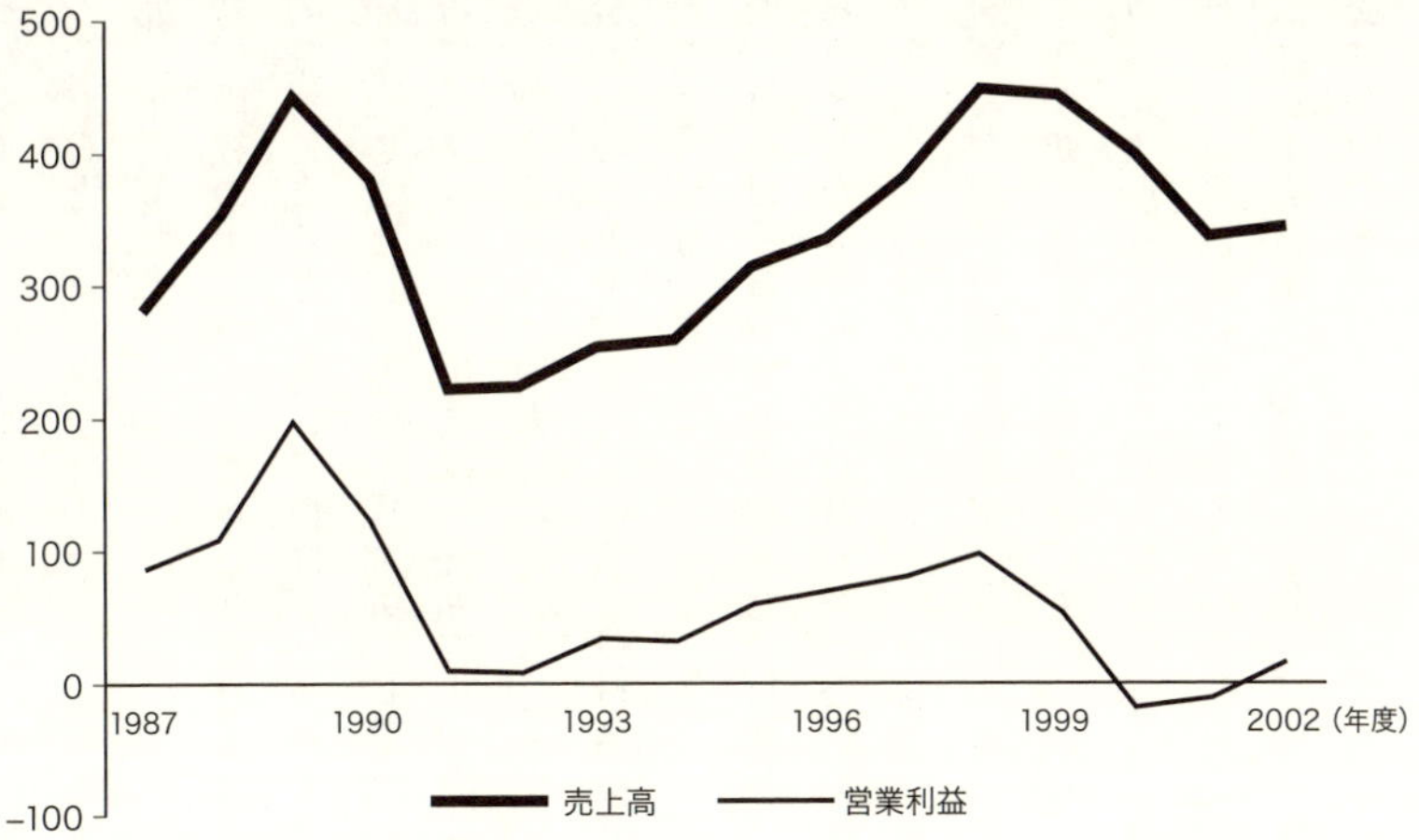

ズは、ここでマーケティングの常套手段に打って出た。値下げを行ったのである。

売り主の出品意欲を高めるため、そしてライバル会社から顧客を奪い取るために、売り主に課す手数料を下げて、場合によっては無料とした。また、売り主が次回のオークションに出品する品の購入資金を低い金利で前もって貸し付けることも行った。売り主の虚栄心をくすぐるために手の込んだカタログを作成したり、豪勢なパーティーを開催したり、売り主が力を入れている慈善団体へ金銭を寄付することもあった。しかし、これらの策を講じたところで、オークションの取引額が一九八九年の水準まで回復することはなく、両社の利益が改善することもなかった（図15-2）。

協調行動の成果と代償

事業環境が厳しさを増すなか、両社は協調的な行動を取り始めた。一九九二年、サザビーズはそれまで落札金額の一〇％と一律で決められていた買い主の手数料を、金額に応じて変えるスライド方式へと変更し、それから七週間後にクリスティーズも同じ方式を導入した。両社がこの行動を取ったタイミングは非常に興味深い。後に行われた裁判での答弁によると、サザビーズのアルフレッド・トーブマンCEOと、クリスティーズのアンソニー・テナントCEOが初めて会合を持ち、共謀を相談し合ったのは一九九三年だった。

当時、両社のナンバー2だったサザビーズのダイアナ・ブルックスと、クリスティーズのクリストファー・ダビジの証言によると、両CEOはブルックスとダビジに対して、売り主から徴収する手数料の比率を相手より低く設定しないことに合意する内容の詳細を詰めるように指示を出していた。

さらに、クリスティーズは一九九五年、売り主に課す手数料率を一律一〇%から、落札金額に応じて二〜二〇%まで変動するスライド方式に変えることを発表した。その後、両社間の合意内容には、お互いの重要な社員を奪い合わないことや、売り主へ貸し付ける前払ローンに金融市場よりも低い金利を設定しないようにすることが含まれるようになった。

また、彼らは手数料率を優遇もしくは無料にしている得意客のリストをお互いに共有し、相手側の得意客を奪い取ろうとしたり、リストに載っていない顧客に得意客と同様の有利な条件を提示したりしないことにも合意した。ブルックスの証言では、トーブマンは売り主に事前提示する競売品の落札見積額についても両社が結託することを望んだが、見積額の算定は各社の専門スタッフが行うものであり、そこまで管理することはできないとブルックスが断ったことが明らかにされている。

こうした大胆な行為が当局の目につかないはずがなかった。一九九七年には、独占禁止法違反行為の疑いで、司法省が二社の調査に乗り出していることが広く知れわたった。おそらく司法省は、一九九〇年代の半ば頃から急に二社が手数料率を下げなくなり、ほぼ一致した手数料体系が維持されていることを不審に思った顧客から密告を受けたのだろう。

一九九九年の年末、クリストファー・ダビジは政府と司法取引をした。ダビジ自身と、他のクリスティーズの関係者が懲役刑を逃れることと引き換えに、彼はトーブマンとテナント、そして彼らに加担した人物の違法行為を証明する書類を提出したのである。

二〇〇〇年、司法省はダイアナ・ブルックスに対し、彼女自身の懲役免除を交換条件として、元上司であるアルフレッド・トーブマンの罪を打ち明けるように圧力をかけた。彼女はこれにしたがい罪状を認め、最終的にはトーブマンだけが刑務所に服役する結果となった。二〇〇一年にトーブマンは一年間の懲役刑を言いわたされ、九カ月間の刑期を務めた後で釈放された。

サザビーズとクリスティーズはそれぞれ二億六〇〇〇万ドルの民事制裁金を支払ったが、これは一九九五年度から一九九八年度までのサザビーズの平均税引前利益の約四倍に相当する金額だった。アンソニー・テナントは最後まで自身の無罪を主張したが、念には念を入れて、身柄の引きわたしを受けるおそれがないイギリス国内にとどまり続けた。

この話に関して真に注目すべき点は、サザビーズとクリスティーズが法を犯すまでしたにもかかわらず、両社の協調行為は収益性の改善にまったく効果がなかったということである。美術品市場が一九九〇年代初頭の大暴落から回復するにつれて、サザビーズの営業利益率も一九九二年度から一九九六年度までは上昇した。しかし、それ以降は美術品市場が拡大を続けたにもかかわらず、利益率は横ばいで停滞したままだった。一九九八年度の決算は、売上高こそ彼らが共謀を行う前のピークである一九八九年度の数値とほぼ同じくらいだったが、営業利益は一九八九年のわずか半分程度でしかなかった。さらに、一九九九年度は売上高がほんのわずか減少した一方で、営業利益は五〇%近くも下落した（図15-2）。

ダビジとブルックスは、独占禁止法に抵触しない形でうまく協調ゲームを行う方法については無知だったかもしれないが、囚人のジレンマ・ゲームで適切な初期行動を取る方法についてはきちんと理解していた（彼らはみずから罪を白状した）。ニューヨークのオブザーバー誌は、一連の犯罪訴追手続きについて、次のようなコメントを寄せている。「被告人たちは、ダビジが記していたメモと自分たちの証言と引き換えに、政府から無罪放免の恩赦を得た。最初に陰謀行為を密告した犯罪者が処罰を免れるというこの制度は、賛否両論を呼んでいる」

司法取引では必ずしも無罪放免となるわけではないが、最初に密告した犯罪者は常に減刑される。そうでなければ、だれもみずから罪を白状しようとはしないからだ。この事例に関してより興味深い質問は、サザビーズとクリスティーズが手数料や顧客への特典を競う痛みを伴う戦いをやめるためには、違法な共謀を行う以外にどのような代替策があったのかということである。

事業領域のすみ分け

二社合わせて高級品オークション市場の九〇～九五％のシェアを占めていたサザビーズとクリスティーズは、規模の経済と強力な顧客の囲い込みを有効に生かすことができたはずだった。実際、より小規模な競売会社や新規参入者が彼らの市場シェアに食い込んできたことなど、何年もの間、一度としてなかった。少なくとも両社が激しい競争に突入する時期までは、いずれの会社も高い収益率を誇っていた。

成功を持続させるための秘訣は競争心を抑えることであり、主としてお互いの事業領域に立ち入らないことが要求される。まず、両社が地理的な面で事業領域を分け合うのは、あまり現実的ではなかった。いずれも、イギリスに端を発する長年の業歴と、アメリカでの強力な市場地位を反映するように、ロンドンとニューヨークに中核的な事業拠点を構えていた。彼らは世界各地の主要都市にも出張所や取引所を持っていたが、これらはオークションを行うためというよりも、むしろ競売にかける品物を調達するための場所だった。

高額な商品が出展されるときは常に最大規模の都市へ買い手が集まってきたので、サザビーズとクリスティーズは双方ともニューヨークとロンドンに中核拠点を置く必要があった。実際のところ、彼らはほぼ同時期に同じ都市でオークションを開催することによって、互いに恩恵を受けていた。そのほうが、より多くの買い手が開催都市まで出向こうとする気になったからである。

地理的なすみ分けが難しいとなれば、残る選択肢としては、商品種別の特化による事業領域のすみ分けが考えられる。キクラデス文化の彫刻から古代シュメール文明の陶器、はたまたロイ・リキテンシュタインやキース・ヘリングの絵画までありとあらゆるものを扱うのではなく、各社がそれぞれ特定の時期と美術品の種類に専念することができたはずだ。彼らはまた、古代ペルシャ絨毯やルイ一四世時代の気圧計など、美術品以外でオークションに出される多種多様な品についても、各自の専門分野を選択することができただろう。両社は非常に多くの品目を扱っていたので、少なくとも理論的には、互いに重複しない分野を自分の守備範囲として主張するのはそれほど難しいことではなかったはずだ。

取り扱う商品には分野ごとにかかる間接経費があり、主には、商品が本物であるかどうかの検証、商品の起源や由来の調査、商品価値の見積もり評価などを行う専門スタッフの人件費だった。仮に、一八世紀フランスの絵画や装飾美術品はサザビーズの得意分野であり、抽象芸術の分野はクリスティーズが支配するというような構図になれば、売り主は手数料の大小ではなく、自分が出展する品に応じて、どちらかの競売会社を選択せざるをえなくなる。このような専門分野のすみ分けによるさらに大きな利点は、かなりの分野で重複している両社の専門スタッフの仕事が解消されるので、間接経費が大幅に削減できるということである。

しかし、この種のすみ分けについては、口でいうよりも実践を難しくする二つの問題がある。第一に、遺産処分を競売で行う場合は、出展品の種類が多岐にまたがるため、どちらか一社の専門分野にぴったり当てはまらない可能性がある。第二に、たとえば一七世紀オランダの巨匠が描いた絵画は、オークションに出展されれば後期印象派の芸術作品よりも大きな利益をもたらす一方で、競売品として出てくる機会は後期印象派に比べてずっと少ないということが考えられる。

したがって、事業領域の公平なすみ分けは、それぞれの分野が競売会社にもたらす経済価値に焦点を絞って行う必要があり、その他のいかなる指標も用いるべきではない。これらの困難が伴うにせよ、両社はあからさまな共謀を避け、非公式かつ暗黙のうちに協調的な取り決めを結べた可能性は残されていたはずだ。

トーブマンとテナントの会合がまだ行われる前の一九九二年、サザビーズは買い主に対する手数料の値上げを発表し、それから七週間後という適度な間《ま》を置いて、クリスティーズもこれに同調した。これと同じような形で、サザビーズはたとえばエジプト王朝期や古代中東地域の作品には重きを置かず、その代わりにギリシャ・ローマ時代と西暦一二〇〇年までの欧州地域内の芸術作品に力を入れていくといった方針を発表することはできなかっただろうか。そして、しばらく後に、クリスティーズがエジプト王朝期とルネサンス初期（一四世紀頃）の分野を強化していくと発表することなどが考えられはしなかっただろうか。

両社は時間をかけながら、我々がここに記したよりはもう少し巧妙なやり方で――一九世紀に欧州帝国主義諸国がアフリカ大陸の領土を分割したように――美術品市場を分け合って、互いにより良い結果を望むことができたかもしれない。遺産処分を行う場合の問題については、各社の得意分野に応じてどちらの競売会社を選ぶかを遺言執行人の判断に委ねることで対処できるし、または、オークションを複数回に分けて開催することもできないわけではない。

任天堂やオークション会社の事例と、有鉛ガソリン添加剤メーカーの事例との著しい違いは、企業間の協調体制から大きな利益が得られることをはっきりと際立たせている。これと同じくらいはっきりしたのは、協調的な取り組みが稚拙であれば、法の一線を越える危うさがあるということである。

よく練られた戦略は、すぐにそれしかないと決め込んで、協調を通じた解決策を求めるようなものではない。しかし、有鉛添加剤業界の事例は、適切な状況のもとであれば、協調的な視点を持つことがいかに有益かを示している。協調戦略がもっとも適切に当てはまるのは、強い参入障壁が存在する業界で複数の有力企業が共存しているような状況である。

【注】

34　これらの記述は、参考文献に載せているハーバード・ビジネス・スクールのケースを引用している。ライセンス取得業者が任天堂に支払った単位当たり一四ドルの製造費用は、アメリカ国内で適用された価格であり、日本の場合はもう少し低かったかもしれない。

35　任天堂とライセンス契約を結んだゲームソフト開発企業は、契約日から二年間は他のゲーム機メーカーのためにソフトを制作することができない決まりとなっていたが、会社組織の一部を分社化したり、業務内容を予備設計にとどめるなど、彼らがこの制限条項を避けるための手段はいくらでもあった。

訳者解説

本書は、ブルース・グリーンウォルドとジャッド・カーンの共著による*Competition Demystified*の翻訳書であり、「はじめに」でも述べられている通り、ニューヨークにあるコロンビア大学コロンビア・ビジネス・スクールのMBAプログラムにおける人気講義“Economics of Strategic Behavior”の内容を再現したものである。

コロンビアのMBAプログラムでは、二年目の選択科目が入札形式で決められる。学生一人に対して一定のポイントが与えられ、各学生は自分が受講を希望する講義にポイントを割り振る。定員を超える応募があった講義では、多くのポイントを入れた学生から順に受講枠が埋まっていくという仕組みである。私が在籍していた当時(二〇〇二～二〇〇四年)、“Economics of Strategic Behavior”はもっとも人気が高い講義の一つであり、なかにはどうしてもこの講義を受講したいためにポイントのほとんどをつぎ込む学生もいた。ビジネス・スクールの校舎で一番広い教室(定員は数百名を超える)が満員になり、階段に座り込んで「モグリ」で講義を聴く学生も多数いるほどの人気ぶりだった(私もそうしたモグリ受講生の一人だったわけだが……)。

この講義を担当していたのがコロンビア・ビジネス・スクールの名物教授、ブルース・グリーンウォルドであり、コロンビア大学でもっとも評価が高い教授に与えられる賞を何度も受賞している。現在は“Economics of Strategic Behavior”をEMBA(Executive MBA。主に企業派遣の上級役職者を対象としている)プログラムで教えているほか、氏のもう一つの人気講義“Value Investing”を通常のMBAプログラムで担当している。

本書は、企業間の競争戦略を題材としている。この分野でもっとも有名であり、かつもっとも大きな影響を与えたのがマイケル・ポーターの「ファイブ・フォース・モデル」であることは疑う余地のないところであり、著者もこの理論をけっして否定してはいない。ただし、ファイブ・フォース・モデルは扱う変数が多く、実務で活用するにはあまりに複雑すぎるというのが本書の主張である。

私自身も含めて、読者のなかにはファイブ・フォース・モデルを使って企業の戦略分析を行ったことがある人は多いだろう。しかし、五つの競争要因それぞれについて分析を行った後、それらを取りまとめて結論を導き出す段階で手（と思考）が止まってしまった人が大半ではないだろうか。ポーターの理論はたしかに緻密で網羅的である反面、実務で用いるうえでは非常に重要な単純さと明快さ、そして何よりも結論の導きやすさに難点があることは否めない。

著者は、五つの競争要因がどれも同等に重要なのではなく、そのうちの一つ、すなわち「市場の参入障壁」こそが戦略を定めるうえで他の要因よりも圧倒的に重要であり、戦略分析を行う際はこの一つの要因のみに焦点を当てるべきだと説く。わずかの二つの指標を用いて参入障壁の有無を判断し、参入障壁がある市場とない市場のそれぞれについて、企業が取るべき戦略を明快に示している。

読者のなかには、本書で扱っている企業の事例が年代的に古い点を気にする方がいるかもしれない。しかし、取り上げている事例が最新のものではないからといって、本書の価値が色あせるものではなく、戦略分析の手法そのものは今日でも十分に通用する。

また、原書が書かれた時点（二〇〇五年）以降の劇的な環境変化により、現在の状況が本書で予想していた展開と異なっているものが一部あるのも事実ではあるが（第4章のアップルのケースなど）、そもそも、ビジネスという常に不確実性が伴う分野において、絶対に正しい理論など存在しえない。不朽の名著と呼ばれる『ビジョナリー・カンパニー』（日経BP社、一九九五年）で永続的に繁栄する条件を整えているとされた超優良企業の多くが、その後経営不振に陥ったことは多くの人が知るところではあるが、それでも『ビジョナリー・カンパニー』

が優れた書であることは変わりない。重要なのは、理論がよって立つ根拠の確からしさ・合理性の度合いであり、その点からすれば、本書はポーターの著書をはじめとする戦略論に関する名著の一冊として名を連ねるに値するものと信じている。

翻訳に当たっては、原著者の了解を得たうえで二点の変更を行った。第一に、原書は全部で一八章となっているものを、翻訳版では一五章とした。原書ではケース・スタディで扱っているトピックが重複している章があったため、翻訳版ではこれらを割愛し、全体の分量を抑えたものである。第二に、章の配列を変更した。原書は理論→ケース・スタディ→理論→ケース・スタディ――という構成になっているが、翻訳版では読みやすさを考慮して、理論とケース・スタディをそれぞれ分けてまとめ、理論編とケース・スタディ編の二部構成にした。

本書がこうして出版されるのは、多くの人による協力と支えがあるからにほかならない。ダイヤモンド社の中嶋秀喜編集長と木山政行副編集長、伊藤忠商事株式会社統合リスクマネジメント部長・常務執行役員の玉野邦彦氏や同僚、家族、妻の実穂。私の人生に大きな刺激と充実感を与えてくれる、これらの方々に対して、この場を借りて深く謝意を表したい。そして最後に、来月我が家に誕生する予定の、待ち望んでいた娘へ本書を捧げたい。

二〇一二年七月

辻谷一美

BusinessWeek, March 2, 1981.
BusinessWeek, June 20, 1977.
Forbes, February 5, 1979.
BusinessWeek, March 2, 1981.
Forbes, November 15, 1984.
The New York Times, September 14, 1985.
Los Angeles Times, October 12, 1985.
Chemical Week, January 5, 1986.
United Press International, October 12, 1990.
"The day we deliver," *BusinessWeek*, June 20, 1977.
Forbes, November 11, 1984.
The St. Petersburg Times, March 18, 1999.

第15章

Adam Brandenburger, Julia Kou, Monique Burnett, Power Play (A): Nintendo in 8-bit Video Games, Case 9-795-102, Harvard Business School, 1995.（邦訳「パワープレイ（A）：任天堂と8ビット・ビデオゲーム」）
Adam Brandenburger, Barry Nalebuff, *Co-opetition*, Currency Doubleday, 1996.
"Marketing Kombat," *Advertising Age*, July 17, 1995.
Gasoline Additive Industry (A), Case 9-794-111, Harvard Business School, 1995.
Chemical Week, January 19, 1983.
Chemical Week, August 26, 1981.
Metals Week, April 11, 1983.
Chemical Week, April 14, 1982.
M2 Presswire, December 12, 1997.
BusinessWeek, May 15, 1995.
M2 Presswire, April 1, 1998.
Financial Times, February 26, 2000.
Independent, February 27, 2000.
The New York Observer, November 26, 2001.
Financial Times, January 29, 2000.
The New York Times, July 27, 2000.
The New York Times, September 23, 2000.
Daily News (New York), December 6, 2001.
The Wall Street Journal, February 25, 2000.

講談社、2001年）
Paul Johnson, "An Open Letter to Warren Buffett Re: Cisco Systems", Robertson Stephens & Company, February 20, 1997.
Paul Johnson, Research Reports on Cisco Systems, Inc., Robertson Stephens & Company, November 5, 2001, May 16, 2002.
"Router Market Stabilizes, Cisco Continues to Dominate," *boston.internet.com*, May 16, 2003.

第12章

Andrall E. Pearson, Constance L. Irwin, Coca-Cola vs. Pepsi-Cola (A), Case 9-387-108, Harvard Business School, 1986.
Andrall E. Pearson, Constance L. Irwin, Coca-Cola vs. Pepsi-Cola (B) Supplement, 9-387-109, Harvard Business School, 1987.
Andrall E. Pearson, Constance L. Irwin, Coca-Cola vs. Pepsi-Cola (C) Supplement, 9-387-110, Harvard Business School, 1987.
Michael Porter, Rebecca Wayland, Coca-Cola vs. Pepsi-Cola and the Soft Drink Industry, Case 9-391-179, Harvard Business School, 1991.（邦訳「コカ・コーラ対ペプシコーラと清涼飲料業界」）
David Yoffie, Sharon Foley, Cola Wars Continue: Coke vs. Pepsi in the 1990s, Case 9-794-055, Harvard Business School, 1994.（邦訳「激化するコーラ戦争：1990年代のコーク対ペプシの行方」）
Chiaki Moriguchi, David Lane, A Hundred-Year War: Coke vs. Pepsi–1890s-1990s, Case 9-799-117, Harvard Business School, 1999.（邦訳「コーク対ペプシの百年戦争〈1890年代～1990年代〉」
Jack Honomichl, "Missing lngredients in 'New' Coke's Research," in (Ed),
Esther Thorson, *Advertising Age: The Principles of Advertising at Work*, Lincolnwood, IL: NTC Business Books, 1989.
Patricia Sellers, "How Coke Is Kicking Pepsi's Can," *Fortune*, 134:8 (October 28, 1996)
Patricia Sellers, "Crunch Time for Coke," *Fortune*, 140:2 (July 19, 1999)
Beverage World, December 1999.

第13章

Pankaj Ghemawat, Jacquelyn Edmonds, Fox Broadcasting Co., Case 9-387-096, Harvard Business School, 1993.

第14章

Norman Berg, Glenn Merry, Polaroid-Kodak, Case 9-376-266, Harvard Business School, 1976.
Michael E. Porter, Polaroid-Kodak (B1), Case 9-378-173, Harvard Business School, 1978.
BusinessWeek, March 2, 1981.
Newsweek, July 26, 1982.

参考文献

第１章

Michael Porter, *Competitive Strategy: Techniques for Analyzing Industries and Competitors*, Free Press, 1980.（邦訳『競争の戦略』ダイヤモンド社、1995年）

第８章

Michael Porter, “From Competitive Advantage to Corporate Strategy,” *Harvard Business Review*, May–June, 1987.

Gregor Andrade, Mark Mitchell, Erik Stafford, “New Evidence and Perspectives on Mergers,” *Journal of Economic Perspectives*, 15:2, 2001.

第９章

Michael van Biema, Bruce Greenwald, “Managing Our Way to Higher Service-Sector Productivity,” *Harvard Business Review*, 75:4, July–August, 1997.

Best's Insurance Reports, A.M. Best Company

Martin Neil Baily, Charles Holten, David Campbell, “Productivity Dynamics in Manufacturing Plants,” *Brookings Papers: Microeconomics*, 1992.

Robert Hayes, Steven Wheelwright, Kim Clark, *Dynamic Manufacturing: Creating the Learning Organization*, Free Press, 1988.

Jim Collins, *Good to Great: Why Some Companies Make the Leap. and Others Don't*, HarperCollins, 2001.（邦訳『ビジョナリー・カンパニー 2』日経BP、2001年）

補遺

G. Bennett Stewart's, *The Quest for Value*, HarperCollins, 1991.

第10章

Pankaj Ghemawat, Wal-Mart Stores' Discount Operations, Case 9-387-018, Harvard Business School, 1986.（邦訳「ウォルマート・ディスカウント事業」）

Pankaj Ghemawat, Adolph Coors in the Brewing Industry, Case 9-388-014, Harvard Business School, 1987.

第11章

Anita McGahan, Philips' Compact Disc Introduction (A), Case 9-792-035, Harvard Business School, 1991.

Geoffrey Moore, Paul Johnson, Tom Kippola, *The Gorilla Game: Investor's Guide to Picking Winners in High Technology*, HarperBusiness, 1999.（邦訳『ゴリラゲーム 株式投資の黄金律』

【ラ行】

【ワ行】

【欧文】

【ナ行】

【ハ行】

【マ行】

【ヤ行】

【サ行】

【タ行】

索引

【ア行】

【カ行】

［著者］

ブルース C. グリーンウォルド（Bruce C. Greenwald）

ニューヨークにあるコロンビア・ビジネス・スクールのロバート・ヘイルブルン教授。ファイナンス、バリュー投資、メディア経済学、および戦略を担当。ジャッド・カーンらとの共著に『バリュー投資入門』（日本経済新聞出版社、2002年）があり、ジョセフ・スティグリッツとの共著に『新しい金融論』（東大出版会、2003年）がある。「ウォール・ストリートのグル中のグル」と評される。

ジャッド・カーン（Judd Kahn）

ハミングバード・マネジメントLLC 最高執行責任者

［訳者］

辻谷一美（つじたに・かずみ）

1972年東京都生まれ。1995年東京大学経済学部卒業。同年、伊藤忠商事㈱に入社。2004年コロンビア・ビジネス・スクールでＭＢＡ取得。現在、伊藤忠商事統合リスクマネジメント部にて、社内リスク管理制度の企画・運用業務に従事。訳書に『外資系企業がほしがる脳ミソ』『戦略コンサルティング・ファームの面接試験』『兵法三十六計の戦略思考』（いずれもダイヤモンド社刊）がある。

競争戦略の謎を解く
——コロンビア大学ビジネス・スクール特別講義

2012年7月26日　第1刷発行

著　者——ブルース・グリーンウォルド＋ジャッド・カーン
訳　者——辻谷一美
発行所——ダイヤモンド社
〒150-8409　東京都渋谷区神宮前6-12-17
http://www.diamond.co.jp/
電話／03·5778·7232（編集）　03·5778·7240（販売）
装丁————岩瀬 聡
製作進行——ダイヤモンド・グラフィック社
印刷————堀内印刷所（本文）・加藤文明社（カバー）
製本————ブックアート
編集協力——相澤 摂（エノローグ）
編集担当——木山政行

©2012 Kazumi Tsujitani
ISBN 978-4-478-00450-0
落丁・乱丁本はお手数ですが小社営業局宛にお送りください。送料小社負担にてお取替えいたします。但し、古書店で購入されたものについてはお取替えできません。
無断転載・複製を禁ず
Printed in Japan